理侯齊命理學

呱呱集

위천리 著
이후제 譯

계축문화사

안내의 글

고고집은 원수산, 서락오와 함께 근현대 3대 명리학자의 한 사람인 위천리가 청나라 말에서 중화민국이 들어서는 혼란기에 사회의 각 방면에서 이름난 사람들의 사주와 일반인들의 사주를 1960년과 1961년에 걸쳐 간략하게 편지로 묻고 답하는 형식으로 간명한 내용들을 "춘추"라는 잡지에 게시하였던 것을 책으로 편집한 것이다.

사주의 핵심을 바라보는 놀라운 통찰력과 간결한 문장은 命理를 공부하는 이들에게 귀감이 된다고 하겠다.

물론 간명하는데 있어 譯者의 생각과 다른 부분이 종종 있었지만 차치하고 著者의 생각을 그대로 해석하고자 노력하였다.

본 역서는 홍콩의 上海印書館에서 발행한 "呱呱集"을 원본으로 하여 번역하였으며 공부하는 이들에게 많은 도움이 되길 바란다.

한마디 덧붙이고자 하는 것은 명식의 표기법인데 오른쪽에서 왼쪽으로 써나가는 것은 중국의 표기법이고 왼쪽에서 오른쪽으로 써나가는 것은 우리나라의 표기법인데 굳이 불편함을 감수하면서까지 중국의 표기법을 따라야 하는가의 문제이다. 하물며 중국도 현재는 모두 왼쪽에서 오른쪽으로 쓰고 있는데 말이다. 독자들의 이해를 구한다.

甲辰年 芒種節 理候齊

목차

小言

人自呱呱墜地之後 一生窮通壽夭 貧富貴賤 若已有數在焉 然則命固可信乎? 唐李淳風有言.. 長平坑卒 豈皆命犯三刑 南陽貴人 寧必生當六合 命固不可信乎? 南史沉攸之嘗言.. 早知窮達有命 恨不十年讀書. 孔子五十而知天命 孟子曰.. 莫非命也 順受其正 是故知命者 不立乎巖墻之下 然則 命之可信與不可信 精微奥妙 寂靜感通 不易言也 吾儕讀古人書 研摩命理 素位而行 有從無違 要皆修身之一助耳 余不敢謂知命 不過謂推命 溯自行道以還 所見富貴之命固多 貧賤之命 實亦不少 爰揀其特殊者 走筆記之 集名呱呱者 卽俗言所謂 "啼聲初試 八字已定" 之意也 噫! 天下滔滔 前途茫茫 我不如人 還有人不如我 願讀吾文者 爭時待時 各安天命 則雖覆瓿之作 亦不無小補於世道人心歟.

中華民國五十二年歲次癸卯韋千里寫於香江寓次

사람이 땅에 떨어진 후에 처음으로 우는 울음으로부터 일생의 궁통수요와 빈부귀천이 이미 운명에 달려 있는 것과 같다.

그런즉 命을 참으로 믿을 수 있는가? 당나라 이 순풍의 말에 "장평전투에서 구덩이에 묻힌 병사들의 命이 어찌 모두 三刑을 범하였으며 남양귀인은 어찌 반드시 六合을 만나 살았겠는가?"라는 말이 있는데 命을 확고하게 믿을 수 없지 않은가?

남사침유에 일찍이 말하기를 "일찍 실패와 성공하는 命이 있다는 것을 알았다면 억울하게 10년 공부를 하지 않았다"고 하였고 공자는 50에 天命을 알았다고 하였으며 맹자는 天命 아닌 것이 없으니 그 天命을 순순히 받아들여야 하고 그러므로 天命을 아는 자는 위험한 담장 아래에 서지 않는다고 했다.

그런즉 命을 믿을 수 있고 믿을 수 없는 것은 정밀하고 오묘함을 고요한 마음으로 느껴 통해야 하는데 쉽지 않은 말이다.

우리가 옛사람의 책을 읽고 命理를 연마하여 바탕에 맞게 행하며 따르고 거스르지 않는 것은 모두 修身하는데 하나의 도움이 되기 때문이다.
나는 命을 안다고 감히 말할 수 없고 命을 추론하여 말하는 것에 불과하며 돌이켜보면 부귀한 命이 참으로 많고 빈천한 명도 역시 적지 않은데 이에 그 특수한 것을 가려서 간략하게 그것을 기록한다.
책의 이름을 고고라고 한 것은 세속에서 말하기를 소위 "태어나 처음 우는 울음소리에 팔자가 이미 정해진다"는 뜻이다.
아! 천하가 도도하고 전도는 망망한데 나는 다른 사람보다 못하고 또 나보다 못한 사람도 있구나. 내 글을 읽는 자는 경쟁할 때나 좋은 시기를 기다릴 때 다 천명을 편안하게 받아들이고 비록 보잘 것 없더라도 역시 세상을 사는 사람의 마음에 작은 도움이 있기를 바란다.

中華民國 52年 癸卯年 韋 千里

開場白(머리말)

世變日亟 苦悶益增 縱有天亦難問 更何計以決疑 “春秋”主編 有心人也 蒿目時艱 惄焉憂之 爰闢此專欄 囑不佞出其餘緒 憑其末技 作群衆命運之義務顧問 爲海內外僑胞解答疑難 是戔戔者 不佞烏敢辭勞 但自維蠡見 妄作豹窺 有誤於惠問者必多 還希讀者諸君 聞吉則好自爲之 聞凶則加意警惕 庶幾履虎尾 不咥人 趨避之道旣盡 或亦不無小補耳 間有奉答未詳 或稍稽時日者 尤祈鑒諒 倘荷博雅君子 進而敎之 乃有意抛磚 無心引玉 是更不佞所企予望焉 千里按 “命運答客問” 發表於香港“春秋”雜誌 時在民國四十九年至五十年 旋以問函過多 不得不遽爾停止 雖經“春秋”主人姚兄立夫 一再繼續索稿 終以公私蝟集而婉謝之 歉疚殊深焉 玆特彙刊而殿於本書 藉誌雪泥鴻爪耳.

세상은 하루가 빠르게 변하고 고민은 더욱 늘어나는데 설령 의지가 있다고 해도 대답하기 어려운 질문을 어떤 계책으로 의혹을 해결하겠는가.
“춘추”의 주편이 속뜻이 있는 사람이니 시국의 어려움을 걱정하고 근심하였다. 이에 전문적인 지면을 열어 재주가 없는 나에게 나와서 그 나머지 일을 해줄것을 부탁하니 어찌 감히 사양하겠는가.
다만 스스로 좁은 식견에 매이고 매우 좁은 시야로 망령되게 만들어 질문자에게 반드시 많은 오류가 있을 것이다. 도리어 독자 제군에게 바라는 것은 길한 것을 들으면 좋아하며 스스로 그렇게 하고 흉한 것을 들으면 마음을 더욱 경계하고 조심하며 호랑이 꼬리를 밟은 것처럼 근신하기를 바란다. 추구하고 피하는 도리를 다하거나 혹은 조금이나마 도움이 되기를 바랄 따름이며 간혹 자세하지 않게 답하거나 약간의 시일이 늦어진 사람은 더욱 용서해주기를 바란다. 만약 박식하고 성품이 단아한 군자가 꾸짖으면 더 나아가 그것을 배우고 벽돌을 버릴 마음은 있으나 옥을 얻을 마음은 없는데 이것은 변변치 못한 내가 바라는 것을 도모하는 것이다.

천리가 살펴보면 “명운답객문”이 홍콩의 “춘추”라는 잡지에 발표되었을 때가 민국 49년부터 50년이었다.

오래지 않아 묻는 편지가 너무 많아 부득이하게 서둘러 정지하였고 비록 “춘추”의 주인인 요형이 경영하며 몇 번이나 반복하여 원고를 요구했으나 결국 공적인 일과 사적인 일들이 구름처럼 모여들어 완곡하게 사양하게 되었으며 고질병이 매우 깊어 유감스러웠다.

이에 특별히 한데 모아 출간하는데 본서의 맨 뒤에 지난날의 흔적을 기록할 따름이다.

上集

名人命造

名人命造

1. 三公命造(삼공의 명조)

吾國政壇之中 同年同月同日誕生者 有陳誠 兪大維 兪鴻鈞 三公焉 其所同之年月日六字 爲丁酉 壬子 丁卯 水旺火衰 毫無疑問 得木火時辰則爲貴 得金水時辰便爲賤 亦爲不移之論.

나의 나라 정치구성원 중에 동년 동월 동일에 태어난 자가 있는데 진성 · 유대유 · 유홍균 삼공으로 그 年月日의 여섯 자가 丁酉 壬子 丁卯다. 水가 왕하고 火가 쇠한 것은 조금도 의문할 것이 없으니 木火時를 만나면 貴하고 金水時를 만나면 賤한 것은 움직일 수 없는 논리다.

진부총통

丁壬丁甲　辛庚己戊丁丙乙
酉子卯辰　亥戌酉申未午巳

啓觀陳副總統爲甲辰時 甲印化殺生身 卯辰半個木局 何等有力.

펼쳐보면 진부총통은 甲辰時인데 甲이 화살생신하고 卯辰이 半木局하니 어찌 유력하지 않은가?

유대유

丁壬丁壬　辛庚己戊丁丙乙

酉子卯寅　亥戌酉申未午巳

兪大維部長爲壬寅時 兩丁兩壬 官星堂堂正正 寅卯通水火之關 起回生之力 何等可貴.

유대유부장은 壬寅時인데 兩丁 兩壬으로 관성이 정정당당하고 寅卯가 水火를 통관하여 회생하는 힘이 있으니 어찌 貴하지 않은가?

유홍균

丁壬丁乙　辛庚己戊丁丙乙

酉子卯巳　亥戌酉申未午巳

兪鴻鈞氏爲乙巳時 丁火帝旺在巳 乙木得祿於卯 木火相生 以任旺殺 又何等美妙 是日以此三個時辰 爲大貴之命 而三公適各佔其一 造化之奇 蓋有如此者 相傳明朝朱太祖 沈萬山 姚木鐸 同年同月同日同時而生 一爲人中之王 一爲財富之王 一爲乞丐之王 乃更屬玄妙矣 惜不知其爲如何命造耳.

유홍균은 乙巳時인데 丁火가 巳에 제왕이고 乙木이 卯에 득록하여 木火가 상생하며 왕한 살을 감당하니 또한 어찌 아름답고 묘하지 않은가? 이날 이 세 개의 時는 大貴한 명인데 삼공이 각각 그 하나를 차지하니 조화의 기이함이 모두 이와 같다.

전해오는 바에 의하면 명나라 주태조와 심만산 요목탁이 동년 동월 동일 동시에 태어났는데 한 사람은 왕이 되고 한 사람은 부자의 旺이 되고 한 사람은 거지의 王이 되었다고 하니 더욱 현묘하다. 그것이 어떤 명조인지 알지 못하여 애석할 뿐이다.

2. 張氏 父子(장씨 부자)

장작림 4運

乙己庚丁　戊丁丙乙甲癸壬

亥卯辰丑　寅丑子亥戌酉申

張作霖命造 爲,, 乙亥 己卯 庚辰 丁丑 四柱一旬 貴氣所鍾 宜其稱王關外矣 有謂彼出身綠林 但能收容人才 麾下都一流人物 此乃庚辰魁罡 財官印三透 武人而具文質 虎將而又儒將也 亦可作從財而論 所以子乙亥甲廿年 時勢英雄 盛極一時 戊運戊辰年 沖辰 刑丑 合卯 若無皇姑屯之變 亦有殺身之禍耳.

장작림의 명조는 乙亥 己卯 庚辰 丁丑으로 四柱가 甲戌 一旬으로 貴氣가 모여 있으므로 산해관 동쪽지방의 왕이라 칭하는 것이 마땅하다. 그는 산골에서 태어났으나 인재를 수용할 수 있어 휘하에 일류 인물들이 모여들었는데 이것은 庚辰괴강에 財官印이 투출하여 武人이지만 文人의 자질을 갖추었고 호랑이와 같은 장수이면서 또한 선비와 같은 장수인 까닭이다.

또 종재격으로 논할 수 있는 까닭에 子乙亥甲運 20년 동안 시세의 영웅으로 한때 융성하였으나 戊運 戊辰年에 辰을 충하고 丑을 형하며 卯를 합하니 만약 황고둔의 변이 없었더라도 죽었을 것이다.

*황고둔의 변

1928년 일본군이 중국 군벌의 수장인 장쭤린과 장작림 등이 탄 열차를 황고둔 역에서 폭파하여 70여명의 사상자가 발생한 사건

*장작림(1875~1928)

봉천 해성출신으로 1894년 군에 투신하여 여러 요직을 거쳐 봉천독군 동삼성순열사 등을 지내며 동북지역의 실질적인 실력자로 東北王으로 일컬어진다. 장학량의 아버지이다.

장학량 9運

辛癸壬庚　壬辛庚己戊丁丙

丑巳子子　辰卯寅丑子亥戌

張學良命造 爲.. 辛丑 癸巳 壬子 庚子 財殺藏於月提 陽刃見於日時 干頭庚辛壬癸 金水聯珠 文武兼資 統領師干 惟身旺殺淺 庚運洩殺生身 流年壬申癸酉國亡家破 寅運甲戌年 海外歸來 重握兵符 丙子年三犯劫刃 西安事敗 陷於不復之地矣 按張氏父子之命造 均有過人之處 但論氣概 子遜於父 遠矣哉！
장학량의 명조는 辛丑 癸巳 壬子 庚子로 財殺이 월령에 암장되고 양인을 日時에서 만났으며 간두에 庚辛壬癸가 있어 金水가 연계하니 문무를 겸비한 통솔자이다. 그러나 身旺殺賤한데 庚運은 殺을 설기하여 生身하니 壬申 癸酉年에 나라가 망하고 집안도 파탄났다. 寅運 甲戌年에 해외에서 돌아와 병부의 중요한 권한을 장악했는데 丙子年에 劫刃이 세 개나 겹치므로 서안사변에 패하여 돌아오지 못할 곳에 빠져버렸다.
장씨 부자의 명조를 살펴보면 보통사람보다 뛰어난 부분이 있는데 다만 기개를 논하자면 자식이 아버지보다 못해도 훨씬 못하다.

3. 杜月笙(두월생) 6運

戊庚乙壬　辛壬癸甲乙丙丁
子申丑午　酉戌亥子丑寅卯

上海杜月笙氏 非官非商 行俠仗義 喜交天下友 輒爲民間排難解紛 以視古之朱家郭解 實無多讓 傳諸游俠 當之無愧焉. 余在廿七年前 撰<千里命稿> 曾暢論杜君命運 今有天文台報讀者李聰 來信討論其八字 爰再簡評如後 杜造爲戊子 庚申 乙丑 壬午 有以乙庚化金論者 竊以時上見午火 化格似成非成且遠不符其聲價 乙生申月 干透戊庚壬 財官印同藏於申提 又並露於干頭 斯乃貴徵 早運日新月盛 丑運 丙運 更進一步 造福社會 奚啻萬家生佛 亦厚於財 故能利人而又利己也 寅運沖申 辛卯年病故香港 死後哀榮 殊不落寞 按此命因午火無力 不能騰踔於軍政界 戊財虛脫 又不合投資經商也 滬港兩地 固不乏聲勢浩大 交際頻繁 却無恆業 而又居然長袖善舞者 彼等之命運 殆有類

乎杜氏焉.

상해의 두월생씨는 관리도 아니고 상인도 아니다. 이익이나 명예를 위하지 않고 의협심으로 행동하였으며 천하의 친구사귀기를 좋아하고 언제나 민간인을 위하여 어려운 일과 분쟁을 해결해 주었다.

그래서 옛날의 주가나 곽해를 보듯 했으며 많은 것을 양보하여 실제 가진 것이 없었고 모든 것을 의기로 교제하였으니 그것으로도 그 이름에 부끄럽지 않다.

내가 27년 전에 지은 <천리명고>에 이미 두군의 명운을 막힘없이 논했는데 지금 천문태보의 독자 이총이 두군의 팔자를 토론한 서신이 와서 이에 다시 다음과 같이 간단히 평한다.

두군의 명조는 戊子 庚申 乙丑 壬午로 乙庚化金으로 논하는 자가 있는데 時上의 午火를 만나 洩하니 化格인것 같으나 化格이 아니고 또한 그 명성과는 부합하지 않고 거리가 멀다.

乙木이 申月에 생하여 戊庚壬이 투간하였고 財官印이 月支申金에 함께 암장되었으며 또 함께 간두에 나타났으니 이것이 貴한 징조다. 초년에 하루가 새롭게 성장하였으며 丑運 丙運에 더욱 진일보하여 행복한 사회를 조성하였으니 어찌 모든 가정의 생불일 뿐이겠는가? 또한 재물에 후하므로 타인을 이롭게 하고 자기도 이로웠다. 寅運에 申을 충하므로 辛卯年에 病으로 홍콩에 갔으며 죽은 후에 슬퍼하는 사람이 많아 유달리 쓸쓸하지 않았다.

이 명조를 살펴보면 午火가 無力하여 軍政界에서 도약할 수 없고 戊財가 허탈하여 經商에 투자하는 것도 적합하지 않다. 상해와 홍콩에서 명성과 위세가 모자람이 없이 크고 넓어서 교제가 빈번하였으나 도리어 일정한 직업이 없었다. 그러나 의외로 사회에 잘 적응하며 살 수 있는 것은 그들의 명운이 대체로 두씨 같은 류의 명조인 것이다.

*주가와 곽해

중국 한나라 때의 遊俠이다. 유협이란 기세를 세우고 위엄과 덕으로 복종하게 하며 사사로운 사귐으로서 세상에서 세력이 있는 자를 말한다.

4. 邵邨人(소촌인) 9運

己戊己庚　丁丙乙甲癸壬辛

亥辰巳午　卯寅丑子亥戌酉

邵邨人先生 影業界之權威也. 影院遍設南洋各地 邵氏製片廠 又爲個中巨擘 挽回外滙 發揚文化 功豈淺鮮. 按其命造.. 己亥 戊辰 己巳 庚午 土多爲病 貴氣在於時上庚金 邵先生初以辛未時矚爲推算 夫辛金食神 爲羣土所埋 文弱書生而已 百無一用 何來如此魄力 凡一事業之創造 非智勇雙全而不獲 況其洋洋乎大觀 雄視國內外哉! 庚午時 則傷官吐秀 自有大刀濶斧之精神與手腕 己祿在午 七子八婿亦宜矣 壬運以還 大有作爲 戊運沖開水庫 尤多收穫也.

소촌인 선생은 영화계의 권위자다. 영화관을 남양각지에 두루 설립하고 소씨 영화제작공장도 만들었으며 또한 그중에 가장 뛰어난 사람이며 외국으로 나가는 이권을 되찾고 문화를 떨쳐 일으키니 공이 어찌 적다고 하겠는가?

명조를 살펴보면 己亥 戊辰 己巳 庚午로 土가 많아 病이니 貴氣가 시상 庚金에 있다. 소선생이 처음에 辛未時로 의뢰하여 추산하였는데 辛金식신이 많은 土에 묻히니 문약한 서생일 뿐이고 백가지 중에 하나도 쓸모가 없는데 어찌 박력이 이와 같을 수 있겠는가? 무릇 하나의 사업을 창조하려면 지용을 겸비하지 않으면 얻을 수 없으며 더군다나 앞날에 대한 큰 안목과 국내외에 대한 뛰어난 시각이 매우 넓지 않은가! 庚午時면 상관이 吐秀하니 자연히 일을 과감하게 처리하는 정신과 수완이 있다. 근일간이 午火에 록이니 일곱 명의 자식과 여덟 명의 사위를 둔 것이 마땅하다. 壬運에 큰 일을 하게 되고 戊運에 水庫를 沖開하니 더욱 많은 수확이 있다.

5. 汪希文(왕희문) 7運

庚丙癸丙　丁戊己庚辛壬癸

寅戌酉辰　亥子丑寅卯辰巳

雨絲風片 緬懷故人 忽憶及墓木已拱之汪希文兄.

兄以名宦而研究命理 其學問自是高人一等 但論經驗 閱人未足多耳 生前嘗以其本人八字 與劉紀文命造 相差僅四個時辰 而竟榮枯懸殊 反覆討論 玆將余所覆之信稿錄出 黃壚之痛 余豈無之!葬時 因路遠而未克躬送 負疚更深焉

覆信原文如次.. 希文仁兄有道.. 來函敬悉 天文台大作<紀文已死吾猶生>一文亦已拜讀 竊以台造.. 庚寅 丙戌 癸酉 丙辰 秋水托根於辰 財官印三正 日主稍弱 書生氣息太重 劉造妙在時落庚申 申酉戌西方一炁 書所謂<獨水三犯庚辛號曰體全之象> 貴顯自有過於兄矣 六十八歲丁酉流年 同爲日犯歲君 歲運交戰 何以劉死兄活 此蓋劉造日主强 沖得重 台造日主弱 沖得輕耳. 過剛豈有不折之理? 試問自古以來 其有霸業而久於王道者乎? 台造雖不飛黃騰達 却亦細水長流 衣食無虧 奚足悲哉? 然乎? 否乎? 幸有敎之 匆頌文安 不盡一一.

弟千里頓首

가랑비와 한 줄기 바람이 고인에 대한 정을 생각나게 하는데 문득 작고한지 이미 오래된 왕희문 형이 생각난다.

형은 중요한 관직에 있으면서 명리를 연구하였고 당연히 그 학문은 고상하고 일등급이었다. 다만 경험을 논하면 사람을 많이 겪어 본 것이 많지 못할 뿐이다. 생전에 본인의 팔자와 유기문의 명조가 겨우 네 時辰 밖에 차이가 없는데 결국 번영과 쇠락의 차이가 있는 것에 대하여 반복해서 토론하였다. 이에 반복했던 편지의 원고를 기록하여 내놓는다.

저승 가는 고통이 나는 어찌 없겠는가! 장례를 치를 때 길이 멀어 몸소 전달하지 못하고 고질병은 더욱 깊어졌다.

편지의 원문은 다음과 같다.

희문 형이 예의를 갖춰 보내준 서신인 천문태의 뛰어난 삭품인 "기문은 이미 죽고 나는 오히려 살았다"는 글 또한 이미 존경하는 마음으로 읽었다.

삼가 왕희문의 명조를 보면 庚寅 丙戌 癸酉 丙辰이다.

가을의 水가 辰에 뿌리를 의지하고 財官印이 바르며 일주가 약간 약하여 書生의 기운이 지나치게 중하다.
유기문의 명조는 庚申時에 묘함이 있는데 申酉戌 서방 一氣로 書에 소위 "하나의 水가 세 개의 庚辛을 범하면 体全之象이다"고 하였으니 드러나는 귀함이 자연히 형보다 지나침이 있는 것이오. 68세 丁酉年은 둘 다 같이 日犯歲君으로 세운이 교전하는데 어찌 유는 죽고 형은 살았는가? 이것은 유의 명조는 일주가 강하여 충이 중하고 형의 명조는 일주가 약하여 충이 경하기 때문이오. 지나치게 강하면 어찌 부러지지 않을 수 있겠는가?는 자고이래로 묻는 말이니 그 어떤 패업에도 장구한 왕도가 있겠소? 형의 명조가 비록 입신출세에 오르지는 못할지라도 도리어 가는 물줄기가 길게 흐르고 의식에 부족함이 없는데 어찌 슬퍼만 하겠소? 그렇소 그렇지 않소? 가르침을 주기 바라며 바쁘게 문안을 낭송함에 일일이 다하지 못하오. 아우 천리돈수

*時辰(시진)
시간의 단위로서 하루를 12시진으로 나누었으며 지금의 2시간에 해당한다. 즉 子丑寅卯辰巳午未申酉戌亥時이다.

6. 閻錫山(염석산) 10運

癸辛乙丁　庚己戊丁丙乙甲
未酉酉亥　申未午巳辰卯寅

閻錫山將軍 已於一九六十年五月二十三日病逝台北 按閻氏叱咤風雲數十年自民初以至大陸變色 掌握軍符 屹然無動 共軍進迫時 猶能在太原圍城之中召集子弟兵作戰 以視程潛 傳作義輩 奚啻天淵 其命造爲癸未 辛酉 乙酉 丁亥 經云 <乙木生居酉 富貴坎離宮> 又云 <乙木秋生貴元武> 夫生於寒露節前一日 年時癸丁透出 卽所謂坎離宮也 良以水爲元武 癸水之透 滋木洩金 一仁可化 畢世豊盈 其逢庚子年辛巳月 庚辛自屬忌見 但亦非主必死者 然以大耋之年 歸正首丘 名彪青史 是乃成仁也 復何憾哉.

염석산장군은 1960년 5월 23일 이미 타이베이에서 병으로 죽었다. 살펴보면 염씨는 수십년간 위풍당당하였는데 중화민국초기부터 대륙이 공산화될 때까지 군부를 장악하였으며 우뚝 솟은 모습이 흔들림이 없었다. 공산군이 닥쳐올 때 태원성 중에 남아 있을 수 있었으나 작전에 쓸 자제병들을 소집하였고 눈으로 가늠하기가 어려울 정도로 의로운 무리들을 일으켰다고 전해지는데 어찌 스스로 그럴 뿐이겠는가. 그의 명조는 癸未 辛酉 乙酉 丁亥인데 경에 이르길 "乙木이 酉月에 생하면 부귀가 坎離宮에 있다" 또 이르길 "乙木이 가을에 생하면 貴의 으뜸이 武에 있다"고 했는데 한로 하루 전에 생하여 年과 時에 癸水와 丁火가 투출하였으니 이것을 일컬어 감리궁이라 한다. 아름다운 것은 水가 武의 근원이 되는데 癸水가 투출하여 木을 생하고 金을 설기하므로 一印이 可化하니 풍성하게 세상을 살았다. 庚子年 辛巳月을 만나면 庚辛을 보는 것을 꺼리는데 그러나 반드시 죽는 것은 아니다. 그러므로 늙어 죽었고 올바른 것을 위하여 근본을 잊지 않았으니 마침내 청사에 이름이 빛나는 덕을 이루었으나 어찌 다시 돌아올 수 있겠는가?

7. 吳國楨(오국정) 9運

癸壬壬辛　辛庚己戊丁丙乙

卯戌午亥　酉申未午巳辰卯

吳國楨命造 爲.. 癸卯 壬戌 壬午 辛亥 壬水日元 托根於亥 天干壬辛一片金水 雖在深秋 弱而不弱 尤妙午戌半火局 亥卯半木局 木火相生 貴而且富焉 按吳氏之運程 己未 戊午 一路火土 學成歸國 午運且任上海市長 丁運開府封疆 更勝一籌. 巳運沖亥 因故脫節而去國 今後辰運沖戌 仍以高踏爲宜 觀其宦海昇沈 雖謂人事有關係 實屬命運之使然 其夫人黃女士 博學多才 相夫尤賢 此因日坐正財 六神篇曰 <妻宮妻守 賢齊孟光> 良有以也.

오국정의 명조는 癸卯 壬戌 壬午 辛亥이다. 壬水일원이 亥水에 탁근하고 천간에 壬辛의 金水가 있어 비록 深秋라고 해도 弱이 不弱이다. 더욱 묘한 것은 午戌이 半火局이고 亥卯가 半木局하여 木火가 상생하니 貴하고 또한 富局이다. 오씨의 運을 살펴보면 己未 戊午의 火土運에 학업을 마치고 귀국하여 午運에 상해시장을 맡았다. 丁運에 대만의 주석이 되었으나 巳運에 亥를 충하여 기회를 잃고 나라를 떠났으며 이후 辰運에 戌을 충하니 은거한 것이 마땅하다. 그의 관직생활의 부침을 보면 아무리 사람의 일에 관계가 있다 하여도 실은 명운이 그렇게 하도록 시킨 것이다. 그의 부인 황여사는 박학다재하고 남편보다 더욱 현명하였는데 이것은 좌하가 정재이기 때문이다. 육신편에 이르길 "처궁을 처가 지키면 현제맹광"으로 처가 어질다고 하였다.

*오국정(1903~1984)
장개석의 측근으로 상해시장을 거쳐 1949년 대만성 주석이 되었다가 1953년 미국으로 망명하여 생을 마쳤다.
*맹광(孟光)
후한 때 양홍이란 사람의 처로 몸은 비대하고 피부는 검으며 힘이 센 추녀였으나 남편을 지극하게 받든 현처로 알려져 있다.

8. 甬商王(용상왕) 3運

甲丙壬壬　丁戊己庚辛壬癸
寅子辰寅　丑寅卯辰巳午未

甬人王興高 幼孤 十八歲來滬 厮役於大滬舞廳 抗戰時 識一舞客 客爲日人業五金 王諂笑趨奉 無微不至 竟成莫逆 兩人冶遊之外 兼營走私 囤積 王爲奔走 客信之如左右手 迨勝利後一年 客遠颺 王頓成鉅富 蓋物資之握於王手者 爲全數之過半耳 王造.. 甲寅 丙子 壬辰 壬寅 壬水生於仲冬 當權得令 所喜年月甲丙 木火通根 原非窮困之命 丑運爲濕土 父母雙亡 家産蕩然 寅運己運 所遇尙豊 二十八歲行卯運 寅卯辰會東方一炁 歲逢丙戌 疊疊者皆財 宜如孟珠之金滿當 武帝之錢朽貫矣.

절강성에 사는 왕흥고는 어려서 고아였으며 18세에 상해에 와서 무도장에서 하인으로 일했다. 일본에 항전할 때 춤추는 한 손님을 알았는데 일본인이었고 五金業(금은구리납철)에 종사하는 사람이었다. 왕은 아첨하는 웃음을 지으며 받들었는데 아주 작고 세세한 것까지 신경을 써서 잘 챙겨주었으며 마침내 두 사람 사이가 뜻이 맞아 허물없는 사이가 되었다. 두 사람은 주색에 빠져 방탕하게 노는 것 외에 둘 이상의 사업을 겸하여 경영하며 사적인 하인 노릇도 했다. 매점하여 쌓아놓기에 왕은 분주했고 손님은 좌우 손처럼 왕을 믿었다. 전쟁에서 승리 후 1년이 되자 손님은 멀리 도주했고 왕은 갑자기 거부가 되었다. 물자는 모두 왕의 손에 들어왔으며 전체의 반이 넘었다.

왕의 명조는 甲寅 丙子 壬辰 壬寅이다. 壬水가 仲冬에 생하여 득령하여 주도권을 쥐었는데 기쁜 것은 年月의 甲丙에 木火가 통근하여 원래 곤궁한 명은 아니다. 丑運은 습토로 부모가 모두 사망하였고 가산은 자취도 없이 흩어졌다. 寅運 己運에 오히려 넉넉해지고 28세 卯運에 寅卯辰 동방일기가 되고 丙戌年을 만나 첩첩이 모두 財가 되니 마땅히 맹상군의 집에 구슬과 금이 가득찬 것과 같고 한 무제의 악취 나는 돈 꾸러미와 같았다.

9. 王翁(왕옹) 2運

辛辛辛甲　庚己戊丁丙乙甲癸壬辛
酉卯酉午　寅丑子亥戌酉申未午巳

吾鄕王翁 先宦後商 一生兎起鶻落 抑鬱以終 其命造爲辛酉 辛卯 辛酉 甲午 木雖當令 乃兩酉沖卯 三辛克甲 財重而身輕 用取午火七殺 人雖奔波 尙有建創 自子運與戌運 或水或火 陞官發財 乙酉甲申廿年 財臨絶地 所蓄蠶蝕殆盡 申運爲劫刃 且以政治嫌疑 竟作逋客 癸運洩金生水 未運合午會卯 東山再起 又見熱鬧 壬午運中 八十八歲戊子一年 歲運大戰鬪 孤注一擲於金圓劵 辛巳運衰老多病 庚子流年 百齡人瑞 乃庚克甲而子沖午 三月庚辰 卒於美國三藩市 按本港周壽臣爵士 其命造與王翁僅差一個時辰 而富貴吉壽 四美俱備 蓋

爲癸巳時 癸水通金木之氣 食神有氣勝財官也 金木水火之運 皆可走得 所以一路福星 所忌者 土耳 九十八歲戊戌流年 重土迫癸 於是息勞歸主矣.

내 고향의 왕 노인은 관직에 있다가 상인이 되었는데 매우 민첩하고 씩씩하게 살았으나 일생을 억울하게 마쳤다.

그 명조는 辛酉 辛卯 辛酉 甲午로 木이 비록 당령했으나 兩酉가 卯를 충하고 三辛이 甲을 극하여 財輕身重하므로 午火칠살을 취용한다. 사람됨이 비록 세찬물결 같으나 오히려 창업을 하였고 子運부터 戌運까지 水運 아니면 火運인데 관직이 오르고 재물이 생겼으며 乙酉 甲申運 20년 동안 재성이 絶地에 이르니 재산이 거의 다 잠식되었다. 申運은 劫刃이 되고 또한 정치적으로 혐의를 받아 결국 도망하게 되었으나 癸運에 洩金生木하고 未運에 午를 합하고 卯와 회국하니 재기하였으며 또한 여러 사람이 떠들썩하게 나타났다. 壬午運중 88세 戊子一年은 대운과 년운이 전투를 벌이니 남아있는 돈을 모두 채권에 승패를 걸었고 辛巳運은 늙고 쇠약하여 多病하였으며 庚子流年은 사람이 상서롭다는 백세가 되는데 庚은 甲을 극하고 子는 午를 충하니 庚辰月에 미국의 샌프란시스코에서 죽었다. 생각건대 홍콩에 살았던 주 수신 작사는 그 명조가 왕 노인과 겨우 한 시진이 차이 나지만 부귀길수를 모두 갖추었다. 대개 癸巳時가 되면 癸水가 金木의 氣를 통관하므로 식신이 有氣하여 재관보다 낫다. 金木水火의 運이 모두 득이 되는 길운이며 꺼리는 것은 土일 뿐이다. 98세 戊戌年에 重土가 癸水를 압박하니 돌아가 쉬게 되었다.

10. 明思宗(명사종) 1運

辛庚乙己　己戊丁丙乙甲癸

亥寅未卯　丑子亥戌酉申未

開國皇帝與亡國之君 未必皆爲好命 一則筆路藍褸 創業維艱 一則斷送山河 甚或不得善終也 崇禎帝之命造.. 辛亥 庚寅 乙未 己卯 大寅亥卯未木局聚氣

應從木之旺勢 忌庚辛金之犯旺 更壞在乙庚相合 金不能去 酉運甲申年殉國 金逢旺而破木局也 其在位僅十七年 此種不淸不楚之從格 生於皇室 不幸而 爲末代之君 若爲平民 便是敗家之子矣.

개국황제와 망국의 임금은 반드시 모두 호명이라고 할 수 없다. 한 사람은 외롭고 고생스런 길을 걸으며 창업의 어려움에 매달리고 한 사람은 나라를 잃고 참혹하지 않으면 천수를 다하지 못한다.

숭정제의 명조는 辛亥 庚寅 乙未 己卯다. 대저 寅亥卯未 木局의 氣가 모였으니 응당 木의 왕세를 좇아 간다. 庚辛金이 旺氣를 범하는 것을 꺼리는데 더욱 나쁜 것은 乙庚이 相合하여 金을 제거할 수 없는 것이다. 酉運 甲申年에 순국하였는데 金을 만나 旺한 木局을 破하였기 때문이고 재위기간은 겨우 17년이었다. 이것은 청하지 못하고 아름답지 못한 종격이 황실에서 태어나 불행히도 마지막 임금이 되었는데 만약 평민이었으면 敗家의 자식이었을 것이다.

이홍장의 명조 4運

癸甲乙己 癸壬辛庚己戊丁

未寅亥卯 丑子亥戌酉申未

李鴻章命造.. 癸未 甲寅 乙亥 己卯 亦爲曲直 從旺 而未透庚辛 所以位極人臣 結局勝於崇禎多矣 滴天髓曰 "從神又有吉和凶" 意卽從格有吉有凶 須辨其淸與不淸耳 旨哉言乎.

이홍장의 명조는 癸未 甲寅 乙亥 己卯인데 곡직에 종왕격이며 庚辛이 두출하지 않았다. 까닭에 신하 중에 최고 위치에 이르렀으며 결국 숭정보다 낫다. 적천수에 종격에는 길이 있고 흉이 있으니 모름지기 청과 불청을 분별하라는 뜻이다.

*명사종(1611~1644)

중국 명나라의 마지막 황제인 숭정제로 후금의 침입과 이자성의 농민 반란군이 북경을 점령하자 자살하였다.

11. 陳孝威(진효위) 1運

癸癸辛癸　壬辛庚己戊丁丙

巳亥亥巳　戌酉申未午巳辰

天文台報陳社長孝威 允文允武 爲良將 爲廉吏 其挾救國之策 奔走海外 遊說僑胞 更不遺餘力 其命造爲.. 癸巳 癸亥 辛亥 癸巳 多水而又多沖 所以好動不好靜 早行金運 助身吐秀 頭角崢嶸 中行土運 事有迂廻 業有更張 晩行火運 筆陣橫掃 取精用宏 按巳亥兩沖 火力不足 非但畢生未許安閒 抑且不爲己謀 儘爲人忙 陳氏每以此而自嘆 亦以此而自慰 陳夫人喟然曰 何必形役徒勞哉? 余曰 芸芸衆生 忙其所忙 固何所謂徒勞與不徒勞 行其志而已 一言以蔽之 孔子所謂“有命”耳.

천문태보 진효위 사장은 문무를 겸비한 뛰어난 장군이며 청렴한 관리다. 나라를 구하고자 분주하게 해외를 다니며 있는 힘을 다하여 계속해서 교포들에게 유세를 하였다. 그 명조는 癸巳 癸亥 辛亥 癸巳다. 水가 많고 冲이 많아 움직이는 것을 좋아하고 정적인 것을 좋아하지 않는다. 일찍이 金運에 일간을 도와 吐秀하니 한껏 두각을 나타내고 중년 土運에는 일이 순조롭지 않고 업을 새롭게 고쳤으며 만년 火運에 필진을 일소하고 뛰어난 인재를 널리 등용하였다. 살펴보건대 巳亥兩冲으로 火力이 부족하여 생을 마칠 때까지 편안하지 못할 뿐 아니라 자신을 돌보지 못하였으며 다만 남을 위하여 분주할 뿐이다. 진씨는 비록 이것을 스스로 탄식하면서 또한 스스로 위로하였으나 진씨 부인은 한숨을 쉬며 왜 그렇게 헛수고만 하느냐? 고 말하였다. 내가 말하길 많은 중생이 바쁜 이유가 있어 바쁜 것인데 어찌 헛수고와 헛수고가 아니라고 할 수 있는가? 행하는 것은 그 뜻에 따를 뿐이라고 했다. 한 마디로 총괄하면 공자가 말한 “유명”이다.

12. 王某(왕모) 8運

戊丁丁甲　戊己庚辛壬癸甲
申巳卯辰　午未申酉戌亥子

丁酉暮春 余抵港後第三天 葉企堂先生下訪於六國旅邸 託算王某之命.. 戊申丁巳 丁卯 甲辰 余曰.. 丁生巳月 戊土傷官透淸 惜木火成羣 土金受逼 平淡無奇之命也 幸行運自二十八歲起 一路庚辛申酉 是乃窮者必富 富者更富 葉頷首者再 據云 此人出身寒微 三十歲左右 中馬票三獎 因而結識豪客 專營走私旣已食有魚而出有車 亦且買屋半山 惟以無子爲憾耳 余曰 壬運可獲一麟 驗否姑視其後.

丁酉년 늦봄 내가 홍콩에 온 후 3일째 되는 날 엽 기당 선생이 육국여관을 방문하여 왕모의 四柱.. 戊申 丁巳 丁卯 甲辰의 간명을 부탁했다. 내가 말하길 丁火가 巳月에 생하고 戊土 상관이 투출하여 청하지만 애석한 것은 木火가 무리를 이루어 土金을 핍박하기 때문에 기이함이 없는 평범한 命이라고 했다. 다행인 것은 28세부터 일어나는 運이 庚申辛酉로 궁한 자는 부자가 되고 부자는 더욱 부자가 된다고 말하자 엽 선생은 머리를 끄덕거렸다. 그의 말에 의하면 이 사람은 출신이 한미한데 30세 전후에 마표 석장이 당첨되었고 그로인해 사치에 대하여 알게 되었으며 오로지 사치를 꾀하는데 빠져들었다. 이미 음식에는 물고기가 있고 나갈 때는 차가 있었으며 또한 산 중턱에 집도 샀는데 자식이 없는 게 유감이었다. 내가 말하길 壬運에 아들 하나를 둘 것인데 맞는지 안 맞는지는 잠시 후에 보면 알 수 있다고 했다.

13. 于右任(우우임) 2運

己戊甲壬　丁丙乙甲癸壬辛庚己
卯辰子申　卯寅丑子亥戌酉申未

于公八秩華誕 有人贈以壽聯曰 "一時無兩詩文字 不朽有三德言功" 非但善

頌善禱 亦最合其身份耳 于造.. 己卯 戊辰 甲子 壬申 水木成象 所妙時落壬申 所惜戊己出干 窮通寶鑑所謂“淸秀學富” 又謂“勞而到老” 幸行運一路水金 功名顯達 但爲國宜勞 文字酬忙 固亦談不到安逸也 八十三歲行己運 如能越過 八十八歲未運亦爲一關 猶憶民國卄四年 余遇于公於淇泉太史府中 蒙卽席揮贈一聯曰 “幼聰蚤負寧馨譽 家學能傳珞琭書” 數十年來 余精裱而並不懸掛 蓋珍藏如拱璧 惟恐其蒙玷汗耳.

우공의 팔순 생일에 사람들이 장수를 기원하며 말하기를

“한때 시와 문자에서 겨룰 자가 없었고 없어지지 않을 삼덕에 관한 말씀의 공적이 있었다.”고 했는데 칭송하며 장수를 기원하는 말일 뿐 아니라 그의 지위에 매우 합당할 따름이다.

우공의 명조는 己卯 戊辰 甲子 壬申으로 水木이 象을 이루고 壬申時에 묘함이 있는데 戊己가 투출하여 애석하다. 궁통보감에서 “얼굴이 아름다우면 학식이 풍부하다” 또 “수고로움이 늙음에 이른다.”라고 했다. 다행이 運이 金水로 흘러 공명을 떨쳤다. 다만 나라를 위하여 마땅히 노력했는데 문자로 보답하느라 분주했고 또한 언론으로 편안하고 한가하지 못했다. 만일 83세 己運을 넘기면 88세 未運이 또한 난관이다. 돌이켜보면 민국24년 내가 기천태사부에서 우공을 만났을 때 즉석에서 주면서 말하기를 어리지만 총명하니 가학으로 전해온 낙록서를 주니 일찍 맡아서 차라리 향기를 즐기라하여 선물로 받았다. 수십 년이 되도록 깨끗하게 표구하여 걸어놓지 못하고 구슬을 끌어안은 것처럼 보배를 감추고만 있었으니 오직 그 받은 뜻을 욕되게 할까 두렵다.

*삼덕

正直 剛克 柔克(서경홍범). 知仁勇(사기.중용). 至德 敏德 孝德(주례)

*우우임(1879~1964)

중국의 청나라 말부터 중화민국 초기까지 활동한 언론인이다. 신주일보, 민호보, 민우보, 민리보, 민립보 등을 발행하며 청나라를 비판하고 혁명사상을 고취시켰으며 복단대학, 상해대학 등을 창설하는데 기여하였으며 1925년 쑨원이 죽자 국민당의 우파 지도자로 활약하였다.

14. 梁二姑(양이고) 곤명 2運

戊己乙壬　戊丁丙乙甲癸壬

辰未卯午　午巳辰卯寅丑子

日者與二三知己 小酌於本港北大酒家 以遣長夜 鄭君曰 "究竟人逐黃金歟? 抑黃金逐人歟?" 李君曰 "黃金逐人也" 請述表妹梁二姑之往事 可證吾言非謬 梁爲奧女 世居滬濱 父早故 事母甚孝 己丑冬 應姊之召 奉母由滬來港盤桓 時奧滬間通車伊始 海上富室 爲避購中共公債 紛紛逃港 有梁姓者 且挈其全家眷屬 南下作久居之計 與梁氏母女同車 車抵九龍 紊亂萬狀 司行李者 揀一形式相同 上書梁字之提篋予二姑 及達妹家 啓視之普通衣服之外 赫然金條十餘根也 想彼梁姓行李纍纍 領取需時 尙在不知不覺中耳 余曰.. 君能得知令表妹生辰乎? 李曰 二姑方於月前結褵 觀其新房中之證書 便知梗概 旋錄示其生辰 戊辰 己未 乙卯 壬午 按.. 乙卯專祿 生於未月 辰年 壬時 日主雖不當令 却有根氣 而戊己透天 午未載地 乃更身財兩强 己丑年 丁丑月 運在巳底 重重疊疊 無非是財 眞所謂黃金滿地矣 聞其夫婿趙氏 又爲香港富家 乙卯甲寅諸運 雖屬比劫 爲原局財旺所不畏 足保其翠繞珠圍 鐘鳴鼎食之生活也.

일전에 나를 아는 두세 명과 더불어 홍콩의 북쪽에 있는 큰 주점에서 술을 마시며 긴 밤을 보냈는데 정군이 말하길 "도대체 사람이 황금을 쫓는 거야 그렇지 않으면 황금이 사람을 쫓는 거야?" 이군이 말하길 "황금이 사람을 쫓는 거야"라며 외종사촌 여동생인 양이고의 지난 일을 말하면 내 말이 틀리지 않다는 것을 증명할 수 있다고 말했다. 양은 오지의 시골 여자로 오송강 하류의 강가에서 조상대대로 살았으며 아버지를 일찍 여의고 어머니에 대한 효심이 깊었다. 己丑年 겨울 언니의 부름에 어머니를 모시고 오송강에서 홍콩으로 가게 되었는데 그때에 오지인 오송강에도 간혹 차량 통행이 시작되었고 해상에는 부자들이 공산당의 공채 사는 것을 피하기 위하여 항구를 벗어나려고 복잡하고 어수선했다. 어느 양씨 성을 가진 자가 있었는데 전 가족을 데리고 남쪽으로 내려가서 오랫동안 살 계획으로 가는 중에 양이고의 모녀와 같은 차를 타게 되었다.

차가 구룡에 도착했을 때 상황이 어지럽고 복잡하였는데 여행 짐을 관리하는 사람이 생긴 것이 같은 것을 골라 위에 양자가 써진 상자를 이고에게 주었다. 언니 집에 도착하여 열어 보니 보통의 의복 외에 별안간 빛나는 금괴 10여개가 있었다. 생각해보니 양씨 성의 여행 짐이 첩첩이 쌓여 있는 데서 주는 대로 받았으며 또한 알지도 못하고 깨닫지도 못했던 것이다. 내가 자네는 외종사촌 여동생의 생일을 아는가? 라고 물으니 이군이 말하길 이고가 지난달에 결혼을 했다며 그 신방중의 증서를 보니 곧 대강을 알게 되었는데 기록된 그 생일을 보면 戊辰 己未 乙卯 壬午가 된다. 살펴보면 乙卯專祿이 未月에 출생하고 辰年 壬時로 일주가 비록 당령은 아니나 도리어 根氣가 있으며 戊己가 투간하고 午未에 실려 있으니 身財兩强이다. 己丑年 丁丑月에 運은 巳에 있어 중중첩첩이 財 아닌 것이 없으니 그야말로 황금이 가득 찬 처지다. 듣기에 그 지아비인 남편 조씨 또한 홍콩에 부자라고 한다. 乙卯 甲寅의 모든 運이 비록 비겁에 속하지만 원국에 財가 왕성하여 두렵지 않으니 비취를 두르고 진주에 둘러싸인 풍족한 생활을 유지하며 종을 쳐서 식구를 모아 솥을 벌여 놓고 밥을 먹는 부유한 생활을 하였다.

15. 任伯棠(임백당) 건명 4運

丁壬庚乙　辛庚己戊丁丙乙

未子子酉　亥戌酉申未午巳

生平祇逢一次機會 便成終身富裕者 余於任伯棠兄命造見之 丁未 壬子 庚子 乙酉 任兄家道小康 幼攻法律於東吳大學 畢業之後 雖爲律師 迄無所事 三十七歲癸未年 其于歸盛氏富室之姑母 以家庭析産一案 委託辨理 所謂辨理者 臨場簽一名字而已 任得公費頗鉅 乃購地於上海之龍華 廣闢農場 度其

半耕半讀之生活 按.. 庚金日元 生於子月 以寒濕爲病 以未土爲藥 運行戊土歲遇癸未 除盡寒濕 暴富宜矣 原命乙木透時 名曰財來就我 本爲安閒之輩 有此好親戚 自非偶然耳.

평생에 단 한 번의 기회를 만나 갑자기 종신토록 부유한 자인 임백당의 명조를 보면 丁未 壬子 庚子 乙酉다.

임백당의 집안은 중산층이었고 어려서 동오대학에서 법률을 전공하였으며 학업을 마친 후 비록 변호사가 되었으나 일이 없어 그만두었고 37세 癸未年에 盛氏라는 부잣집으로 시집간 고모가 있었는데 가정의 재산을 분석하는 하나의 방안으로 변리를 위탁했다. 소위 변리라는 것이 일이 생겼거나 문제가 제기된 곳에 가서 이름을 서명하는 것뿐인데 임은 꽤 큰돈을 벌었고 상해의 용화라는 곳에 땅을 사서 넓은 농장을 만들고 반은 농사짓고 반은 독서하며 시간을 보냈다. 살펴보면 庚金일주가 子月에 생하여 한습이 病이고 未土가 藥이 된다. 戊土運에 癸未年을 만나 한습을 모두 제거하니 당연히 벼락부자가 되었다. 원명에서 乙木이 時에 투간하였으니 이름하여 재래취아라 하고 본래 평안하고 한가로운 팔자며 이렇게 좋은 친척이 있는 것도 저절로 우연히 이루어진 것은 아니다.

陳 克錦(진극금) 건명 8運

壬辛辛壬　　壬癸甲乙丙丁戊

寅亥丑辰　　子丑寅卯辰巳午

港萬發銀號主人陳克錦君命造.. 壬寅 辛亥 辛丑 壬辰 金水傷官 行丙火運 白手致富數千萬 亦祇憑一時之機會 而成豪富者也.

홍콩에 만발은호의 주인인 진 극금의 명조는 壬寅 辛亥 辛丑 壬辰으로 金水상관이다. 丙火運에 맨손으로 수천만금을 致富하였는데 역시 한 번의 기회에 의거하여 부호가 된 것이다.

16. 段, 吳, 命造(단, 오의 명조)

客有要求多論政海名人之命運 夫當代偉人 余固不願月旦 爰以過去名公 想到寫之 比閱天文台報一勺先生叙述段祺瑞吳光新之事蹟 歷歷如繪 鑿鑿可證 余因檢視段吳二人之命運..

손님 중에 정계의 유명인들의 명조를 논해 달라는 많은 요구가 있으나 나는 당대의 위인들에 대하여 평하는 것을 정말로 원하지 않으므로 이에 과거의 유명한 재상들을 생각해 토로한다. 천문태보의 일작선생이 서술한 단기서와 오광신의 발자취를 견주어 보면 그림같이 또렷하여 확실하게 증명할 수 있는데 나는 단과 오 두 사람의 命運을 자세하게 살펴보기로 한다.

段祺瑞(단기서) 건명 1運

乙己乙壬　戊丁丙乙甲癸壬

丑卯亥午　寅丑子亥戌酉申

段造爲 乙丑 己卯 乙亥 壬午 月令建祿 亥卯結局 身旺任財 妙在己壬財印兩透 並得祿於亥午 惟福澤猶嫌不足 故雖貴爲執政 杌楻不安也.

단의 명조는 乙丑 己卯 乙亥 壬午로 월령이 건록이고 亥卯가 결국하여 신왕하므로 재성을 감당한다. 己재성과 壬인성이 모두 투출하고 亥午에 나란히 득록함에 묘함이 있으나 복과 윤택함이 오히려 부족하여 불만스럽다. 그러므로 비록 귀함은 나라의 정무를 맡아 보았으나 위태롭고 편안하지 않았다.

吳光新(오광신) 건명 8運

壬丙甲甲　丁戊己庚辛壬癸

午午申子　未申酉戌亥子丑

吳造.. 壬午 丙午 甲申 甲子 五月火旺乘權 子申會局化印 用神在印 土得潤而木得生 又和解子午之戰局 午申再拱乙貴 所以顯赫一時也 一勺先生謂段吳

之黃金時代爲民七戊午 民八己未 民九庚申 按此三年 段造爲財官主政 吳造正走庚運 印逢殺助 故段之雄視海內 吳之鷹揚江表 俱非偶然也.

오의 명조는 壬午 丙午 甲申 甲子로 午月 火가 당권한데 申子가 회국하여 인성이 되고 인성이 용신이니 土가 윤택함을 얻고 木이 생을 얻는다. 또 子午의 戰局을 화해하고 午申이 천을귀인을 다시 껴안으니 한때 이름을 날린다. 일작 선생이 이르길 단과 오의 황금시대는 민국7년 戊午 민국8년 己未 민국9년 庚申이라고 했다. 이 삼년을 살펴보면 단의 명조는 財官이 주관하였고 오의 명조는 庚運으로 인성이 殺의 생조를 만나니 단은 국내에서 뛰어난 위세를 보였고 오는 매가 하늘을 날 듯 위엄이 있었는데 모두 우연이 아니다.

17. 哈同(유태인 Hardoon) 건명 6運

己庚庚丙　　己戊丁丙乙甲癸

酉午子子　　巳辰卯寅丑子亥

猶太人來我國經營而致富者多矣 報載香港娛樂業鉅子差利死訊 差利發財而無子 因憶及囊年有人以猶太富商哈同之生辰 譯成八字 己酉 庚午 庚子 丙子 浼余推算 夫殺旺用印 固非凡庸之輩 但空拳致富 竟爲滬上地產大王 實行運有以致之 蓋渠自三十歲後 歷行數十年水木財鄉 所當豪門珠履 貫朽粟陳 至於七殺少制 傷官無力 所以伯道無兒 是亦畫龍雖好 點睛未成 世人往往財丁不能兩全 殆亦天道之至公歟 更有進者 當年造成海上地產漲價 壟斷居奇 實始自哈同 富者寸金尺壁 窮者流離失所 孟子曰 始作俑者 其無後乎. 洵然 幾許相書 不脫陳希夷<相由心生>一言 論命又何嘗不然哉 哈同死後 其心腹之人 俱作鳥獸散 義子義女 且以爭奪遺產 鬧得滿城風雨 正如劉禹錫詩云 <舊時王謝堂前燕 飛人尋常百姓家>

유태인들이 우리나라에 들어와 장사를 하여 致富한 자가 많은데 신문에 실린 것을 보면 홍콩에서 오락업의 대부인 찰리는 돈은 벌었으나 자식이 없었던 것이 죽은 후에 알려졌다. 내 기억 속에 유태인으로 부자 상인인 합동의 생일을 기억하면 己酉 庚午 庚子 丙子가 된다. 청탁하여 내가 추산해보면 무릇 殺이 왕성하여 인성을 用하니 평범한 사람이 아니며 다만 맨손으로 치부하는데 마침내 상해에서 제일가는 땅 부자가 되었고 실제로 이룰 수 있는 運이 있었다. 대략 30세후부터 수십 년간 水木財運으로 흐르니 당연히 호화로운 집안이고 재물이 넘쳐난다. 칠살을 억제하는 것이 적고 상관이 無力하여 자식이 없는데 이것이 용을 비록 잘 그렸으나 점정을 이루지 못한 것과 같다. 세상 사람들이 가끔씩 재물과 자식이 모두 온전할 수 없다고 하는데 반드시 하늘은 공평한 것 같다. 다시 더한 것이 있는데 당시 상해의 부동산 가격이 크게 오르며 이익을 독점하는 기이함이 있었고 사실은 합동으로부터 비롯되었다. 부자는 금을 헤아리고 옥의 크기를 재는데 가난한 자는 정처 없이 떠돌아다녔다.
맹자가 말하기를 "좋지 않은 전례를 만드는 자는 뒤가 없다."고 했는데 참으로 그렇다. 몇몇 상서에 진희이가 말한 "상은 마음에서 나온다."고 한 한마디를 벗어나지 못하고 명리로 논해도 또한 근본부터 따지고 보면 그렇지 아니한가? 합동이 죽은 후 그 심복들은 모두 뿔뿔이 흩어지고 양자와 양녀들은 유산을 쟁탈하는 시끄러운 소문이 자자했다. 유우석이 시에서 말하기를 "옛날 왕이 물러나면 궁에 살던 제비마저도 일반백성의 집으로 날아간다."고 했는데 정말 똑같다.

진 옹 9運

丁壬丁壬　辛庚己戊丁丙乙
亥寅卯寅　丑子亥戌酉申未

吾友陳翁 亦爲地産商 但廣廈千間 有庇寒士良多 晩年因時局之變化 赤貧僦居一小樓 星散之僕員 時來探望舊主 今其幼子爲工程師 已能奉養老人 陳翁八字.. 丁亥 壬寅 丁卯 壬寅 爲化木格 恭儉溫良 一望而知 並錄之 以供同好之硏究.

내 친구인 진 옹 역시 땅이 많은 상인이었으며 천 칸이나 되는 크고 넓은 집이 있었고 가난한 선비들을 많이 도와주었으나 만년에 시국의 변화로 인하여 아무것도 없이 아주 가난하게 되어 작은 다락방 하나에 세 들어 살았는데 별처럼 흩어졌던 종업원들이 늘 찾아와 옛 주인을 문안하였다. 지금은 어린 아들이 공장의 기사가 되어 이미 노인을 봉양할 수 있게 되었다.
진 옹의 팔자는 丁亥 壬寅 丁卯 壬寅이고 化木格으로 공손하고 검소하며 온화하고 순량한 사람임을 한눈에 알 수 있다. 함께 기록해서 동호인들의 연구에 제공한다.

18. 葉錦文(엽금문) 건명 6運

癸甲辛戊　癸壬辛庚己戊丁
丑子巳子　亥戌酉申未午巳

本港雄性婦人馬光喜 忽男忽女 招搖撞騙 然其目的爲果腹 非眞有女性美也 吾鄕有葉錦文者 世家子也 晝宗蓋七鄕 字摹靈飛經 喜讀朱淑貞斷腸時 服飾整潔 人品娟秀 好作婦女裝 乾淨俐落 楚楚動人 不善辭令 見客輒走避 或强與叙談 則羞人答答 兩頰生暈 娶同村黃氏女 矯健卓立 豪爽勝過鬚眉 兩家締姻之前 就卜於余 余曰.. 男似女 女似男 其婚配之巧 可謂踏破鐵鞋無覓處矣 葉氏因家道素封 不事生計 戚屬往來酬應 概由其妻周旋 夫妻琴耽瑟好 從無間言 閨房之樂可知矣 按葉之命造爲.. 癸丑 甲子 辛巳 戊子 辛生子月 子時干又透癸 一派秀氣 杜詩所謂 "皎如玉樹臨風前"是也. 更妙戊印生金 制水 所以恪守禮義 風流而不下流 至於甲財透月 宜其席豐履厚 巳火取暖 饒有閒情逸致耳.
홍콩에 마광희라는 남자같은 성질을 가진 부인이 있었는데 갑자기 남장을 했다가 여장을 했다가하며 다른 사람의 눈을 끌어 속임수를 썼는데 그 목적은 배불리 먹는 것이었고 참으로 여성미가 있는 것은 아니었다.

내 고향에 엽금문이란 자가 있었는데 명문가의 자식이다. 그림은 대략 일곱 마을에서 으뜸이고 글자는 귀신이 날아다니는 것을 묘사하는 지경이었다. 주숙정의 애절한 시 읽는 것을 좋아하고 옷과 차림새는 정결하며 인품은 빼어나고 아름다운데 부녀의 옷차림하는 것을 좋아했다. 일 처리가 깨끗하고 재빠르며 자태가 고와서 사람의 마음을 설레게 하는데 사람과 응대하는 말을 잘하지 못해 사람을 만나면 언제나 피해서 달아나거나 억지로 이야기를 하게 되면 사람을 수줍어하여 두 뺨이 불그스름해졌다. 같은 동네 황씨 여자에게 장가갔는데 씩씩하고 늠름함이 특별나게 뛰어나고 호쾌하며 시원시원함이 남자를 능가했다. 양가는 혼인을 맺기 전에 나에게 길흉을 물으러 왔는데 내가 말하길 "남자는 여자 같고 여자는 남자 같으니 그 짝이 교묘하여 철신을 신고 다 닳도록 찾아다녀도 찾을 수 없다."고 말했다. 엽씨의 집안이 원래 부자이기 때문에 생계는 문제가 아니었다. 친척들이 왕래하였는데 응대하는 것을 대부분 그 처가 상대함으로 말미암아 부부의 금슬이 좋아 사이를 떼어놓을 말을 할 수가 없으니 규방의 즐거움을 알 수 있었다.

엽씨의 명조를 살펴보면 癸丑 甲子 辛巳 戊子로 辛이 子月 子時에 생하고 천간에 또 癸水가 투출하여 한 가지 氣가 빼어나다. 두보의 시에 소위 "희고 깨끗함이 옥으로 만든 나무가 바람에 나부끼는 것과 같다"고 했는데 옳은 말이다. 더욱 묘한 것은 戊土 인성이 金을 생하고 制水하는 것이다. 그런 까닭으로 삼가하고 예의를 지킬 줄 알며 풍류는 하류가 아니었다. 甲木 재성이 月에 투출함에 이르러서는 마땅히 베푸는 것이 넉넉하고 행실은 후덕했으며 巳火가 따뜻하게 하므로 여유롭고 너그러우며 안락함에 이르렀을 따름이다.

19. 吳子深(오자심) 건명 1運

甲甲己庚　乙丙丁戊己庚辛

午戌酉午　亥子丑寅卯辰巳

余下榻六國飯店之初 吳翁子深下訪 環顧四壁蕭然 曰 以君高雅 齊中豈可無書畫 翌日 惠賜親筆畫軸一幀 松風謖謖 修竹搖曳 頓使蓬蓽生輝 吳氏爲江南望族 翁幼秉庭訓 熟諳文史 弱冠從事醫畫 侍其母舅遜 清御醫曹滄洲徵君几案 垂十六七年之久 故識驗特富 活人無算 畫乃已臻化境 滬人所推崇之<三吳> 翁其一也 翁又涉獵星命諸書 間或爲親友推斷 頗多獨到. 而於余最爲贊許 謂有儒家風度 絶無時俗 余唯唯不敢當 翁本人八字 爲.. 甲午甲戌 己酉 庚午 與趙文敏公子昻之命造 大體相仿 評者議論紛紜 余獨取食神 良以己土當令 又得祿於年時兩午 庚金雖透 傷甲而巳 日坐酉金 發越秀氣 且爲文昌 其藝兼衆長 豈偶然哉 卯運沖酉 數百萬遺産 零落過半 旣交辛運 食神主事 用神得助 晩景堪娛 蓋醫則着手成春 畫則直追宋元 七旬老人尙力學不倦 嘗撰<客窗隨筆>一書 洩盡醫畫精蘊 卜其必能傳諸不朽也.

내가 육국반점에 처음 있을 때 오자심 노인이 방문하여 사방 벽이 쓸쓸한 것을 돌아보고 하는 말이 이렇게 고상하고 우아한 자네가 집에 어찌 서화가 없을 수 있는가? 하면서 다음날 친필로 된 두루마리 그림 하나를 선물로 주었는데 소나무 숲 사이를 스쳐 부는 바람과 흔들리며 나부끼는 대나무로 꾸며진 그림이 누추한 집을 빛내주므로 머리를 조아릴 뿐이다. 오씨는 강남의 명망가에서 태어났고 어려서 가정교육을 받으며 문학과 역사를 외우고 익혔다. 20세에 의학과 그림에 종사하게 되었는데 그 외삼촌을 따라 청나라 어의관청이 있는 장수에서 시내세 되있고 거의 16~17년 동안이나 오래있었으며 지식과 경험을 쌓고 특히 부자가 되었다.

사람의 목숨을 구한 것은 헤아릴 수 없고 그림에는 이미 지극한 경지에 이르렀다. 상해 사람들이 공경하여 받드는 <三吳>가 있는데 옹이 그중 하나다. 옹은 또 星命제서들을 섭렵하였으며 간혹 친구들의 명을 추난하었는네 많은 깃에서 독보적인 경지에 이르렀다.

나를 극히 칭찬하면서 儒家의 풍격이 있고 전혀 시속적이지 않다고 하여 나는 감당하기 어려운 말씀이라고 말했다.
옹의 본인 팔자는 甲午 甲戌 己酉 庚午이다. 조문민이나 공자앙의 명조와 대체로 비슷하다. 평하는 자마다 의론이 분분하나 나는 식신을 취하는데 좋은 것은 己土가 당령하고 또 年時의 兩午火에 득록한 것이며 庚金은 투출하여 甲木을 傷할 뿐이나 日坐 酉金의 秀氣가 뛰어나고 또 문창이 되어 그 예술적 재능이 배가 되므로 衆人의 우두머리다. 어찌 우연이겠는가? 卯運은 酉를 冲하여 수백만금의 유산이 줄어들었고 이미 辛運이 도래하여 식신이 힘을 쓰니 용신이 도움을 얻어 늙어서 즐거워할 만하다. 의술은 손이 닿기만 하면 회춘하고 그림은 송나라와 원나라 때의 그림을 따라잡을 정도로 뛰어나며 칠순 노인이 오히려 학문에 힘쓰며 게으르지 않고 일찍이 <객창수필>이란 한권의 책을 지었으며 의업과 그림에 정력을 모두 쏟고 있으니 영구히 전해질 것이다.

20. 王曉籟與程霖生(왕효뢰와 정림생)

王曉籟之多子 程霖生之多財 滬人士固知之熟矣 王翁有子女三十餘人 程翁在最盛之時 財産以美金億數計算. 或間如此多子多財 殆亦生與俱來 命運注定耶? 余曰 推命論子論財 可以測其子息之多寡,財富之大小 至於確數 因有客觀條件在焉 絕難言其標準耳 何謂客觀條件? 關於子 一妻歟 多妻歟! 關於財 時代之時間性 地域之空間性 在在大有問題.
왕효뢰는 자식이 많고 정림생은 재산이 많은데 상해 사람들은 익숙하게 알고 있다. 왕옹은 자녀가 30여명이 있었고 정옹은 최고 전성기 때는 재산이 미화 수억 달러로 계산했다. 간혹 이와같이 자식이 많거나 재산이 많은 것도 반드시 태어날 때 함께 타고나는 것으로 명운에서 정해진 것인가? 라고 묻는데 내가 말하길 추명하면서 자식을 논하고 재산을 논하는 것은 그 자식의 많고 적음과 재산과 부의 크고 작음을 추측할 수는 있으나 확실한 수에 이르기까지는 객관적인 조건이 있으므로 그 표준을 말하기는 매우 어렵다고 했다. 객관적인 조건이란 무었을 말하는가?
자식에 관련해서는 一妻와 多妻이고 재물에 관련해서는 시대적인 시간성과 지역적인 공간성에 문제가 크게 있다.

王曉籟(왕효뢰) 건명 6運

丙辛壬戊　壬癸甲乙丙丁戊

戌丑午申　寅卯辰巳午未申

王翁命造.. 丙戌 辛丑 壬午 戊申 按窮通寶鑑以用神爲子 然則其命以辛爲用旺於申時 最多五子 蓋舊書云 旺中五子自成行也 設非六妻都能生育 焉得如此多子哉?

왕옹의 명조는 丙戌 辛丑 壬午 戊申이다. 살펴보면 궁통보감에는 용신을 자식으로 삼는다. 그런즉 辛金이 용신인데 申時에 旺이 되어 자식이 최다로 다섯이다. 대개 舊書에 말하기를 旺中에 다섯 자식을 둔다고 했다. 설령 여섯 명의 처가 낳고 길러도 가능한 일이 아닌데 어찌 이와 같이 많은 자식을 두었단 말인가?

程霖生(정림생) 건명 7運

丙癸乙癸　甲乙丙丁戊己庚

戌巳亥未　午未申酉戌亥子

程翁命造.. 丙戌 癸巳 乙亥 癸未 巳月乙木 丙癸並透 太陽雨露 配合適宜 故主大富. 但苟非生於富貴之家 承平時代 或所置龐大地産 非屬於上海者 又焉得如此之富哉? 程翁自四十七歲起 戊運合癸 戌運迫癸 己運制癸 失敗歷十五年之久 則雖金穴銅山 亦將銷磨殆盡矣.

정옹의 명조는 丙戌 癸巳 乙亥 癸未다. 巳月의 乙木이 丙癸가 함께 투출하여 태양과 우로가 적당히 배합되었으니 大富다. 단 부귀가문의 출생이 아니고 나라가 태평시대며 방대한 부동산을 사들이지 않고 상해에 속하지 않았다면 또 어찌 이와 같이 富를 얻을 수 있단 말인가? 정옹은 47세부터 일어나는 戊運에 癸水를 합하고 戊運에 癸水를 압박하며 己運에 癸水를 제거하므로 15년의 오랜 세월을 실패하며 보내게 된다. 비록 金굴이나 구리 산이 있을지라도 장차 녹아버리고 닳아서 거의 없어질 것이다.

21. 燕春(연춘) 곤명 6運

庚甲己辛　癸壬辛庚己戊丁

戌申酉未　未午巳辰卯寅丑

石軍長 翩翩年少 槃槃大才 戀有二姝 欲納其一 以充簉室 一日燕春 嫵媚多姿! 一日瑞冰 端厚而畧嫌環肥 不識二人之命 孰爲優善 就決於余 余曰 燕春命造.. 庚戌 甲申 己酉 辛未 秋土薄弱 受重金之洩 秀氣盡發 但甲木正官 臨於絶地 雖有傾城之貌 恐不安於室 或早賦孤鵠 良可畏也.

석군장은 멋있고 소탈한 젊은이로 큰 재목인데 사랑하는 두 여자가 있었으며 그 중에 하나를 첩으로 삼고 싶었다. 하나는 각종 자태가 예쁘고 사랑스러운 연춘이고 하나는 예의바르고 얌전하나 약간 불만스러울 정도로 살찌고 둥그스름한 서빙이다. 두 사람의 명에서 누가 더 좋은지 알 수 없어 나에게 물으려고 왔다.

내가 말하길 연춘의 명조는 庚戌 甲申 己酉 辛未이다. 가을 土가 박약하고 많은 金의 설기를 받아 秀氣가 발설되어 다 없어졌다. 다만 甲木 正官이 絶地에 있어 비록 傾城之貌가 있으나 소실로는 두렵고 불안하며 혹은 일찍 외로운 고니가 될 것이 참으로 두려울 만하다고 했다.

서빙 곤명 4運

癸癸丙己　甲乙丙丁戊己庚

丑亥申丑　子丑寅卯辰巳午

瑞冰命造 癸丑 癸亥 丙申 己丑 初冬水旺 申金之財 洩土生水 夫星有力 乃宜室宜家之命婦也 石雖韙余說 但以迷戀美色 卒納戀春 此二十餘年以前之事也 廿載以來 人事滄桑 白雲變幻 一九五七年夏間 石忽訪余於六國旅邸 蓋已皤然老矣 迴溯前塵 相與唏噓 石又憶及兩女子之事 據謂 燕春於婚後未閱半載 席捲遠颺 因追念余言 再覓瑞冰 冀拾舊歡 則瑞氷已安作商人婦矣.

서빙의 명조는 癸丑 癸亥 丙申 己丑이다.

초겨울에 水가 왕하고 申金재성이 洩土生水하여 夫星이 유력하니 소실로도 마땅하고 아내로도 마땅한 명이다고 했다. 석은 비록 내 이야기를 옳다고 여기면서도 아름다운 미색에 빠져 기어이 연춘을 소실로 삼았다. 이것은 20여 년 전의 일이다. 20년 뒤에 세상의 모든 일이 몰라보게 빨리 변화하였고 흰 구름이 나타났다 없어지듯 알 수 없이 변하였다. 1957년 여름에 석이 갑자기 육국여관으로 나를 방문하였는데 이미 머리가 하얀 노인이 되어 있었다. 지난 세월을 거슬러 올라가 회상하면서 함께 탄식했다. 석은 또 두 여자의 일을 기억했는데 연춘은 혼인 후 반년이 지나기 전에 자리를 거두어 멀리 도망가 버렸고 내 말이 생각나서 다시 서빙을 찾아 옛날의 기쁨을 얻으려 했으나 서빙은 이미 어느 상인의 부인으로 평안히 지내더라고 했다.

22. 鞋匠醫生(혜장의생) 건명 3運

丙甲癸庚　乙丙丁戊己庚辛

午午卯申　未申酉戌亥子丑

海上有施某者 業鞋匠 設攤於老虎灶門首 滬人之稱老虎灶 卽爲小型茶館也 苦力之人 羼集飲茗於此 有一老者來自蘇北 自言擅長金鍼 能治百病 實則鄉間挑痧之流耳 每日設診於老虎灶 治病有驗有不驗 施某於暇時輒爲老者服役奔走 乃盡得其術. 歲在庚寅 政府提倡針灸 施某棄其本業 一躍而爲醫生 因

有腕力 行針較深 乃患膚淺之風濕症 末梢神經受其反射刺激 居然應手而癒 於是鞋匠醫生之名大彰 夫取法乎上 僅得其中 施某旣師事無知無識之老者 於<三里><合谷>等普通穴道 尙不能中乎肯綮 矧又診所窳陋 設備簡單 乃業務蒸蒸日上 門庭若市 此無他 命運使然也 有淸吳中名醫葉天士嘗曰.. <趁我十年運, 有病快來醫> 旨哉言乎 據林士庠兄告我 施某之命造爲.. 丙午 甲午 癸卯 庚申 按.. 全局木火昌熾 癸水日元 僅一申金爲根 四十四歲行己運 己來合甲 釜底抽薪 所以福至心靈 改弦易轍 繼行亥運 更進一步 自必有所居積 五十三歲流年戊戌 福乾癸水 應有挫折 然而運在亥水 其勢方張 或如輕煙淡霧 無碍乎寒梅秋菊也.

상해에 가죽신을 만드는 시모라는 자가 있었는데 출입문 머리에 늙은 호랑이 조왕신을 펼쳐서 설치해 놓았다. 상해사람들은 늙은 호랑이 조왕신이라고 불렀고 작은 찻집이 되기도 했으며 힘들게 일하는 사람들이 이곳에 뒤섞여 모여서 차를 마셨다. 소북에서 온 한 노인이 있었는데 자기가 긴 침을 능숙하게 사용할 수 있으며 온갖 병을 치유할 수 있고 실제로 고향에서 괴질이 번지는 것을 치료했다고 말했다. 매일 늙은 호랑이 조왕신에서 진료를 했는데 효험이 있기도 하고 없기도 했다. 시모가 한가한 때에 바쁘게 일하는 노인을 위하여 도우며 그 기술을 다 배우게 되었다. 庚寅年에 정부가 처음으로 침구를 장려하였는데 시모는 본업을 버리고 일약 한의사가 되었고 팔의 힘이 있어 비교적 깊이 침을 놓을 수 있어 환부가 얕은 풍습증이 말초신경이 반사자극을 받아 쉽게 치유가 되었으며 이에 갖바치 한의사의 이름이 크게 날리게 되었던 것이다. 대저 잘할 수 있는 방법을 어떻게 배웠단 말인가? 겨우 중간 정도의 기술을 배웠을 뿐이고 그가 스승으로 삼고 가르침을 받은 사람은 지식이 없고 배우지 못한 노인이었으며 "삼리""합곡" 등의 보통 혈도에 맞춰 봐도 오히려 뼈와 살 사이의 힘줄이 얽킨 곳은 중간의 기술로는 할 수 없고 하물며 또 진료하는 곳은 궁벽하며 설비도 간단했다. 그러나 의외로 업무는 날마다 많아지고 문정약시를 이루었는데 이것은 다른 까닭이 아니고 명운이 그렇게 시킨 것이다. 청오에 있는 명의 엽 천사가 일찍이 말하길 "내가 십년을 궁리하고 쫓아야 병세가 좋아졌다"고 했다.

임 사상 형이 나에게 알려준 시모의 명조는 丙午 甲午 癸卯 庚申이다. 살펴보면 전국이 木火가 번성하고 癸水 일원이 겨우 하나의 申金에 뿌리를 두었다. 44세 己運에 己가 甲木을 합하여 솥 밑의 장작을 뽑아내니 복이 심령에 이르게 되어 활의 시위를 고치니 궤도가 바뀐 것이다. 이어서 亥運은 더욱 진일보하고 틀림없이 재산도 축적하는 바가 있으나 53세 戊戌年에 癸水가 마르게 되어 좌절한다. 그러나 運이 亥水에 있어 그 세력이 方張하니 혹여 옅은 연기와 맑은 안개가 겨울의 매화와 가을의 국화에 무슨 장애가 있겠는가.

23. 陳婦(진부인) 곤명 10運

戊丁丁庚　丙乙甲癸壬辛庚

子巳未子　辰卯寅丑子亥戌

天傾西北 地陷東南 世事固無十全十美者也 女子有三從 從母 從夫 從子 然而三從不全 或全而不好者 比比皆是 奚啻恒河沙數也 嘗見一陣姓婦人之命.. 戊子 丁巳 丁未 庚子 以表面視之 格爲拱祿 出自名門 有財有殺 適於望族 傷食並見 一麟毓秀 但細按之 所拱午祿 爲兩子所虎視 父爲寒士 母又多病 自幼處理家務 備形栗碌 更以火旺水衰 夫婦之感情惡劣 同在鄉間 早已分居 胼手胝足 兀兀窮年 戊與未皆爲燥土 僅有一子 梟獍成性 在香港甚爲得意 乃無所奉養於老母 然則 三從雖全 美滿云何哉 本人得享高齡 而亦爲苦壽矣 昔曾文正公名其書齋曰<求闕> 蓋深惕乎求全有毀 亟於求缺 洵希聖希賢之見識也.

하늘은 서북으로 기울고 땅은 동남으로 가라앉아 있기 때문에 세상일은 본래 모든 것을 온전하게 갖추거나 모든 것이 좋은 것은 없다. 여자가 따라야 할 세 가지가 있는데 어미를 따르고 지아비를 따르며 자식을 따르는 것이다. 그러나

이 따르는 세 가지가 온전하지 못하고 혹 온전해도 좋은 것만은 아닌데 어느 것이나 다 그러한 것이 어찌 갠지스 강의 모래숫자 뿐이겠는가?

이전에 보았던 진씨 부인의 명은 戊子 丁巳 丁未 庚子이다. 겉으로 보면 拱祿格이 되고 명문출신이며 財殺이 있어 명망이 있는 집안이 마땅하고 식상이 함께 나타나 뛰어난 자식 하나를 키운다. 그러나 자세히 살펴보면 拱祿인 午火는 兩 子水가 호랑이의 시선으로 노리고 있고 부친은 가난한 선비였으며 모친은 多病하여 어려서부터 집안일을 맡아 처리해야 하는 춥고 보잘 것 없는 형세를 갖추었다. 더욱이 火가 旺하고 水가 衰弱하여 부부간의 감정이 몹시 나빴다. 부부가 같은 마을에 살면서 일찍이 이미 따로 살았으며 손발에는 굳은살이 박이고 올올하게 궁한 세월이었다.

戊와 未가 모두 조토이므로 겨우 자식하나 있는데 성격이 올빼미와 맹수 같아서 홍콩에서 제법 성공했으나 노모를 봉양하는 바가 없었다. 그런즉 三從이 비록 온전하더라도 아름답고 흡족하다고 어찌 말할 수 있겠는가? 본인은 고령을 살고 있지만 괴롭게 살고 있다. 옛날에 증문정公이 몹시 노한 그 책의 이름이 <구궐>인데 대개 온전함을 구하고 훼손함을 깊이 두려워하며 부족함을 삼가했다. 참으로 성현의 식견을 바라는 바이다.

24. 王企予(왕기여) 건명 6運

丙甲丙丙　乙丙丁戊己庚辛

午午申申　未申酉戌亥子丑

王君企予 別署萬郵 詩文寫作俱佳 爲人落拓不覊 丁亥之秋 來余處爲記室 自言有生以來 從無隔宿之糧 顧其進益非尠 不知耗於何處? 或囊有餘資 便不見其人矣 家在浙江海寧 子女都能生産 屢請返鄕團叙天倫 輒不聽 其妻挈來滬堅邀 竟然避不見面 夫旣非逃禪! 亦未隱逸 矧又鳩形鵠面 不修邊幅 固不類有所外遇 蓋誰家蛾眉 願與面首哉 總之 王之一擧一動 乖僻特甚 視其命造

丙午 甲午 丙申 丙申 三丙二午 時在仲夏 流金爍石 兩重申金 何能爲力 此種八字 卽命書所謂<不僧不俗>者是也 幸未熱中名利 否則戊戌運程 定遭不測或論其亥運當好 余以爲杯水車薪 反激火怒 非但無利 抑且有害 五十三歲戊戌年 甚或不祿 殆在意料之中耳.

왕 기여의 별명은 만촌인데 시문을 잘 지었고 대범한 사람이었다.

丁亥年 가을 내가 있는 곳에 와서 사무를 보았는데 스스로 말하길 태어난 이래로 평소에 양식이 떨어진 적이 없고 돌아보면 적지 않게 넉넉했었는데 어디에 썼는지 알 수가 없다고 했는데 어쩌다 주머니에 여유가 생기면 그는 곧 보이지 않았다. 집은 절강 해녕에 있었고 자녀들도 모두 일할 수 있었으며 고향에 돌아와 가족이 모여서 화목하게 살기를 여러 번 청하였으나 번번이 들어주지 않았다.

그 처자식이 상해에 만나러 왔으나 도리어 피해버려 만나지 못했다. 남편은 피하여 참선하는 것도 아니고 속세를 피해 숨은 것도 아닌데 하물며 비둘기 같은 형상에 고니 같은 얼굴로 외모에 신경을 쓰지 않아서 참으로 밖에서 만날 수 있는 류가 아니었다. 누가 아내가 미인인데 여자처럼 생긴 미남자와 사귀기를 원하겠는가.

한마디로 왕의 일거일동은 이상야릇하고 비뚤어진 것이 특히 심하다.

그 명조를 보면 丙午 甲午 丙申 丙申이다. 3丙 2午에 때가 仲夏이니 쇠와 돌이 녹아 흐르는데 兩 申金이 어찌 힘을 쓸 수 있겠는가? 이런 종류의 팔자는 命書에서 소위 "중도 아니고 속인도 아니다"고 하는 것이다. 熱하지 않은 중에는 다행히 名利가 있으나 그렇지 않은 戊戌運에 반드시 예측할 수 없는 나쁜 일을 당하게 된다.

어떤 사람은 亥運이 당연히 좋다고 논하나 나는 한 수레의 섶에 한 잔의 물로써 도리어 火氣를 격하여 怒하게 하니 이익이 없을 뿐 아니라 해로움이 있다고 본다. 53세 戊戌年에 더 심하거나 죽을 수 있는 위태로움이 예상된다.

25. 文姑娘(문고낭) 坤命 8運

辛乙庚乙　丙丁戊己庚辛壬

酉未辰酉　申酉戌亥子丑寅

文姑娘 粤人也 出自綠窗 歸於白屋 隨夫居港旣久 習染繁華 始而不容於家庭 旋以名女人姿態 活動於交際場合 生張熟魏 盡爲人幕之賓 迨後人老珠黃 孑然一身 追憶當年 不堪回首 鬱鬱寡歡 丁酉五月飮恨而亡 按.. 文之命造爲.. 辛酉 乙未 庚辰 乙酉 六月庚金 三伏生寒 土金太多 致使乙丁財官無力 運行酉戌十年 一刃一梟 此離彼合 帷薄不修 纏頭所得 盡耗於賭博 戌運爲火土之庫 若不死於丁酉年 亦難延下一年戊戌耳 査此命三十九歲將交己運 己爲濕土 必見好轉 繼行 亥庚子辛 美運接軫而來 蔗境回甘 未始不可爲賢妻良母 奈歷劫太深 遽爾香消玉殞 此謂<有運無命> 蓋福澤不够 好運可望而不可卽 以視世之有命無運 懷才不遇者 乃爲更慘矣.

문고낭은 광동성 사람으로 산골에서 태어나 가난한 집으로 시집가서 남편을 따라 홍콩에서 산 지가 이미 오래되어 번화함에 물들게 되었다. 비로소 가정에는 소홀히 하고 오히려 여인의 자태로 유명해져 사교장에서 어울리며 활동하면서 빼어나게 무르익어 갔고 특별히 기밀을 상의할 수 있는 상대가 되었다. 세월은 무심히 흘러 외로운 자신을 보며 그때를 돌이켜 생각해보니 차마 다시 돌이켜 볼 수 없어 마음이 답답하고 기쁘지 않았는데 丁酉年 5月에 恨을 품고 죽었다. 살펴보면 문의 명조는 辛酉 乙未 庚辰 乙酉다.

酉月 庚金이 三伏生寒이고 土金이 太多하여 乙丁財官이 無力하다. 酉戌運 10년은 한번은 양인이고 한번은 편인이니 이에 남편을 떠나 다른 사람과 합하고 품행이 음란하며 그래서 얻은 돈을 도박에 모두 소진하고 戌運은 火土의 庫藏이니 만약 丁酉年에 죽지 않으면 역시 다음 해인 戊戌年을 넘기기 어렵다. 39세의 이 명을 살펴보면 장차 己運으로 바뀌고 己가 濕土가 되므로 반드시 호전되는 것이 나타나고 계속해서 亥 庚 子 辛으로 좋은 運이 이어지므로

점점 더 달콤한 맛을 보게 되었을 것이다. 처음부터 현처양모가 될 수 없었던 것은 아니었지만 너무 심한 강탈을 참고 견디다 젊고 아름다운 여인이 갑자기 죽고 말았다. 이것을 有運無命이라 하는데 대개 복과 혜택은 흡족하지가 않고 좋은 運에 바랄 수 있었지만 그럴 수 없게 되었다.

세상의 有命無運인 사람들을 보면 재능과 학문이 있으면서 펼칠 기회를 만나지 못한 자들이 더욱 애처롭다.

26. 李弘毅(이홍의) 건명 3運

甲丙壬辛　丁戊己庚辛壬癸

午子寅亥　丑寅卯辰巳午未

弟 運9

壬壬丁辛　癸甲乙丙丁戊己

寅子卯丑　丑寅卯辰巳午未

茫茫人海 有克勤克儉而名成利就者 有隨緣順機而富貴玉帛者 今以曼谷華僑李氏昆仲二人爲例.. 李弘毅君 從余函授命學 初以兄弟二命 請爲批評 余斷弘毅之命.. 甲午 丙子 壬寅 辛亥 水歸冬旺 喜甲丙木火透天 得寅亥爲根 但行運瑕瑜互見 平淡無奇 乃主勞碌而有成 其弟之命.. (名囑守秘 八字爲壬寅 壬子 丁卯 辛丑) 化木不成 冬火受欺於金水 幸而二十歲以來 連行木火大運 無爲而治 蓋已名利驚人矣 旋接弘毅君覆書道謝 並謂渠本人四十年來 胼手胝足 祗問耕耘 不問收穫 劬勞一生 卒能成業於南洋 其弟夤緣政海 一帆風順今已爲東南亞之名公 按.. 李氏昆仲 兄成於求 弟成於遇 夫求而成者 豈可存儌幸苟安之心 遇而成者 又奚必殫精竭慮 形役徒勞 然則 求也 遇 吾人其可忽乎哉.

수많은 사람 중에 근면검소하여 이름을 얻고 이익을 성취한 자가 있으며 인연을 따라 순조롭게 기회를 얻어 부귀를 성취한 자가 있다.

지금 방콕의 화교인 이씨 형제를 예를 들면 이홍의군은 지금까지 나에게 서신으로 명리를 배웠는데 처음에 형제의 명을 평가해 달라는 요청을 받고 내가 홍의의 명을 판단하기를 甲午 丙子 壬寅 辛亥로 水가 겨울에 왕한데 甲丙木火가 천간에 나타나 寅亥에 통근하여 기쁘다. 그러나 행운이 좋고 나쁨이 번갈아들어 기이함이 없고 평범하여 열심히 노력해야 이룰 수 있다.
동생의 명을 보면(이름을 비밀로 해달라고 부탁했고 八字가 壬寅 壬子 丁卯 辛丑이다) 化木을 이루지 못하고 겨울의 火가 金水에게 업신여김을 받는데 다행히 "20세 이후 연이어 木火大運으로 운행하니 노력하지 않아도 잘될 것이고 어쩌면 이미 名利가 사람을 놀라게 할 것이다"고 했다. 오래지 않아 감사의 편지를 받았는데 말하기를 본인은 40년 동안 손에 굳은 살이 박이고 발바닥에 못이 박히도록 오직 밭 갈고 김을 매면서 일을 했으며 수확을 따질 것 없이 일생을 피곤하게 고생해서 마침내 남양에서 업을 이룰 수 있었는데 그 동생은 정계에 권세있는 연줄을 타서 지위에 오르고 일이 순조롭게 진행되어 지금은 이미 동남아에서 유명인사가 되었다고 했다.
살펴보면 이씨 형제는 형은 애써서 이루고 동생은 뜻하지 않게 이루었다. 무릇 애써서 이룬 자는 어찌 요행이나 편안함을 바라는 마음이 없었겠는가. 뜻하지 않게 이룬 자 또한 어찌 전심전력을 다하지 않았겠는가. 공명이나 물질에 얽매이는 것은 헛된 수고로움이다. 그런즉 애써서 얻거나 우연히 얻거나 사람이 그것을 소홀히 할 수 있겠는가?

27. 孫太太(손 부인) 곤명 2運

丁壬壬庚　癸甲乙丙丁戊己

亥子午子　丑寅卯辰巳午未

際玆春光明媚 港九人士 僉展望於馬票之機會 按..人生財有三種 事業上之得失爲正財 業外 分外 俗稱外快., 如賭博之類爲偏財 獎券 暴富 爲橫財 或問賭場主人及騎師所得之財 屬於何種? 余曰 自是正財 蓋彼等從業於此耳 有營股票K金投機者 若無其他事業 渠之盈虧 俱爲正財 若有事而偶然一博者 便屬於偏財矣 論命評財 其爲正也 偏也 横也 顯然有別 請以孫太太之命爲例 丁亥 壬子 壬午 庚子 壬水得祿旺於亥子 亦且水歸冬旺 身主健朗 丁午兩財 旣衰弱無根 又受冲受合 乃不類富有之人 然行運多木火 東南之暖 足以濟命局西北之寒 所以出身寒微 自歸金融業鉅子孫某之後 處境裕如 所謂正財 當然不惡 迨交丙運 丙爲偏財 逢賭必勝 尤以丙寅一年 木火根深 秋間獨得上海跑馬香檳獎云.

봄날 경치가 아름다운 때를 맞이하여 홍콩과 구룡반도의 인사들이 모두 마표에 당첨되기를 전망한다. 살펴보면 인생의 재물은 3종류가 있는데 사업상의 득실은 정재가 되고 사업 외에 생기는 재물과 분수외의 재물로 속칭 외쾌라고 하는 덤으로 생기는 수익인데 도박과 같은 종류로 편재가 되며 증권이나 벼락부자 같은 횡재가 있다. 어떤 사람은 도박장 주인이나 경마하는 기사가 얻는 재물은 어떤 종류에 속하는지 묻는데 나는 당연히 정재라고 말한다. 그들은 이 업에 종사할 뿐이고 주식이나 금에 투기하는 자들을 관리하며 만약 다른 사업에서 그 사람의 손익이 없으면 모두 정재가 된다.

만약 하는 일이 있고 우연히 한번 한 도박일지라도 편재에 속한다. 命을 논하면서 財를 평하는 것은 그것이 정재든 편재든 횡재든 분명하게 구별된다.

손부인의 命을 예로 들면 丁亥 壬子 壬午 庚子가 되는데 壬水가 亥子에 祿旺을 만나고 또 水가 겨울에 왕하니 일주는 튼튼하고 丁午의 兩財는 이미 쇠약하며 無根하고 또 冲과 合이 되므로 富有한 사람이 아니다. 그러나 行運이 木火가 많은 東南의 따뜻한 곳이므로 원국에 金水의 寒氣를 구제할 수 있다. 출신이 한미한 까닭에 금융업으로 큰 부자가 된 후에야 여유있는 처지가 되었는데 이른바 정재가 되고 당연히 나쁘지 않다. 丙運에 이르러 丙이 편재가 되므로 내기에 돈을 걸면 반드시 이겼으며 더욱 丙寅 一年은 木火의 뿌리가 깊으니 가을동안 상해의 경마장과 홍콩의 주식시장을 혼자 손에 넣었다.

28. 太原生(태원생) 건명 6運

壬丙丙壬　丁戊己庚辛壬癸

子午寅辰　未申酉戌亥子丑

水能載舟 亦能覆舟 凡人不能不靠朋友 但若結識歹友 乃終身受累 甚或葬送前程 然則交友之道 可不愼乎 孔子"益者三友 損者三友"之說 祇言其外形動態耳 在利害未發生之前 又安知對方之居心爲何如耶? 吾友太原生 世家子也 擁有祖産甚豊 辛卯仲秋 爲李星野工程師之慫恿 設顔料廠於上海虹橋 李以廠長自任 廠中重要職員 皆爲其狐羣狗黨 上下其手 無日不盡揩油之能事 廠中尙未出品 李已私囊纍纍矣 其實李爲不學無術之徒 對於顔料 僅識皮毛 又以志不在於經營 故出貨迂遲 品質低劣 未閱半載 大陸厲行 "五反" 李先辭職赴漢口 暗中唆使織工 將一切罪行 歸咎廠主 太原生耗資旣盡 又復被判勞動改造 甲午年死於蘇北工地 按.. 太原生之命造爲.. 壬子 丙午 丙寅 壬辰 天干兩壬兩丙 地支水火二局 歷行金運助殺 席豊履厚宜矣 戊運火勢如狂 甲午年梟刃抗殺 固應不利 然因交一歹友 而致家破人亡 不可謂之不慘 而予我儕之殷鑑 亦太深矣哉 曩時無錫實業大家華繹之先生 爲有道之士 其交友或雇人必先視此人之命運如何 以爲決定 人或嗤其迷信太過 華先生却以爲一生得能安居樂業 胥賴乎此 所謂豫則立 不豫則廢也.

물은 배를 실을 수 있지만 또한 배를 뒤집을 수도 있다.

무릇 사람은 친구를 의지하지 않을 수 없는데 그러나 만약 몹쓸 친구를 사귀게 되면 종신토록 피곤함을 받게 되고 심지어 앞날을 망치기도 한다. 그런즉 친구를 사귀는 것은 신중해야 하지 않겠는가. 공자의 "益者三友 損者三友"라는 말은 단지 그 외형상의 동태를 말한 것일 뿐이다. 이해가 발생하기 전에 상대의 마음을 어떻게 알 수 있을까? 내 친구인 태 원생은 명문가의 사식이었는데 조상의 재산을 매우 많이 가지고 있었다. 辛卯年 8월에 공업 기술자인 이성야의 권유로 상해의 홍교에 안료공장을 설립하였고 이성야는 스스로 공장장이 되었으며 공장의 중요한 직원은 모두 여우와 개떼 같은 자들이었고 서로 짜고 일처리를 하였으며 남을 속여서 이득을 보는 일을 하루라도 하지 않는 날이 없었고 공장에서 상품이 나오지도 않았는데 이성야의 개인 주머니는 쌓여만 갔다. 사실 이성야는 학식도 없고 기술도 없는 사람으로 안료에 대하여 상식적인 것을 조금 알았고 또 마음이 경영에 있지 않았으므로 상품출시가 지연되었으며 품질도 저질이었다. 반년도 가기 전에 대륙의 엄격한 "五反"이 행해지자 이성야는 먼저 사직하고 한구로 가서 암암리에 직공들을 꼬드겨서 모든 잘못을 오히려 주인에게 뒤집어씌웠다. 태원생은 자금이 이미 다 소모되었고 또 거듭하여 노동개조 판결을 당하였으며 甲午年 소북 공장에서 사망하였다.

살펴보면 태원생의 명조는 壬子 丙午 丙寅 壬辰인데 天干은 兩壬 兩丙이고 地支는 水火二局이다. 지난 金運은 殺을 도와 집안이 풍요롭고 걸어온 것이 넉넉한 것이 마땅하다. 戌運은 火의 세력이 사납고 甲午年은 편인과 양인이 殺에 대항하니 참으로 不利하다. 그러나 몹쓸 친구하나 사귐으로써 가정이 깨지고 사람이 죽으니 참담하지 않다고 말하지 않겠는가. 내 동료의 실패를 거울삼아 경계로 삼을 만한 일이고 또한 매우 깊은 의미가 있지 않은가. 지난번 무석에 사는 실업의 大家인 화역선생은 道를 갖춘 사람이었는데 친구를 사귀거나 사람을 고용함에 있어 반드시 먼저 그 사람의 命과 運이 어떠한가를 보고 결정하였다. 사람들이 간혹 그런 미신을 지나치게 믿는다고 비웃었는데 화선생은 도리어 일생 편안하게 살며 즐겁게 일하였는데 이것이 모두 힘입은 것이 아니겠는가. 이른바 사전에 예비하면 이룰 수 있고 사전에 방비하지 않으면 실패한다.

*五反(오반)

1949~1952에 모택동이 실시한 운동으로 신흥 엘리트 집단을 통제하기 위하여 진행된 부패척결운동이다. 뇌물, 탈세, 국가의 재산도용, 원자재 사취, 국가경제기밀의 절취 등에 반대하는 운동

29. 陳經理(진사장) 건명 3運

壬辛戊壬　壬癸甲乙丙丁戊

子亥申子　子丑寅卯辰巳午

余於庚寅年初次南來 下榻六國飯店 六國經理陳同文先生 慇懃招待 偶爾談及命運 陳曰 我自有生以來 從無逆境 故不知命運爲何物 余曰 必也 君之命或運 有超人一等者 乃詢其生庚 壬子 辛亥 戊申 壬子 夫一土三金五水 時在初冬 從財格彰彰明甚 益以三歲起運 一路水木 浩浩蕩蕩 幾十年之好運 富而何庸求哉 丁酉年再度來港 欣悉其權業更爲發達 因與曰 君四十八歲行辰運且將豪富 五十三歲後 丁運巳運 盛況乃替 亟宜早息 屆時君必有悟於人生之造化 進退之機宜 莫非命也運也歟?

내가 庚寅年에 처음 南쪽으로 와서 육국반점에서 극진하게 대접을 받았는데 육국의 사장인 진동문 선생이 은근히 초대하여 우연히 명운에 관해 말하게 되었다. 진이 말하기를 나는 태어난 이래 지금까지 어려움이 없었기에 命運이 어떤 것인지 알지 못한다고 하여 내가 말하길 틀림없이 당신의 命과 運은 보통 사람보다 훨씬 뛰어날 것이다고 했다. 이에 태어난 나이를 물으니 壬子 辛亥 戊申 壬子로 무릇 一土 二金 五水이고 때가 초겨울이니 종재격이 분명하다. 3세부터 시작되는 運이 水木으로 막힘없이 몇십 년이 좋은 운이고 부유한데 무엇이 더 필요하여 구하겠는가. 丁酉年에 또 다시 홍콩에 왔을 때 기뻐하였고 그의 사업은 더욱 발전하였다. 내가 말해주기를 당신은 48세 辰運에 장차 돈이 있고 권세가 있는 사람이 되지만 53세 후 丁巳運에 성황하던 것이 쇠퇴하게 되니 조속히 그만두는 것이 마땅하다. 그때가 되면 당신은 반드시 인생의 조화를 깨닫게 될 것이다고 했다. 進退의 실마리는 마땅히 命과 運 아닌 것이 없다.

30. 章太炎(장태염) 건명 8運

戊乙癸庚　丙丁戊己庚辛壬

辰丑卯申　寅卯辰巳午未申

余生也晚 不及師事章氏太炎 幸早識荊 曾爲批命 蒙章氏大加讚賞 賜以楹聯屛條等事 乙亥初夏 拙輯千里命稿出版 且爲題眉 獎掖有加 厚我甚矣 嘗謂我文悲觀氣氛太重 並戒曰 少年人作詩文 當就雄渾豪放一派 不宜恨字頻書 哀聲疊奏 以自附於傷心人 蓋頹唐之音 最足短人志氣也 余誌之不敢忘 聽此一席話 已證"章瘋子""書獃子"之說 爲不足信矣 猶憶章氏命造 爲.. 戊辰 乙丑 癸卯 庚申 官印兩透 印食又皆得祿 日坐文昌 貴人 宜其博通古今 尊爲國學大師 惟財星絶跡 所以貴而不富 生平除己巳運混官羈印 繫獄六載 餘皆平順 按此種命局 宜於盛世 不宜於亂世 今章氏得"吉壽"兩字 以終其身 且名山事業 永垂不朽 亦屬幸矣.

내가 늦게 태어나서 장태염 선생을 스승으로 삼고 가르침을 받지는 못했으나 다행히 일찍 알게 되었고 명을 평하게 되었는데 장선생이 크게 칭찬하며 폭이 좁고 긴 병풍을 주었다. 乙亥年 초여름 천리명고를 출판할 때에도 격려해 주었는데 매우 감사하다. 내 글이 비관적인 기분이 심하다는 말과 함께 경계해야 할 것은 젊은이가 시문을 짓는데 웅장하고 막힘이 없어야 하며 호방해야 당연하고 원망스런 글자나 찌푸린 문장은 마땅하지 않으며 슬픈 소리는 슬픔을 겹쳐서 가져오고 저절로 따라붙어 사람의 마음을 상하게 하며 의기소침하고 퇴폐적인 소리는 사람의 지기를 결핍되게 한다고 했는데 나는 그 뜻을 감히 잊을 수 없다. 어떤 자리에서 말하는 것을 들었는데 장이 미쳤다느니 책에 정신이 나갔다고 말하는 것을 믿을 수 없다. 지금 기억하는 장씨의 명조는 戊辰 乙丑 癸卯 庚申으로 官印이 모두 투출하였고 인성과 식신 또한 모두 득록하였으며 일간이 문창과 귀인에 앉아 마땅히 古今에 박식하여 존경받는 국학대사이다. 그러나 재성이 없어 貴하나 富하지 못하다. 평생동안 己巳運에 官

이 혼잡하고 인성이 기반되어 6년 동안 옥살이한 것을 제외하면 나머지는 모두 순평하였다.

살펴보면 이런 종류의 명국은 태평성세에는 적합하지만 亂世에는 적합하지 않은데 지금 장 선생은 吉과 壽 두 자를 누리고 죽었으며 또한 영원히 가치가 있는 저작을 남겨 불멸하니 역시 다행인 것이다.

*장태염(1868~1936)
중국 청나라 말에서 중화민국초기의 학자이자 혁명가이다. 본명은 병린이고 태염은 字이다. "졸병신론"이라는 의서 이외에 수많은 저서를 남겼다.

31. 冼冠生(승관생) 건명 7運

戊癸庚戊　甲乙丙丁戊己庚
子亥寅寅　子丑寅卯辰巳午

冼君赤手創辦冠生園 範圍由狹而廣 所製糖果餅乾 暢銷遐邇 挽回國家漏巵不可勝計 壬辰春月 冼氏因糖尿 疝氣 舊病齊發 又受"五反"之刺激 跳樓自殺 三十年來 冼君與余時相過從 余早勸其六十歲必須卸肩 摒棄一切 以資休養 乃爲環境所不許 而死於非命 余曾爲文悼之 中有"欲做淸閒瀟洒事 無奈身在煩惱中" 蓋寫其開闢漕河涇農場 卽爲晩年休憩之餘地 卒不能如願以償 世之名成利就 欲享幾年淸閒之福 而不可得者多矣 羅洪光醒世詩云 "衣食無虧便好休 人生世上一蜉蝣 石崇未享千年富 韓信功成十面謀" 旨哉言乎! 按.. 冼君命造 戊子 癸亥 庚寅 戊寅 初冬庚金 困於水木 幸有時上戊土幇身 宜其毅力勝人 思想銳敏 早運泰半屬火 生土而暖金 故如枯苗得雨 勃然而興 又如疾風勁草 再接再厲 迨交戊土運 雄飛雲天 更見卓然 六十五歲壬辰年 大水泛濫 土漂金沉 竟而不祿.

승군이 맨손으로 시작하여 관생원을 만들었는데 범위가 좁게 시작하여 넓어졌다. 사탕과 마른 떡을 만드는 것이 먼 곳과 가까운 곳에 잘 팔려나갔으므로 새어나가는 국가의 세금을 만회해준 것이 부지기수였다. 壬辰年 봄에 승씨가 당뇨로 인하여 산증과 옛날 병이 모두 발병하고 또한 "五反"의 자극을 받아 건물에서 뛰어내려 자살하였다. 30년 동안 승균과 내가 서로 친하게 지냈는데 내가 일찍이 그에게 권한 것이 60세에는 어깨의 짐을 모두 내려놓고 반드시 휴양하라고 하였으나 환경이 허락하지 않아 비명에 죽었다. 내가 그를 애도하는 글을 지었는데 그중에 "일에서 구속받지 않고 한가하고 싶으나 몸이 번뇌 중에 있어 어쩔 수가 없구나." 하였다. 농장에 물이 흐르게 하여 만년에 쉴 수 있는 여지가 되었는데 졸지에 원하는 것을 실현할 수 없게 되었다. 세상의 명성과 재물을 얻고 청한의 복을 몇 년 누리고자 하지만 그런 사람이 많지 않다. 라홍광의 醒世라는 詩에서 말하길 "衣食이 부족함이 없으면 쉬는 것을 좋아하는데 인생살이가 하루살이 같구나. 석숭도 천년의 富를 누리지 못하였고 한신의 모든 계략이 이룬 功도 헛되도다."라고 했는데 이 말이 그것을 가리키는가.

승균의 명조는 戊子 癸亥 庚寅 戊寅으로 초겨울 庚金이 水木에게 시달리는데 다행히 時上의 戊土가 幇身하니 마땅히 남보다 뛰어난 강인한 힘이 있고 생각이 예민하다. 일찍 오는 運이 半은 火에 속하여 편안하고 生土하며 暖金하므로 시든 싹이 비를 만나 돌연히 흥하는 것과 같다. 또한 질풍에 억센 풀과 같이 더욱더 노력하였다. 戊土運에 이르러 힘 있게 뻗어나갔으며 더욱 탁월해 보였다.

65세 壬辰年에 큰물이 범람하니 土는 표류하고 金은 가라앉으므로 마침내 죽고 말았다.

32. 許世英(허세영) 건명 1運

癸辛乙辛　庚己戊丁丙乙甲癸

酉酉丑巳　申未午巳辰卯寅丑

不見許公久矣 台友來港 謂公淸健如恒 彌慰下懷 按其命造.. 癸酉 辛酉 乙丑 辛巳 乙木凋零 四柱純金 識者咸以從殺格推之 不知年頭癸水進氣 洩金生木

乙有根原 不能從殺 應作身弱用印 以化其殺 否則午丁巳丙四步火運 制殺最力 爲從格所大忌 烏得穩度谷關 且屢膺重任耶. 乙卯甲寅卄載木運 位居閣揆 霖雨蒼生 更徵身弱喜劫比之說 爲可信矣 夫衆殺猖狂 一仁可化 宜其淸廉自牧 福壽延綿 晩來大都水運 耋耋之年 在野之身 仍以文章經濟 見重於時.

허공을 보지 못한 지가 오래되었는데 허공이 대만에서 홍콩에 왔을 때 항상 건강하라고 말하며 내 마음을 두루 위로해 주었다.

그의 명조를 살펴보면 癸酉 辛酉 乙丑 辛巳로 乙木이 시들어 떨어지고 사주가 純金이니 識者들도 모두 종살격으로 추론하는데 年頭에 癸水가 進氣하여 洩金生木하는 것을 모르는 것이다. 乙木의 근원이 있어 從殺할 수 없으므로 응당 身弱에 印을 用하여 殺을 化한다. 그렇지 않으면 午丁巳丙의 火運은 제살하는 힘이 매우 강하여 종살격이 大忌하는데 어찌 곡관에서 편안하게 지내고 또 重任을 여러 번 맡을 수 있었겠는가? 乙卯 甲寅 20年 木運은 내각에서 벼슬을 하며 백성들에게 은택을 베풀었으니 身弱에 비겁이 기쁘다는 말은 믿을 수 있다. 무릇 衆殺猖狂에 一印이 化할 수 있으니 마땅히 청렴하고 스스로 수양하며 福과 壽가 이어진다. 만년에 대부분 水運이므로 늙도록 초야에 묻혀 저술로써 경세제민하였으며 사람들에게 소중히 여김을 받았다.

33. 四大名旦(사대명단)

客有詢京劇四大名旦之八字 請一一論之.

손님이 사대명단의 팔자에 대해서 물었기에 일일이 논한다.

매 란방 건명 6運

甲甲丁癸　乙丙丁戊己庚辛

午戌酉卯　亥子丑寅卯辰巳

梅蘭芳造.. 甲午 甲戌 丁酉 癸卯 殺印並透 酉財傍戌 原爲富貴 兩全之命 余

在廿七年前 編有千里命稿 批其 “不以伶官終其身” 旋在北京 仍爲伶王 亦於政壇之中 炙手可熱也.

매란방의 명조는 甲午 甲戌 丁酉 癸卯로 殺印이 並透하고 酉財가 戌에 붙어 있으니 원래 부귀가 모두 온전한 명이다. 내가 27년 전에 천리명고를 편찬하면서 결국 관청에 속하는 배우가 아니라고 비평했는데 오래지 않아 북경에서 배우의 일인자가 되었고 또한 정단 중에서도 권세가 대단하여 접근하기가 어려웠다.

상 소운 건명 5運

戊乙丙癸　丙丁戊己庚辛壬癸

戌丑戌巳　寅卯辰巳午未申酉

尙小雲造.. 戊戌 乙丑 丙戌 癸巳 癸水出干 惜乎戊土挫之 土重困癸 僅爲名伶而已 時下歸祿通根 所以子女皆能演戲 克紹箕裘焉.

상소운의 명조는 戊戌 乙丑 丙戌 癸巳로 癸水가 出干하였는데 戊土가 꺾어 버리니 애석하고 土가 重하여 癸가 피곤하다. 겨우 배우의 이름만 있을 뿐이고 時支의 귀록에 통근한 까닭에 자녀가 모두 연극을 할 수 있었으며 가업을 이어 받았다.

순 혜생 건명 10運

己丙戊乙　乙甲癸壬辛庚己戊

亥子寅卯　亥戌酉申未午巳辰

荀慧生造.. 己亥 丙子 戊寅 乙卯 水旺土囚 幸有丙火透出 凍土回溫 更妙乙木正官 得祿旺於寅卯 乃木火土生生不息 其貴氣卽在於此耳.

순혜생의 명조는 己亥 丙子 戊寅 乙卯로 水는 旺하고 土는 休囚인데 다행히 丙火가 투출하여 凍土가 따뜻함을 회복하고 더욱 묘한 것은 乙木 정관이 寅

卯에 祿旺을 얻어 木火土가 生生不息하므로 貴氣가 이것에 있을 뿐이다.

정 연추 건명 9運

癸甲丁癸　癸壬辛庚己戊丁

卯子酉卯　亥戌酉申未午巳

程硯秋造.. 癸卯 甲子 丁酉 癸卯 殺重印化 故有創造之魄力 卓然成爲一家 病在酉金 不善理財 一度退休務農 毫無所獲 迨再作馮婦 已不若昔日之盛矣 死於戊戌春月 蓋土重如崩 戊癸 卯戌 重重妬合 若春不駕鶴 則夏必騎箕.

정연추의 명조는 癸卯 甲子 丁酉 癸卯로 重한 殺을 印이 化하므로 창조의 정신이 탁월하여 一家를 이루었다. 病이 酉金에 있어 재물을 다스리지 못하였고 한동안 물러나 쉬면서 농사에 힘썼으나 얻은 것이 전혀 없었다. 다시 아내에게 의지하여 분발하였으나 이미 옛날의 왕성함만 같지 않았다. 戊戌年 봄에 죽었는데 土가 重하여 무너진 것으로 戊癸와 卯戌이 妬合하니 만약 봄에 학을 타지 못했다면 여름에 청용을 올라탔을 것이다.

34. 張大千(장대천) 건명 1運

己己戊甲　戊丁丙乙甲癸壬

亥巳寅寅　辰卯寅丑子亥戌

大千先生 奇才也 亦奇人也 畫追秦漢 創造力且過之 豈非奇才歟 丹青臻於化境 中外名人 競以黃金求寸縑 乃財富出自腕下 却又視如糞土 而懶於作畫 生活之享受 畢生豪華 實財之掌握 一世匱乏 豈非奇人歟 視其命造.. 己亥 己巳 戊寅 甲寅 則又無所謂奇矣 秉賦固然耳 按建祿 殺重 毅力過人 中行亥子丑水運 名震全球 原局財星無氣 不過生活裕如而已 若非出生西蜀 或竟一貧如洗矣 六十一歲行壬戌大運 壬坐於戌 可憾之至 蓋聲譽更盛 財如活水源頭 來龍活潑 但仍未必能厚積聚耳.

대천선생은 기이한 재주를 가진 사람이고 또한 기인이다. 그림은 진한을 따라잡고 창조력 또한 초과하니 어찌 기이한 재주가 아니겠는가. 단청은 입신의 경지에 이르고 나라 안과 밖에서 이름난 사람이었다. 다투는 것은 황금으로 하찮은 비단을 구하는 것처럼 재물에 욕심이 없었으며 재물은 저절로 손목 아래에서 나오는 것으로 여기고 도리어 썩은 흙처럼 보았다. 그림을 그리는 것은 게을렀으나 생활은 죽을 때까지 호화로움을 즐겼다. 충만했던 재물을 일생동안 다 쓰고 없었으니 어찌 기인이 아닌가.

그 명조를 보면 己亥 己巳 戊寅 甲寅으로 기이하다고 말할 것이 없고 타고난 것이 원래 그러할 뿐이다. 建祿에 殺이 重하여 강인한 힘이 보통 사람보다 뛰어나다. 중년에 亥子丑 水運으로 행하여 이름이 전 세계를 진동했다. 원국에 재성이 無氣하여 생활에 여유가 있는 것에 불과할 뿐이다. 만약 西蜀에서 출생하지 않았으면 결국 씻은 듯이 가난하였을 것이다. 61세 壬戌 대운은 壬이 戌에 앉아 지극히 유감이고 명성과 명예는 더욱 왕성하였으나 재물은 근원에서 솟아나는 물과 같고 내룡도 활발하나 많이 쌓아 모을 수가 없을 뿐이다.

35. 四位女星(네 명의 여배우)

이여화 곤명 3運

甲壬戊戊　辛庚己戊丁丙乙

子申辰午　未午巳辰卯寅丑

金水雙淸 其人如玉 日時拱祿 藝事精湛 財成局 日主任之 潤屋潤身 早運愛河多恨 迨交己巳而還 火土生扶 身自爽而財自饒 戊運戊年 室家有托 但與日元比冲 恐其有喜有嗔耳.

금수쌍청이니 그 사람이 옥과 같고 日時가 祿을 껴안아 예능에 정밀하고 조예가 깊다. 財가 局을 이루고 일주가 財를 감당하니 집과 몸이 윤택하다. 일찍 사랑에 빠져 恨이 많았고 己巳運에 이르러 火土가 生扶하니 몸은 상쾌하고 재물은 넉넉해졌다. 戊運 戊年에 가정을 이루었으나 일주 비견을 沖하여 즐거운 중에 화나는 일이 있으니 두려울 뿐이다.

鍾 情(종정) 곤명 10運

癸辛丁丙　壬癸甲乙丙丁戊

酉酉丑午　戌亥子丑寅卯辰

財旺而日元有氣 火無木資 總喜生扶 所以早年欲達不達 直至癸亥運木火流年 乃躍然而起 今後木火運程接軫 晶晶有光 洋洋得意 蓋方興未艾焉.

財가 왕하고 일원이 有氣하나 火가 木의 도움이 없어 전체적으로 生扶를 기뻐한다. 까닭에 초년에 이루고자 하였으나 이루지 못하고 곧바로 癸亥運 木火流年에 이르러 도약하고 일어났다. 지금 이후 木火運이 이어지니 반짝반짝 빛나고 성대하게 뜻을 이루는데 흥하는 것이 그치지 않는다.

葛 蘭(갈란) 곤명 10運

癸辛戊丙　壬癸甲乙丙丁戊

酉酉寅辰　戌亥子丑寅卯辰

與鍾情造相差一天 而作風迥異 良以戊土坐於長生 又得丙辰時一印一比 身旺堪任盜洩 多才多藝 智者好動 大運自癸亥以還 出谷新聲 不同凡響 迨行木運 非但名利出人頭地 抑且護花有主 瑟好無尤.

종정의 명조와 하루 차이인데 느껴지는 것이 아주 다르다. 戊土가 長生에 앉아 좋고 또한 丙辰時의 인성과 비견을 만나 신왕하여 盜洩을 감당하니 재능과 기예가 많고 지혜로우며 움직이는 것을 좋아한다. 癸亥대운부터 새로운 노래가 나왔는데 평범하지 않았다. 木運에 이르니 名利가 출중하였을 뿐만 아니라 또한 꽃을 보호하는 주인이 생기고 금슬이 더없이 좋았다.

張 仲文(장중문) 곤명 6運

己甲戊辛　乙丙丁戊己庚辛

巳戌戌酉　亥子丑寅卯辰巳

戊戌魁罡 當令於九月 所妙時上辛酉 秀氣發洩 健美一如其人 丁丑大運 丁來溫金 丑會金局 鋒芒畢露宜矣. 美景如花 勉哉!

戊戌 괴강이 九月에 당령하였는데 묘한 것은 시상의 辛酉가 秀氣를 發洩하니 건강하고 아름다운 사람이다. 丁丑대운은 丁이 金을 따뜻하게 하고 丑이 金局하므로 자신의 재능을 모두 드러내는 것이 마땅하다. 꽃과 같이 아름다운 풍경이니 근면해야 한다.

36. 료보산과 마금찬

廖馬兩氏皆潮州人 潮南在泰 星 港 九等地 發財千百萬者 不在少數 廖與馬其尤著者也.

료마 두 사람은 모두 조주 사람이다. 조주 남쪽에 태국 싱가포르 홍콩 구룡 등이 있는데 천백만의 재산을 번 사람이 적지 않게 있으며 료와 마는 그것이 더욱 두드러진 자이다.

료보산 7運

乙甲己甲　癸壬辛庚己戊丁

巳申亥戌　未午巳辰卯寅丑

廖造.. 乙巳 甲申 己亥 甲戌 乙木透出 時非土令 絕無化土之理 夫又官殺重疊原屬平淡無奇 乃運行辰己 辰爲冲開財庫 己則合官留殺 扶搖直上 點石成金可見機緣之輻輳 全賴乎運會耳 卯運七殺猖獗 若不死於辛丑年 乃必死於癸卯年.

乙木이 투출하고 土가 당령한 때가 아니므로 化土格의 이치가 전혀 없고 또한 관살이 중첩되어 원래 평범하며 기이함이 없는 사주인데 運이 辰己로 행하니 辰運은 財庫가 충하여 열리고 己運은 合官留殺하니 빠르게 상승하는데 돌을 다듬어 금을 만들 듯 손만 대면 돈이 되었으며 어떤 기회와 인연으로 돈이 모이는 것을 볼 수 있는데 전적으로 運에 의지할 뿐이다. 卯運은 七殺이 창궐하니 만약 辛丑年에 죽지 않으면 癸卯年에 반드시 죽는다.

마금찬 3運

己乙庚乙　甲癸壬辛庚己戊

酉亥辰酉　戌酉申未午巳辰

馬造.. 己酉 乙亥 庚辰 乙酉 夫金水淸澄 生財無市氣 談笑有春風 惟寒金不喜濕土己辰 皆爲閒神 僅賴兩酉之助 妙哉 運行辛未庚午 金火相映 蔚然大成 己運 精彩在於丙午丁未兩年 巳運 末年六十三歲辛亥 諸事不宜矣 馬君亦諳子平之學 深以余言爲然.

무릇 金水가 맑고 淸하며 生財하는데 장사꾼의 기운이 없고 웃으며 이야기하는 春風이 있다. 다만 寒金이 습토를 기뻐하지 않으니 己와 辰이 모두 閒神이 되고 가까스로 兩酉의 도움에 의지하는데 묘하게 運이 辛未 庚午로 행하니 金火가 서로 어울려 크게 성공하였다. 己運은 뛰어남이 丙午 丁未 兩年에 있고 巳運의 末年인 63세 辛亥年에는 모든 일들이 마땅하지 않을 것인데 마군 역시 자평학을 알기에 내 말을 깊이 믿게 될 것이다.

37. 郭贊(곽찬) 7運

甲甲丁壬　乙丙丁戊己庚辛

辰戌亥寅　亥子丑寅卯辰巳

郭議員贊 爲港九人士謀福利 豐功偉績 不可勝數 余在滬之時 已聞其名 比荷謬採虛聲 挽人推算其命造,. 甲辰 甲戌 丁亥 壬寅 夫丁火退氣於戌月 而爲旺

土所困 幸有甲木雙透 爲膏油之資 並以疏土 乃又官印交互得祿 宜其富貴絶倫 觀乎世第簪纓 祖澤綿遠 更信年月兩印之可貴矣 或謂庚運剋甲 應有不利 殊不知甲寅林林總總 何懼一庚 且庚金劈甲 正好生丁 爲萬家生佛 爲蒼生霖雨 乃方興而未艾 亦爲我旅港黎庶 跛予望焉.

곽찬 의원은 홍콩과 구룡을 위해서 복리를 도모하는 인사로서 많은 공훈과 위대한 업적이 많아서 셀 수가 없다. 내가 상해에 있을 때 이미 그의 이름을 들었다. 잘못된 허명인지 분간한다는 부담으로 간주하고 사람을 잡아끌어 그 명조를 추산해보니 甲辰 甲戌 丁亥 壬寅이다. 무릇 丁火는 戌月에 退氣이고 旺土에 피곤한데 다행히 甲木이 雙透하여 등잔불의 기름이 되며 아울러 소토하고 또 官印이 교차하여 득록하였으니 마땅히 부귀가 뛰어나다. 보라! 조상의 혜택이 대대로 이어져 오는 명문대가이고 더욱이 年月에 두 印星이니 귀하다는 것을 믿을 수 있다. 어떤 사람은 庚運이 甲을 극하므로 不利하다고 말하는데 甲과 寅이 매우 많은 것을 모르는 것이다. 어찌 庚 하나를 두려워하겠는가. 또한 庚金이 劈甲하여 丁을 生하니 아주 좋고 모든 가정의 生佛이 되고 모든 사람에게 은택이 되므로 번성하는 것이 누그러들 줄 모른다. 또한 내가 홍콩을 여행할 때 일반 백성들과 발돋음하고 함께 바라보았다.

38. 蔣,孔,宋(장,공,송)

報載蔣總統與孔祥熙 宋子文 在台南作不尋常之會談 所談何事 非我亟欲知者 爰就三公命造 簡單論之.

보도에 실린 장총통과 공상희 송자문이 태남에서 예사롭지 않은 회담을 했는데 무슨 일에 대하여 말했는지 내가 시급히 알고자 하는 것은 아니다. 그래서 삼공의 명조를 취하여 간단하게 논한다.

장개석 8運

丁庚己庚　己戊丁丙乙甲癸

亥戌巳午　酉申未午巳辰卯

蔣造.. 丁亥 庚戌 己巳 庚午 旺土喜洩 兩庚吐秀 更妙戌中火土金三者齊透 發爲浩然之氣 行建不世之功 心憂天下 身繫安危 一生內外俱勞 而能屹立不移 始終不衰者 皆偶然哉.

장개석의 명조는 丁亥 庚戌 己巳 庚午로 旺土가 洩을 기뻐하는데 兩庚이 吐秀하고 戌中 火土金이 모두 투출하여 더욱 묘하다. 浩然之氣를 發하여 세상에 드문 큰 공로를 세웠으며 마음은 천하를 근심하였고 몸은 안위가 달려있었다. 일생 內外에서 모두 노력하였으니 우뚝 솟은 모습은 변하지 않고 始終 쇠약해지지 않았으니 어찌 우연이겠는가.

공상희 9運

庚乙癸庚　丙丁戊己庚辛壬

辰酉卯申　戌亥子丑寅卯辰

孔造.. 庚辰 乙酉 癸卯 庚申 全局俱印 卽繼善篇所謂"獨水三犯庚辛 號曰體全之象" 最喜金木順其氣勢 是以中行一派金木之運 富貴各臻其極 晚運比劫旺地 歲月亦足優遊.

공상희의 명조는 庚辰 乙酉 癸卯 庚申으로 전국이 모두 印星인데 계선편에서 말하길 "하나의 水가 세 개의 庚辛을 만나면 體全之象이다"고 했다. 金木이 그 氣勢를 순하게 하므로 가장 기쁘고 중년에 한결같이 金木運으로 행하니 부귀가 각각 극에 이르렀다. 末年運이 比劫旺地로 흐르니 역시 편안하고 여유로웠다.

송자문 2運

甲乙庚己　丙丁戊己庚辛壬

午亥辰卯　子丑寅卯辰巳午

宋造.. 甲午 乙亥 庚辰 己卯 精華所在 亥中食神得祿 午中正官得祿 卯中財星得祿也 乙庚作合 財來就我 甲己遙合 去妬爲生 自卯運起 一路好風送帆 至辛運與乙木用神相冲 乃出國養晦 可謂知命者矣 竊以今後運途 仍宜恬淡處之.

송자문의 명조는 甲午 乙亥 庚辰 己卯로 뛰어난 광채가 있는바 亥中 食神이 득록하고 午中 正官이 득록하였으며 卯中 재성이 득록한 것이다. 乙庚이 합하여 財來就我가 되고 甲己가 멀리 합하여 乙木을 시샘하지 않고 生이 된다. 卯運부터 일어나 순풍에 돛을 달고 辛運은 乙木 용신과 상충하므로 出國하여 힘을 기르니 命을 아는 자라고 할 수 있다. 이후 運은 마땅히 편안하고 고요할 것이다.

39. 朱家驊(주가화) 8運

癸丁丁丙　丙乙甲癸壬辛庚

巳巳卯午　辰卯寅丑子亥戌

朱家驊先生 逝世已一週年 香港蘇浙同鄕會 擧行追悼 當日素車白馬 備極哀榮 按朱氏命造.. 癸巳 丁巳 丁卯 丙午 旺火成象 癸水爲病 但巳中庚金生癸無法去之 反而用之 運行乙卯甲寅 其情輸火 春風化雨 樂育英才 癸丑壬子用神得所 由教育而交通 榮膺顯要 主持中央硏究院達十八年之久 苦心擘劃供獻良多 辛亥運戊戌年 合殺晦火 已如弩末 七十歲壬寅年 火勢大張 遽爾不祿 非但親友痛悼 抑亦國家之損失也.

주가화 선생이 서거한 지 벌써 1주년이 되었다. 홍콩의 소절동향회가 추도를 거행하고 당일 흰 수레와 흰 말을 사용하여 애도하는 마음을 극진하게 갖추었다. 주씨의 명조를 살펴보면 癸巳 丁巳 丁卯 丙午로 왕한 火가 象을 이루니

癸水가 病이 되는데 巳中 庚金이 癸를 生하여 제거할 수 없으므로 도리어 癸水를 用한다. 乙卯 甲寅運에 그 情이 火를 生하니 좋은 교육환경에서 영재교육을 받았다. 癸丑 壬子運은 용신이 알맞은 지위를 얻으니 교육과 교통에 기인되는 영광스런 요직을 받았다. 중앙연구원의 책임자로 18년이나 오랫동안 있으면서 마음과 힘을 다해 계획하여 좋은 일을 많이 공헌하였다. 辛亥運 戊戌年은 合殺하고 晦火하므로 이미 强弩之末과 같았고 70세 壬寅年에 火의 세력이 크게 확장되므로 갑자기 죽고 말았다. 친구들이 슬퍼할 뿐만 아니라 또한 국가의 손실이었다.

*주가화(1893-1963)
1893년 절강성에서 태어나 독일유학을 하고 북경대학 지질학과 교수를 거쳐 농공청장, 국민당중앙집행위원, 조직부장, 교육부장 등을 역임하였다. 1949년 타이완 총통부 자정으로 임명되었다.

40. 何應欽(하응흠) 군인 1運

庚己癸戊　庚辛壬癸甲乙丙
寅卯丑午　辰巳午未申酉戌

何造.. 庚寅 己卯 癸丑 戊午 春水休 春木旺 日元癸水 不勝寅卯之洩 所幸庚金透天 通根於丑 己乃濕土 原可生金 戊癸作合 官來就我 尤喜出生西南 加以運行木金 遂使水向東流 源遠流長 酉運中一度拜命組閣 庚金得旺之故也 丙運以還 落落寞寞矣 按午時爲癸水之絶地 子息稍艱 然而奇花獨秀 亦足以娛晩景耳.

하의 명조는 庚寅 己卯 癸丑 戊午로 春水는 휴수되고 春木은 왕하니 癸水日元이 寅卯의 洩氣를 감당하기 어렵다. 다행인 것은 庚金이 천간에 나타나고 丑에 통근하였으며 己土가 濕土로 金을 생할 수 있고 戊癸가 합하여 官來就我하는 것이다. 더욱 기쁜 것은 西南쪽에서 출생한 것이고 게다가 運이 木金으로 흘러 水로 하여금 동쪽을 향하여 흐르게 하니 源遠流長이 된다. 酉運 중에 한번 내각에 임명을 받았는데 庚金이 旺地를 만났기 때문이고 丙運이 되자 외롭고 쓸쓸하였다. 살펴보면 午時는 癸水의 絶地가 되므로 자식이 적다. 그러나 진귀하게 홀로 빼어나니 만년이 즐거울 뿐이다.

41. 鍾森(종삼) 3運

丁辛辛甲　庚己戊丁丙乙甲

未亥未午　戌酉申未午巳辰

壬寅冬月 旅遊怡保 蒙鑛業大王鍾森先生 款待優渥 感謝莫名 余視其命造.. 丁未 辛亥 辛未 甲午 寒金有兩未資生 甲丁溫暖 應有過人之魄力 非常之成功 五十三世己亥以還 一路北方流年 雖非前功盡棄 但甚支絀 今年癸卯 明年甲辰 聊勝一籌 五九乙巳 六十丙午 六十一丁未 將又浩浩蕩蕩 大獲全勝矣 鍾先生赤手起創偉業 失不意餒 得反虛心 財之來去如潮 皆非預料所及 生平耗於公益事業者尤多 余謂其奇富奇窮 有一印度星相家 所說與余不謀而合 中西哲理 雖非一轍 却又異途而同歸也.

壬寅年 겨울 이포지역을 여행했는데 광산업계의 거물인 종삼선생이 후하게 환대해줘 감사함을 뭐라 말할 수 없다.

내가 그 명조를 보니 丁未 辛亥 辛亥 甲午로 寒金이 兩未가 생하고 甲丁이 온난하니 당연히 보통사람보다 뛰어난 기백이 있고 성공이 평범하지 않다. 53세 己亥運으로 바뀌고 모두 北方 流年이니 비록 이전의 공로를 모두 포기하지는 않았으나 지탱하기에 매우 부족했다. 올해 癸卯年과 내년 甲辰年에 그럭저럭 하나의 계획한 일을 감당할 수 있고 59세 乙巳 60세 丙午 61세 丁未年이 또 막힘없이 기세가 좋으니 모두 이루었다. 종선생은 빈손으로 창업하여 위대한 사업을 일으켰으나 굶주렸던 때를 잊지 않았으며 도리어 겸허하였다. 재물의 오고 감이 바닷물과 같아 모두 예측하는 것과 같지 않다고 여겨 평생 공익사업에 더욱 많이 썼으니 내가 특별한 부자요 특별하게 가난한 사람이라고 말했다. 인도의 한 성상가가 주장하는 것이 나와 일치하니 중국과 서양의 철학상의 이치가 비록 궤를 같이하지 않고 도리어 다른 길이나 귀착점은 같다.

42. 孫傳芳(손전방) 4運

乙庚壬戊 己戊丁丙乙甲癸

酉辰寅申 卯寅丑子亥戌酉

孫氏曾任五省聯軍總司令 嘗殺部下施仲濱 旋爲施女劍翹 行刺於天津佛教居士林 查其命造.. 乙酉 庚辰 壬寅 戊申 印綬三見 申辰水局 身旺有餘 辰宮七殺透出時干 寅申冲動驛馬 宜爲疆帥矣 丙運去梟扶殺 樓台直上 子運全成水局 一敗塗地 四十四歲戊辰年 子辰再會 死於非命 夫壬寅日 戊申時 日時天克地沖 按命而論 亦難善終 非僅因果應報之不爽也.

손씨는 이전에 오성연군총사령을 역임했다. 일찍이 부하인 시중빈을 죽였는데 오래지 않아 시의 딸 검교에게 천진의 거사림이란 절에서 암살되었다. 그 명조를 살펴보면 乙酉 庚辰 壬寅 戊申으로 3개의 인수를 만나고 申辰이 水局하여 身旺함이 남음이 있다.

辰中의 七殺이 時干에 투출하고 寅申 역마가 충동하여 군대의 최고 지휘관이 마땅하다. 丙運에 편인을 제거하고 七殺을 도우니 수직으로 상승했는데 子運에 水局을 이뤄 여지없이 敗하여 다시 일어날 수 없게 된다. 44세 戊辰年은 子辰이 다시 만나 비명에 죽었다. 대저 壬寅日 戊申時는 日時가 天克地冲으로 역시 天壽를 다하기 어렵고 인과응보가 아니더라도 개운치 않다.

43. 曾, 左, 彭(증,좌,팽)

胡照明先生 詢及曾 左 彭三公之命造.

호조명선생이 증. 좌. 팽 삼공의 명조에 대하여 물었다.

증국번의 명조 6運

辛己丙己　戊丁丙乙甲癸壬

未亥辰亥　戌酉申未午巳辰

按曾國藩命.. 辛未 己亥 丙辰 己亥 傷官駕殺格 出將入相 亥未拱卯 化殺爲印 尤見精神.

증국번의 명조는 辛未 己亥 丙辰 己亥로 傷官駕殺格이니 나가면 장수요 들어오면 재상이다. 亥未가 卯를 껴안아 化殺하는 印이 되어 더욱 정신이 있다.

좌종당의 명조 7運

壬辛丙庚　壬癸甲乙丙丁戊

申亥午寅　子丑寅卯辰巳午

左宗棠命.. 壬申 辛亥 丙午 庚寅 丙火日坐陽刃 時落長生 壬殺得祿 殺刃兩停 取寅宮甲木爲用 早年運行壬子癸丑 困頓 迨入甲寅乙卯 氣轉東南 封侯拜相 宜哉.

좌종당의 명조는 壬申 辛亥 丙午 庚寅으로 丙火가 양인에 앉고 時가 長生이 되었으며 壬殺이 득록하여 殺印의 세력이 균형을 이루니 寅中 甲木을 용신으로 취한다. 早年 壬子 癸丑運은 생활이 곤궁하였으나 甲寅 乙卯運에 이르러 氣가 東南으로 바뀌자 제후에 봉해지고 재상이 되었으니 마땅하지 않은가.

팽옥린의 명조 1運

丙辛戊癸　壬癸甲乙丙丁戊

子丑子丑　寅卯辰巳午未申

彭玉麟命.. 丙子 辛丑 戊子 癸丑 丑中辛癸並透 又見丙火出干 同宮聚氣 而得丙火眞神爲用 宜爲千古人物 不僅一時顯達也.

팽옥린의 명조는 丙子 辛丑 戊子 癸丑으로 丑中辛癸가 함께 투출하고 또 丙

火가 천간에 나타나 同宮에 氣가 모이고 丙火眞神을 만났으니 용신이 된다. 마땅히 千古의 인물이니 일시적으로 현달한 것이 아니다.

44. 關羽(관우) 8運

庚甲戊庚　乙丙丁戊己庚辛

子申午申　酉戌亥子丑寅卯

庚子 甲申 戊午 庚申 此爲關聖帝君眞造 三奇順布 四柱純陽 至大至剛 乃文乃武 其實精華所在 爲一午火陽刃耳 查其簡歷 二十五歲與劉張桃園結義 共討黃巾及董卓 至三十八世獨守下邳 蓋運行丁亥戊 與戊土日元 情致纏綿 是以蒸蒸日上也 子運冲午 歸曹操 劉表 挫折頻遭 己運合甲 適諸葛武侯出世 贊襄有人 帝亦蟄伏粗安 丑運爲乙貴 攻無不克 戰無不勝 庚運都木火流年 故而坐鎭荊州 又有單刀赴讌之雄風 寅運冲申 六十歲歲逢己亥 遇害於麥城 有謂帝造爲四戊午者 查戊午乃靈帝"熹平"三年 是年芒種後 小暑前 並無戊午日 乃更安有戊午時耶 昔粵中某富家子 其命造爲.. 戊午 戊午 戊午 戊午 人譽與關帝爲同造 公侯可期 子亦自許不凡 迄後家道中落 賣卜江湖 偶遊黃鶴樓頭 遇一老道 爲人論命 子往請益 老道振筆直書十六字予之 詞曰 "生在北方 拜相封王 生在南方 與我同行" 余以爲老道之言 實有至理 蓋此命火炎土燥 一無可取 生在北方者 坎水潤其燥也 生在南方者 離火助其炎也 此亦足以說明命運與誕生地點 大有密切關係耳.

이것은 관우의 진짜 명조다. 삼기가 포진되어 있고 사주가 전순양이니 지극히 크고 강하므로 문무를 겸하였다. 사실 뛰어난 광채가 있는 것은 午火 양인뿐이다. 이력을 간단히 살펴보면 25세에 유비, 장비와 도원결의를 하였고 황건적과 동탁을 토벌하였으며 38세에 이르러 하비를 혼자서 지켰는데 丁亥戊 運이 戊土 日元과 잘 어울리니 날마다 흥성하였다. 子運에 午를 충하니 조조와 유표에게 몸을 의탁하게 되었고 좌절을 자주 당했다. 己運에 甲을 합하는데 마침 제갈량이 세상에 나와 거들어 도우니 칩거하며 별고없이 편안하게 지냈다. 丑運은 천을귀인이니 공격하여 이기지 못한 적이 없고 전쟁에서 승리하지 않은 적이 없다. 庚運은 모두 木火流年이므로 형주를 진압하였으며 또 단도만을 갖고 연회에 간 용감함이 있었다. 寅運에 申을 冲하고 60세 세운에 己亥를 만나니 맥성에서 살해되었다.

관우의 명조가 四戊午라는 말이 있어 찾아보니 戊午는 영제 "희평"3년인데 이 해의 망종 후 소서 전에는 戊午日이 없는데 어찌 戊午時가 있겠는가. 옛날 광동에 사는 어느 부잣집 아들의 명조가 戊午 戊午 戊午 戊午로 사람들이 관우와 같은 명조라고 찬양하며 공후가 되기를 기대하였고 아들 또한 평범하지 않았다. 뒤에 집안이 몰락하기에 이르렀고 우연히 황학루 근처에 놀러 갔다가 강호에서 돈 받고 점을 치는 한 도사을 만났다. 명을 논하는 사람이었는데 아들이 도움을 청하자 노인이 붓을 휘둘러 16字를 써주었다.

글에서 말하기를 .."북방에서 태어났으면 왕이 되고 남방에서 태어났으면 나와 같은 길을 간다."고 하였다.

나는 노인의 말에 이치가 있다고 여긴다. 이 명은 火炎土燥하여 하나도 취할 수 있는 게 없는데 북방에서 태어났으면 坎水가 燥함을 윤습하게 하고 남방에서 태어났으면 離火가 火炎을 돕는다. 이는 역시 命運과 태어난 곳이 아주 중요한 관계가 있음을 설명할 수 있는 것이다.

*희평(熹平)

중국 후한의 12대 황제인 영제 때 사용한 연호로 172~177년까지 사용하였으며 희평3년은 174년을 말한다.

45. 漫談貧富(빈부를 자유롭게 말하다)

허 군 5運

戊甲乙甲　乙丙丁戊己庚辛

寅子亥申　丑寅卯辰巳午未

許君命造.. 戊寅 甲子 乙亥 甲申 冬至後兩日 水泛木浮 寒木向陽 用取丙火傷官以生財 戊己兩運 財星主事 有聲社會 然而羣劫爭財 何能致富 且也事業愈大 虧空愈多 此一世不得發財者也.

허군 명조는 동지 이틀 후에 태어나 水가 범람하여 木浮하고 寒木이 태양을 향하니 丙火상관을 용신으로 취하여 生財한다. 戊己運에 재성이 用事하므로 사회에서 이름이 난다. 그러나 군겁쟁재이니 어찌 致富할 수 있겠는가. 또한 사업이 점점 커질수록 적자가 점점 더 많아졌다. 이것이 일생 동안 돈을 벌지 못하는 명조이다.

모 군 6運

丙丙癸癸　丁戊己庚辛壬癸

戌申丑丑　酉戌亥子丑寅卯

某君 謂其富 則貧病交迫 死無以殮 謂其貧 則又財如流水 窮奢極侈 其命造爲.. 丙戌 丙申 癸丑 癸丑.. 癸水生於七月 金水相生 身旺用財 財星並透而通根 但水火相戰 無木通關 論其家世 出身華貴 親屬都顯達 仕途多奧援 歷當捐稅優差 計其所入 不下數十萬金 然金錢到手 立刻揮霍以盡 決不留存 所以差況雖優 常在窘鄉 交入亥運 水火相激 流年丁巳 刑冲俱備 觸電而亡.

모군은 그 富를 말하면 가난과 병이 번갈아 닥치니 죽었는데 염을 할 수 없을 정도였고 가난을 말하면 재물을 흐르는 물처럼 썼으니 사치가 몹시 심했다. 癸水가 七月에 생하여 金水가 상생하니 신왕하므로 財를 쓴다. 재성이 나란히 투출하여 통근하였으나 水火가 相戰하는데 木의 통관이 없다. 그 집안을 말하면 화려하고 귀한 출신으로 부모와 친척들이 모두 벼슬과 명망이 높았으니 벼슬길에서 깊고 많은 도움을 받았다. 지나면서 당연히 납부할 세금을 우대받은 돈을 계산하면 수십만 금에 모자라지 않는다. 그러나 금전이 손에 들어오면 곧 빠르게 다 써서 없애니 결코 남아 있지 않았다. 까닭에 다른 사람과 다르게 비록 여유가 있었어도 늘 궁핍한 상황에 있었다. 亥運에 들어가자 水火가 相激하고 丁巳年에 형충되므로 전기에 감전되어 사망하였다.

당자배 8運

丁己丙己　戊丁丙乙甲癸壬

丑酉午丑　申未午巳辰卯寅

丁丑 己酉 丙午 己丑 此無錫唐子培先生命造 火煉眞金格 妙在兩己透出 通火金之氣 生成鉅富 上述許君造 雖交好運不會富 此則雖交劣運不會貧 蓋縱行比劫運 有傷官化之 反能生金 格局無破也.

이것은 무석 당자배 선생의 명조이다. 火煉眞金格으로 兩己土가 투출하여 火金의 氣를 통관한 것에 묘함이 있고 큰 富를 만들었다. 위의 허군의 명조는 비록 좋은 運에서도 富를 이루지 못하였으나 이것은 비록 나쁜 運에서도 가난하지 않았다. 설령 비겁 運으로가도 상관이 비겁을 化하여 도리어 生金하니 격국이 깨지지 않은 것이다.

모 거상 9運

癸癸戊丁　壬辛庚己戊丁丙

酉亥子巳　戌酉申未午巳辰

某鉅商造.. 癸酉 癸亥 戊子 丁巳 日祿歸時 財旺用劫 至己未 戊午 比劫運程 方始致富 夫年柱癸酉 傷官生財爲忌 況又早運 庚申 辛酉 寒苦可知 此先貧後富之命也.

일간의 祿이 時에 있고 財가 旺하니 겁재를 쓴다. 己未 戊午에 이르러 비겁운이니 비로소 致富하였다. 年柱가 癸酉로 상관이 生財하는 것을 꺼리는데 게다가 또한 早年 運이 庚申 辛酉이니 춥고 고생스러운 것을 알 수 있다. 이것은 先貧後富의 命이다.

엽징충 7運

庚癸戊壬　甲乙丙丁戊己庚

子未寅子　申酉戌亥子丑寅

葉澄衷命造.. 庚子 癸未 戊寅 壬子 財旺用印 至印比之運而成鉅富 年逢庚子 食神生財 亦爲忌神 象徵其早年必多困苦也 此與上造有一相同之點 卽爲財有餘力 交入好運之後 不僅自己致富 且能澤及旁人 隸其宇下者 亦都家肥屋潤耳.

財旺하니 인성을 쓴다. 인성과 비겁 運에 이르러 큰 부자가 되었다. 년에 庚子를 만나 식신생재가 되어 역시 忌神이 되므로 早年에 반드시 고생스러움이 많았다는 것을 상징하는 것이다. 이 명조는 위의 명조와 서로 같은 점이 하나 있는데 財가 餘力이 있고 좋은 運이 들어온 후에 스스로 致富하였을 뿐만 아니라 곁에 있는 사람에게도 윤택하게 할 수 있으며 그 집에 속한 아랫사람들도 역시 모두 집이 여유로워지고 윤택해진 것이다.

오성원 8運

己癸乙甲　壬辛庚己戊丁丙

巳酉丑申　申未午巳辰卯寅

吳星垣命造.. 己巳 癸酉 乙丑 甲申 乙木秋生 支全巳酉丑申 從殺無疑 但癸水透於月干 化殺生身 爲全局之病 早年多挫折 迨運行戊土 合去癸水 大振旗鼓 淸償舊債之外 又盈餘三十萬金 吳君經商之地 爲安徽鄕僻小縣 有此成績 洵屬難能可貴 如在今時 涉跡海外 更必驚人矣.

乙木이 가을에 태어나 지지가 모두 巳酉丑申이니 從殺을 의심할게 없다. 다만 癸水가 月干에 나타나 化殺生身하니 전국의 病이 되므로 早年에 좌절이 많았다. 戊土運에 이르러 癸水를 合去하니 氣勢를 크게 떨치고 묵은 빚을 깨끗하게 갚았으며 또 30여 만금을 벌었다. 오군이 장사한 곳은 안휘성의 후미

진 작은 현인데 이런 성과를 이룬 것은 참으로 하기 어려운 귀한 것에 속한다. 만일 지금처럼 해외를 다니며 경영을 했으면 더욱 더 사람들을 놀라게 했을 것이다.

노소상 3運

戊己丁丙　庚辛壬癸甲乙丙
辰未巳午　申酉戌亥子丑寅

盧少棠命造.. 戊辰 己未 丁巳 丙午 四火四土 火炎土燥 最喜金洩土氣 水潤土燥 甲子乙丑北方運 商界爭雄 尤以乙丑十年 暗金濕土爲有情 乃其全盛時代 運行丙寅 旺極難繼 從此多事 而一敗塗地矣 此與前述程霖生之命造相仿 先富而後貧者也.

4火4土로 火炎土燥하니 金이 土氣를 설하고 水가 燥한 土를 윤습해야 가장 기쁘다. 甲子 乙丑 북방운에 상업계에서 자웅을 다투고 더욱이 乙丑 10년은 습토의 장간에 金이 有情하므로 전성시대가 된다. 運이 丙寅으로 행하고 왕함이 극에 이르니 이로부터 일이 많아졌으나 여지없이 패해서 다시 일어날 수 없게 되었다. 이것과 전에 서술한 정림생의 명조가 서로 닮았는데 先富後貧하는 것이다.

장려자 9運

癸庚甲丙　己戊丁丙乙甲癸
未申戌寅　未午巳辰卯寅丑

蔣驢子命造.. 癸未 庚申 甲戌 丙寅 洪楊後南京第一富家 相傳蔣某早年趕驢運輸爲生 曾國荃破南京 蔣代忠王李秀成輸送珠寶 李被擒 珠寶盡人蔣手 以此致富 至今南京人無不知有蔣驢子其人者 玆評其命 夫年月金水 日時木火 各分門戶 月令偏官得祿 時支食神逢生 引歸財庫 甲日坐戌 爲財來就我 生於

立秋後五日 炎威未息 甲木雖得祿於寅 究嫌克洩交加 至甲運助起日元 偏官食神 本來旺盛 皆可爲我所有 命固不壞 運亦特佳耳 亂世時代 宜乎有此幸運兒也.

홍양 이후에 남경에서 제일가는 부자다. 전해지기를 장모는 어려서 나귀를 좇아 운송하는 일을 하며 살았는데 증국전이 남경을 격파할 때 진주와 보물을 운송하던 이수성을 잡아 가두고 장이 진주와 보물을 모두 가졌으며 이로부터 부자가 되었다. 지금의 남경사람들이 장려자를 모르는 사람이 없으므로 이에 그 명을 평하였다. 年月이 金水이고 日時가 木火로 각각 門戶를 나누었다. 월령 편관이 득록하고 시지의 식신이 생을 만났으며 財庫로 돌아간다. 甲日이 戌에 앉아 재래취아가 되고 입추 후 5일에 생하여 熱氣가 가시지 않았으며 甲木이 비록 寅에 득록하였으나 극설교가가 불만이다. 甲運에 이르러 日元을 도와 일으키고 편관과 식신이 본래 왕성하니 모두 내가 소유할 수 있다. 命이 참으로 나쁘지 않고 運 또한 아주 좋을 뿐이다. 난세에 이런 행운아가 있는 것이 당연하지 않은가?

46. 徐樂吾(서락오) 10運

丙壬丙丙　　癸甲乙丙丁戊己

戌辰申申　　巳午未申酉戌亥

徐樂吾命造.. 丙戌 壬辰 丙申 丙申 此造妻子兄弟奇驗 蓋申辰會局而透壬水 壬殺爲子 金財爲妻 旣忌財生七殺 妻子皆不得力 時逢壬水長生 所以兩子兩女 日元坐財 又見時申 宜其兩妻 三丙並透 兄弟三人 通根於戌 故得祖蔭 莫非命也 按近代硏究命理 讀書最多 著作最富者 首推樂吾先生 其所註之"造化元鑰"一書 尤爲驚人之作 甫經完稿 遽歸道山 幸稿留余處 將來當爲付刊 關於先生之操行與學歷 亦將詳述於序文之中 余爲後學 又屬同好 闡揚前賢傑作 固亦誼不容辭耳 先生自批其命造 已爲一篇極好文章 玆先錄后 以餉讀者

從前未解命理 請術者推算 或者以干透三朋 獨殺透淸 謬以有爲相許 或者以丙臨申位逢壬水 夭壽之徵 危言聳聽 余以其所言未能滿意 發心自己硏究 始知術者之言 皆不相干 天干三丙 通根戌庫 弱中之旺 三月火相 必須壬甲並透 蓋丙爲太陽之火 不畏水克 反喜其潤 若無壬水透出 必愚蠢下賤 而非現在之地位也 但用殺不可例言制 壬水通根於申 又得辰申相拱 獨殺頗强 丙臨申位絶地 雖通根戌庫 干得比助 快非其敵 必須用印以化之 四柱不見甲乙 此所以壯不能用 老無能爲 年上干比支墓 所以出身世族 椿蔭早失 印綬不見 萱蔭亦不常 三比幇身 故弟兄三人 頗得互助之益 財滋殺爲忌 土晦火亦非喜 故妻子均不得力 丙爲太陽之火 四柱純陽 故性情燥急孤傲 落落難合也 行運癸水助殺 大病幾殆 幸坐巳火 轉危爲安 十四歲失怙 家庭多故 巳運丙火得祿 讀書考試尙利 得列庠序 甲運偏印化殺 可惜局中木無根 雖出場甚利 置身政界 不能有所作爲 午運丙火祿旺 値光復 諸事尙利 乙運甲寅乙卯年 運歲均吉 再入政界 承上峯靑睞 前途似有無限希望 亦以局中無根 虛花而已 未運燥土晦火 丙火不畏水克 獨忌土之洩氣晦光 一病數年 精神萎頓 一交丙運 不藥而愈 比肩分財 雖無大利 然而幇身爲吉 申運再來滋殺 流年壬申癸酉 遭一二八之變 幾乎傾家蕩産 尙幸丙火蓋頭 不致一敗塗地 無以立足 現尙在申運 雖流年尙利 未敢妄動也 將來丁運合壬化殺 在運爲佳 然而年已五十外 老無能爲 或者不致有衣食虞乎 酉運同申 而勢較緩 或不致再遭大變如一二八之役乎 戌運燥土晦火 壽元至此將終 如六十一不死 當至六十三四 (按樂吾先生 固以心臟病之不治 而死於六十三歲戊運戊子年)

이 명조는 처자와 형제에 대하여 특별히 증험되었다.

申辰이 회국하고 壬水가 투출하였다. 壬水칠살이 자식이 되고 金재성이 처가 되며 財가 칠살을 생하는 것을 꺼리므로 처와 자식이 모두 힘이 되지 못한다. 時에 壬水가 장생을 만났으니 두 아들과 두 딸을 두었으며 日元이 財에 앉고 또 時에 申을 만났으니 兩妻가 당연하다. 3개의 丙이 나란히 투출하였으니 형제가 셋이고 戌에 통근하였으므로 조상의 덕이 있으니 命 아닌 것이 없다.

근대에 명리를 연구한 사람 중에 독서를 가장 많이 했으며 저작을 가장 많이 한 사람으로 서락오 선생을 으뜸으로 추천한다. 주석을 한 "조화원약"은 사람들을 놀라게 한다. 원고를 탈고하자마자 갑자기 죽었는데 다행히 원고가 나에게 남아있어 훗날에 출간하게 되었다. 선생의 품행과 학력에 관련해서는 序文 중에 상세히 기술되어 있다. 내가 후학과 동호인들을 위하여 명백한 선현의 걸작임을 참으로 말하지 않을 수 없을 따름이다. 선생이 스스로 그 명조를 비평했는데 이미 아주 좋은 한편의 문장이 되었으니 이에 먼저 기록하여 뒤에 읽는 자에게 주고자 한다. 종전에 命理를 이해하지 못하여 역술가들에게 청하여 물어보니 어떤 이는 천간에 3개의 丙이 나타나고 獨殺이 청하여 서로 도움이 된다고 하였는데 오류이고 어떤 이는 丙臨申位에 逢壬水로 夭壽할 징조라며 과격한 말을 하여 남을 놀라게 하였다. 내가 그 말에 흡족할 수 없어 스스로 연구하였고 비로소 術者들의 말이 모두 상관이 없음을 알았다.

천간의 丙火 3개가 戌庫에 통근하여 弱中에 旺이고 3월은 火相이니 반드시 壬甲이 함께 투출해야 한다. 丙火는 태양의 火이니 水의 극을 두려워하지 않으며 도리어 그 윤택함을 기뻐하므로 만약 壬水가 투출하지 않았으면 어리석고 우둔하며 지위가 낮고 천하여 현재의 지위가 못 된다. 다만 殺을 쓰는 것을 범례로 규정할 수는 없으나 壬水가 申에 통근하고 또 申辰이 서로 껴안아 殺이 꽤 강한데 丙은 申에 絶地로 비록 戌庫에 통근하고 천간에 비견이 도우나 결코 殺의 상대가 되지 못하므로 반드시 印을 써서 殺을 化해야 하는데 사주에 甲乙을 만나지 못해 젊어서는 등용되지 못하였고 늙어서는 할 수 있는 게 없었다. 년간의 비견이 지지에 입묘하였으니 대대로 벼슬을 한 집안 출신인데 아버지의 도움을 일찍 잃고 인수를 만나지 못하였으니 어머니의 사랑 또한 일반적이지 못했다. 3개의 비견이 일주를 도우므로 형제 세 명이 서로 도움이 되었다. 財가 殺을 생하는 것이 忌神이고 土가 晦火하는 것이 기쁘지 않으므로 처자식이 도움이 되지 않는다. 丙이 태양의 火이며 사주가 純陽이므로 성정이 조급하고 오만하며 성격이 명랑하지 않아 남과 어울리기가 어렵다.

癸水運은 殺을 도우니 큰 병으로 위험했는데 다행히 巳火에 앉아 위기를 넘겼다. 14세 아버지를 잃고 가정에 변고가 많았다. 巳運은 丙火가 득록하니 공부하고 시험을 보는데 오히려 이로웠고 상서의 신분이 되었다. 甲運은 편인이 化殺하는데 애석하게도 局中에 木의 뿌리가 없어 비록 일을 하면 큰 이익을 보았으나 정계에 들어가서는 할 수 있는 일이 없었다. 午運은 丙火가 록왕이니 빛을 회복하므로 모든 일이 오히려 이롭고 乙運 甲寅 乙卯年은 運과 歲運이 고르게 길하므로 다시 정계에 들어가 앞날에 무한한 희망이 있을 것 같았으나 역시 局中에 無根하므로 공허한 꿈일 뿐이었다.

未運은 조토가 晦火하니 丙火가 水의 극을 두려워하지 않으나 오직 土가 설기하여 晦光하는 것을 꺼리므로 한번 病에 걸리니 수년을 고생하였고 정신이 쇠잔해졌으며 맥이 빠졌다. 丙運이 되자 약을 쓰지 않아도 병이 나았고 비견이 재물을 나누니 비록 큰 이득은 없었으나 幇身하므로 길하였다. 申運은 財가 와서 殺을 도우니 壬申 癸酉年에 만주사변을 만나 집안이 기울고 재산이 거의 탕진되었는데 오히려 丙火가 개두되어 다시 일어날 수 없을 정도에 이르지는 않아 다행이었으나 일어설 수가 없었다. 지금은 아직 申運에 있으므로 비록 流年이 이로워도 분수없이 행동할 때가 아니다. 장래의 丁運은 壬을 합하여 化殺하여 아름다운 運이나 이미 50을 지나 늙어서 할 수 있는 게 없으나 아마도 의식을 염려하는데 이르지는 않을 것이다. 酉運은 申과 같으나 세력이 비교적 완만하여 만주사변을 다시 만난 것과 같지는 않다. 戌運은 조토가 晦火하므로 수명이 여기에 이르러 마치게 되는데 만일 61세에 죽지 않으면 63~4세에 이른다. (살펴보면 락오선생은 심장병이 불치였으며 63세 戊運 戊子年에 죽었다.)

47. 千里自造(위천리명조) 8運

辛辛庚庚　庚己戊丁丙乙甲

亥卯子辰　寅丑子亥戌酉申

辛亥 辛未 庚子 庚辰 識者咸謂憾於無火 然春金固非當令 乏土之生 則且無根 縱天干庚辛林立 子平眞詮云 "得三比肩 不如得一長生祿刃" 可見徒多比劫 而日元無氣 非是眞强 矧又亥卯會成木局 子辰會成水局 水與木皆有挫於金 乎 火能榮金 有火固可顯達 無火則一寒儒而已 然寒弱之金 逢微火當可得志 逢巨火則不勝其克 或且因貴顯而惹禍殃 此孔子所謂"過猶不及"者是也 若 云.. 水木兩局 財星甚旺 亦滴天髓所謂"何以其人富 財氣通門戶"者歟 無如身 不任財 難免"富屋貧人"之譏 正合我今日之筆耕終朝 硯田枯澀者也 然則富貴 皆無大望 我將永自韜養矣 嘗以身弱之命 與身强之命相較 同走好運 同處美 境 而其速率與成份 大相懸殊 身强者每過於身弱者 此余屢試不爽 故益信拙 造之身弱 恐終其身不過爾爾也 査行運 丑運尙屬順利 戊字更進一步 子運阨 於病與酒色 因蓋頭屬戊 故無生命之危 丁運稍濟 亥運伏櫪 丙運頗著虛名 明 年行戌運 更上層樓 有名或亦有利矣 乙運大不佳 當死於六十五歲乙卯年.

식견이 있는 사람은 모두 火가 없어 유감이라고 말한다. 그러나 春金은 본래 당령이 아니고 土의 生이 부족하며 또한 無根하다. 설령 천간에 庚辛이 즐비하게 서 있어도 자평진전에서 말하기를 "비견 세 개를 얻는 것은 장생이나 록이나 양인 중의 하나를 얻는 것만 못하다"고 했으니 공연히 비겁이 많은 것을 볼 수 있고 이것이 진짜 강한 것이 아니다. 하물며 또 亥卯가 木局을 이루고 子辰이 水局을 이루며 水와 木이 모두 金의 기세를 꺾지 않는가. 火는 金을 영화롭게 할 수 있으니 火가 있어야 본래 현달할 수 있고 火가 없으면 寒儒일 따름이다. 그러나 寒弱한 金이 경미한 火를 만나면 당연히 뜻을 얻을 수 있으나 큰 火를 만나면 그 극을 견디기 어렵거나 또한 존귀해짐으로 인하여 재앙을 일으키게 된다. 이것은 공자가 말히기를 "과유불급"이라고 한 섯이다. 이렇게 말하면 水木兩局으로 재성이 심히 旺한데 적천수에 "무엇 때문에 그 사람이 부자인가. 재성의 氣가 門戶를 通한 것이다."라고 말한 것이다. 유감스럽게도 일간이 財를 감당하지 못하여 "부옥빈인"의 조롱을 면하기 어려우니 하루종일 글을 쓰며 문필로 생활하는 씁쓸하고 떫은 것이 지금의 나와 딱 맞는다. 그런즉 부귀를 모두 크게 바랄 게 없으니 나는 오래도록 스스로 숨기고 수양해야 한다.

일찍이 身弱한 命과 身強한 命을 서로 비교해 보았는데 같이 좋은 운을 만나고 좋은 형편에 처해도 빠르게 그대로 되는 것과 몫을 이루는 것이 큰 차이가 있다. 身強한 자는 身弱한 자보다 항상 지나치는데 이것은 내가 여러 번 시험해봤으나 어긋나지 않았다. 나의 명조가 身弱함이 확실하므로 결국 내가 이와 같은 것에 지나지 않아 두렵다. 행운을 살펴보면 丑運은 오히려 순조로운 것에 속하고 戊運은 더욱 진일보하고 子運은 病과 酒色으로 재난을 당하였으나 戊가 개두하여 생명이 위험하지는 않았다. 丁運은 조금 성취하고 亥運은 不遇하였다. 丙運은 꽤 虛名이 드러났는데 올해는 戌運이니 더욱 좋아 유명해지거나 혹은 이로움이 있다.

乙運은 아주 좋지 못한데 65세 乙卯年에 죽을 것이다.

下集

命運答客問

命運答客問

庚子年(1960) 答客

1) 彭文傑君(팽문걸군) 26세 4運

乙壬乙己　辛庚己戊丁丙乙

亥午丑卯　巳辰卯寅丑子亥

來書謂 逢雙歲順流 逢單歲痲煩 此適逢其巧耳 不足爲訓也 良以台造.. 乙亥 壬午 乙丑 己卯 廿二歲丙申年 廿四歲戊戌年 火土財鄉 所以有利 廿三歲丁酉年冲卯 廿五歲己亥年歲運並臨 故多枝節 今後運程 仍有高低不平之慨 所好原命爲聚祿格 標本兩全 終其身 必有成就 惟甚爲栗六耳.

온 편지에서 말하길 짝수 해는 순조로웠고 홀수 해는 번거로움을 만났다고 했는데 이는 마침 공교롭게 그렇게 만난 것뿐이고 준칙이 될 수는 없다. 당신의 명조는 乙亥 壬午 乙丑 己卯인데 22세 丙申年과 24세 戊戌年은 火土財運이므로 유리하였고 23세 丁酉年은 卯를 冲하고 25세 己亥年은 歲運이 함께 오니 뜻밖의 귀찮은 일이 많았던 것이다. 이후의 運은 起伏이 있어 봅시 분하게 여기는데 좋은 것은 原命이 취록격이 되어 지엽적인 것과 근본적인 것이 모두 온전하고 죽을 때까지 성취하는 것이 있으나 다만 매우 바쁠 따름이다.

2) 馮子君(풍자군) 32세 9運

己甲癸丁　癸壬辛庚己戊丁丙

巳戌丑巳　酉申未午巳辰卯寅

君問何時結婚 可得賢妻否? 何時事業有成? 按台造.. 己巳 甲戌 癸丑 丁巳 秋水不通源 從丁火之財 必獲賢內助 結婚宜於三十五歲之未運 事業發於四十五歲之午運.

당신은 언제 결혼할 것이고 현처를 얻을 수 있는가? 언제 사업을 성공할 수 있는가? 를 물었다. 당신의 명조는 己巳 甲戌 癸丑 丁巳다. 가을의 水가 통하지 못하여 丁火 財를 從하니 반드시 어진 아내의 내조가 있고 결혼은 35세의 未運이 적당하고 사업은 45세의 午運에 발전한다.

3) 劉炎君(유염군) 52세 4運

己癸癸壬　壬辛庚己戊丁丙

酉酉未子　申未午巳辰卯寅

台造.. 己酉 癸酉 癸未 壬子 金水太旺爲病 一重未土不足以鎮壓 五十歲行來辰運 辰爲水庫 去 今 明三年 又偏於金水 更無善狀可言.

당신의 명조는 己酉 癸酉 癸未 壬子다. 金水가 太旺하여 病이 되고 하나의 중요한 未土가 진압하기에는 부족하다. 50세에 오는 辰運은 辰이 水庫이고 작년 금년 내년 3년이 또 金水로 치우치니 더욱 좋은 상황이라고 말할 수 없다.

큰아들 유탁 28세 6運

癸辛甲己　庚己戊丁丙乙甲

酉酉午巳　申未午巳辰卯寅

大公子劉濯命造.. 癸酉 辛酉 甲午 己巳 日爲進神 官印居於年月 財食位於時辰 器宇不凡 三十二歲起 卄年火運 發無止境矣.

큰아들 유탁의 명조는 癸酉 辛酉 甲午 己巳로 일주가 進神이고 官印이 년월에 있으며 財와 식신이 時에 있으니 기량이 평범하지 않다. 32세에 일어나 20년간 火運이니 발전이 멈출 일이 없다.

둘째아들 유청 24세 4運

丁己庚丁　戊丁丙乙甲癸壬

丑酉戌亥　申未午巳辰卯寅

二公子劉淸命造.. 丁丑 己酉 庚戌 丁亥 官印並透 月提陽刃 宜於名場 不宜於利藪 明年交丙運後 平步靑雲 得意可卜.

둘째 아들 유청의 명조는 丁丑 己酉 庚戌 丁亥로 관인이 함께 투출하고 월제가 양인이니 이름을 얻는 것에는 마땅하나 이익의 늪에서는 마땅하지 않다. 내년에 丙運으로 바뀌고 나면 평범한 걸음으로 청운에 오르게 되니 뜻을 얻게 될 것을 예상할 수 있다.

4) 周幹源君(주간원군) 38세 4運

癸甲壬丁　癸壬辛庚己戊丁

亥寅戌未　丑子亥戌酉申未

台造.. 癸亥 甲寅 壬戌 丁未 壬水托根於亥 惜少金發水源 近運尙可 惟四十歲至四十五歲之戊運 刑喪 官事 病魔 總有幾分 愼之愼之.

당신의 명조는 癸亥 甲寅 壬戌 丁未다. 壬水가 亥에 탁근하였으나 애석하게도 水의 근원인 金이 없다. 가까운 運이 그런대로 괜찮으나 40세에서 45세 戊運에 이르러 사망하거나 관재 또는 질병 등이 있으니 조심하고 삼가야 한다.

5) 姒旭明君(사욱명군) 35세 1運

丙丁辛戊　戊己庚辛壬癸甲

寅酉未子　戌亥子丑寅卯辰

君於十餘年來 奔走無成 來書字裏行間 充滿悲憤 然査台造.. 丙寅 丁酉 辛未 戊子 建祿透印 辛金宜水洗火煉 今年子水可喜 明年交巳火大運 機會卽將來臨 勿再雌伏 定效雄飛 胡爲乎遑遑哉!

당신은 10여 년간 분주하였으나 이룬 일이 없어 서신의 행간에 슬프고 분한 감정이 가득하다. 당신의 명조를 살펴보니 丙寅 丁酉 辛未 戊子로 건록에 인성이 투출하였는데 辛金은 水로 씻고 火로 단련해야 마땅하다. 금년이 子水로 기쁘고 내년은 巳火 대운으로 바뀌니 앞으로 기회를 만난다. 다시는 아무런 성과가 없지 않고 웅비하여 드러날 것인데 어찌하여 허둥대는가?

6) 두존예군 44세 5運

丁辛庚甲　庚己戊丁丙乙甲

巳亥午申　戌酉申未午巳辰

大函及玉照併收 台造.. 丁巳 辛亥 庚午 甲申 寒金有火 玆行未運 未爲南方之土 竟而一籌莫展 殆去年己亥冲巳 今年庚子冲午 流年所累及歟 然參君相 鼻樑挺直 四十四歲正行"年上"之部位 華誕之後 再無機緣 我不信也 至於畢生大運 當然在於丙午十年 請稍待之.

당신의 편지와 아름다운 사진을 함께 받았다. 명조가 丁巳 辛亥 庚午 甲申으로 寒金이 火가 있고 지금은 未運으로 未는 남방의 土이니 결국 속수무책인데 작년 己亥年에는 巳를 冲하고 금년 庚子年에는 午를 冲하여 위태롭고 流年이 힘들었다. 그러나 당신의 관상을 참고하면 콧마루가 곧고 바르며 44세는 "년상"의 부위에 해당되므로 태어난 이후에 다시 기회와 인연이 없었다고 했는데 나는 믿지 않는다. 일생의 대운으로 말하면 당연히 丙午 10년에 있으니 조금만 기다리시오.

7) 金瑞和君(김서화군)

神異賦曰 "無職無權 只爲雙眉不秀"痲衣曰 "文滯書難 只爲眉間滯滯" 柳莊曰 "文臣武職 均在眉上氣色以定升沉" 可見 "問祿在眉"之說爲可信 旣然相家謂君眉好 現擬赴美求碩士學位 自無不可 將來學成歸國 或正値三十一歲至三十四歲行眉運之時 則其飛黃騰達 更操左劵矣.

신이부 왈.. "직위가 없고 권위가 없는 것은 오직 양 눈썹이 빼어나지 못하기 때문이다" 마의 왈.. "글이 막히고 공부가 어려운 것은 오직 미간이 막혀있기 때문이다" 유장 왈.. "문신이나 무직이나 모두 눈썹 위의 기색으로 승진과 침체가 정해진다"를 볼 수 있으니 "록은 눈썹에 있다"는 말을 믿을 만하다. 이미 관상가가 당신의 눈썹이 아름답다고 했으니 현재 미국으로 건너가 석사학위를 구하려고 하는 것이 불가하지 않다. 장래에 학업을 마치고 귀국하면 31세에서 34세에 이르는 눈썹의 운이 직위나 지위가 급상승하므로 성공이 확실하다.

8) 秦福盦君(진복암군)

조화원약에 있는 명조

丁壬丙戊　辛庚己戊丁丙乙甲

酉寅子子　丑子亥戌酉申未午

진복암군 34세 2運

丁壬丙癸　辛庚己戊丁丙乙甲

卯寅子巳　丑子亥戌酉申未午

造化元鑰載有一命.. 丁酉 壬寅 丙子 戊子 按此造丁火合去壬水 戊土制住癸水 喜年上酉金生壬 故先爲秀才而富有 但時爲戊子 後孤且貧 其死於午運 蓋爲子水之絶地也 台造.. 丁卯 壬寅 丙子 癸巳 年時卯巳 丙火更强 丁火合去壬水 乃留時上癸水七殺爲用 較之前造高明多矣 五行少金 所以權高利短 但絶

無先富貴而後孤貧之可慮 況晩來有酉申兩運 老境殊不落寞耳.
조화원약에 실려 있는 명조 하나가 있는데 丁酉 壬寅 丙子 戊子이다. 이 명조는 丁火가 壬水를 合去하고 戊土가 癸水를 억제하는데 年上에서 酉金이 壬을 생하므로 초년에는 재주가 빼어나고 부유하였다. 다만 時가 戊子가 되어 나중에는 외롭고 빈한하다. 午運에 죽었는데 아마도 子水의 絶地가 되기 때문이다.
당신의 명조는 丁卯 壬寅 丙子 癸巳인데 年時가 卯巳이니 丙火가 더욱 강하다. 丁火가 壬水를 合去하고 이에 時上에 있는 癸水 칠살이 用이 되니 前造와 비교하면 많이 뛰어나다. 金이 결핍되어 권력은 높아도 재물은 부족하나 다만 먼저 부귀해도 나중에 외롭고 가난할 염려가 전혀 없다. 하물며 늦게 오는 酉申運이 있으니 노년에 전혀 쓸쓸하지 않을 뿐이다.

9) 孟煥如君(맹환여군)

達摩相書 坊間極少 余雖有收藏 但在上海 (當時未能帶來之哲學書多矣) 按達摩爲西域印度人 六朝時渡江 傳道東土 其人博學多才 深通幻術 故有一葦渡江之說 又精性命長生術及拳術 來我國傳教 有分類而立門 各繫道統焉 至於其相法 可謂中興之祖師 蓋自秦代火焚各書以後 相學之書亦絶 故漢唐以來 偶有談相之人 而無書籍可考 五代時 達摩復入中國 始得麻衣傳其五來相法五篇 故達摩以前 皆半知半解 旣無綱領之分 又無輕重끼分 無書可閱讀 無法可研究 自達摩以後 相學可稽究 而法亦日益闡明矣.
달마상서는 시중에 극히 드문데 전에 내가 가지고 있었으나 상해에 있다(당시에 가져오지 못한 철학서가 많다). 살펴보면 달마는 서쪽의 인도사람인데 육조시대에 강을 건너 동쪽에 道를 전파하였다.
그는 박학다재하였고 도술에도 깊이 통하였으므로 갈대 하나로 강을 건넜다는 설도 있다. 또 장생술과 권술에도 능통하였다.

우리나라에 와서 불교를 널리 전파하였고 분류된 종파를 세웠는데 각각 도학을 전하는 계통이었다. 그 相法에 관하여 말하면 중흥의 조사라고 말할 수 있다. 대개 진대의 분서갱유 이후부터 상학의 책 역시 끊겼으므로 漢唐 이래 우연히 관상을 말하는 사람이 있어도 참고할 만한 서적이 없었다. 五代 때 달마가 다시 중국에 들어와 비로소 마의상서로 전해져오는 그 五來相法 다섯 편을 얻게 된 것이다. 그러므로 달마 이전에는 모두 반쯤 알고 반쯤 깨달았는데 강령의 구분이 없고 경중의 구별도 없었으며 읽어볼 책도 없고 연구할 법도 없었다. 달마 이후부터 相學을 고증하고 연구할 수 있었으며 相法 또한 날로 분명하게 밝혀졌다.

*五代
중국의 동진이 망한 후부터 당나라 이전까지의 198년 동안 번갈아 가며 흥망했던 宋 齊 梁 陳 隋 다섯 왕도를 말한다.

10) 劉方覺君(유방각군) 48세 6運

癸壬壬庚　　辛庚己戊丁丙乙

丑戌午子　　酉申未午巳辰卯

台造.. 癸丑 壬戌 壬午 庚子(或辛丑) 離別老母兄弟妻子 已十有餘年 浪跡天涯 一事無成. 此爲子時無疑 子午 丑戌 四柱刑冲故也 去年已交丁巳大運 脫穎而出 大有建樹 家人亦有團叙希望 切不可另娶妻室 以免節外生枝.

귀하의 명조는 癸丑 壬戌 壬午 庚子(혹은 辛丑)이다. 노모 형제 처자와 이별한지 10여년이 지났고 타향을 정처 없이 떠돌며 이룬 일이 하나도 없으니 이는 子時가 틀림없는데 子午와 丑戌로 사주가 형충된 연고이다. 지난해에 이미 丁巳대운으로 바뀌었으니 재능을 드러내며 크게 업적을 세우게 된다. 집안 식구들도 또한 뭉치게 되고 희망을 말하게 되니 그 밖에 처를 얻는 것은 절대로 하지 않아야 뜻밖의 사단을 면한다.

11) 曾耀森君(증요삼군) 41세 1運

庚辛壬丙　壬癸甲乙丙丁戊

申巳辰午　午未申酉戌亥子

台造.. 庚申 辛巳 壬辰 丙午 西歷爲一九二0年六月三日 精華在於丙午時辰 缺點在於少木資火 格爲壬騎龍背 又爲時上偏財 過去運程不齊 縱有格局 亦難得意 四十二歲行丙戌十年 豹變鷹揚 花繁木盛 屆時方知菲律濱某相士之言 並未欺君耳.

당신의 명조는 庚申 辛巳 壬辰 丙午로 서기 1920년 6월 3일이다. 정수가 될 만한 빼어난 부분은 丙午時에 있는데 결점은 火를 돕는 木이 없는 것에 있다. 격은 임기용배가 되고 또 시상편재가 된다. 과거운로가 가지런하지 않아 설령 격국이 있다 해도 뜻을 얻기 어렵다. 42세 丙戌 10년이 매가 하늘을 나는 것처럼 갑자기 달라지고 꽃과 나무가 번성한다. 때가 되면 필리핀 모 관상가의 말이 당신을 속였다는 것을 알게 된다.

*임기용배격

壬이 용의 등에 올라탓다는 뜻으로 壬辰日을 말한다. 壬日에 辰字가 많으면 貴格이고 寅字가 많으면 富格이다. 辰字가 戌字를 충하여 戌中 財官印을 쓰기 때문이다. 천간에 財官이 투출하면 전실되어 나쁘고 신왕하고 食傷運이 좋으며 財官運을 꺼린다.

12) 陳子明君(진자명군) 42세 4運

己丙丙戊　乙甲癸壬辛庚己

未子午子　亥戌酉申未午巳

君謂年逾不惑而惑甚多 此非君之不智 其實命也運也 按台造.. 己未 丙子 丙午 戊子 地支滿是穿冲 雖用食神 乃無財印 更以運程之飜覆 誠如迷途之羔羊矣 玆已運行申金 流年一路金水 任何事業 都有前途 四十五歲接行辛運更佳 俗謂"福至心靈" 靈至則惑除 乃理所必然 亦事所必然也.

당신은 불혹이 지났으나 의혹이 아주 많은 것은 당신이 지혜롭지 못해서가 아니고 기실은 命이고 運이다. 당신의 명조를 살펴보면 己未 丙子 丙午 戊子로 지지가 冲과 害로 가득하여 비록 식신을 用하나 財印이 없고 더욱 運路가 이리저리 뒤집혀 참으로 길을 잃은 어린 양과 같다. 지금은 이미 申金運이고 流年이 모두 金水이니 어떤 사업을 해도 다 앞날이 유망하다. 45세 辛運에 접어들면 더욱 아름답다. 속담에 "運이 좋아지면 생각도 영민해진다"고 했으니 생각이 영민해지면 의혹도 제거된다. 이치가 반드시 그러하니 일도 또한 반드시 그러하다.

13) 朱曙君(주서군)

別來多年 欣獲手書 承討論"人中"問題 限於篇幅 幸勿責其簡單 "人中"洫深如淵 萬里無阻 廣結外緣 又旺子女 "人中:平滿 坐守鄉里而無遠志 早子不立" 人中"長約寸許 多福多壽多子" 人中"短 志大而虛浮 作事徒勞" 人中"寬 器量宏大 謀略週到" 人中"狹窄 多心腹之患 子女艱難遲生" 人中"下半節掀出 其人偏僻任性 多招官訟是非" 人中"有痣 中主水災 上半節 先生子而妨父 下半節 先生女而妨母" 人中"有一直紋穿過 女多子少 經大挫折之後 再起立業" 人中"中段一紋橫斷 有二次以上之大病或水火之災" 人中"有直紋沖破 橫紋冲斷 如十字形者 主孤絕 子女均不立" 人中"偏左 子多於女 偏右 女多於子" 人中"上寬下窄 多疑少決 作事無恒" 人中"上窄下寬 有厚祿而勇爲 剛直而任勞 兩個溝洫(不是直紋沖破) 名曰" 雙人中"多子 男主聰明 享受前人餘業 女主驕傲 離婚再嫁".

헤어진 뒤로 오랜만에 반가운 편지를 받았다. "인중"의 문제를 토론하는데 지면에 한계가 있으니 그 간단함을 나무라지 않기를 바란다. "인중"의 도랑이 깊고 연못과 같으면 끝없이 일에 막힘이 없고 가장자리가 넓게 맺혀지면 또한 자녀가 많다. "인중"이 평평하면 고향을 지키고 살며 원대한 뜻이 없고 일찍 난 자식과 함께 살지 못한다. "인중"의 길이가 한 치 정도면 다복하고 장수하며 자식이 많다. “인중”이 짧으면 뜻은 크나 공허하고 하는 일이 헛수고다. “인중”이 넓으면 사람의 그릇과 재능이 매우 크고 모략이 빈틈이 없다. “인중”이 좁으면 마음속의 우환이 많고 자녀가 늦게 태어나는 괴로움이 있다. “인중”의 아래쪽이 솟구쳐 나왔으면 편벽되고 제멋대로 하며 송사와 시비가 많다. “인중”에 점이 있으면 현명하지도 어리석지도 않고 수재를 당하며 위쪽에 있으면 먼저 아들을 낳고 아버지를 해치며 아래쪽에 있으면 먼저 딸을 낳고 어머니를 해친다. “인중”을 수직으로 주름이 관통하였으면 딸이 많고 아들이 적으며 크게 좌절을 겪은 후에 다시 재기한다. “인중”의 중간쯤에 하나의 주름이 횡단하였으면 두 차례 이상의 큰 병이나 水火로 인한 재난이 있다. “인중”에 수직의 주름이 돌파하여 가로의 주름이 단절되어 십자모양과 같으면 몹시 고독하고 자녀가 모두 자립하지 못한다. “인중”이 왼쪽으로 치우치면 아들이 딸보다 많고 오른쪽으로 치우치면 딸이 아들보다 많다. “인중”이 위가 넓고 아래가 좁으면 의심이 많고 결단력이 없으며 일을 함에 꾸준함이 없다. “인중”이 위가 좁고 아래가 넓으면 식복이 많고 과감하게 일을 처리하며 강직하고 맡은 일에 노력한다. 도랑이 두 개면(직문충파가 아니다) 이름하여 “쌍인중”이라고 하는데 아들이 많고 남자는 총명하며 이전 사람이 남긴 업을 받아 누리고 여자는 건방지고 교만하며 이혼하고 재혼한다.

14) 朱亦文君(주역문군) 54세 5運

丁壬乙丙　辛庚己戊丁丙乙
未子巳子　亥戌酉申未午巳

算命有不二法門 卽春冬之命 大槪喜火 夏秋之命 大槪喜水 此調候之作用耳(奇格異局 當然例外) 台造.. 丁未 壬子 乙巳 丙子 寒木向陽 自用丙火 丁未運嘗有小利 則未來丙午十年 更屬發無止境 堪爲預卜焉.

命을 보는 것은 둘이 아닌 절대적인 법이 있는네 봄과 겨울에 태어난 명은 대개 火를 기뻐하고 여름과 가을에 태어난 명은 대개 水를 기뻐하는 것인데 이것은 조후의 작용일 따름이다(기격이나 이국은 당연히 예외이다). 당신의 명조는 丁未 壬子 乙巳 丙子인데 추운 나무는 햇볕을 향하니 자연히 丙火가 용신이 되므로 丁未運에 이미 작은 이익이 있었고 미래의 丙午 10년은 더욱 발전하고 멈출 일이 없다고 미리 예상할 수 있다.

15) 翟淸泉君(적청천군)

全身之痣 惟結喉一痣爲最凶 男女皆死於非命 痣佳者 唯足心與陰上 君之脚底有痣 未知是否在足心正中? 黑色抑爲紅色?

전신의 점에서 오로지 목구멍(목)에 있는 점이 가장 흉하고 남녀 모두 비명횡사한다. 오직 점이 아름다운 것은 발바닥 가운데와 陰部 위에 있는 것인데 당신의 발밑에 있는 점이 발바닥 중앙에 있는지 그렇지 않은지 흑색인지 또는 붉은색인지 알 수 없다.

16) 임순자여사 21세 5運

庚戊己戊　　丁丙乙甲癸壬辛

戌子亥辰　　亥戌酉申未午巳

台造.. 庚辰 戊子 己亥 戊辰　傷官爲用 作妾爲宜 丙運(十六歲至二十一歲)有失身之患 幸而將成尾聲矣.

당신의 명조는 庚辰 戊子 己亥 戊辰으로 상관이 용신이 되니 첩을 만드는 것이 당연하다. 丙運(16세에서 21세까지)에 정조를 잃을 근심이 있는데 다행히 다 지나가고 있다. *丙運(15세 甲午 16세 乙未 17세 丙申 18세 丁酉 19세 戊戌 20세 己亥 21세 庚子)

17) 주서훈군 40세 2運

辛庚壬辛　己戊丁丙乙甲癸

酉子子亥　亥戌酉申未午巳

見仁見智 各有不同 尤以命之理微 孔子罕言 基於各人經驗學識之不齊 立論自難一律 孰是孰非 且觀將來 台造.. 辛酉 庚子 壬子 辛亥 滿盤金水 作"從旺格"而論 去年行來申運 又連逢金水流年 一時舟楫濟川 千載英雄入彀 此而不圖 更待何時耶?

어진 사람은 어질게 보고 지혜로운 사람은 지혜롭게 보니 서로 같지가 않다. 더욱이 命의 이치가 미세하므로 공자도 이에 대해 말한 것이 드물다. 각자의 경험과 학식이 같지 않으므로 이론을 세우는 것이 예외 없이 어려우며 누가 옳고 누가 그른지는 미래를 봐야 한다. 당신의 명조는 辛酉 庚子 壬子 辛亥로 만반이 金水이니 종왕격으로 논한다. 작년에 申運이고 또 金水流年을 만나니 一時에 배를 타고 내를 건너 천년의 영웅이 되는 범위 안에 들어가게 된다. 이 때에 도모하지 않으면 다시 어느 때를 기다리겠는가?

18) 임석군 43세 3運

戊庚戊甲　辛壬癸甲乙丙丁

午申申寅　酉戌亥子丑寅卯

富貴雖如浮雲 然亦談何容易 台造.. 戊午 庚申 戊申 甲寅 不能僅以"三奇格"而便斷爲富貴 其實食神制殺 秋月天赦 命局本屬不凡 乃歷來運途欠佳 徒喚奈何耳 尤以現行之子運冲午 但求無過足已.

부귀가 비록 뜬구름과 같으나 어찌 쉽게 말할 수 있겠는가.

당신의 명조는 戊午 庚申 戊申 甲申으로 단지 삼기격일뿐 부귀하다고 쉽게 판단할 수 없다. 기실은 식신제살하고 秋月에 천사가 있어 명국이 본래 평범하지 않은 섯에 속하나 지난 運과 앞으로 오는 運이 좋지 않아 어쩔 수 없이 소리만 외칠 뿐이다. 더욱이 현재의 子運은 午를 冲하므로 허물이 없기를 바랄 뿐이다.

*삼기격(三奇格)
三奇란 正財 正官 正印을 말한다. 柱中에 함께 있으면 三奇格이 된다. 또한 甲戊庚을 天上三奇라 하고 乙丙丁을 地下三奇라 하며 壬癸辛을 人員三奇라고도 하는데 正官 正財 正印을 논하는 것이 정론이다. 남명이 身旺하고 三奇가 있으면 一品貴가 되고 여명에 三奇가 있으면 남편이 귀하게 된다.
*천사(天赦)
천사란 하늘이 용서해준다는 뜻으로 春戊寅 夏甲午 秋戊申 冬甲子日生은 큰 병에 걸리지 않고 큰 재난을 당하지 않는다는 吉殺을 말한다.

19) 임정여사 34세 4運

丁庚癸甲　辛壬癸甲乙丙丁
卯戌巳寅　亥子丑寅卯辰巳

來書謂.. “嫁夫十四年 夫婦感情平淡 夫似愛色而非眞情 又絶對控制經濟權 究能偕老否?”査淑造.. 丁卯 庚戌 癸巳 甲寅 木火土林林總總 威脅癸水 本是無依無靠之命 將來運程又都木火 唯有奮圖自立 努力事業 關於婚姻之有無前途 任其自然可也.

보내온 편지에 말하길 “남편에게 시집간 지 14년이 되었는데 부부의 감정이 덤덤하고 남편은 사랑하는 것처럼 대하지만 진정이 아니고 또 경제권을 완전히 통제하는데 해로할 수 있겠는가”라고 했다.

명조를 보니 丁卯 庚戌 癸巳 甲寅으로 木火土가 많아 癸水를 위협하니 본래 의지하고 기댈 곳이 없는 명이다. 앞으로의 運도 또 모두 木火이니 오직 분발하여 자립을 꾀하며 노력으로 일을 해야 하고 결혼생활의 앞날에 관해서는 자연스런 흐름에 맡겨야 한다.

20) 一愚居士(일우거사)

君問相法“五露” 按達摩“五露亦超羣”之說 其實爲“五岳”露也 露者大也 額爲

南岳 大而爲富壽之品 鼻爲中岳 大而爲豊富之局 頦爲北岳 大而爲崇厚之祿 兩顴爲東西岳 大而操縱極重之權 故孔子五岳朝天 而爲萬世師表之聖人 袁柳莊不知何所見而云爲"五官"露 其言曰 "耳露廓輪 眉露毫稜 眼露神光 鼻露井灶 口露牙齒" 夫耳露廓輪 刑剋父母 眉露毫稜 兄弟紛爭 眼露神光 驚險挫折 鼻露井灶 財不入庫 口露牙齒 惹是招非 五官而有三官露 已成貧賤 何況全露而能尊貴超羣乎!

당신이 상법의 五露에 관해서 물었는데 달마의 "五露 역시 무리에서 뛰어난 것이다"는 설을 살펴보면 기실은 "五岳"이 露가 되고 露라는 것은 큰 것이다. 이마는 南岳이 되는데 크면 富하고 장수의 등급이 된다. 코는 中岳이 되는데 크면 富가 풍요롭고 턱은 北岳이 되는데 크면 봉록이 높고 厚하다. 양 광대뼈는 東西岳이 되는데 크면 重한 권력을 마음대로 움직인다. 그러므로 공자는 五岳이 발달하여 天子를 배알하고 만세대의 師表인 성인이 되었다. 원류장은 무엇을 보는지 알지 못하고 말하기를 "五官"이 露라고 했는데 그 말은 "이로곽륜 미로호릉 안로신광 비로정조 구로아치"인데 무릇 귀의 바깥 둘레가 드러나면 부모를 형극하고 눈썹이 길고 끝이 뾰족하며 모나면 형제가 다투며 눈에 신령스런 빛이 있으면 위험한 일로 놀라게 되고 좌절을 겪게 되며 콧구멍이 드러나면 재물이 모이지 않고 이와 잇몸이 드러나면 시비를 초래한다고 했다. 五官에 三官이 드러나 있으면 이미 빈천이 정해진 것인데 하물며 모두 드러났으면 존귀함이 무리 중에 뛰어날 수 있겠는가.

21) 陳蘭君(진란군) 59세 1運

壬辛乙庚　壬癸甲乙丙丁戊
寅亥丑辰　子丑寅卯辰巳午

10運

壬壬乙辛　癸甲乙丙丁戊己

寅子丑巳　丑寅卯辰巳午未

台造.. 如係辰時 四柱爲壬寅 辛亥 乙丑 庚辰 寒木而多水少火 雖至四十一歲後 徐見得意 亦不過虛名浮利耳. 如係巳時 四柱爲壬寅 壬子 乙丑 辛巳 水泛木浮 一世奔波 抑且無兒 今年庚子 必有打擊 六十歲後 東山再起.

귀하의 명조는 辰時로 보면 壬寅 辛亥 乙丑 庚辰으로 寒木이 水가 많고 火가 없어 비록 41세후에 천천히 뜻을 얻었다 하더라도 허명과 덧없는 이익에 불과하다. 만약 巳時로 보면 사주가 壬寅 壬子 乙丑 辛巳가 되는데 水泛木浮하니 일생이 분주하고 또한 자식이 없다. 금년 庚子年은 반드시 타격이 있고 61세후에 다시 재기할 수 있다.

22) 이혼여군 38세 9運

癸癸壬壬　壬辛庚己戊丁丙

亥亥子寅　戌酉申未午巳辰

君問.. "離家十載 雙親音信斷絶 將來能否天倫重敘?"按台造.. 癸亥 癸亥 壬子 壬寅 七水一木 木其腐矣 又不能作"從旺格"論 旣無印綬 自以"子欲養而親不待"爲可慮也 至於事業前途 將來未 戊十年 根深蒂固 午丁十年 順流而下 何患無成耶? 尊夫人忘及時辰 不敢臆測.

당신이 묻기를 "집을 떠 난지 10년인데 양부모님의 편지가 단절되어 장래에 천륜을 다시 말할 수 없겠는가?"라고 했는데 당신의 사주를 보면 癸亥 癸亥 壬子 壬寅이다. 7水1木이니 木이 부패하고 또 종왕격으로 논할 수 없다. 인성이 없어 자식이 봉양하고자 하나 어버이가 기다리지 않으니 걱정이 되어 마음이 편하지 못하다고 스스로 여긴다. 사업의 앞날에 관해 말하면 장래의 未戊 10년은 뿌리가 깊으며 꼭지는 단단하고 午丁 10년은 순조로운데 어찌 이룰 수 없다고 근심하겠는가? 그 때에 이르러 부인을 잃는다는 것은 감히 억측할 수 없다.

자식의 명조 12세 3運

己庚乙丁　己戊丁丙乙甲癸

丑午亥丑　巳辰卯寅丑子亥

令郞命造.. 己丑 庚午 乙亥 丁丑 木得水養 火洩土培 雖無奇格異局 却已出色當行 如未至午夜一時 則爲子時 必有破相也.

자식의 명조는 己丑 庚午 乙亥 丁丑으로 木이 水의 생을 만나고 火가 설하며 土가 배양하니 비록 奇格이나 異局은 아닐지라도 도리어 본업을 뛰어나게 잘한다. 만일 밤 12시를 거슬러 이르지 않았으면 즉 子時가 되면 반드시 얼굴을 다친다.

23) 林震賢君(임진현군) 67세 5運

甲甲丁癸　乙丙丁戊己庚辛

午戌酉卯　亥子丑寅卯辰巳

承詢梅蘭芳命造 玆以廿六年前拙輯"千里命稿"所載錄後 彼時預言 今已幸中 非敢藉此鳴高 亦聊以證實命運之可信而已. 還祈賜敎爲荷 千里命稿曰 "甲午 甲戌 丁酉 癸卯 此梅蘭芳先生命也 全局木火太旺 喜日坐酉金 時得癸水 財殺淸粹. 兼帶貴人 文昌 自宜藝術獨精 譽滿天下 整革中國劇藝 尤見匠心巧妙 伶界大王 當之無愧 惜行運未能媲美命局 所以可享盛名 但無權爵 然晩來庚運(五十七歲至六十二歲)制殺 空前絶後 恐不以伶官終其身 變化飛騰 未可限量焉 今歲乙亥 印得長生 殺得旺地 現赴蘇俄演劇 必有一番轟烈 宜揚中國文化 灌輸東方藝術 所當厚望於君耳" 至於閣下來函謂梅氏七十歲癸卯年 天克地沖 恐其大限難逃 余亦云然.

매란방의 명조에 대하여 물었는데 26년 전 "천리명고"에 기록하여 실은 후 그

때 예언이 지금 다행히 들어맞았다. 구태여 그것으로써 높이 소리내어 자랑하는 것이 아니고 역시 명운이 믿을 수 있다는 것을 실제로 증명한 것뿐이다. 도리어 가르침을 주기 바란다. 천리명고에서 말하길 "甲午 甲戌 丁酉 癸卯 이것은 매란방 선생의 명조다. 全局이 木火가 태왕한데 일간이 酉金에 앉고 時에서 癸水를 만나 財殺이 맑고 순수하여 기쁘다. 겸하여 귀인과 문창을 띠니 자연히 예술에 적합하고 유독 뛰어나 명성이 천하에 가득하다.
중국 극예혁명 당시 독창적인 생각과 교묘함을 보였으며 배우계의 거물로서 손색이 없다. 애석하게도 행운이 아름다운 명국을 받쳐주지 못하기 때문에 명성을 누렸으나 권역과 작위가 없다. 그러나 늦게 오는 庚運에(57세부터 62세까지) 生殺하므로 전에도 없고 앞으로도 없을 관청에 속한 배우로서 생을 마치지 못할까 두렵고 변화가 폭등한다. 올해 乙亥年은 인성이 장생을 만나고 殺이 旺地를 만나니 소련의 연극계로 건너가 한바탕 선풍을 일으키고 중국문화를 선양하였으며 나라에 매여 있는 예술을 알리는 물꼬를 텄으니 당신에게 좋은 희망이 될 따름이다"라고 하였다. 귀하에게서 온 편지에 매씨가 70세 되는 癸卯年에 天克地冲되어 죽음을 피하기 어렵다고 했는데 나도 그렇게 생각한다.

*매란방 : 중국의 사대명단 중 한 사람으로 남자가 여장을 한 중국 전통 연극인이다.

24) 해세광군 39세 2運

壬己乙庚　庚辛壬癸甲乙丙
戌酉巳辰　戌亥子丑寅卯辰

台造.. 壬戌 己酉 乙巳 庚辰 化金格 巳戌藏火爲缺點 一生運程 虛而不實 無而爲有 惟三十八歲至四十三歲之丑運 則有驚人之建樹也 七十三期本欄所述之"遮陰臥" 遮陰兩字 卽以雙手遮掩陽具或陰戶也 圖示各痣 大都無關宏旨 惟眉間之痣 主聰明 亦防水厄.

당신의 명조는 壬戌 己酉 乙巳 庚辰으로 化金格인데 巳戌이 火를 암장한 것이 결점이 된다. 일생의 運을 보면 허하고 부실하며 없으면서 있는 체하나 38세부터 43세에 이르는 丑運은 사람들을 놀라게 하는 실적을 세운다. 73기 본란에 서술한 "차음와"의 차음 두 글자는 양손으로 남자의 생식기나 여자의 생식기를 덮어 가리는 것을 말한다. 그림으로 그려 보여준 각 점들은 대부분 요지와는 무관하다. 그러나 미간의 점은 총명하나 수액을 막아야 한다.

25) 銳鋒君(예봉군) 27세 9運

甲丙乙戊　丁戊己庚辛壬癸
戌子卯寅　丑寅卯辰巳午未

所問甲造.. 甲戌 丙子 乙卯 戊寅 寒木而喜有一丙一戊 有爲之命 但運途未見出色 庚辰十年 崎嶇坎坷 巳運雖好 已在垂暮之年矣 至於劫比之多 不止一妻 子卯相刑 情海多波 乙造.. 己亥 癸酉 丙午 辛卯 財重身輕 今年庚子 旣爲日犯歲君 又爲四敗逢冲 遑論財運之有失無得 且須珍重以杜病魔 退補以防是非.

질문한 갑조는 甲戌 丙子 乙卯 戊寅으로 寒木이 丙戊가 있어 기쁘고 장래성이 있는 명이나 다만 運이 특별나게 뛰어나지 못하다. 庚辰 10년은 순조롭지 못하고 일이 뜻대로 안 되어 마음이 답답하다. 巳運은 비록 좋으나 이미 거의 저물어가는 해가 된다. 비겁이 많아 一妻에 그치지 않고 子卯相刑이 되어 애정에 풍파가 많다.

乙造 62세 9運

己癸丙辛　壬辛庚己戊丁丙
亥酉午卯　申未午巳辰卯寅

을조는 己亥 癸酉 丙午 辛卯로 財重身輕이다. 금년 庚子年은 이미 일범세군이고 또 四敗逢冲이다. 財運은 잃는 것만 있고 얻는 것이 없다는 것은 말할 필요가 없으며 또한 반드시 봄을 소중히 함으로서 병마를 막고 물러나 보양함으로서 시비를 막아야 한다.

26) 정소운군 50세 9運

辛甲甲壬　癸壬辛庚己戊丁

亥午戌申　巳辰卯寅丑子亥

君謂面相家與掌紋家 皆曰五十一歲可以致富 玆査台造.. 辛亥 甲午 甲戌 壬申 夏木用取壬水 五十歲行己丑大運 濕土 正財 財來固多 然而橫財 馬票等等 未必可靠耳.

당신은 관상가와 수상가가 모두 51세에 부자가 될 수 있다고 말했다는데 이에 당신의 명조를 살펴보면 辛亥 甲午 甲戌 壬申으로 夏木이니 壬水를 용신으로 취한다. 50세 己丑대운으로 가는데 濕土며 정재로 財가 참으로 많이 온다. 그러나 경마 등등의 횡재에 기대면 안 될 뿐이다.

27) 林鏡吾君(임경오군) 48세 1運

癸乙丁壬　甲癸壬辛庚己戊

丑卯亥寅　寅丑子亥戌酉申

泰國星相家 爲君推査命運 有謂四十五歲金屋藏嬌 又有偏財等語 按.. 台造爲癸丑 乙卯 丁亥 壬寅 丁壬化木 四十五歲丁酉年 冲卯破格 何來財喜 晩歲以五十一歲至五十六歲之己運 最有可爲 骨肉團聚 若以妻兒均在大陸 而叙晤爲可疑 此非吾人論命之範圍 恕不多贅.

태국 성상가가 당신의 命運을 추리하고 45세에 좋은 집에 미인을 갖게 된다는 말을 하며 또 편재 등의 말을 했다는데 당신의 명조를 살펴보니 癸丑 乙卯 丁亥 壬寅으로 丁壬化格이다. 45세 丁酉年은 卯를 충하여 파격인데 어찌 財가 오는 것이 기쁘겠는가. 만년 51세부터 56세에 이르는 己運에 할 수 있는 것이 있으니 부모형제들과 화목하게 모이는 것이다. 만약 처와 아이가 모두 대륙에 있으면 만나지 못할 수 있다. 이것은 내가 명을 논하는 범위가 아니니 많이 알지 못함을 용서하시오.

28) 체생군 39세 2運

壬乙戊丙　丙丁戊己庚辛壬

戌巳戌辰　午未申酉戌亥子

台造.. 壬戌 己巳 戊戌 丙辰 火炎土燥 幸而辰戌冲開水庫 一生使用 當無匱乏之虞 至於行年三十九歲 家室尙虛 乃日主魁罡 比肩成羣 反以遲婚爲妥善也 妻財子祿 四個字 皆見於今後酉庚兩運之中 拭目待之 少安毋躁.

당신의 명조는 壬戌 己巳 戊戌 丙辰으로 火炎土燥한데 다행히 辰戌이 水庫를 冲開하여 일생 사용하니 당연히 부족할 염려가 없다. 39세 행운은 아내의 자리가 오히려 비게 되는데 일주가 괴강이고 비견이 무리를 이루니 도리어 늦게 결혼하는 것이 타당하다. 妻財子祿 네 글자는 모두 이제부터 酉庚兩運 중에 만나게 되니 눈을 씻고 기다리는데 조급하게 굴지 말고 인내심을 가져라.

29) 吳平君(오평군) 40세 2運

辛庚壬癸　己戊丁丙乙甲癸

酉子子卯　亥戌酉申未午巳

台造.. 辛酉 庚子 壬子 癸卯 金水偏旺 火土絶迹 艱辛之命也 四十二歲起 乙未十年 運轉木土 忙來有成 今爲司賬員 將來可獨當一面 雖非豊富 亦可自力更生也.

당신의 명조는 辛酉 庚子 壬子 癸卯로 金水가 편왕하고 火土가 전혀 없으니 힘들고 고생스런 명이다. 42세에 일어나 乙未 10년 동안 운이 木土이니 바쁘고 이루는 게 있다. 지금 회계 출납원이면 장래에 혼자서 담당할 수 있고 비록 풍부하지는 않으나 자력갱생할 수 있다.

30) 육수삼군 30세 9運

辛丁癸壬　丙乙甲癸壬辛庚

未酉巳戌　申未午巳辰卯寅

君問左眼小而右眼大 麻衣曰 "左小主長男, 兼怕婦" 蓋兄弟之中爲長子 亦主懼內耳 令堂謂台造(辛未 丁酉 癸巳 壬戌) 爲三奇格 按.. 壬癸辛並透干頭 爲人中三奇 聰穎卓越 但前運有志難伸 三十三歲行午運 握贏鉅萬矣.

당신이 왼쪽 눈이 작고 오른 쪽 눈이 큰 것에 대해서 물었는데 마의가 말하기를 왼쪽이 작으면 장남이고 아내를 무서워한다고 했다. 대개 형제 중에 장자가 되고 또한 아내를 두려워할 뿐이다. 어머니가 당신의 명조는(辛未 丁酉 癸巳 壬戌) 삼기격이라고 말했다는데 살펴보면 壬癸辛이 함께 투간하여 人中三奇가 되니 총명이 탁월하다. 다만 앞의 운은 뜻을 펴기 어렵고 33세 午運에 큰돈을 거머쥐게 된다.

31) 林川君(임천군) 26세 1運

乙丙庚丙　乙甲癸壬辛庚己戊

亥戌申子　酉申未午巳辰卯寅

君問何時結婚 可得賢內助? 按.. 台造爲乙亥 丙戌 庚申 丙子 日坐專祿 正財高透 內助本佳 如結褵於二十七歲至三十二歲之未運 更屬神仙美眷矣 秋金用丙 商不如學 學不如政 政不如軍 今年庚子 明年辛丑 一事無成 最妙進修養性 三十歲後 歲運俱佳 風雲際會 十載繁華 可預期焉.

당신이 언제 결혼하는지와 어진 내조를 만날 수 있는가를 물었다. 살펴보면 당신의 명조는 乙亥 丙戌 庚申 丙子로 일주가 록에 앉고 정재가 투간하여 내조가 본래 아름답다. 결혼은 27세에서 32세의 未運에 하게 되고 더욱이 신선의 즐거움에 속한다. 秋金이니 丙을 쓰므로 상업은 학문보다 못하고 학문은 정치보다 못하며 정치는 군인보다 못하다. 금년 庚子와 내년 辛丑은 하나도 이루지 못하고 가장 좋은 것은 마음을 수양하는 것이다. 30세 후 歲運이 함께 좋아 좋은 때를 만나니 10년이 번창한다고 앞날을 예측할 수 있다.

32) 羅明東君(라명동군) 30세 4運

辛壬癸癸　辛庚己戊丁丙乙

未辰卯丑　卯寅丑子亥戌酉

時勢可造 劉亭長斬蛇而興 削髮爲僧 朱元璋棄衲稱帝 將相本無種 男兒當自强 今觀台造.. 辛未 壬辰 癸卯 癸丑 天干三奇 地支卯辰 惜乎少火 三十四歲行戊運 年逢木火 星移物換 得時則駕 鯉亦變龍矣 何必以現在所業卑微 而怨天尤人哉.

시대의 형세가 영웅을 만들 수 있으니 하급관리인 泗水亭의 亭長으로 있던 유방은 뱀을 베고 흥하였으며 삭발하고 중이 되었던 주원장은 납의를 버리고 황제라고 칭했다. 장수와 재상은 본래 씨가 없으니 남아는 당연히 스스로 자기를 강하게 해야 한다. 지금 당신의 명조를 보니 辛未 壬辰 癸卯 癸丑으로 천간이 삼기이고 지지가 卯辰이나 火가 없어 애석하다. 34세 戊運에 木火年을 만나니 계절이 변하고 시간이 흘러 때를 만나 힘차게 나아가니 잉어가 용으로 변한다. 구태여 현재 하는 일이 보잘 게 없다고 하늘을 원망하고 사람을 원망할 필요가 있는가.

33) 陳淦君(진감군) 61세 4運

庚甲辛甲　乙丙丁戊己庚辛

子申未午　酉戌亥子丑寅卯

君謂來日無多 不知尙有可談否 査台造.. 庚子 甲申 辛未 甲午 秋金乘旺 有財有殺 必爲風雲人物 今年庚子 明年辛丑 幸以在野之身 靜觀自在 六十三歲起老去英雄 再獻身手 六載繁華 足慰生平 "淦"字從水從金 金乃非其所宜耳.

당신은 앞날이 많지 않다고 말했는데 오히려 그렇지 않다는 것을 모르는 것이다. 당신의 명조를 살펴보면 庚子 甲申 辛未 甲午로 秋金이 승왕하고 財와 殺이 있으니 반드시 풍운의 인물이 된다. 금년 庚子 내년 辛丑은 다행히 재야의 몸으로서 조용히 사태의 추이를 관찰하며 자유롭게 지내야 한다. 63세에 일어나 老영웅이 되어 다시 재능을 나타내고 6년 동안 번영하니 평생을 위로하기에 족하다. "淦"자는 水를 쫒고 金을 따르는데 金은 마땅한 것이 아니다.

34) 潘鏞君(반용군) 55세 6運

丙戊己甲　己庚辛壬癸甲乙
午戌亥子　亥子丑寅卯辰巳

尊函已悉 三藩市許高陽主席 月前囑批命運 謂過去有奇驗 擬加批未來十年自無不可 乞轉言之 台造爲丙午 戊戌 己亥 甲子 甲己化土 富麗堂皇 五十七歲行甲運 妬合己土 無利可圖 應在今明兩年 先闢道路 至於在港與出國 初無所異 總以謀事業上或經濟上之基礎 而期晩來康樂 爲當務之急耳.

당신의 편지를 자세히 읽었다. 샌프란시스코의 허고양 주석이 달포 전에 명운에 대하여 품평의 말을 부탁하면서 과거에 기이한 증험이 있었다고 말하였는데 미래의 10년은 안 되는 일이 없다는 품평의 말을 전한 것으로 추측된다. 당신의 명조는 丙午 戊戌 己亥 甲子이며 甲己化土로 화려하고 당당하다. 57세 甲運은 己土를 투합하니 이익을 꾀할 수 없고 올해와 내년은 먼저 진로를 개척해야 하고 홍콩에 있는 것과 출국하는 것은 다른 것이 없다. 한마디로 사업상이나 경제상의 기초를 도모함으로써 만년의 건강과 즐거움을 기약할 수 있으니 당연히 급한 일이 될 따름이다.

35) 王槐君(왕괴군) 39세 10運

壬辛辛辛　壬癸甲乙丙丁戊

戊亥巳卯　子丑寅卯辰巳午

台造.. 壬戌 辛亥 辛巳 辛卯 玆行寅運 傷官生財 其奈卅七戊戌 卅八己亥 卅九庚子 四十辛丑 無一較好流年 徒呼負負 然而四十一歲行乙運 歲運俱佳 好自爲之.

당신의 명조는 壬戌 辛亥 辛巳 辛卯인데 寅運으로 행하니 상관생재가 되지만 37세 戊戌 38세 己亥 39세 庚子 40세 辛丑年은 비교적 좋은 流年이 하나도 없으니 쓸데없이 무거운 짐을 지고 가쁜 숨만 내쉰다. 그러나 41세 乙運으로 가면 세운이 함께 아름다우니 저절로 좋아진다.

36) 張祿君(장록군) 60세 1運

辛辛己辛　庚己戊丁丙乙甲

丑丑丑未　子亥戌酉申未午

午時면 10運

辛庚己庚　己戊丁丙乙甲癸

丑子丑午　亥戌酉申未午巳

台造.. 辛丑 辛丑 己丑 辛未 兩行成象格 三重辛金 何等秀氣 乃謂碌碌一生 毫無建樹 竊疑其未時或有不確耳 緣華誕之時 正交小寒 若稍早而係午時之尾 則命造爲辛丑 庚子 己丑 庚午 傷食爭權 一無可取 似與過去情形 極爲脗合 迺所望於六十五歲乙巳 六十六歲丙午 六十七歲丁未 此三年雖曰小名小利 亦有可觀者焉.

당신의 명조가 辛丑 辛丑 己丑 辛未이니 양신성상격이고 辛金이 세 개나 겹쳤으나 하등의 秀氣가 없다. 이에 일이 많아 고생하는 일생이며 이루는 일이 하나도 없다고 말한다. 마음속으로 未時가 의심스러우나 확실하지 않을 뿐이다. 까닭에 태어난 時가 소한이 바뀔 때이므로 만약 조금만 빠르면 午時의 끝이 되므로 명조가 辛丑 庚子 己丑 庚午가 되는데 식상이 권한을 다투고 취할 수 있는 것이 하나도 없다. 과거의 정황과 비슷하고 꼭 맞는다. 바라는 바는 비로소 65세 乙巳 66세 丙午 67세 丁未 이 3년이 비록 名利가 작다고는 말할 수 있지만 역시 볼만한 것이 있다.

37) 李瑞永君(이서영군) 31세 9運

庚乙甲戊　丙丁戊己庚辛壬

午酉子辰　戌亥子丑寅卯辰

來書拜悉 你我同是天涯淪落人 何必客套 台造.. 庚午 乙酉 甲子 戊辰 秋木凋零 今年庚子 庚以斧斤而伐之 子作雨露以滋之 有喜有忌 所以大起大跌 不是一番寒澈骨 怎得梅花滿園香 窮則變 變則通 當在不遠矣. (九十月大有起色)

보내준 편지를 삼가 읽었는데 당신과 나는 함께 세상을 떠도는 사람으로 어찌하여 비슷한 나그네인가. 당신의 명조는 庚午 乙酉 甲子 戊辰으로 秋木이 쇠잔하다. 금년 庚子는 庚이 도끼로써 벌목하고 子가 비와 이슬로써 도우니 喜忌가 있고 까닭에 크게 일어나고 크게 넘어진다. 뼈속까지 꿰뚫는 추위 한번 없이 어떻게 뜰에 가득한 매화향기를 만날 수 있겠는가. 궁하면 변하고 변하면 통하는 것이니 당연히 멀지 않았다. (9~10월에 크게 일어날 기색이 있다)

38) 黃樂貽君(황락이군) 61세 10運

庚戊戊辛　己庚辛壬癸甲乙丙

子子午酉　丑寅卯辰巳午未申

台造.. 庚子 戊子 戊午 辛酉 水多土淤 又以寒冷爲患 今年庚子 一金一水 已非所宜 運在甲午 又爲歲運戰鬪 大有不支之象 入冬乃更萎靡矣 恕余直言 諸凡保重.

당신의 명조는 庚子 戊子 戊午 辛酉로 水가 많아 土가 진흙이 되고 또 한냉하여 근심이다. 금년 庚子는 金 하나 水 하나로 이미 마땅하지 않다. 운이 甲午에 있고 또 세운과 싸우니 크게 지탱할 수 없는 상인데 겨울이 되면 더욱 활기가 없어진다. 기탄없이 말하는 나를 용서하고 모든 일에 몸조심하기 바란다.

39) 王行之君(왕행지군) 44세 10運

丁丙庚戊　乙甲癸壬辛庚己

巳午戌寅　巳辰卯寅丑子亥

台造.. 丁巳 丙午 庚戌 戊寅 旺火熔金 雖有戊土洩火 乃八字中滴水全無 須防肺虛腎虧 五十歲丙午一年 更屬危殆 故以明哲保身爲尙 五十歲以後 辛丑兩運 步入康莊 再謀事業之勃興 未爲遲耳.

당신의 명조는 丁巳 丙午 庚戌 戊寅으로 旺火가 金을 녹이는데 비록 戊土가 火를 설할지라도 팔자 중에 한 방울의 水가 없어 반드시 폐가 허하고 신장기능이 부족함을 방비해야 한다. 50세 丙午 일년은 더욱 위태로우니 명철보신하는 것을 중시해야 한다. 50세 이후 辛丑 兩運은 편안하고 기운이 왕성하므로 다시 사업의 발흥을 도모하게 되나 아직은 천천히 해야 할 따름이다.

40) 川生君(천생군) 14세 5運

丁丁甲己　丙乙甲癸壬辛庚

亥未辰巳　午巳辰卯寅丑子

來函謂令郎功課竄劣. 査其命造.. 丁亥 丁未 甲辰 己巳 甲己化土 有水潤火暄 雖非上智 亦非下愚 前年戊戌 去年己亥 今年庚子 運在午火 無一而不沖克 難免冥頑 明年辛丑 仍然一曝十寒 後年壬寅 方見轉機 孜孜好學 唯恐不及矣.

보내온 편지에 아들의 학업성적이 나쁘다고 말했다.

그 명조를 살펴보면 丁亥 丁未 甲辰 己巳로 甲己化土이며 水가 윤습하고 火가 온국하니 비록 지혜가 뛰어나지는 않아도 어리석지는 않다. 12세 戊戌 13

세 己亥 금년 庚子는 午火運에 있고 충극하지 않는 것이 하나도 없으므로 사리에 어둡고 완고함을 면하기 어렵다. 내년 辛丑은 여전히 공부하는 것이 게으르고 산만하다. 내후년 壬寅은 전기를 맞게 되어 부지런히 공부하는데 기대에 미치지 못할까 두렵다.

41) 周文龍君(주문용군) 51세 2運

庚甲壬庚　乙丙丁戊己庚辛

戌申申戌　酉戌亥子丑寅卯

君以鳥倦知還 由菲返港 擬投資旅業 但査台造.. 庚戌 甲申 壬申 庚戌 金多水濁 今年庚子 明年辛丑 厄運將臨 切忌擴張 旣云倦飛 又思出岫 得毋矛盾乎.

당신은 지금 하는 일이 싫증나고 보잘것없어 홍콩으로 돌아가 여행업에 투자할 예정이라고 했다. 당신의 명조를 살펴보면 庚戌 甲申 壬申 庚戌로 金多水濁인데 금년 庚子 내년 辛丑은 재앙을 당할 운이니 절대로 확장하지 말고 이미 싫증난다고 했는데 또 정상을 생각하는 것은 모순되지 말아야 한다.

42) 曾耀森君(증요삼군) 13세 6運

戊壬己己　癸甲乙丙丁戊己

子戌卯巳　亥子丑寅卯辰巳

令郎仲銓 西曆生日 爲一九四八年十月廿一日 八字爲戊子 壬戌 己卯 己巳 土重如山 巍峨雄壯 將來宜於軍政界 可享盛名 但無厚利也 抑須特別注意 三十一歲戊午流年 險象環生 若非搏浪之一擊 必繫縲絏於三年.

둘째 아들의 서력생일이 1948년 10월 21일이니 팔자가 戊子 壬戌 己卯 己巳가 된다. 土重함이 산과 같이 우뚝 솟고 웅장하여 장래 군정계가 마땅하며 이름을 떨칠 수 있으나 큰 이익은 없다. 또한 반드시 특별히 주의해야 할 것은 31세 戊午年에 위험한 조짐이 되살아나니 만약 출렁이는 마음을 잡지 않으면 반드시 3년 동안 포승줄에 묶이게 된다.

43) 劉濤君(유도군) 44세 4運

丁己乙丁　戊丁丙乙甲癸壬

巳酉丑丑　申未午巳辰卯寅

台造.. 丁巳 己酉 乙丑 丁丑 應按“從殺格”而論 蓋巳酉丑會金局 秋木豈能勝任 丁食制殺 却有己財黨之 過去絶無好運 近運仍滯 須至五十歲行辰運 富貴玉帛 必有厚望矣.

당신의 명조는 丁巳 己酉 乙丑 丁丑으로 응당 종살격으로 논한다. 巳酉丑이 金局이니 秋木이 어찌 감당할 수 있겠는가. 丁火식신이 제살하나 도리어 己土가 있어 財가 金과 결당한다. 과거에 좋은 운이 전혀 없었고 근래의 운도 막혔으나 50세 辰運에 이르면 반드시 부귀하고 재물이 많을 것으로 기대한다.

劉德君 39세 3運

壬戊庚甲　己庚辛壬癸甲乙

戌申午申　酉戌亥子丑寅卯

令弟劉德命造.. 壬戌 戊申 庚午 甲申 建祿 三奇 時上偏財 美妙極矣 才幹氣魄 高人一等 今年行子運 雖有波折 終底於成 不入虎穴 焉得虎子 再後五十五歲行癸丑運 又是啖蔗彌甘.

아우 유덕의 명조는 壬戌 戊申 庚午 甲申으로 건록에 삼기가 있고 시상편재로 아름답고 묘함이 극에 이른다. 재간과 기백이 다른 사람보다 높고 일등이다. 금년은 子運으로 행하니 비록 풍파와 좌절이 있어도 결국에는 이룩한다. 호랑이 굴에 들어가지 않고 호랑이 새끼를 얻을 수 있겠는가. 다시 뒤에 오는 55세 癸丑運은 또 사탕수수를 씹어 먹는 것처럼 더욱 더 감미롭다.

44) 劉天送君(유천송군) 33세 9運

戊丙庚乙　丁戊己庚辛壬癸

辰辰辰酉　巳午未申酉戌亥

台造.. 戊辰 丙辰 庚辰 乙酉 病在土多 四十歲後 疊疊金運 方有成就. 但成於基業 未必富於資財 蓋命中木少財稀 一生雖生財有道 奈無法居積耳.

당신의 명조는 戊辰 丙辰 庚辰 乙酉가 되는데 土가 많아 病이다. 40세 후 첩첩이 金運이니 성취하게 되는데 다만 사업에 기초를 이루는 재물이 풍부하지 못한 것은 명중에 木이 적어 財가 희소하므로 일생동안 비록 돈을 벌지만 쌓여 머무는 법이 없을 따름이다.

45) 陳福榮君(진복영군) 22세 2運

己壬癸辛　辛庚己戊丁丙乙

卯申未酉　未午巳辰卯寅丑

台造爲.. 己卯 壬申 癸未 辛酉 金水太旺 病在肺腎 廿七歲起 連行火土木運 日見康强 妻財子祿 亦不招而自至矣.

당신의 명조는 己卯 壬申 癸未 辛酉가 되는데 金水가 태왕하여 폐와 신장에 病이 있다. 27세에 일어나 火土木運이 이어지니 일주가 편안하고 강함을 만난다. 처와 재물과 자식과 봉급 또한 애쓰지 않아도 저절로 이르게 된다.

46) 陳立仁君(진입인군) 16세 1運

乙庚丙戊　己戊丁丙乙甲癸

酉辰午子　卯寅丑了亥戌酉

君問能否出國謀生 能否娶得賢妻? 按..台造爲.. 乙酉 庚辰 丙午 戊子 日時冲刃 何來賢妻 十七歲至廿二歲之寅運 可乘長風破萬里浪矣.

당신은 외국에 가서 생활하는 것과 어진 아내를 만나 장가갈 수 있는가를 물었다. 당신의 명조를 살펴보면 乙酉 庚辰 丙午 戊子로 日時에서 양인이 충하니 어찌 어진 아내가 오겠는가. 17세부터 22세의 寅運까지 긴 바람을 타고 만리의 파도를 가를 수 있을 것이다.

아우 12세 3運

己丙己甲　乙甲癸壬辛庚己

丑子卯子　亥戌酉申未午巳

又令弟命造.. 己丑 丙子 己卯 甲子 財格而透官印 寒土喜丙 富貴雙全 勝君十倍焉.

또한 아우의 명조는 己丑 丙子 己卯 甲子로 財格인데 관인이 투간하였으며 寒土가 丙을 기뻐하니 부귀가 겸전이고 당신보다 10배는 낫다.

47) 蕭士心君(소사심군) 54세 10運

丁丁己甲　丙乙甲癸壬辛庚

未未丑子　午巳辰卯寅丑子

台造.. 丁未 丁未 己丑 甲子 化土格 乃青錢萬選之命也 過去卯運欠佳 未來六十歲至六十五歲 盛極一時.

당신의 명조는 丁未 丁未 己丑 甲子로 化土格이니 돈의 위력이 대단한 명이다. 과거의 卯運은 좋지 못하였으나 미래의 60세부터 65세가 한동안 성함이 극에 이른다.

길마군 54세 4運

丁己癸戊　戊丁丙乙甲癸壬

未酉酉午　申未午巳辰卯寅

吉馬君命造.. 丁未 己酉 癸酉 戊午 財殺得祿 財印無犯 惜乎今後無好運 務請

守拙待時爲要.
길마군의 명조는 丁未 己酉 癸酉 戊午로 財殺이 득록하고 財印이 범하지 않는데 애석하게도 이후에 좋은 운이 없으니 세태에 휩쓸리지 말고 우직함을 지키며 때를 기다리기 바란다.

48) 陳步正君(진보정군) 35세 6運

丙戊癸庚　己庚辛壬癸甲乙
寅戌未申　亥子丑寅卯辰巳
台造.. 丙寅 戊戌 癸未 庚申 財官印三透 所憾過去無一得意之運 將來四十二歲至四十七歲之寅運 一鳴驚人矣.
당신의 명조는 丙寅 戊戌 癸未 庚申으로 財官印이 투간하였으나 과거에는 뜻을 얻을 수 있는 운이 한 번도 없어 유감이다. 장래에 오는 42세부터 47세 寅運은 사람들이 놀라는 일을 이룬다.

아들 2세 9運

己癸己己　壬辛庚己戊丁丙
亥酉未巳　申未午巳辰卯寅
令郎命造.. 己亥年 癸酉月 己未日 來書僅寫九時十分 如在上午 爲己巳時. 三朋 拱祿 身財兩停 虎虎有生氣 大富之命 倘在下午 爲乙亥時 己土日主無根 恐有蘭摧玉折之憂也.
아들의 명조는 己亥年 癸酉月 己未日 9시 10분이라고 쓰여 있는데 만일 오전이면 己巳時가 되어 三朋에 공협이며 身財가 兩停이니 활기가 넘치는 생기가 있어 大富의 명이다. 만일 오후면 乙亥時가 되어 己土일주가 無根하므로 단명할까 무섭다.

49) 蘇明君(小名君) 28歲 7運

癸癸庚乙　壬辛庚己戊丁丙

酉亥子酉　戌酉申未午巳辰

公元一九三三年十一月十五日 查卽農曆癸酉年十月十三日 生於酉時 其命造爲癸酉 癸亥 庚子 乙酉 君問今年事業如何 按今年庚子 爲伏吟 外患內憂 不一而足 蓋外慮傾覆 內防刑喪 可不愼哉!

양력 1933년 11월 30일은 조사해 본 즉 음력으로 癸酉年 10월 13일이다. 酉時에 태어났으면 그 명조가 癸酉 癸亥 庚子 乙酉인데 당신이 금년의 사업이 어떠한지를 물었다. 살펴보면 금년 庚子는 伏吟이 되어 외환내우로 만족스런 것이 하나도 없다. 밖의 일은 뒤집혀 질까 염려되고 안의 일은 喪 당하는 것을 방비해야 한다.

삼가지 않으면 안 된다.

50) 趙淸雲君(조청운군) 39세 1運

壬壬丁戊　癸甲乙丙丁戊己

戊子丑申　丑寅卯辰巳午未

台造.. 壬戌 壬子 丁丑 戊申 冬月丁火 無木而多水 焞焞欲滅 玆行辰運 又會水局 顚沛流離 還防意外之紛爭 四十一歲以後 一路火土運途 邁步前程去 山奇水亦奇 有疑丁未時 則目前環境 似不應如此之蹇困也.

당신의 명조는 壬戌 壬子 丁丑 戊申으로 겨울의 丁火가 木이 없고 水가 많아 빛이 어스레하여 꺼지려고 한다. 이때 辰運으로 행하고 또 水局이 된다. 엎어지고 자빠져서 정처 없이 떠돌게 되며 또 의외의 분쟁을 막아야 한다. 41세 이후 火土運이니 앞으로 걸어가는 길은 산 좋고 물 역시 맑다. 지금의 상황이 순조롭고 곤란하지 않으면 丁未時가 의심스럽다.

51) 林嚴君(임엄군) 34세 7運

丁己戊庚　戊丁丙乙甲癸壬

卯酉辰申　申未午巳辰卯寅

君問曩在大陸已有妻兒 可否在泰再娶 按台造.. 丁卯 己酉 戊辰 庚申 日支辰土合酉 破鏡有重圓之日 何必別營金屋 以招麻煩 原命金多土衰 玆行午運 生土制金 乃又年逢庚子 故欲遇而不遇也 若謂年運兩佳 寅壯卯發者 其殆四十歲至四十五歲之時乎.

당신은 종전에 이미 처자식이 대륙에 있는데 잘 있는지 다시 처를 얻으면 어떤지를 물었다. 당신의 명조를 살펴보면 丁酉 己酉 戊辰 庚申이다. 日支의 辰土가 酉를 합하니 뒷날에 헤어진 처와 다시 만나게 된다. 어찌하여 별도로 집을 만들어 깔깔하고 번잡함을 초래하려고 하는가. 原命에 金이 많고 土가 쇠한데 午運으로 행하여 生土制金하나 또한 년에 庚子를 만났으므로 만나고 싶어도 만날 수가 없다. 만약 大運과 年運이 둘 다 좋다고 말한다면 寅卯가 왕성하게 發하는 때인 장차 40세부터 45세 사이가 된다.

52) 張大通君(장대통군) 33세 5運

戊甲辛庚　乙丙丁戊己庚辛

辰寅卯寅　卯辰巳午未申酉

台造.. 戊辰 甲寅 辛卯 庚寅 財重身輕 最喜土金幇身 玆行巳運 功名利祿 類都可望而不可卽 三十六歲行戊運 方有實際操持 直達耄年.

당신의 명조는 戊辰 甲寅 辛卯 庚寅으로 財重身輕이니 土金의 幇身이 가장 기쁘다. 지금 巳運으로 행하니 공을 세워 이름을 떨치고 관록을 모두 바랄 수는 있으나 이룰 수 없다. 36세 戊運에 실제로 움켜잡게 되고 그것으로 노년까지 간다.

53) 陳君(진군) 45세 3運

丙癸丙癸　甲乙丙丁戊己庚

辰巳寅巳　午未申酉戌亥子

按君八字.. 丙辰 癸巳 丙寅 癸巳 據謂二十八年以前 嘗委余推批 今又在海外結翰墨因緣 滄海桑田 不禁感慨繫之 按建祿用官 惜乏財以生官 前時行申酉兩運 因蓋丙丁 寂然無聞 今年庚子 明年辛丑 有臨時之權益 但五十一歲丙午年 五十二歲丁未年 不是愁中 卽是病中 直至五十三歲戊申年起 寶刀未老 更見鋒芒 名成利就 經商尤佳.

당신의 팔자를 살펴보면 丙辰 癸巳 丙寅 癸巳다. 28년 이전에 일찍이 내가 추론하였는데 지금 다시 해외에서 편지로 인연이 되었으니 상전벽해의 감회를 금할 수 없다. 살펴보면 건록에 官을 쓰는데 애석하게도 官을 생하는 財가 없고 지난 申酉 兩運은 개두된 丙丁으로 인하여 쥐 죽은 듯이 조용하다. 금년 庚子 내년 辛丑은 임시로 권리와 이익이 있다. 단 51세 丙午年과 52세 丁未年은 근심이 있지 않으면 병을 앓게 된다. 곧바로 53세 戊申年에 일어나는데 보검이 아직 늙지 않아 다시 예리한 칼끝을 만나니 명성과 이익을 이루고 사업은 더욱 좋다.

54) 陳芝南女士(진지남여사) 44세 8運

丁壬癸壬　癸甲乙丙丁戊己

巳寅未子　卯辰巳午未申酉

남편 45세 4運

丙丁戊己　戊己庚辛壬癸甲

辰酉辰未　戌亥子丑寅卯辰

承示淑造.. 丁巳 壬寅 癸未 壬子 經多人推算 俱謂富有之命 胡爲半生艱困 按

春水歸祿 無印資生 運行木火 表面堂皇 內容煩瑣 今明兩年 金水相扶 爲時雖暫 發財之機會良多 可預賀也 尊夫命造爲丙辰 丁酉 戊辰 己未 劫比如林過去經商慘敗 今後壬寅十年 富而可求 但仍不宜於懋遷耳.

여사의 명조를 보면 丁巳 壬寅 癸未 壬子다. 많은 사람들이 추산하기를 부유한 命이라고 모두 말했는데 왜 반평생이 힘들고 어려웠는가. 살펴보면 봄에 태어난 水가 귀록인데 인성의 生함이 없고 運이 木火로 행하니 표면은 당당하나 내용은 너저분하고 자질구레하다. 올내년 2년은 金水가 相扶하므로 비록 잠깐이지만 돈을 벌 수 있는 좋은 기회가 많으니 미리 축하할 수 있다.

남편의 명조는 丙辰 丁酉 戊辰 己未로 劫比가 숲과 같다. 과거에 장사를 참패했으나 이후 壬寅 10년은 富를 바랄 수 있으나 노력하지 않으면 안 될 뿐이다.

55) 姜定平君(강정평군) 39세 1運

壬壬辛癸　癸甲乙丙丁戊己

戌寅未巳　卯辰巳午未申酉

君謂自問頗有抱負 但十餘年來 雖經努力 終與願違 豈八字之構成 蹇塞一至於此乎 余以爲此誠命也運也 請述其由 按台造爲.. 壬戌 壬寅 辛未 癸巳 傷食相爭 不招人妒 亦遭鬼嗔 雖曰“不招人忌是庸才” 究竟曲折多矣 盜洩太多 還宜生扶 非至未戊兩步土運(四十七歲至五十七歲) 難以吐氣揚眉也 刻行之午運 將交之丁運 皆非坦途 所謂“狂風搖竹蕭疎甚 踏雪尋梅冷落多”也.

당신은 꽤 포부를 가지고 있었는데 10여년 동안 비록 노력했으나 결국 원하는 바와 같지 않았으니 팔자의 구성이 어찌되었기에 하나에 이르기까지 이렇게 순조롭지 않고 막히는 것이냐고 스스로 물으며 말했다. 내가 이것은 참으로 命과 運 때문이라고 말하고 그 이유를 서술한다. 당신의 명조를 살펴보면 壬戌 壬寅 辛未 癸巳인데 식상이 서로 다투니 건드리지 않아도 사람들이 시기하고 또한 귀신이 화내는 일을 당한다. 비록 “사람들이 꺼리는 일을 초래하지 않는 평범한 사람"이라고 말하는데 도대체 무슨 곡절이 많은가. 도설이 태과하니 도리어 生扶가 마땅하다. 未戊 兩土運에 이르지 않으면(47세에서 57세) 마음에 쌓인 울분을 토해내며 눈썹을 휘날리기는 어렵다. 午運으로 갈 때와 앞으로 丁運으로 바뀌면 모두 평탄한 길이 아니다. 소위 "광풍이 대나무를 흔드니 쓸쓸함이 깊고 눈을 밟으며 매화를 찾으니 쓸쓸함이 많다."

56) 蔭恒君(음항군) 52세 6運

己庚乙丙　己戊丁丙乙甲癸
酉午卯子　巳辰卯寅丑子亥

芸芸衆生 虛度歲月者 不啻恒河沙數 台造.. 己酉 庚午 乙卯 丙子 以己土偏財爲格 以子水偏印爲用 君謂愧無建樹 此乃謙辭 不過子午卯酉四冲 飜覆偏多談不到"安逸"兩字耳 今年正交丑運 丑爲濕土 其利一也 丑合子水 其利二也 人爲者半 天助者半 所成非尠 君其勉之.

썩 많은 중생들이 허송세월하는 자가 항하의 모래숫자 만큼 많다. 당신의 명조는 己酉 庚午 乙卯 丙子다. 당신은 이룬 게 없어서 부끄럽다고 말하나 겸손한 말이다. 그런데 子午卯酉의 四冲이 있어서 번복과 치우침이 많아 편안하고 한가하지 못하다고 말할 뿐이다. 금년에 丑運으로 바뀌는데 丑은 습토이니 이로움의 하나요 丑이 子를 합하니 그 두 번째 이로움이다. 사람이 하는 것이 반이고 하늘이 돕는 것이 반이니 이루는 것이 적지 않은데 근면해야 한다.

57) 徐少薇女士(서소치여사) 48세 3運

癸辛乙丁　壬癸甲乙丙丁戊
丑酉卯亥　戌亥子丑寅卯辰

女士謂孔丘問禮於老聃 豈敢豈敢. 淑造.. 癸丑 辛酉 乙卯 丁亥 秋木賴癸水濡養 水木運程 行得太早 出自名門 適於望族 但自四十四歲行來丙運 志比天高

運却否塞 奈何奈何 明年交足寅運 定必雄飛 所謂"士別三日 當刮目相看"矣. 여사는 공자가 노자에게 예를 묻듯이 말했는데 천만의 말씀입니다. 여사의 명조는 癸丑 辛酉 乙卯 丁亥다. 秋木이 癸水의 생에 의지하는데 水木運을 너무 일찍 만나니 명문출신이고 명망있는 집안이 마땅하다. 그러나 44세 丙運부터 뜻은 하늘같이 높은데 운이 막히니 어찌하나. 내년에 寅運으로 바뀌고 반드시 웅비한다. 이른바 "선비는 3일만 보지 않아도 눈을 비비고 다시 볼만큼 학식이 는다"고 했다.

58) 文安女士(문안여사) 47세 3運

甲丁辛辛　丙乙甲癸壬辛庚

寅卯丑卯　寅丑子亥戌酉申

女士不幸因婚事被騙 又不齒於同人 按淑造爲.. 甲寅 丁卯 辛丑 辛卯 偏重於財殺 富貴榮華 無非過眼烟雲 依人不如自立 四十九歲行戌運 五十四歲行辛運 土金生扶 補偏救弊 乃頭頭是道 路路可通 弱者變爲强者 愁眉易以揚眉矣. 여사가 불행한 것은 속아서 결혼한 것이며 남편은 또 같은 사람으로 대접하지 않는다고 했다. 여사의 명조를 살펴보면 甲寅 丁卯 辛丑 辛卯이다. 財殺이 편중되어 부귀영화가 연기처럼 눈앞을 스쳐 지나간다. 사람을 의지하는 것보다 자립하는 것이 낫다. 49세 戌運과 54세 辛運은 土金이 生扶하여 치우진 것을 메우고 폐단을 구조하니 일이 분명하게 되어가고 일마다 통하게 된다. 약자가 변하여 강자가 되고 근심스런 표정이 득의양양하게 바뀐다.

59) 方興君(방흥군) 43세 4運

戊辛丙己　壬癸甲乙丙丁戊

午酉子亥　戌亥子丑寅卯辰

台造.. 戊午 辛酉 丙子 己亥 因有午火托根 財重而不能從財 抑又亥子丑北方

運途 更有何事可成 殊非人謀之不臧耳 四十五歲行丙寅十年 正如貴姓大名 "方興"而未艾 無往而不利焉.

당신의 명조는 戊午 辛酉 丙子 己亥다. 午火에 의지함으로 인하여 財가 重하나 종재할 수 없다. 또한 亥子丑 북방 운으로 가니 더욱더 어떤 일을 이룰 수 있겠는가? 특히 비인간적인 일을 도모하는 것은 옳지 않을 뿐이다. 45세 丙寅運 10년은 크게 이름이 나고 바야흐로 크게 번성함이 그칠 줄 모르나 하는 것이 없으면 이로움도 없다.

60) 동청군 47세 7運

甲辛丙己　壬癸甲乙丙丁戊

寅未午亥　申酉戌亥子丑寅

君專問流年 按台造爲.. 甲寅 辛未 丙午 己亥 己土傷官爲用 今年庚子 日犯歲君 打擊頻繁 然究係金水 又在亥運之中 有驚無險而已 七八九月仍是多事之秋 入冬則脫然無累矣.

당신은 오로지 流年에 대하여 물었다. 당신의 명조를 살펴보면 甲寅 辛未 丙午 己亥로 己土 상관이 用이 된다. 금년 庚子는 일범세군이니 손해와 손실이 빈번하다. 그러나 金水이며 또 亥運中에 있으므로 놀라기는 해도 위험이 없을 뿐이다. 789월은 다사다난하나 겨울이 되면 벗어나게 되어 힘든 일이 없다.

61) 예갱군 38세 2運

癸乙甲乙　甲癸壬辛庚己戊

亥卯申丑　寅丑子亥戌酉申

君謂命無百金 奚問萬金 誠然誠然 台造.. 癸亥 乙卯 甲申 乙丑 妙用全在於申丑兩字 申爲節制之師 丑爲養命之財也 過去殊見騰踔 未來庚戌十年 更爲鷹揚 惟四十二歲壬寅 ·年 天翻地覆 非三言兩語 可以盡其概耳 想君亦知命之

達人 乞示尊址 俾作文字神交 幷慰企慕之私云.

당신은 命에 많은 돈이 없는데 어찌 萬金을 묻겠는가라고 했는데 참으로 그렇다. 당신의 명조는 癸亥 乙卯 甲申 乙丑이다. 묘하게 쓰이는 것이 전적으로 申丑 두 글자에 있는데 申은 절제의 스승이고 丑은 양명의 재물이다. 과거에 상상외로 잘 나갈 때가 있었는데 미래의 庚戌 10년은 다시 잘 나가게 된다. 그러나 42세 壬寅 1년은 천지가 뒤집히는 듯이 변화가 대단히 큰데 여러 말하지 않아도 그 대부분이 다 맞는다고 할 수 있을 뿐이다. 생각해보니 당신은 命을 아는 달인이다. 당신의 소재지를 알려줘 문자를 주고 받으며 사귈 수 있게 되기를 바라는 이기심이 있다.

62) 노매여사 42세 7運

己乙乙丁　　丙丁戊己庚辛壬

未亥酉亥　　子丑寅卯辰巳午

淑造.. 己未 乙亥 乙酉 丁亥 丁火食神爲用 子息大佳 但必稀遲 火年生者尤妙 四十四歲以後 運程有益無損 坐享太君之福 所期收之桑榆也.

여사의 명조는 己未 乙亥 乙酉 丁亥로 丁火식신이 用이 되니 자식이 아주 좋은데 다만 반드시 적고 늦다. 火年에 태어나면 더욱 묘하다. 44세 이후 運路가 유익하고 손실이 없으니 남편 복으로 인하여 누리게 되고 늙어서 죽기 전에 기대했던 바를 거두게 된다.

63) 정인군 딸 1세 5運

庚壬壬癸　　辛庚己戊丁丙乙

子午午卯　　巳辰卯寅丑子亥

君今年喜得掌珠 查其八字 爲.. 庚子 壬午 壬午 癸卯 財官並美 身財兩停 男命則爲名流 富翁 女命則必工顰善睞 抑且學富五車 才驚四座 直一不櫛進士耳.

당신은 금년에 사랑스런 딸을 얻어 기쁘다고 했는데 팔자를 살펴보면 庚子 壬午 壬午 癸卯로 財官이 함께 아름다고 身財兩停이다. 男命이면 유명인사가 되며 富翁이고 女命이면 반드시 아름답다. 게다가 다섯 수레의 책을 읽어 많은 학식을 쌓으면 비로소 모든 사람들을 놀라게 하는데 그야말로 무수히 많은 進士가 아니다.

64) 하백안군 34세 8運

丁丙丙癸　乙甲癸壬辛庚己
卯午申巳　巳辰卯寅丑子亥

아들 1세 10運

庚辛丙壬　壬癸甲乙丙丁戊
子巳申辰　午未申酉戌亥子

君今年又生一子 頗以增加生活負担爲憂. 與余所見 適成其反 蓋令郎命造.. 庚子 辛巳 丙申 壬辰 建祿用殺 申子辰張壬水之勢 大氣磅礴 如此好命 豈終爲餓殍乎? 台造.. 丁卯 丙午 丙申 癸巳 水火不濟 始自今歲庚子 連綿四載吉利 行見星移物換 笑逐顔開 鷦枝之寄 更易如反掌耳.

당신은 금년에 또 아들을 낳았는데 꽤 생활의 부담이 늘어나 걱정된다고 했다. 내 생각을 말하면 당연히 그 반대가 된다. 그래서 아들의 명조를 보면 庚子 辛巳 丙申 壬辰으로 건록이 殺을 쓰는데 申子辰으로 壬水의 세력이 확대되어 氣가 넘친다. 이처럼 좋은 命인데 어찌 굶어 죽는다는 말인가. 당신의 명조는 丁卯 丙午 丙申 癸巳로 水火가 서로 돕지 못하는데 비로소 금년 庚子부터 잇달아 4년 동안 좋고 이익이 있다. 행운에서 천지의 이치가 변화하는 것을 보게 되니 얼굴에 웃음꽃이 활짝 피는 것이 굴뚝새가 나뭇가지에 앉고 손바닥을 뒤집는 것보다 쉬울 따름이다.

65) 왕역비군 39세 1運

壬戊戊癸　己庚辛壬癸甲乙

戌申寅亥　酉戌亥子丑寅卯

台造.. 壬戌 戊申 戊寅 癸亥 戊土較弱 勞而無功 一生少火土運程 吃虧更非淺鮮 四五 四六 四七 丙午 丁未 戊申 三年 驊騮開道路 鷹隼出風塵 前途有望矣 事業宜近木火 子女毓秀 壽逾古稀.

당신의 명조는 壬戌 戊申 戊寅 癸亥로 戊土가 비교적 약하여 노력하나 功이 없다. 일생에 火土運이 없어 손해를 보고 또한 그런 일이 적지 않다. 45세 46세 47세 丙午 丁未 戊申 3년은 준마가 길이 열리고 송골매가 하늘을 나니 전도가 유망하다. 사업은 木火物이 적합하고 자식을 뛰어나게 기르며 수명은 고희를 넘긴다.

66) 황탁군 43세 1運

戊庚丙辛　辛壬癸甲乙丙丁

午申辰卯　酉戌亥子丑寅卯

台造.. 戊午 庚申 丙辰 辛卯 身財有氣 財星畧重 溫飽有餘 富厚不足 四十七歲起 丑運以流年勝 丙運以大運利 滿眼生機 來龍活潑 小名小利有焉.

당신의 명조는 戊午 庚申 丙辰 辛卯로 身財가 有氣하나 財가 약간 重하다. 의식은 넉넉하나 부유하지는 못하다. 47세부터 시작되는 丑運은 流年이 좋고 丙運은 대운이 이로우니 눈에 생기가 가득하고 기세가 활발하며 작은 名利가 있다.

67) 진쟁갱군 45세 5運

丙乙辛己　丙丁戊己庚辛壬

辰未酉丑　申酉戌亥子丑寅

아들 15세 5運

丙甲戊庚　乙丙丁戊己庚辛
戌午辰申　未申酉戌亥子丑

台造.. 丙辰 乙未 辛酉 己丑 土重埋金 最忌火土 戊戌己亥等運 富貴如浮雲 將來庚運子運 枯木又重陰 庭前幾度春 勉哉勉哉 令郎命造.. 丙戌 甲午 戊辰 庚申 最妙申辰水局 二十一歲行申運 蓋已發無止境矣 應予以培養 而當此少少年齡 卽擬退學謀職 似有未盡善乎.

당신의 명조는 丙辰 乙未 辛酉 己丑으로 土가 重하여 埋金되니 火土를 가장 꺼린다. 戊戌 己亥運은 부귀가 뜬구름 같고 장래의 庚子運은 시든 나무에 또 陰이 겹치니 뜰 앞에 몇 번의 봄이 왔던가. 노력하고 노력해야 한다. 아들의 명조는 丙戌 甲午 戊辰 庚申인데 申辰水局이 아주 묘하고 21세 申運은 발전을 중지할 수 없는 지경이다. 응당 가르쳐 길러야 마땅하고 이처럼 젊고 어린 나이에 학교를 그만두고 직장을 찾는 것은 최선을 다하지 않는 것과 같다.

68) 곽혜방군 아들 16세 3運

乙戊庚丙　丁丙乙甲癸壬辛
酉子申戌　亥戌酉申未午巳

아들 12세 1運

己辛壬丁　庚己戊丁丙乙甲
丑未寅未　午巳辰卯寅丑子

아들 7세 3運

甲辛丁乙　壬癸甲乙丙丁戊
午未亥巳　申酉戌亥子丑寅

所示 乙酉 戊子 庚申 丙戌 命造.. 時上七殺 有權有勢 或從軍 或參政 必有大成 己丑 辛未 壬寅 丁未 命造.. 日主太弱 行運一路東南木火 豐於才 嗇於遇 宜謀一技之長 以圖溫飽足矣 甲午 辛未 丁亥 乙巳 命造.. 火旺幾將燎原 所好運多金水 輕舟遇順風 嬉笑清波中 樂其所爲樂 享其所應享 可預期焉.

보여준 乙酉 戊子 庚申 丙戌인 명조는 時上 칠살이니 권세가 있다. 군에 종사하거나 정치에 참여하면 반드시 대성한다.

己丑 辛未 壬寅 丁未인 명조는 일주가 太弱하고 행운이 동남 木火로 흐른다. 재주가 많으나 기회를 만나기 어려우니 마땅히 한 가지 기술에 뛰어나야 의식의 족함을 꾀할 수 있다.

甲午 辛未 丁亥 乙巳인 명조는 火가 旺하여 무서운 기세로 불타는 들판처럼 위태롭다. 金水가 많아 좋은 운이니 가벼운 배가 순풍을 만나 맑은 파도와 장난하며 웃고 논다. 즐거움은 그것을 즐거움으로 삼는 것이고 누리는 것은 그것을 마땅히 누리는 것인데 미리 기약할 수 있다.

69) 양자명군 34세 4運

丁癸丙己　　壬辛庚己戊丁丙

卯丑辰亥　　子亥戌酉申未午

台造.. 丁卯 癸丑 丙辰 己亥 傷官格 金財與木印 兩付缺如 明年行己運 一切難題 均可迎刃而解 四十歲行酉運 利市三倍 面團團作富家翁矣 但體力終難充沛 奔波迄未少休耳.

당신의 명조는 丁卯 癸丑 丙辰 己亥로 상관격인데 金財와 木印이 둘 다 결여되었다. 내년은 己運으로 가니 일체의 어려운 문제가 순조롭게 해결이 된다. 40세 酉運은 장사의 이익이 3배로 늘고 부잣집 노인이 된다. 다만 체력이 왕성하지 못한데도 바쁘게 뛰어다니느라 줄곧 쉬지 못할 따름이다.

70) 정엽구군 23세 9運

戊乙丙庚　丙丁戊己庚辛壬

寅丑午寅　寅卯辰巳午未申

君正在菁年 字裏行間 充滿焦灼與悲觀之氣息 似非所宜 査台造.. 戊寅 乙丑 丙午 庚寅 時上偏財格 玆行丁火劫財運 求名求利 有敗無成 還以求知而充實腹笥爲上策耳 二十五歲行卯運 瑕瑜互見 三十歲以後 戊辰十年 操奇計贏 積玉堆金矣.

당신은 청년인데 편지의 행간에 몹시 초조해하며 비관하는 기운이 가득하니 마땅한 것 같지 않다. 당신의 명조를 살펴보면 戊寅 乙丑 丙午 庚寅으로 時上偏財格이다. 지금은 丁火 겁재운으로 행하니 名利를 구하나 敗하는 것만 있고 이루는 것은 없다. 도리어 아는 것을 추구하고 뱃심을 가지는 것이 상책일 뿐이다. 25세 卯運은 좋은 것과 나쁜 것을 함께 만나고 30세 이후 戊辰 10년은 기발한 계획으로 많은 돈을 번다.

71) 등천은군 16세 4運

乙己乙丙　戊丁丙乙甲癸壬

酉卯酉子　寅丑子亥戌酉申

君問學業 按台造爲.. 乙酉 己卯 乙酉 丙子 傷官生財 可富而不可貴 經商必發 工程亦宜 如能早日從業 則二十歲行丑運 已見頭角峥嶸 二十五歲行丙運 更必稱雄闤闠 至“而立”之年 妻財子祿 件件稱心 足遂生平之志 豈僅“立”而已哉.

당신은 학업에 대해서 물었는데 명조를 살펴보면 乙酉 己卯 乙酉 丙子로 상관이 생재하여 富할 수는 있으나 貴할 수 없고 장사를 하면 반드시 발전하고 공업도 적합하다. 만일 일찍 직업을 갖게 되면 20세 丑運에 최고조의 두각을 나타내고 25세 丙運에 다시 장사에서 영웅이라고 칭하게 된다. 30세에 이르면 처와 돈과 자식이 모두 마음에 들고 평생의 뜻을 이룰 수 있으니 어찌 겨우 뜻을 세우는 것뿐이겠는가.

72) 요신명군 75세 6運

丙戊壬丁　己庚辛壬癸甲乙丙丁

戊戌子未　亥子丑寅卯辰巳午未

君行年已七十五歲矣 按台造.. 丙戌 戊戌 壬子 丁未 殺重身輕 備嘗艱苦 七十三歲戊戌年 土重如山 竟能越過 則壽可躋於九十三歲戊午年矣 是亦"人瑞"也 惟今後一路火運 老境未必可以啖蔗 不貪爲寶 知足常樂.

당신은 이미 75세가 되었는데 명조를 살펴보면 丙戌 戊戌 壬子 丁未이니 殺重身輕으로 온갖 고생을 두루 겪었다. 73세 戊戌年은 土가 산과 같이 重한데 마침내 지나왔으니 수명이 93세 戊午年이 된다. 이것이 사람에게 축하할만한 일인 것이다. 그러나 이후 모두 火運으로 늙어 사탕수수를 먹을 수 없으니 탐하지 않음을 보배로 삼고 만족할 줄 알면 언제나 즐겁다.

73) 우산군 52세 3運

己丁辛己　丙乙甲癸壬辛庚

酉丑巳丑　子亥戌酉申未午

台造.. 己酉 丁丑 辛巳 己丑 金寒土凍 丁火無木資生 過去僅以甲戌二運 肥馬輕裘 少年得意 其餘浮沈不一 起跌無常 今年庚子 明年辛丑 船在危灘上 人行古渡頭 五十四歲壬寅年起 回黃轉綠 六載繁榮.

당신의 명조는 己酉 丁丑 辛巳 己丑으로 金寒土凍인데 丁火를 생해주는 木이 없다. 지나간 甲戌運에 호사스런 생활을 하며 소년에 뜻을 얻었으나 그 나머지는 부침이 한두 번이 아니었고 일어났다 넘어지는 것이 일정하지 않았다. 금년 庚子 내년 辛丑은 배가 여울 위에 있어 위태로우니 나루터에 묶고 사람이 걸어야 한다. 54세 壬寅年에 일어나 겨울에 누렇게 졌던 잎이 다시 푸르러지니 6년 동안 번영한다.

74) 오기창군 40세 6運

辛己甲丙　戊丁丙乙甲癸壬

巳亥午寅　戌酉申未午巳辰

君之婚姻不遂 事業無成 命也如此 不必怨尤 玆査台造.. 辛酉 己亥 甲午 丙寅 己祿在午 丙生於寅 火土得其所 冬木青翠如春 在理業興 賢妻 奈申運冲寅 乙運劫財 好事多魔矣 然而四十二歲行未運 未爲南方之土 其不機緣洊至 猛晉突飛者 余不再相天下士矣.

당신의 혼인이 성사되지 않고 사업이 안 되는 것은 命이 이와 같아 그러한 것이니 원망할 필요가 없다. 당신의 명조를 살펴보면 辛酉 己亥 甲午 丙寅으로 己가 午에 록이고 丙이 寅에 생이다. 火土가 알맞음을 얻어 冬木의 푸르름이 봄과 같으니 이치는 사업이 흥하고 현처가 있으나 申運은 寅을 충하고 乙運은 겁재로 호사다마인 것을 어찌 견디겠는가. 그러나 42세 未運으로 가면 未는 남방 土이니 어떤 기회와 인연이 여러 번 생기지 않아도 비약적으로 발전하니 다시 관상을 보지 않아도 큰 인물이 된다.

75) 당소상군 42세 2運

己甲辛戊　癸壬辛庚己戊丁

未戌丑子　酉申未午巳辰卯

君問婚姻子嗣 按台造爲.. 己未 甲戌 辛丑 戊子 甲財爲己印所合 地支丑戌未三刑 獨喜時下子水 食神吐秀 無賢淑之內助 有跨灶之兒郎 但子丑又合 則子女早生不育 遲得方妥耳 將來運途皆係火土 前程有限 僅少許水木流年 如小草遇春風 片時得意而已.

당신은 혼인하여 자식을 낳을 수 있는지를 물었다. 명조를 살펴보면 己未 甲戌 辛丑 戊子로 甲財가 己인성을 합하고 지지가 丑戌未 삼형인데 오직 時支의 子水 식신이 吐秀하여 기쁘다. 현숙한 여자의 내조는 없으나 아버지보다 더 뛰어난 아들이 있다. 그러나 子丑이 또 합하여 자녀를 일찍 낳으면 키우지 못하므로 늦게 낳아야 타당할 뿐이다. 장래의 運도 모두 火土에 속하니 앞날에 한계가 있고 약간의 水木流年에 작은 풀이 춘풍을 만난 것처럼 잠시 뜻을 얻을 따름이다.

76) 반가빈군 妻 29세 3運

壬庚辛癸　己戊丁丙乙甲癸
申戌亥巳　酉申未午巳辰卯

아들 3세 4運

戊辛丙戊　壬癸甲乙丙丁戊
戌酉午子　戌亥子丑寅卯辰

君問有一少婦 婚後月內卽懷孕 驟得一驚悸之病 兩年來醫治無效 囑論其母子二人之命運. 按.. 母命爲壬申 庚戌 辛亥 癸巳 天干金水聯珠 秀外慧中 二十八歲己亥年 克沖癸巳時辰 最爲危殆 幸已過去 今後未運暖土培金 必能康復 子命爲戊戌 辛酉 丙午 戊子 日主衰弱 不易撫育 五歲行壬運 嬌花怎勝雨 嫩草豈經霜 哀哉.

당신은 유일하게 젊은 부인인데 혼인 후 한 달 내에 임신하였고 갑자기 가슴이 두근거리는 病을 하나 얻었으며 2년이나 치료해도 소용이 없었다고 했다. 그 母子 2인의 명운을 논한다.

母의 명은 壬申 庚戌 辛亥 癸巳로 천간이 金水로 연결돼 있어 아름답고 총명하다. 28세 己亥年은 癸巳時를 충극하므로 매우 위태로운데 다행히 이미 지나갔다. 이후 未運은 따뜻한 土이고 金을 배양하니 반드시 건강을 회복한다. 아들의 명조는 戊戌 辛酉 丙午 戊子로 일주가 쇠약하여 양육하기가 쉽지 않다. 5세에 壬運으로 가면 여린 꽃이 어떻게 비를 감당하며 어린 풀이 어찌 서리를 지날 수 있겠는가. 슬프다.

77) 오자각군 5세 1運

丙丙丙乙　丁戊己庚辛壬癸
申申子未　酉戌亥子丑寅卯

女兒 8세 3運

癸辛甲乙　壬癸甲乙丙丁戊
巳酉申丑　戌亥子丑寅卯辰

開來四造.. 男以丙申 丙申 丙子 乙未之命較佳 天干三朋 神滿氣足 地支申子財官雙美 富貴玉帛 有厚望焉 女以癸巳 辛酉 甲申 乙丑之命最爲出色 蓋官旺用印 賢母良妻 巳火食神 爲酉丑所合化 恐子不甚多耳 其餘兩造 平淡無奇恕不多贅.

보내온 사주를 열어보니 남자는 丙申 丙申 丙子 乙未로 비교적 아름답다. 천간이 삼붕이고 神이 가득하며 氣가 족하다. 지지가 申子로 財官이 함께 아름다우니 부귀옥백에 큰 희망이 있다. 여자는 癸巳 辛酉 甲申 乙丑으로 보통을 뛰어넘는다. 대개 官이 왕한데 印을 쓰면 현모양처다. 巳火 식신을 酉丑이 合化하므로 자식이 많지 않아 두려울 따름이다. 나머지 두 개의 사주는 특이한 것이 없이 평범하여 생략함을 용서하시오.

78) 양인택군 38세 3運

癸甲癸乙　癸壬辛庚己戊丁

亥子亥卯　亥戌酉申未午巳

所示英文地址 字跡不清 碍難函覆 尊掌中心有一橫紋 主有大權可握 台造.. 癸亥 甲子 癸亥 丁卯 水木兩行 惜乎無火 一帆風順之時 當在於四十三歲以後 己未兩運 十年人事幾番新也 今年庚子 明年辛丑 皆有損而無益.

보여준 영문으로 된 주소가 분명하지 않아 편지를 다시 보내기가 곤란하다. 당신의 손바닥 중심을 가로지르는 손금은 큰 권력을 잡을 수 있는 것을 뜻한다. 명조를 보면 癸亥 甲子 癸亥 丁卯로 水木兩行인데 火가 없어 애석하다. 순풍에 돛을 다는 때는 당연히 43세 이후 己未 兩運에 있는데 10년이면 사람의 일이 몇 번이나 새로워진다. 금년 庚子 내년 辛丑은 모두 손실만 있고 득이 없다.

79) 유영광군 42세 9運

己壬庚辛　辛庚己戊丁丙乙

未申申巳　未午巳辰卯寅丑

據謂 尊夫人兩次懷孕 君適兩次失業 此乃巧合耳 命運上失業與得胎 固無連帶之關係也 按台造.. 己未 壬申 庚申 辛巳 建祿用食神 財官太少 爲美中之不足 前運又崎嶇不平 欲冀家肥屋潤 當始自四十六歲甲辰年 尤以五十歲起 丁卯丙寅四步大運 桑榆未晚 蔗境彌甘矣 時下長生 子星自佳 無疵可求焉.

말하자면 당신의 부인이 두 번 임신을 하였고 당신은 두 번 직업을 잃었는데 이것은 공교롭게도 맞은 것이지 命運上 실업과 임신은 정말로 관계가 없다. 당신의 명조를 살펴보면 己未 壬申 庚申 辛巳로 건록이 식신을 用하고 財官이 지나치게 적어 좋은 중에 부족함이 있다. 지난 運이 또 험하고 좋지 않았으며 가정이 넉넉하고 윤택하기를 바랄 수 있는 것은 당연히 46세 甲辰年부터이다. 또 50세에 일어나는 丁卯 丙寅 대운은 전에 실패한 것을 회복하기에 늦지 않고 점점 더 재미있어지고 달콤함으로 가득 찬다. 時支에 장생이니 자식이 자연히 좋고 求하면 안 되는 일이 없다.

80) 매수영군 33세 1運

戊乙丙己　丙丁戊己庚辛壬

辰丑子亥　寅卯辰巳午未申

台造.. 戊辰 乙丑 丙子 己亥 冬日丙火 以水土克洩太過爲患 用取乙木正印 君業國醫 屬木 命局所宜 三十八歲起 必卜春滿杏林 門庭若市矣 直至四十七歲行辛運 其勢始少戢也.

당신의 명조는 戊辰 乙丑 丙子 己亥로 겨울의 丙火가 水土의 극설이 태과하여 근심이므로 乙木정인을 용신으로 취한다. 당신의 직업은 한의가 木에 속하니 命局에 마땅하다. 38세에 시작하여 반드시 의술이 뛰어나 문전성시를 이루고 47세 辛運에 그 기세가 줄어들기 시작한다.

81) 추파청군 51세 10運

庚戊己庚　己庚辛壬癸甲乙

戌寅巳午　卯辰巳午未申酉

所示荃灣河背村 85B號之地址 乃屬子虛 故遭退信 君意云何 殊難索解 台造.. 庚戌 戊寅 己巳 庚午 五行缺水 有傷官而無財 難期顯達 將行甲運 甲木疏土 必見好轉 五十七歲行申運 成就更多矣 再婚 仍無善果 徒取煩惱耳.

당신이 보여준 강어귀 뒤쪽 마을의 85B호 주소는 실제로 있지 않으므로 서신을 보낼 수 없다. 당신이 말하는 뜻이 무엇인지 이해하기 어렵다. 명조를 보면 庚戌 戊寅 己巳 庚午로 오행에 水가 결여되고 상관이 있는데 財가 없어 현달을 기대하기 어렵다. 장차 甲運으로 행하면 甲木이 소토하니 반드시 호전될 것이고 57세 申運으로 행하면 이루는 것이 더욱 많다. 재혼은 좋은 결과가 없고 번뇌를 얻을 뿐이다.

82) 진결군 45세 2運

丙庚癸丙　辛壬癸甲乙丙丁

辰子卯辰　丑寅卯辰巳午未

台造.. 丙辰 庚子 癸卯 丙辰 建祿用財 富有之命 但前運未見出色 所以多事少成 茲行乙運 移東補西 四十八歲之後 卄載火運 致富易如反掌矣.

당신의 명조는 丙辰 庚子 癸卯 丙辰으로 건록이 財를 쓰니 부자의 命이다. 다만 앞의 運에서 뛰어나게 좋은 運을 만나지 못하였으므로 일은 많았으나 이루는 것이 적었다. 지금 乙運은 동쪽으로 옮겨도 서쪽에서 채워준다. 48세 이후 20년간 火運이니 돈을 버는 것이 손바닥 뒤집기처럼 쉽다.

83) 황탁군 장남(경상) 14세 6運

丁辛己丙　庚己戊丁丙乙甲

亥亥酉寅　戌酉申未午巳辰

차남(경인) 5세 2運

丙壬丙丙　癸甲乙丙丁戊己

申辰寅申　巳午未申酉戌亥

令郞慶祥命造.. 丁亥 辛亥 己酉 丙寅 冬土寒濕 妙在丙火正印 坐於長生 槃槃大才 能守能興 更喜三十七歲以後 一路火土運程 業如春花 財如秋潮矣 慶仁命造.. 丙申 壬辰 丙寅 丙申 丙火三朋 以印爲資生 以殺爲用神 有堅强之魄力 最宜宦海馳驅 戎機參贊 而立年華 已握兵符 惟三十八歲之申運 波起瀾翻 晦吝可懼.

아들 경상의 명조는 丁亥 辛亥 己酉 丙寅으로 冬土가 한습하다. 丙火정인이 있어 妙하고 長生에 앉아 큰 재주가 있으며 능히 지키고 능히 흥할 수 있다. 더욱 기쁜 것은 37세 이후 火土運이니 사업은 봄에 꽃이 피는 것과 같고 재물은 가을의 밀물같이 불어난다.
경인의 명조는 丙申 壬辰 丙寅 丙申으로 丙火가 세 개이고 인성이 생하므로 殺이 용신이 된다. 굳세고 강한 패기가 있고 관리의 사회에서 다른 사람의 일을 위해 바삐 돌아다니거나 군사기밀에 관계하는 것이 가장 적합하고 30세에는 이미 병권을 장악하게 된다.
그러나 38세 申運에 파도가 일어나 뒤집히는 것이 두렵다.

84) 추예생군 41세 2運

庚己辛甲　　庚辛壬癸甲乙丙
申丑卯午　　寅卯辰巳午未申

雲飛君命造.. 庚申 己丑 辛卯 甲午 土金太多 用取甲木 幷以午火暖金爲喜神 玆行巳運 無利可圖 聊以挹注而已 四十三歲行甲運 贏財鉅萬 旣已經商 此機不可失也.
운비군의 명조는 庚申 己丑 辛卯 甲午로 土金이 태다하므로 甲木을 용신으로 취한다. 아울러 午火가 暖金하는 희신이 된다. 지금 巳運은 일을 도모해도 이익이 없고 우선 퍼다 부을 뿐이다. 43세 甲運으로 가면 재산이 늘어 큰돈을 모은다. 이미 장사를 했으면 이 기회를 놓치면 안 된다.

85) 호종영군 52세 4運

丁庚壬辛　　己戊丁丙乙甲癸
未戌寅亥　　酉申未午巳辰卯

台造.. 丁未 庚戌 壬寅 辛亥 暮秋壬水 托根於時上之辛 時下之亥 創業維艱 幸有成功 五十五歲行甲運 絶對不利 六十歲行辰運 好事紛來 以不可爲之年齡 却有大可爲之機緣 屆時君必嘆造化之奇矣.
당신의 명조는 丁未 庚戌 壬寅 辛亥로 늦가을 壬水가 時上의 辛과 時支의 亥

에 의지한다. 창업하여 어렵게 지탱하다가 성공하였으니 다행이다. 55세 甲運은 절대로 불리하고 60세 辰運은 좋은 일이 계속해서 온다. 일을 할 수 있는 나이가 아니지만 도리어 일을 할 수 있는 큰 기회와 인연이 있는데 때가 되면 당신은 반드시 조화의 기이함에 감탄하게 된다.

86) 왕의여사 28세 1運

壬癸癸壬　壬辛庚己戊丁丙
申丑酉子　子亥戌酉申未午

남편

丙庚戊庚
寅子寅申

女士自一九五六年結褵以來 夫婦意見相左 瀕於決裂 按.. 淑造爲壬申 癸丑 癸酉 壬子 作"從旺格"而論 原貴乎自立 縱欲求偶 良緣應在於三十一歲以後也 尊夫命造.. 丙寅 庚子 戊寅 庚申 雙方太歲相沖 一不利也 戊土日主 足以克破淑造之從旺格局 二不利也 尊夫八字純陽 剛愎自用 不協調於任何人 三不利也 幸三思之.

여사는 1956년 결혼한 이후부터 부부간에 의견이 서로 달라 이혼에 직면했다고 했는데 살펴보면 숙녀의 명조는 壬申 癸丑 癸酉 壬子로 종왕격으로 원래 귀명이나 자립해야 한다. 설령 짝을 구한다고 해도 좋은 인연은 31세 이후에 있다. 남편의 명조는 丙寅 庚子 戊寅 庚申으로 쌍방의 太歲가 상충하여 첫 번째 불리하고 戊土일주가 숙녀의 명조인 종왕격국을 破克하는 것이 두 번째 불리함이며 남편의 팔자가 純陽으로 고집이 세고 남의 말을 듣지 않으며 제멋대로 하므로 어떤 사람과도 협조하지 못하는 것이 세 번째 불리함이다. 그것을 깊이 생각하기 바란다.

87) 진덕민군 36세 10運

乙甲甲己　癸壬辛庚己戊丁

丑申子巳　未午巳辰卯寅丑

台造.. 乙丑 甲申 甲子 己巳 君未寫明男命抑女命 姑按男造推之 爭秋奪暑之際 甲木日元 最喜申子水局之濡養 及己丑兩重濕土之培植 於是金木水火土五行均所不忌 故爲穩健之命 一生不涉危險 不致顚沛 三十七歲至四十七歲行辰己兩運 更足以致小康之富也.

당신의 명조는 乙丑 甲申 甲子 己巳인데 男命인지 女命인지 밝히지 않아 임시로 男命으로 보고 추론한다. 더운 여름에서 가을로 바뀌는 때에 태어난 甲木일주가 申子水局이 적시며 생하고 己丑 兩 습토가 북돋아 길러주므로 매우 기쁘다. 이에 金木水火土 오행 모두 꺼리지 않으니 온건한 命이다. 일생동안 위험한 일이 없고 엎어지고 자빠지는 것에 이르지 않는다. 37세부터 47세까지 辰己 兩運은 중산층의 富에 이를 수 있다.

88) 유작군 50세 7運

辛己癸癸　戊丁丙乙甲癸壬

亥亥丑卯　戌酉申未午巳辰

君謂潦倒窮途 無款問津 余非孜孜爲利者 玆先問答 如有疑難 儘希駕臨面談

台造.. 辛亥 己亥 癸卯 癸丑 水流而泛濫 秀氣所鍾於卯木 可惜者 未運爲丑所冲 否則亥卯未會木局 早已青雲得路矣 近行甲運 今年庚子 明年辛丑 動輒得咎 靜乃萬全 五十二歲壬寅年 曙色初開矣 五十三歲行午運 日行中天 陽回大地 其不旗開得勝 馬到功成者 則命運之說 可以推翻矣.

당신은 도산하여 곤궁한 처지에서 꼼짝 못하고 있기 때문에 물어볼게 없다고 했다. 내가 이익을 위하여 그런 것은 아니지만 먼저 물은 것에 답을 하는데 만일 해결할 수 없는 어려움이 있으면 되도록 와서 면담하기를 바란다.

당신의 명조는 辛亥 己亥 癸卯 癸丑으로 水가 범람하는데 秀氣가 卯木에 집중된다. 애석한 것은 未運에 丑과 충이 된 것이고 만약 그렇지 않으면 亥卯未木局이 되어 이미 청운의 뜻을 얻었을 것이다. 요즘 甲運으로 행하는데 금년 庚子 내년 辛丑은 움직이면 바로 허물이 생기니 가만히 있어야 실수가 없다. 52세 壬寅年은 새벽빛이 처음 시작되고 53세 午運은 해가 중천에 이르니 대지에 陽氣가 돌아온다. 깃발을 펼치자마자 승리를 거두는 것은 아니고 일이 순조롭게 잘 풀리는 것은 命運이 말하는 것이니 뒤집힐 수 있다.

89) 오추운여사 딸 11세 9運

庚戊丁辛　丁丙乙甲癸壬辛

寅寅酉丑　丑子亥戌酉申未

令愛命造.. 庚寅 戊寅 丁酉 辛丑 財印兩强 將來婚姻美滿 本人治事亦佳 二十五歲起 好運接軫 珠圍翠繞 花團錦簇 可預卜焉 至於肩左 陰右 各有一痣 此與兒女無所妨碍.

딸의 명조는 庚寅 戊寅 丁酉 辛丑이다. 財印이 둘 다 강하므로 장래 혼인이 아름다움으로 가득차고 본인의 일 처리도 역시 좋다. 25세에 시작하여 좋은 운이 연결되니 진주와 비취를 두르고 매우 화려한 생활을 하게 될 것을 예견할 수 있다. 왼쪽 어깨와 오른쪽 음부에 하나씩 있는 점은 딸에게 방해가 되지 않는다.

90) 무화생군 50세 4運

辛戊癸甲　丁丙乙甲癸壬辛

亥戌亥寅　酉申未午巳辰卯

台造.. 辛亥 戊戌 癸亥 甲寅 傷官克官 以財不透天 無溝通之妙 用取辛金正印 癸運妬合 何善之有 巳運大好 但查流年 須五十二歲壬寅年起 方見姚黃魏綠

花開富貴矣.

당신의 명조는 辛亥 戊戌 癸亥 甲寅으로 상관견관하였다. 財가 천간에 나타나지 않아 소통의 妙가 없다. 辛金 정인을 취용한다. 癸運은 투합하니 무슨 좋은 일이 있겠는가. 巳運은 아주 좋은데 流年을 살펴봐야 한다. 반드시 52세 壬寅年에 시작하여 꽃이 활짝피는 것처럼 부귀해질 것이다.

91) 이걸부군 41세 4運

庚甲丙甲　乙丙丁戊己庚辛

申申辰午　酉戌亥子丑寅卯

台造.. 庚申 甲申 丙辰 甲午 丙生申月 時落甲午 日主雖弱而有氣 財官當令而畧強 一生處世安然 玆行子運 會申辰 抑又冲午 不是愁中 便是病中 今明兩年 更以明哲保身 金人緘口爲要 査四十五歲甲辰年起 有四載亨通 名利可致.

당신의 명조는 庚申 甲申 丙辰 甲午로 丙이 申月에 태어나 甲午時를 만나니 일주가 비록 弱이나 有氣하고 財官이 당령하여 일생동안 살아가는 것이 편안하다. 지금 子運은 申辰과 會局하고 또 午를 충하니 근심속에 있지 않으면 病中에 있다. 금년과 내년은 더욱 명철보신하고 부처님처럼 함구하는 것이 필요하다. 45세 甲辰年에 시작하여 4년 동안 형통하니 名利를 이룰 수 있다.

92) 유정파군 37세 9運

甲丁丙癸　戊己庚辛壬癸甲

子卯戌巳　辰巳午未申酉戌

台造.. 甲子 丁卯 丙戌 癸巳 行年三十七歲 家室猶虛 按劫印兩旺 正官無力 財星未透 如若早婚 非離卽克 迨過午運(三十五歲至四十歲) 再謨婚娶 未爲晚也 良以四十歲行辛運 名曰"財來就我" 內外機緣正多 古人云"大丈夫何患無妻" 斯言願爲君誦之.

당신의 명조는 甲子 丁卯 丙戌 癸巳이다. 지금 37세는 아내의 자리가 여전히 비어있는데 살펴보면 겁재와 인성이 둘 다 왕하고 정관이 무력한데 재성이 나타나지 않아 만일 일찍 결혼했으면 헤어지지 않았으면 극한다. 午運의 반을 지나(35세부터 40세까지) 다시 결혼을 계획하지만 아직 늦은 것은 아니다. 40세 辛運이 좋은데 이름하여 재래취아라고 하니 안팎으로 어떤 기회와 인연이 참으로 많다. 옛사람이 말하기를 "대장부가 처가 없는 것을 어찌 근심하겠는가"라고 했는데 이 말을 마음에 품고 암송해야 한다.

93) 황명군 아들 14세 10運

丁丙乙庚　乙甲癸壬辛庚己

亥午酉辰　巳辰卯寅丑子亥

令郎讀書 非殿後卽留班 且品性頑冥 查其命造.. 丁亥 丙午 乙酉 庚辰 繼善篇云"乙木重逢火位 名曰氣散之文" 所以乙丙丁三奇 不足爲珍 而以火旺爲病也 幸有亥水 聊以滋生 十六歲行巳運 巳來冲亥 恐其意馬心猿 十寒一曝 更有甚焉 二十一歲行甲辰運 天池振翮 三十一歲行癸卯運 九萬搏風 中年運途大佳 自有其燦爛之前程也.

아들이 공부는 꼴찌 아니면 낙제하고 또 성품이 미련하고 사리에 어둡다고 했는데 그 명조를 살펴보면 丁亥 丙午 乙酉 庚辰이다. 계선편에 "乙木이 火가 重하면 학문의 정신이 흩어진다"고 했는데 까닭에 乙丙丁 삼기가 보배가 되기에 부족하고 火가 旺한 것이 病이다. 다행히 亥水가 있어 약간 생한다. 16세 巳運은 亥를 충하니 마음이 산란하여 공부하는 것이 꾸준하지 못하고 게으르며 산란함이 더욱 심할까 무섭다. 21세 甲辰運은 새가 날개를 털고 날게 되며 31세 癸卯運은 바람을 타고 구만리를 간다. 중년운이 아주 좋으니 자연히 그 앞날이 찬란하다.

94) 이균군 29세 8運

壬丙甲乙　丁戊己庚辛壬癸

申午辰丑　未申酉戌亥子丑

台造.. 壬申 丙午 甲辰 乙丑 甲木根培於丑辰 得生於壬水 今年將交己運 輕舟順水 再遇好風 名利之盛 竟有不可思議者.

당신의 명조는 壬申 丙午 甲辰 乙丑으로 甲木이 丑辰에 뿌리를 배양하고 壬水에 생을 얻었다. 금년에 己運으로 바뀌었으니 작고 가벼운 배가 순류를 만나고 다시 호풍을 만났으니 名利가 왕성해지는데 결국 불가사의한 것이 있다.

오기군 32세 4運

己戊癸丙　丁丙乙甲癸壬辛

巳辰巳辰　卯寅丑子亥戌酉

伍琪命造.. 己巳 戊辰 癸巳 丙辰 財官並美 原以己土七殺混官爲病 但三十五歲甲運合己 四十五歲子運爲"飢祿" 絶非池中之物矣.

오기의 명조는 己巳 戊辰 癸巳 丙辰으로 財官이 아름다운데 己土 칠살이 官에 섞여 病이 된다. 다만 35세 甲運은 己를 합하고 45세 子運은 굶주린 록이니 절대로 연못 중의 물건이 아니다.

95) 당종용군 34세 9運

丁壬戊辛　辛庚己戊丁丙乙

卯寅戌酉　丑子亥戌酉申未

台造.. 丁卯 壬寅 戊戌 辛酉 戊土日元 旣多木克金洩 事業以近火近土爲宜 南方高原更佳 運程以四十歲起 戊戌十年 一鳴驚人 今後四年 旅進旅退而已 三十八歲甲辰年 災禍之多 爲尤甚耳.

당신의 명조는 丁卯 壬寅 戊戌 辛酉로 戊土일원이 이미 木의 극과 金의 설기가 많아 사업은 火에 가깝거나 土에 가까운 것이 마땅하고 남방의 높은 지대면 더욱 좋다. 40세에 시작하여 戊戌 10년은 사람들이 놀랄 정도로 큰일을 이룬다. 앞으로 4년은 자신의 주장은 없고 남의 장단에 춤을 추게 된다. 38세 甲辰年은 재난과 근심이 많고 더욱 심할 따름이다.

96) 오이시군 아들 8세 10運

癸壬辛丙　辛庚己戊丁丙乙
巳戌酉申　酉申未午巳辰卯

令郎命造.. 癸巳 壬戌 辛酉 丙申 辛生戌月 戊土當令 所以丙辛化水而未成 支全申酉戌 根深蒂固 却以丙火之故 又不作"從革"理論 "三奇"者 美於名稱而已 其實用壬水洗金 惟五行缺木 傷官無財 秀氣尚不够流通耳 窮通寶鑑曰 九月辛金 火土爲病 水木爲藥 良有以也 貴埠吳文英先生 知命之士也 時相過從否 可請教之.

아들의 명조는 癸巳 壬戌 辛酉 丙申이다. 辛이 戌月에 생하여 戊土가 당령하므로 丙辛化水를 이루지 못한다. 지지에 申酉戌 서방이니 뿌리는 깊고 꼭지는 단단한데 도리어 丙火가 있으므로 종혁이 되지 못한다. 三奇라는 것이 이름만 아름다울 뿐이고 기실은 壬水가 洗金하는 용신이다. 그러나 木이 없어 상관無財로 秀氣의 유통이 오히려 흡족하지 못할 뿐이다. 궁통보감 왈 9월 辛金은 火土가 病이고 水木이 藥이라고 했는데 그럴만한 까닭이 있다.

97) 조차양군 36세 5運

乙丙壬壬　乙甲癸壬辛庚己
丑戌午寅　酉申未午巳辰卯

台造.. 乙丑 丙戌 壬午 壬寅 一望而知爲財重身輕之命 未運絶對危險 幸而將成尾聲 明年正月初八日行壬運 比肩幇身 必有轉機 惟下一步午運 又見蹇塞

將來辛巳兩運亦然 蓋辛優而巳劣也. 按天干如首 地支如身 行運而干好支壞則其善亦甚暫 未許有大成功耳.
당신의 명조는 乙丑 丙戌 壬午 壬寅이니 한눈에 보아도 財重身輕임을 알 수 있다. 未運은 절대로 위험한데 다행히 막 지나갔다. 내년 정월 초팔일에 壬運으로 행하고 비견이 幇身하므로 반드시 전환하는 기회가 있다. 그러나 아래로 한발아래 午運에 또 순조롭지 않고 막히게 된다. 장래의 辛巳運 역시 그런데 辛은 좋고 巳는 좋지 않다. 생각해보면 천간은 머리와 같고 지지는 몸과 같다. 행운이 천간은 좋고 지지가 나쁘면 그 좋은 것이 매우 잠시에 불과하므로 크게 성공하지 못할 뿐이다.

98) 이호연군 36세 8運

乙甲戊丙　癸壬辛庚己戊丁

丑申子辰　未午巳辰卯寅丑

泰國梅岩居士 代君抽出爲辰時 未知其用何種方法(鐵板歟 河洛歟) 玆姑按辰時論之 台造.. 乙丑 甲申 戊子 丙辰 官殺並透 財星成局 精華在於丙火偏印 三十四歲行來巳運 稍惜流年未能盡善 瑕瑜互見而已 此後並無大好運程 幸自四十一歲乙巳年起 有五載吉利流年 不患無成 丁玆亂世 滄桑多變 流年之爲吉爲凶 足以左右命運 屆時毋失良機於交臂 至要至要.
태국의 매암거사가 당신이 辰時라고 추출했다는데 어떤 방법을 썼는지 알지 못한다.(철판? 하락?) 이에 辰時로 살펴보면 당신의 명조는 乙丑 甲申 戊子 丙辰으로 관살이 함께 투출하고 재성이 국을 이루었는데 丙火편인에 중심이 있다. 34세 巳運은 流年이 좋지 못하여 조금 아쉽고 장단점이 다 있을 따름이다. 차후 함께 오는 아주 좋은 운이 없는데 다행히 41세 乙巳運부터 시작하여 5년 동안(乙巳 丙午 丁未 戊申 己酉) 길하고 이로운 流年이 있어 근심이 없으나 이루는 것도 없다. 이런 亂世를 만나 변화가 많으면 유년의 길흉이 운명을 좌우할 수 있으므로 때를 만나면 좋은 기회를 놓치지 말아야 하는 것이 매우 중요하다.

99) 반명여사 32세 1運

己戊庚壬　己庚辛壬癸甲乙

巳辰戌午　巳午未申酉戌亥

淑造.. 己巳 戊辰 庚戌 壬午 土多如此 劬勞之命也 以壬水食神爲子宿 午火正官爲夫星 壬水吐秀爲美 午火生土爲嫌 自屬子勝於夫矣 (畧參令郎命造 固是不凡 肖猪者尤佳) 再按今年起 連行壬申癸酉諸運 旺夫益子 有足稱者 然則今之含辛茹苦 任勞任怨 他日必獲善果 造物之報施不爽 又何憾乎.

숙녀의 명조는 己巳 戊辰 庚戌 壬午로 이렇게 土가 많으니 고생하는 명이다. 壬水 식신이 자식이 되고 午火 정관이 남편이 되는데 壬水는 吐秀하여 아름답고 午火는 生土하여 불만이니 자연히 자식이 남편보다 낫다(아들의 명조를 참고하면 참으로 평범하지 않으며 돼지띠인 것이 더욱 좋다). 다시 살펴보면 금년부터 시작하여 이어서 壬申 癸酉 모든 運이 남편은 왕성해지고 자식에게는 도움이 된다고 말할 수 있다. 그런즉 지금의 온갖 고통과 어려움을 참고 견디며 수고로움과 원망스러움을 견디면 다른 날에 반드시 좋은 결과를 얻을 수 있다. 조물주의 베푸는 은혜는 어긋남이 없는데 어찌 실망하겠는가.

100) 이능거군 59세 3運

壬甲辛庚　乙丙丁戊己庚辛

寅辰巳寅　巳午未申酉戌亥

台造.. 壬寅 甲辰 辛巳 庚寅 木多金缺 可期小康 未必大富 今年行戌運 不如過去丁未戊三步 但勝於三十九歲至四十四歲之申運多矣 今後十年 大抵安康 祇六十一歲防災防失 壽終於六十九歲之亥運.

손자 4세 3運

丁壬乙癸　辛庚己戊丁丙乙
酉寅卯未　丑子亥戌酉申未

令孫命造 爲.. 丁酉 壬寅 乙卯 癸未 水木從旺 酉金爲病 惜無"辰"字以合酉而會寅卯 何勿名取"震林" 藉補不足 將來軍旅操權 儒將風流 二十四歲起 卽已風雲際會矣.

당신의 명조는 壬寅 甲辰 辛巳 庚寅으로 木多金缺이니 중산층은 바랄 수 있고 大富는 되지 못한다. 금년은 戌運인데 과거 丁未戊運만 못하다. 그러나 39세부터 44세까지의 申運보다 많이 낫다. 금후 10년은 대체로 편안하나 61세 壬寅年은 재난과 실수를 막아야 한다. 수명은 69세의 亥運에 마친다.

손자의 명조는 丁酉 壬寅 乙卯 癸未로 水木종왕이니 酉金이 病이 되고 "辰"자가 없어서 酉를 합하고 寅卯와 會合하지 못하여 아쉽다. 어찌 이름을 "震林"이라고 취하여 부족함을 보충하지 않았는가. 장래에 군에서 권력을 잡는데 선비의 풍모를 지닌 장수이고 24세에 일어나는데 이미 영웅이 시기를 만나니 큰 공을 세우게 된다.

101) 당민생군 53세 4運

戊丙庚丙　丁戊己庚辛壬癸
申辰戌戌　巳午未申酉戌亥

台造.. 戊申 丙辰 庚戌 丙戌 庚生辰月 土旺金相 再得祿於申 根氣足矣 辰申中之壬癸兩水 藏而不透 則多生少洩 未盡造化之妙 一生憂患必多 艱辛可知 所希五十五歲之壬運 食神吐秀 自是金玉滿堂 有穀盈倉矣.

당신의 명조는 戊申 丙辰 庚戌 丙戌로 庚이 辰月에 생하여 土旺金相인데 다시 申에 득록하니 根氣가 족하다. 辰申中의 壬癸가 장간에 있고 투출되지 않아 생이 많고 洩이 적으니 소화의 妙가 충분하지 않다. 일생 우환이 반드시 많고 힘들고 고생스러움을 알 수 있다. 55세 壬運에 식신이 秀氣를 吐하니 재물이 많아지고 곡식이 창고에 기득하길 바라는 바다.

102) 주동군 33세 5運

戊丙辛戊　丁戊己庚辛壬癸

辰辰卯子　巳午未申酉戌亥

台造.. 戊辰 丙辰 辛卯 戊子 土重埋金 廿二歲己丑年 三十一歲戊戌年 重土纍纍 還防明年辛丑 事故紛紜 大費周章 三十六歲起 庚申辛酉運程 無一不佳 妻財子祿 一應俱備矣.

당신의 명조는 戊辰 丙辰 辛卯 戊子로 土가 重하여 埋金된다. 22세 己丑年과 31세 戊戌年은 重土가 겹치고 돌아오는 명년 辛丑은 사고가 많고 어지러우니 막아야 하는데 비용이 크게 들어 쩔쩔매게 된다. 36세에 시작하는 庚申 辛酉運은 좋지 않은 것이 하나도 없으니 처와 재물 자식 직업이 한 번에 모두 갖추어진다.

친구 24세 3運

丁壬己丙　辛庚己戊丁丙乙

丑寅巳寅　丑子亥戌酉申未

令親學羣 疾病連綿 查其命造.. 丁丑 壬寅 己巳 丙寅 日元己土 寒濕爲患 去年己亥 歲運併臨 最爲危殆 今年庚子 明年辛丑 仍然生氣奄奄 後年壬寅 乃如孫武兵法所謂..“置之死地而後生”焉.

친구는 질병이 계속된다고 했는데 명조를 살펴보면 丁丑 壬寅 己巳 丙寅으로 己土일주가 한습하여 근심이다. 작년 己亥는 歲運이 並臨하니 매우 위태롭고 금년 庚子 내년 辛丑도 거듭하여 숨이 끊어질 듯하다. 후년인 壬寅은 손무병법에서 죽을 고비에 처한 후에 살아난다고 한 말과 같다.

103) 이간지군 41세 5運

庚甲乙丁　乙丙丁戊己庚辛

申申卯亥　酉戌亥子丑寅卯

台造.. 庚申 甲申 乙卯 丁亥 秋木凋零 根在亥卯 行水木運則呼風喚雨 行土金運 則如山崩地裂 今年交子運 又有勃興之象 四十六歲以後 己丑十年 不求聞達 五十六歲行庚運 危及壽元.

당신의 명조는 庚申 甲申 乙卯 丁亥로 秋木이 시들어 떨어지니 水木運으로 가면 바람과 비를 불러일으킬 수 있고 土金運으로 가면 산이 무너지고 땅이 갈라지는 것과 같다. 금년은 子運으로 바뀌니 갑자기 흥하는 상이고 46세 이후 己丑 10년은 명예나 영달을 구하지 못한다. 56세 庚運은 수명이 위태롭다.

104) 구식연군 44세 2運

丁乙癸甲　甲癸壬辛庚己戊

巳巳丑寅　辰卯寅丑子亥戌

台造.. 丁巳 乙巳 癸丑 甲寅 木火林林總總 應按"從財格"而論 如有未土冲丑 則病根去而盡善盡美矣 府上或妻或子 有屬羊之人否 有則大獲其益也 過去半世奔波 但未來之運程 亦不樂觀 其唯莊子所謂"安命"乎 四九乙巳 五十丙午 五一丁未 乃流年大好 爲時雖暫 收穫非鮮.

당신의 명조는 丁巳 乙巳 癸丑 甲寅으로 木火가 빽빽하여 응당 종재격으로 논한다. 만일 未土가 丑을 충하면 病의 뿌리가 제거되어 완전무결하다. 집에 처나 자식 중에 양띠가 있으면 크게 득을 볼 수 있다. 지난 반평생이 분주했고 미래의 운도 역시 낙관할 수 없다. 49세 乙巳 50세 丙午 51세 丁未는 流年이 아주 좋다. 비록 잠깐이지만 수확이 적지 않다.

105) 마소하군 모친 73세 3運

戊辛戊己　庚己戊丁丙乙甲癸壬
子酉子未　申未午巳辰卯寅丑子

처 50세 1運

壬壬甲乙　辛庚己戊丁丙乙
子寅寅亥　丑子亥戌酉申未

본인 52세 7運

庚己乙丙　庚辛壬癸甲乙丙
戌丑酉子　寅卯辰巳午未申

君問壽元 按令堂八字.. 戊子 辛酉 戊子 己未 乙卯兩運(五十三歲至六十三歲) 旣已過去 但防八十八歲乙卯一年 尊婦人命造.. 壬子 壬寅 甲寅 乙亥 水木兩行成象 又是長壽之徵 六十九歲庚申年 乃伊歸期 台造.. 庚戌 己丑 乙酉 丙子 六十三歲丙子年 克盡丙火 夢入華胥國 竟作長眠人.

당신은 수명을 물었다. 모친의 팔자를 살펴보면 戊子 辛酉 戊子 己未로 乙卯兩運(53세부터 63세)은 이미 지나갔고 그렇지만 88세 乙卯 1년을 대비해야 한다. 처의 명조는 壬子 壬寅 甲寅 乙亥로 水木성상이고 이 또한 장수의 징조다. 69세 庚申年이 돌아가는 때이다. 당신의 명조는 庚戌 己丑 乙酉 丙子로 63세 壬子年에 丙火를 극하여 없애므로 좋은 꿈을 꾸는 편안한 나라로 들어가 마침내 긴 잠을 자게 된다.

106) 주기미여사 26세 6運

乙戊壬壬　己庚辛壬癸甲乙
亥寅戌寅　卯辰巳午未申酉

淑造.. 乙亥 戊寅 壬戌 壬寅 傷官制殺 事業有前途 婚姻多曲折 二十七歲行辛運 正印化殺生身 外則學業孟晋 內則成其神仙眷屬 將來三十七歲行巳運 苦中有甛 甘之如飴 四十二歲行壬午十年 乃便萬紫千紅矣.

숙녀의 명조는 乙亥 戊寅 壬戌 壬寅으로 상관이 제살하므로 사업의 앞날은 있지만 혼인은 곡절이 많다. 27세 辛運은 정인이 化殺生身하므로 밖으로는 학업에 힘쓰고 안으로는 가족들과 걱정없이 생활하게 된다. 장래의 37세 巳運은 쓴 중에 단맛이 있는데 달기가 엿과 같다. 42세 壬午 10년은 온갖 꽃들이 만발한다.

107) 송보전군 66세 3運

乙辛壬丁　　庚己戊丁丙乙甲

未巳戌未　　辰卯寅丑子亥戌

承示民國廿六年 卽讀余所著之命書三種 想必硏究有心得 今又以尊造下問 殆爲閣下之虛壞若谷耳 按.. 台造爲乙未 辛巳 壬戌 丁未 丁壬合而不化 四月壬水弱極 取辛金爲其資源 但火土之威脅太甚 觀夫戊運之險遭不測 丑運之內外多故 足見最忌逢土 六十九歲將行戌運 所慮七十二歲丙午一年 防以心腎之疾病 而竟致不治 至於一生戎馬 兩袖淸風 乃行運迄無愜當之故 明達如君 何庸介意.

민국 26년에 즉 내가 저술한 세 종류의 명리서를 읽고 연구하여 마음에 깊이 깨달음이 있었다고 했다. 지금 또 귀하의 명조에 대하여 물었는데 아마도 각하는 깊은 골짜기처럼 크고 넓은 마음을 가진 것 같다. 살펴보면 귀하의 명조는 乙未 辛巳 壬戌 丁未인데 丁壬合이 不化한다. 巳月壬水가 극히 약하니 辛金을 취하여 그 생하는 원천으로 삼는다. 그러나 火土의 위협이 태심하다. 戊運은 예측할 수 없는 험난함을 당하게 되고 丑運은 안팎으로 재난이나 사고가 많은데 土를 만나는 것이 가장 꺼리는 것을 알 수 있다. 69세 戌運부터 72세 丙午

1년에 걱정되는 것은 심장과 신장의 질환을 막아야 하는데 결국 치료하지 못하는 지경에 이르게 된다. 평생 군인으로서 청렴결백하게 살았는데 행운이 마음에 흡족하지 않음에 이르렀으나 사리에 밝은 귀하가 어찌 마음에 두겠는가.

108) 중현군 26세 4運

乙壬乙己　辛庚己戊丁丙乙

亥午丑卯　巳辰卯寅丑子亥

余之會客時間 僅在下午 台造.. 乙亥 壬午 乙丑 己卯 乙祿在卯 己祿在午 壬祿在亥 乃聚祿格也 尤妙壬水滋木 權利兩旺 三十歲起 美運接軫 前程遠大 二十八歲壬寅流年 婚姻與事業 已有着落矣.

나는 손님을 만나는 시간이 거의 오후에 있다. 당신의 명조는 乙亥 壬午 乙丑 己卯로 乙은 卯에 록이고 己는 午에 록이며 壬은 亥에 록이니 취록격이다. 壬水가 木을 생하여 더욱 묘하고 권리가 모두 왕성하다. 30세에 시작하여 좋은 운이 이어지니 앞날이 원대하다. 28세 壬寅 流年은 혼인과 사업이 결말난다.

109) 소명군 28세 2運

癸癸乙乙　壬辛庚己戊丁丙

酉亥酉酉　戌酉申未午巳辰

君問今年事業如何 按.. 台造爲癸酉 癸亥 乙酉 乙酉 金水木三行相生 命局淸秀 所惜缺火 全無暖氣 今年庚子 干金支水 何善可言 何事可成 惟九月至十二月 不無意外與望中之財耳.

당신은 금년 사업이 어떠한가를 물었고 살펴보면 당신의 명조는 癸酉 癸亥 乙酉 乙酉로 金水木 三行이 상생하니 命局이 청수하나 火가 없어 따뜻한 기운이 전혀 없어서 아쉽다. 금년 庚子는 천간은 金이고 지지는 水이니 무엇이 좋다고 말할 수 있으며 어떤 일이 이루어 질 수 있겠는가. 그러나 9월부터 12월은 바라던 재물이 의외로 없지 않다.

110) 진명화군 36세 2運

乙壬丁己　辛庚己戊丁丙乙

丑午卯酉　巳辰卯寅丑子亥

台造.. 乙丑 壬午 丁卯 己酉 身重官輕 明年辛丑 可以成婚 可以發財 福偏雙至也 四十歲後 又是崎嶇不平 至於名成利就 家肥屋潤 乃所望於四十八歲至五十三歲之丑運耳.

당신의 명조는 乙丑 壬午 丁卯 己酉이다. 身重官輕으로 명년 辛丑에 결혼할 수 있고 재물도 생길 수 있으니 복이 쌍으로 들어온다. 40세 후는 험하고 평탄하지 못하다. 名利를 이루고 집안이 윤택해지는 것은 48세부터 53세에 이르는 丑運에 바랄 수 있다.

111) 임자청군 아들 1세 4運

庚壬乙辛　癸甲乙丙丁戊己

子午酉巳　未申酉戌亥子丑

본인 45세 6運

丙己辛庚　庚辛壬癸甲乙丙

辰亥酉寅　子丑寅卯辰巳午

君於今年慶賦弄璋 查令郎八字.. 庚子 壬午 乙酉 辛巳 夏木用壬水 官殺混雜 財不透天 溫飽有餘 發達不足 中人之命也 台造.. 丙辰 己亥 辛酉 庚寅 年上丙火正官 得長生於寅時 能守能攻 有爲有守 三十七歲行癸卯十年 懷才不遇 負累尤多 四十七歲行甲運 歲運並美 只須忙此五年 蓋已多金坐擁 足慰於生平矣.

당신이 금년에 아들을 낳은 것을 축하한다. 아들의 팔자를 살펴보면 庚子 壬午 乙酉 辛巳로 夏木이니 壬水를 쓰고 관살혼잡인데 財가 투출하지 않아 의식은 넉넉하나 발달이 부족하여 中人의 명이다.
당신의 명조는 丙辰 己亥 辛酉 庚寅으로 년상의 丙火 정관이 寅時에 장생을 만나 공격과 수비를 할 줄 알고 이루고 지킬 수 있다. 37세 癸卯 10년은 가진 재능이 기회를 만나지 못하고 부담되는 일이 더욱 많아진다. 47세 甲運은 歲運이 모두 좋은데 다만 이 5년을 반드시 바쁘게 보내야 하는 것은 이미 많은 金이 있기 때문이고 평생의 위안이 되기에 족하다.

112) 황예당군 56세 4運

乙庚丙戊　己戊丁丙乙甲癸
巳辰戌子　卯寅丑子亥戌酉

台造.. 乙巳 庚辰 丙戌 戊子 暮春丙火 托根於巳 吐秀於戊 非傑出之命 玆行甲運 亦殊平凡 祗明年辛丑 可獲鉅財 毋失交臂.
당신의 명조는 乙巳 庚辰 丙戌 戊子로 늦봄의 丙火가 巳에 뿌리를 두고 戊土에 秀氣를 吐하니 걸출한 명이 아니다. 지금의 甲運 역시 매우 평범하지만 내년 辛丑은 큰돈을 얻을 수 있으니 기회를 놓치지 마라.

113) 고추운여사 53세 1運

乙丁壬壬　戊己庚辛壬癸甲
丑亥戌寅　子丑寅卯辰巳午

淑造.. 乙丑 丁亥 壬戌 壬寅 壬生亥月 合丁則以“化木”論 乙寅 眞木引假 丑戌藏辛而未透 化得尙不勉强 但過去庚運 現行辛運 恐遇人不淑耳 明年行卯運 撥開天上雲千疊 湧出波心月一輪 從而四十二歲壬辰十年大運 亦是珠光寶氣 錦簇花團.

숙녀의 명조는 乙丑 丁亥 壬戌 壬寅으로 壬水가 亥月에 생하여 丁을 합하니 化木으로 논한다. 乙과 寅은 眞木이 假木을 돕고 丑戌에 암장된 辛이 투출하지 않아 化하는데 오히려 힘들지 않다. 그러나 지난 庚運과 지금의 辛運은 다른 사람을 만나는 것이 무섭고 상서롭지 않을 따름이다. 내년 卯運은 하늘에 첩첩인 구름이 걷히고 물결 한가운데에 둥근 달이 떠오른다. 따라서 42세 壬辰 10년 대운 또한 재물이 넘쳐나니 매우 화려한 생활을 한다.

114) 장유양군 36세 3運

甲丁庚戊　戊己庚辛壬癸甲
子丑戌寅　寅卯辰巳午未申

余不諳文王卦 所示課式 不敢妄加批評 台造.. 甲子 丁丑 庚戌 戊寅 庚金劈甲生丁 寒金用火 乃有爲之命也 尤以三十九歲之巳火運 名實兼收 臻於全盛矣 來圖繪出面上三痣 祇(乙)處爲"承漿"之部位 戒酒 防因醉僨事 甚而殞命.

내가 문왕의 괘를 외우지는 못하지만 일러준 대로 법식을 공부할 뿐 감히 망령되게 비평을 할 수 없다. 당신의 명조는 甲子 丁丑 庚戌 戊寅으로 庚金이 벽갑생화하고 寒金이 火를 쓰니 무엇을 이룰 수 있는 명이다. 더욱이 39세 巳火運은 명예와 실리를 함께 거두고 전성기에 이른다. 보내온 그림의 얼굴에 나타난 3개의 점은 "승장"부위가 되므로 술을 경계해야 하고 취하여 넘어지는 일을 막아야 하는데 심하면 죽는다.

115) 임공양군 46세 3運

丙壬乙癸　癸甲乙丙丁戊己
辰辰未未　巳午未申酉戌亥

台造.. 丙辰 壬辰 乙未 癸未 木氣蓬勃 喜丙火之發洩 忌壬水之克丙 書云.."丙臨申位 逢陽水難獲延年" 此申運之所以潦倒矣. 但"難獲延年"四字 指丙火用

神 非指君之壽命也 世人大都誤解耳 五十歲乙巳年起 歲運一路火土 榮華到老矣 待之哉.

당신의 명조는 丙辰 壬辰 乙未 癸未로 木氣가 왕성하니 丙火의 發洩이 기쁘고 壬水가 丙을 극하는 것을 꺼린다. 書에 이르되 "丙火가 申位에 있고 壬水를 만나면 年을 이어가기 어렵다"고 했는데 이 申運에 실패하게 된다는 것이다. 단지 "難獲延年"이 4자는 丙火용신을 가리키는 것이고 당신의 수명을 가리키는 것이 아니다. 세상 사람들이 대부분 오해할 뿐이다. 50세 乙巳年에 시작하여 歲運이 火土이므로 영화가 늙도록 이르니 기대하라.

116) 유예장군 36세 9運

丙庚丁辛　　辛壬癸甲乙丙丁

寅寅卯丑　　卯辰巳午未申酉

台造.. 丙寅 庚寅 丁卯 辛丑 春月木旺火相 秀氣在於辛丑時 爲學爲政 均非所宜 經營商業 卽如今明兩載 儘多機緣 富而可求 所惜一生無土金運程 冷落多而熱鬧少也.

당신의 명조는 丙寅 庚寅 丁卯 辛丑으로 春月에 木旺하고 火相한데 秀氣가 辛丑時에 있다. 학문을 하고 정치를 하는 것은 모두 마땅한 바가 아니다. 사업이나 장사를 하면 금년과 내년에 기회와 인연이 많아 富를 바랄 수 있다. 아쉬운 것은 일생동안 土金運이 없어 쓸쓸함이 많고 번화함이 적은 것이다.

117) 이하군 57세 2運

甲戊甲庚　　己庚辛壬癸甲乙

辰辰午午　　巳午未申酉戌亥

台造.. 甲辰 戊辰 甲午 庚午 財重身輕 但又不能"從財" 今年庚子 天克地冲 寧學子牙釣渭水 莫效相如過秦邦 明年辛丑 鼠牙雀角 小事紛爭 五十九歲壬

寅年起 四載水木幇身 煥發無疑 請預浮一大白.

당신의 명조는 甲辰 戊辰 甲午 庚午로 財重身輕인데 종재할 수 없다. 금년 庚子는 天克地冲이니 차라리 강태공이 위수에서 낚시하던 뜻을 배워야 하고 주나라의 잘못을 본받을 건 없다. 내년 辛丑은 쥐의 어금니와 참새의 뿔같이 사소한 일들로 분쟁이 많다. 59세 壬寅年에 시작하여 4년 동안 水木이 幇身하니 불같이 일어날 것을 의심할게 없고 부상할 것이 명백하다.

118) 후옥현군 34세 2運

丁丙己甲　乙甲癸壬辛庚己

卯午卯子　巳辰卯寅丑子亥

台造.. 丁卯 丙午 己卯 甲子 水火不濟 金又絶迹 四十三歲以前 無澈底之好運 四十三歲以後 辛丑庚子四步金水運程 富而可求矣 視尊函之信箋上 有 “Hair dressing saloon” 英文字樣 貴業是否理髮 按理髮屬水 乃台造之所宜 故前途無量 望好自爲之.

당신의 명조는 丁卯 丙午 己卯 甲子로 水火가 서로 도움이 되지 못하고 金 또한 흔적도 없으니 43세 이전은 철저하게 좋은 운이 없고 43세 이후 辛丑 庚子는 金水運이니 富를 바랄 수 있다. 편지에 “헤어 드레스 살룬”이라는 영문자 표기가 있는 것으로 보아 당신의 직업이 이발인 것 같고 이발은 水에 속하니 당신의 명조에 적합하므로 앞날이 발전할 여지가 매우 크며 그렇게 될 것을 희망한다.

119) 이군군 형 23세 10運

戊己辛丁　庚辛壬癸甲乙丙

寅未丑酉　申酉戌亥子丑寅

동생 18세 2運

癸甲庚庚　癸壬辛庚己戊丁
未寅子辰　丑子亥戌酉申未

荷以賢昆仲命造下問 按台造爲.. 戊寅 己未 辛丑 丁酉 夏金無水 三十歲行壬運 君子豹變 志士鷹揚 但三十五歲行戌運 旺處又傾 受盡苦痛 令弟命造.. 癸未 甲寅 庚子 庚辰 財星畧旺 日主較弱 三十二歲以後 廿載幇身大運 細水長流 源源不竭 旣安且吉 勝君多矣.

형제의 명조에 대하여 물었는데 당신의 명조를 살펴보면 戊寅 己未 辛丑 丁酉로 夏金이 水가 없는데 30세 壬運이 되면 뚜렷하게 변화하고 위세를 떨치게 된다. 다만 35세 戌運은 왕한 곳이니 기울게 되고 고통을 다 받게 된다. 동생의 명조는 癸未 甲寅 庚子 庚辰으로 재성이 약간 왕하고 일주가 비교적 약하다. 32세 이후 20년 동안 대운이 幇身하므로 가늘고 긴 물줄기가 오랫동안 마르지 않는다. 이미 편안하고 길하니 당신보다 많이 좋다.

120) 진걸명군 53세 7運

戊甲乙壬　乙丙丁戊己庚辛
申子巳午　丑寅卯辰巳午未

甘羅十二相秦國 太公八十遇文王 老幼皆有得意也 君行年五十三歲 正有作爲 何庸躊躇 按台造.. 戊申 甲子 乙巳 壬午 藤蘿繫甲 又有火暄 命書所謂"可春可秋"也 今年恰行巳火運 乃以運勝 五十八歲繼行庚金運 乃以年勝 十載華美 足娛桑楡.

감라는 12세에 태국의 재상이 되었고 강태공은 80에 문왕을 만났으니 노인과 아이가 모두 뜻을 얻을 수 있다. 당신은 53세로 일을 할 수 있는데 무엇을 주저하는가. 당신의 명조를 살펴보면 戊申 甲子 乙巳 壬午로 등라계갑하고 또 火가 따뜻하게 하니 소위 봄도 좋고 가을도 좋다고 했다. 금년 巳火運이니 운이 좋고 58세에 庚金運이 이어지는데 年運이 좋다. 10년 동안 좋은 운으로 빛나고 아름다우니 노년이 즐겁다.

121) 송주주군 26세 5運

乙己癸丙　戊丁丙乙甲癸壬

亥丑卯辰　子亥戌酉申未午

사군 32세 5運

己己丁辛　戊丁丙乙甲癸壬

巳巳卯亥　辰卯寅丑子亥戌

五言獨步曰.. "有病方爲貴 無傷不是奇 格中如去病 財祿喜相隨" 台造.. 乙亥 己丑 癸卯 丙辰 身財兩停 兼以行運平淡 穩健而已 蓋無病 無傷 非亂世所宜也. 謝君命造.. 己巳 己巳 丁卯 辛亥 偏旺木火 喜有己土 良以己爲濕土而可晦火也 將來四十歲以後 丑子亥諸運 卽所謂"格中如去病 財祿喜相隨"發無止境矣.

오언독보 왈 "病이 있어야 귀하고 傷함이 없으면 기이한 것이 아니다. 格中에 만약 病을 제거하면 재물과 명예가 따른다"고 했다. 당신의 명조는 乙亥 己丑 癸卯 丙辰으로 身財兩停하고 아울러 행운도 평탄하여 온건할 따름이다. 대개 病이 없고 傷함이 없으면 亂世에는 마땅하지 않다.

사군의 명조는 己巳 己巳 丁卯 辛亥로 木火가 왕한데 기쁘게 己土가 있고 己는 습토로 火를 설하여 시들게 할 수 있어 좋다. 장래 40세 이후 丑子亥의 모든 운이 소위 格中에 病을 제거하면 재물과 직업이 따른다고 할 수 있으니 발전이 멈추지 않는다.

122) 종진동군 31세 7運

庚己辛戊　庚辛壬癸甲乙丙

午丑未子　寅卯辰巳午未申

台造.. 庚午 己丑 辛未 戊子 喜忌篇云 "六辛日逢戊子 嫌午位運喜西方" 此六陰朝陽格之總評也 只宜子字一位 忌多見 更怕丑合午衝 旣有丑午 其格破矣 但按另一角度而論之 寒金喜午未 亦喜子水吐秀 雖非奇格異局 却亦俊秀之士耳 惟好運畧遲 四十三歲起 連行巳甲午乙諸步 穎脫一朝 氣象萬千 龍驤虎步 前程飛躍矣.

당신의 명조는 庚午 己丑 辛未 戊子다. 희기편에 이르길 "여섯 개의 辛日이 戊子時를 만나면 午運을 꺼리고 서방 운을 좋아한다"고 했는데 이것은 육음조양격을 총평한 것이다. 오직 子字는 하나가 적당하고 많은 것을 꺼리며 丑이 합하고 午가 충하는 것을 무서워한다. 이미 丑午가 있으면 그 격은 파격이다. 단 다른 각도로 논하면 寒金이 午未를 기뻐하고 또한 子水가 吐秀하는 것을 기뻐하며 비록 기이한 격국은 아니나 도리어 준수한 선비인 것이다. 그러나 좋은 운이 좀 늦어 43세에 시작하여 연이어 巳甲午乙로 흘러 하루아침에 뛰어난 재능이 드러나니 장관이다. 위풍당당하여 앞날이 빠르게 발전한다.

*육음조양격(六陰朝陽格)

辛日 戊子時에 관살이 없어야 한다. 時의 戊子가 巳中에 丙火 관성을 끌어다 쓰기 때문에 辛亥 辛酉 辛丑日에 해당하고 辛巳日은 巳中에 丙火가 있고 辛卯日은 子卯刑이 되며 辛未日은 未中에 丁火 殺이 있어서 격이 안 된다. 官殺運도 역시 꺼린다.

123) 하자군 부친 65세 9運

丙丁丁辛　戊己庚辛壬癸甲

申酉卯亥　戌亥子丑寅卯辰

모친 63세 6運

戊丙丙癸　乙甲癸壬辛庚己
戊辰辰巳　卯寅丑子亥戌酉

君孝思不匱 以"父母之年 不可不知" 垂詢兩老壽元 按令尊命造.. 丙申 丁酉 丁卯 辛亥 所好亥卯結局 丙丁相扶 克享遐齡 今年行卯運 七十歲行甲運 皆是矍鑠之象 七十五歲行辰運 中以七十七歲壬子一年 裝束騎箕去 啼鵑那再聞 令堂命造.. 戊戌 丙辰 丙辰 癸巳 丙以一戌一巳爲根 七十二己酉年歲運併臨 一病成回首 笑語依稀中.

당신이 효를 생각하는 것이 부족하지 않다. "부모의 연세를 모르면 안 된다"고 했는데 양친의 수명에 대하여 물었다. 부친의 명조를 살펴보면 丙申 丁酉 丁卯 辛亥인데 좋은 것은 亥卯가 합하고 丙丁이 相扶하여 장수할 수 있다. 금년 卯運과 70세 甲運은 모두 기력이 정정한 상이다. 75세 辰運 중에 77세 壬子 1년은 옷을 차려입고 말을 타고 가는데 두견새 우는 소리가 거듭 들리니 어찌하나. 모친의 명조는 戊戌 丙辰 丙辰 癸巳이니 丙이 戌과 巳를 뿌리로 삼는다. 72세 己酉年은 歲運이 並臨하므로 한번 病이 들어 돌이켜보니 웃으면서 하는 말이 드물어진다.

124) 진휘군 30세 1運

辛丙己戊　乙甲癸壬辛庚己
未申亥辰　未午巳辰卯寅丑

君年僅三十 就業失業 經已六次 是誠顚沛之至矣 按台造.. 辛未 丙申 己亥 戊辰 己土失令而不弱 用申金傷官以生財 四平八穩之命也 過去一事無成 運途崎嶇 有以致耳 三十二歲行壬辰十年 雖無大成 必得小康 四十二歲以後 則又平淡無奇矣.

당신은 겨우 30살인데 취업과 실업이 벌써 여섯 차례가 된다니 이는 참으로 엎어지고 자빠지는 지경에 이른 것이다. 당신의 명조를 살펴보면 辛未 丙申 己亥 戊辰이니 己土가 실령하였으나 약하지 않고 申金상관을 써서 生財하니 사방팔방이 모두 평온한 命이다. 과거에 한 가지도 이루어진 일이 없었던 것은 運이 험하였기 때문일 뿐이다. 32세 壬辰 10년은 비록 크게 이루지는 못하지만 반드시 형세가 다소 안온해진다. 42세 이후는 평범하고 기이함이 없다.

125) 임승곤군 30세 4運

辛己庚乙　戊丁丙乙甲癸壬
未亥辰酉　戌酉申未午巳辰

台造.. 辛未 己亥 庚辰 乙酉 日時干支逢合 用取亥水食神 清貴之命 克享盛名 三十五歲以後 乙未甲午等運 財富亦旺 努力哉 慶日乙時 又名"妻來就我" 乃主巧姻緣與賢內助也.

당신의 명조는 辛未 己亥 庚辰 乙酉로 日時의 干支가 합이니 亥水식신을 용신으로 취하고 청귀한 명이니 이름을 날릴 수 있다. 35세 이후 乙未 甲午運은 재물이 풍성하니 노력해야 한다. 庚日 乙時는 처래취아라고도 하는데 교묘한 인연으로 혼인하게 되고 처가 어질고 내조가 있다.

126) 황불민군

神相全篇曰 "凡痣 黑要如漆 赤要如硃" 水鏡集曰 "臍含黑痣 名曰含珠 主食祿萬鍾" 君有二痣 一在臍下二寸 一在陰部與陰毛之間 按非臍中 所以不貴 又謂非紅非黑 而爲赭色 更非吉徵矣 君之生時不能肯定 推命恐難準確 恕不多贅.

신상전편 왈 "무릇 점은 검은 것은 옻칠 같아야 하고 붉은 것은 주사와 같아야 한다"고 했고 수경집 왈 "배꼽에 검은 점이 있으면 함주라고 하는데 식록이 만종이다"고 했다. 당신은 2개의 점이 있는데 하나는 배꼽아래 2지에 있고 히

나는 음부와 음모 사이에 있다고 했다. 살펴보면 배꼽아래에 있는 것은 귀한 것이 아니고 또 붉은 것도 아니고 검은 것도 아니며 검붉은 색이라고 했으니 더욱 길조가 아니다. 당신의 生時가 분명치 못하여 명을 보는 것이 확실하지 않으니 용서하기 바란다.

127) 팽존군 28세 8運

癸己戊乙　戊丁丙乙甲癸壬

酉未戌卯　午巳辰卯寅丑子

台造.. 癸酉 己未 戊戌 乙卯 土重如山 用水用木 皆無濟於事 不如用酉金以洩土 早歲無一好運 艱苦備嘗 今後十年 或進或退 都如塞翁之得馬失馬耳 三十九歲起 一路木運 雖曰名大利小 究亦步步春風.

당신의 명조는 癸酉 己未 戊戌 乙卯로 土가 산처럼 중하여 水木을 쓰는 것은 모두 도움이 안 되고 酉金으로 洩土하는 것만 못하다. 이른 나이에 좋은 운이 한 번도 없었고 갖은 고생을 다 겪었다. 이후 10년은 진퇴를 거듭하니 모두 새옹이 말을 얻었다가 잃었다가 하는 것과 같다. 39세부터 시작하여 한결같이 木運이니 비록 이름은 크게 나고 이득은 적어도 결국 한 걸음 한 걸음이 춘풍이다.

128) 주소만여사

來書問"髮" 爰以有實驗有根據者 簡答如後.. 神相全篇曰 "髮乃血之餘 屬心 故心血虛者髮先白 髮際高者性和而壽 髮際低者性愚而僻 髮不倒則骨肉參商 健兒不禿 宰相不濃 髮黃而焦 不貧則夭 頭小髮長 散走他鄉" 柳莊曰 "少年髮落難言子 少年髮白喪雙親 左邊多妨父 右邊多妨母 男女髮深 皆主好色 女子髮粗 克子克夫 男女中年髮頂落者 老來最苦 老不落髮主勞碌 老轉黑髮主壽" 萬金相法云 "早白復轉烏爲吉" 神異賦曰 "髮際低而皮膚粗 終見愚頑" 銀匙

歌曰 "髮際低而幼無父"

보내준 글에 머리카락에 대하여 물었는데 이에 실제 경험하고 근거가 있는 것을 간략하게 답하면 다음과 같다. 신상전편 왈 "머리카락은 혈이 남긴 것이니 心에 속한다. 그러므로 심혈이 허한 자는 머리카락이 먼저 하얗게 되고 머리카락 끝이 높은 자는 성질이 온화하고 장수하나 머리카락의 끝이 낮은 자는 성질이 어리석고 괴팍하다. 머리카락이 넘어지지 않으면 형제간에 사이가 나쁘고 혈기가 왕성한 남자는 대머리가 안 되고 큰 인물은 머리카락이 농밀하지 않다. 머리카락이 누렇거나 거칠면 가난하지 않으면 요사한다. 머리가 작고 머리카락이 길면 타향으로 흩어져 떠돈다"고 했으며 류장 왈 "소년에 머리카락이 빠지면 자식에 대하여 말하기 어렵고 소년에 백발이 되면 양친을 잃는데 흰 머리카락이 좌변에 많으면 부친을 손상하고 우변에 많으면 모친을 손상한다. 남녀가 머리카락이 무성하면 모두 호색하다. 여자가 머리카락이 굵으면 자식과 남편을 극한다. 남녀가 중년에 정수리의 머리카락이 빠지면 노년에 매우 고생하고 노년에 머리카락이 빠지지 않으면 힘들게 일하게 되며 노년에 머리카락이 검게 변하면 장수한다"고 했다. 만금상법에 이르길 "젊었을 때의 흰 머리가 다시 검어지면 길하다"고 했으며 신이부 왈 "머리카락의 끝이 낮고 피부가 거칠면 결국 어리석고 완고하다"고 했다. 은시가에서 말하길 "머리카락의 끝이 낮으면 어려서 아버지가 없다"고 했다.

129) 양선여군 34세 1運

丁甲甲壬　癸壬辛庚己戊丁

卯辰戌申　卯寅丑子亥戌酉

台造.. 丁卯 甲辰 甲戌 壬申 春木用丁 惜無火運 玆行庚金 英雄無用武之地 三十七歲行子運 運蹇年善 畧有收穫 好運集中於五十歲後 非但長壽 抑且大器成於晚來 結婚愈遲愈妙 毋須亟亟.

당신의 명조는 丁卯 甲辰 甲戌 壬申으로 春木이 丁火를 쓰는데 아쉽게도 火運이 없다. 지금 庚金運은 영웅이 무예를 쓸 수 있는 처지가 없고 37세 子運은 운은 순조롭지 않으나 年運이 좋아 약간의 수확이 있다. 50세 이후에 좋은 운이 집중되는데 장수할 뿐만 아니라 늦게 大器가 이루어진다. 결혼은 늦게 할수록 더욱 묘하니 반드시 서두르지 말아야 한다.

130) 반가빈군 3세 4運

戊辛丁庚　壬癸甲乙丙丁戊
戌酉未子　戌亥子丑寅卯辰

月前君問一少婦驚悸 余已答於本刊七十六期 今謂逐見康復 幸如所言 査其子之命造.. 戊戌 辛酉 丁未 庚子(前函誤寫上一日丙午) 秋丁以未戌爲根 財重身輕 十六歲癸亥運癸丑年 玉折堪憂.

지난달 당신이 놀란 것처럼 가슴이 두근거리는 한 여자의 증세에 대하여 물었고 나는 이미 본간 76기에서 답을 했다. 지금 하는 말을 보면 건강을 회복한 것으로 보여 다행이다. 그 자식의 명조를 살펴보면 戊戌 辛酉 丁未 庚子인데 (지난번 편지에는 丙午로 잘못 쓰여 있다) 가을 丁이 未戌로 뿌리를 삼으나 財重身輕이다. 16세 癸亥運 癸丑年에 죽을 수 있어 걱정이다.

131) 황금원군 5세 7運

丙乙丙己　丙丁戊己庚辛壬
申未戌亥　申酉戌亥子丑寅

4세 5運

丁癸戊丙　壬辛庚己戊丁丙
酉丑戌辰　子亥戌酉申未午

柳莊 曰 "高者爲痣 平者爲點" 君所問者 殆爲點而非爲痣耳 令郎命造 一爲 丙申 乙未 丙戌 己亥 精華在於己亥時辰 濕土晦火之亢也 美運較遲 蓋 三十八歲後 一路金水 名利乃臻於全盛 一爲 丁酉 癸丑 戊戌 丙辰 寒土喜丙 與日本明仁太子之命 頗有似處 三十一歲行戌運 更必得意於仕途.

일본의 明仁太子

甲丙戊甲　丁戊己庚辛壬癸
戊子辰寅　丑寅卯辰巳午未

류장 왈 "높은 것은 사마귀이고 평평한 것은 점이다"고 했으니 당신이 물은 것은 거의 점이고 사마귀가 아니다. 아들의 명조는 丙申 乙未 丙戌 己亥로 뛰어난 광채가 己亥時에 있는데 습토가 지나친 火氣를 거둔다. 아름다운 운이 비교적 늦는데 38세 후 한길로 金水運이니 名利가 모이는 전성기이다. 다른 아들의 명조는 丁酉 癸丑 戊戌 丙辰인데 寒土가 丙을 기뻐한다. 일본의 명인 태자의 명조와 꽤 유사한 곳이 많다. 31세 戌運에 반드시 공직으로 나아가게 된다.

132) 관한걸군 53세 5運

戊甲丙庚　乙丙丁戊己庚辛
申寅午寅　卯辰巳午未申酉

친구 37세 7運

甲壬庚戊　癸甲乙丙丁戊己
子申午寅　酉戌亥子丑寅卯

台造.. 戊申 甲寅 丙午 庚寅 命旣憾於少水 一生又無水運 所以有志難償 今後三年 以流年之勝 能致小康之富 貴友命造.. 甲子 壬申 庚午 戊寅 建祿而

食神生財 大富之命也. 祇憑丙子十年(三十八歲至四十八歲)大運 已足以名成利就矣.
당신의 명조는 戊申 甲寅 丙午 庚寅으로 명에 水가 없어 유감이고 일생에 또 水運이 없으므로 뜻을 이루기 어렵다. 이후 3년은 流年이 좋아 다소 편안한 정도의 富는 이룰 수 있다.
친구의 명조는 甲子 壬申 庚午 戊寅으로 건록이 식신생재하므로 大富의 명이다. 오직 丙子 10년(38세부터 48세까지)대운에 의지하여 名利를 이룰 수 있다.

133) 서지중군 2세 6運

己壬己乙　　辛庚己戊丁丙乙
亥申卯丑　　未午巳辰卯寅丑

據謂令郎頑皮異常 泰國星相家 又言其不易撫養 余按其命造.. 己亥 壬申 己卯 乙丑 財殺得祿 傷官當令 秀外而慧中 四歲壬寅年 卽已智門早啓 少時了了 七歲起運 尤多進步矣 五行缺火 體力未許健壯 但亦不致夭殤.
아들의 장난이 유별나게 심하다고 말하였으며 태국의 성상가가 또한 양육하기가 쉽지 않다고 말했다고 했는데 내가 그 명조를 살펴보니 己亥 壬申 己卯 乙丑으로 財殺이 득록하고 상관이 당령하여 외모가 준수하고 총명하다. 4세 壬寅年에 이미 지혜의 문이 일찍 열리니 어려서 영리하다. 7세에 일어나는 운에 더욱 많이 진보한다. 오행의 火가 결여되어 체력이 건장하지는 않으나 요절에 이르지는 않는다.

134) 황자건군 31세 2運

庚戊庚甲　　己庚辛壬癸甲乙
午寅戌申　　卯辰巳午未申酉

台造.. 庚午 戊寅 庚戌 甲申 身財兩旺 惟乏水以吐金之秀 人必方耿 硜硜自守

有欠圓融之手腕耳 三十三歲起 壬午十年大運 水火旣濟 成績斐然 卅三 卅四 兩年 且有良緣締結 經營事業 自以獨立爲佳.

당신의 명조는 庚午 戊寅 庚戌 甲申으로 身財가 모두 왕하다. 그러나 金氣를 吐하는 水가 결핍되어 사람의 마음이 반드시 불안하고 옹졸하며 고집불통으로 원만한 수완이 부족하다. 33세에 시작하여 壬午 10년 대운은 水火가 서로 도우니 성적이 뛰어나다. 33세 34세 兩年은 좋은 인연이 맺어지고 사업을 경영하는 것은 독립함으로써 좋아진다.

135) 소자파군 40세 1運

辛癸壬辛　壬辛庚己戊丁丙

酉巳申丑　辰卯寅丑子亥戌

君謂飄流海外二十五年 迄今一事無成 此命運使然 非人謀之不臧也 蓋査台造.. 辛酉 癸巳 壬申 辛丑 金水兩强 最喜木火 過去之寅木運 憾於三刑 己丑運濕土可憎 雖免凍餒 焉能成其大事 將來四十二歲行戊運 五十二歲行丁運 兩個五年 魚龍變化 桃李芳菲 今年庚子 有百弊而無一利.

당신은 25년간 해외를 표류했으나 지금에 이르러 하나도 이룬 것이 없다고 말했는데 이것은 命運이 그러한 것이지 사람이 도모해서 된 것이 아니다. 그래서 당신의 명조를 살펴보니 辛酉 癸巳 壬申 辛丑으로 金水가 모두 강하니 木火가 가장 기쁘다. 지난 寅木運은 三刑으로 유감이고 己丑運은 습토로 가증스러우니 비록 헐벗고 굶주림은 면한다 해도 어찌 큰일을 이룰 수 있겠는가. 장래 42세 戊運과 52세 丁運인 兩5년은 물고기가 용으로 변하며 복숭아와 자두나무의 꽃이 아름답고 향기가 짙다. 금년 庚子는 백 가지의 폐단은 있으나 한 가지도 이로움이 없다.

136) 유육금군 47세 1運

甲丁丙己　戊己庚辛壬癸甲

寅丑寅亥　寅卯辰巳午未申

君以流落異邦 有家難歸 又有宿疾 此誠人生之痛苦也 但按命運推測之 好景當在不遠矣 台造.. 甲寅 丁丑 丙寅 己亥 丙生丑月 時落己亥 虛濕爲患 雖有甲丁兩寅以爲幇身 仍宜木火生扶 明年行午運 午爲丙之旺鄕 日麗中天 大放光明 旣慶康復 更卜飛騰矣.

당신은 외국생활을 하느라 집에 돌아오기 어려웠고 또한 지병도 있다고 했는데 이것은 참으로 인생의 고통이다. 그러나 명운을 살펴서 그것을 추측하니 좋은 시절이 머지않아 있다. 당신의 명조는 甲寅 丁丑 丙寅 己亥로 丙이 丑月에 태어나고 時에 己亥가 오니 허습이 근심이 된다. 비록 甲丁과 兩寅木이 幇身하나 아직도 木火의 生扶가 마땅하다. 명년 午運은 午가 丙의 旺鄕으로 해가 중천에 빛나니 건강을 회복하게 되고 더욱 발전하게 된다.

137) 임수여군 45세 9運

丙辛丙壬　壬癸甲乙丙丁戊

辰卯午辰　辰巳午未申酉戌

來函緬述過去 殊爲詳盡 但余只能簡答如此 台造.. 丙辰 辛卯 丙午 壬辰 印旺用殺 月財爲年比所奪 虛名虛利而已 今年行未運 肺結核之病 必能霍然而愈 處事亦都順流 將來五十歲行丙運 又不免於顚沛 五十五歲行申運 乃大有收獲 足慰生平矣.

보낸 편지에 과거를 아득하게 서술하여 아주 상세하게 되어있다. 그러나 나는 이와 같이 간략하게 답할 수 있을 뿐이다. 당신의 명조는 丙辰 辛卯 丙午 壬辰으로 印이 旺하여 殺을 쓰는데 월의 財가 년의 비견에 탈재되었으니 명예와 이익이 모두 헛될 뿐이다. 금년 未運은 폐결핵병이 반드시 신속하게 낫고 하는 일도 역시 모두 순조롭다. 장래 50세 丙運에 또 실패를 면하기 어렵고 55세 申運은 큰 수확이 있으며 평생을 위로 받기에 충분하다.

138) 허하여사 47세 1運

甲辛丁辛　庚己戊丁丙乙甲
寅未未丑　午巳辰卯寅丑子

아들 9세 1運

壬辛甲辛　壬癸甲乙丙丁戊
辰亥申未　子丑寅卯辰巳午

開來之坤造.. 甲寅 辛未 丁未 辛丑 丁火太强 財透殺藏 中年又都木火運 遭遇多曲折 留子不留夫 今後四年 康莊平坦 五三丙午 五四丁未 病骨支離 甚而不祿 男造.. 壬辰 辛亥 甲申 辛未 精華在於未土 其命未必爲佳 但自廿二歲起四十年木火美運 鵑化鵬游 罔知所屆.

보내온 여명은 甲寅 辛未 丁未 辛丑으로 丁火가 태강하고 財가 투간하고 殺이 암장되었으며 중년이 모두 木火運이니 곡절을 많이 만나는데 자식만 남고 남편은 떠났다. 금후 4년은 건강하고 평탄하나 53세 丙午 54세 丁未는 病이 들어 떠나지 않고 심하면 죽는다. 남명은 壬辰 辛亥 甲申 辛未로 뛰어난 기운이 未에 있으나 아름다운 명은 아니다. 다만 22세부터 40년간 木火로 좋은 운이니 닭이 봉황이 되어 노닐게 되는데 그때가 되어야 알 수 있다.

139) 관아당군 53세 5運

戊甲丙辛　乙丙丁戊己庚辛
申寅午卯　卯辰巳午未申酉

台造.. 戊申 甲寅 丙午 辛卯 丙辛之合 名曰"財來就我" 富而可求 寅申之冲

奔波甚矣 五十六歲行庚運 獲利更豐 但五十九歲丙午一年 財源愈旺 則壽命愈危.

당신의 명조는 戊申 甲寅 丙午 辛卯인데 丙辛이 합하니 이름하여 재래취아로 富를 탐낼 수 있고 寅申이 충하여 매우 분주하다. 56세 庚運은 이익을 얻어 더욱 풍요로운데 다만 59세 丙午 1년은 財物이 점점 더 왕성해질수록 수명이 점점 더 위험해진다.

140) 촌존연군 57세 1運

甲癸壬壬 甲乙丙丁戊己庚

辰酉申寅 戊亥子丑寅卯辰

貴姓之寸字 不知是否錯誤 歉歉 台造.. 甲辰 癸酉 壬申 壬寅 苦於少火 又無火運 今年庚子 明年辛丑 後年壬寅 風雨載道 行人泥足 得逾花甲 則六二乙巳 六三丙午 六四丁未 功業彪炳於中外矣.

당신의 성인 촌자가 착오가 아닌지 알지 못하여 미안하다. 당신의 명조는 甲辰 癸酉 壬申 壬寅으로 火가 없고 또한 火運이 없어 고생스럽다. 금년 庚子 내년 辛丑 후년 壬寅은 비바람이 실려 있는 길이니 진흙탕이다. 환갑을 지나면 62세 乙巳 63세 丙午 64세 丁未運에 공로가 국내외에 빛난다.

141) 소국빈군 44세 5運

丁戊丁乙 丁丙乙甲癸壬辛

巳申酉巳 未午巳辰卯寅丑

台造.. 丁巳 戊申 丁酉 乙巳 身財兩旺 終非池中之物 過去甲運與辰運 十年艱險 乃甲克戊 辰合酉 實逼處此耳 明年辛丑 坐致多金 但由後年起 又是漫漫長夜 昏暗不明 奈何奈何.

당신의 명조는 丁巳 戊申 丁酉 乙巳로 身財가 모두 왕하여 결국 연못 속의 물고기가 아니다. 지난 甲辰運 10년이 힘들고 험한 것은 甲이 戌를 극하고 辰이 酉를 합하므로 그렇지 않을 수 없을 뿐이다. 내년 辛丑은 많은 돈을 벌게 되지만 후년인 壬寅年부터 또한 멀고도 지리한 긴 밤이 어둠을 알 수 없으니 어찌 한단 말인가.

142) 황한광군 27세 2運

甲己壬庚　庚辛壬癸甲乙丙
戌巳寅戌　午未申酉戌亥子

台造.. 甲戌 己巳 壬寅 庚戌 所謂"馮唐不遇" 蓋暫而不久矣 良以壬生巳月 水當涸際 明年將行申運 申發水源 富貴玉帛 取之如寄 三十二再行癸酉十年 日就月將 尤多建樹也.

당신의 명조는 甲戌 己巳 壬寅 庚戌로 소위 "풍당불우"인데 잠시이고 오래가지 않는다. 壬이 巳月에 생하여 水가 마를 때인데 내년은 申運으로 가니 申이 水를 생하는 근원으로 부귀하고 재물을 취하여 몸을 의탁하게 된다. 32세에 다시 癸酉運 10년은 일취월장하고 더욱 많은 실적을 이룬다.

*풍당불우
풍당은 한나라 때 사람으로 직언을 잘하기로 유명하였으며 중낭서장이라는 낮은 벼슬을 하면서 일생을 보냈는데 알아주는 사람을 만나지 못했기 때문이었다.

143) 유위영군 34세 5運

丁壬庚甲　辛庚己戊丁丙乙
卯子寅申　亥戌酉申未午巳

台造.. 丁卯 壬子 庚寅 甲申 寅中丙火不透 金寒水冷 貴業藤器屬木 木能生火 原非不利 惟火運行於四十六歲以後 得意在晚來 現若改弦易轍 另營他業 亦未必有所成耳 今明兩年 尤宜苦守.

당신의 명조는 丁卯 壬子 庚寅 甲申으로 寅中 丙火가 투출하지 못하여 金寒

水冷하다. 당신의 직업이 등나무로 기구를 만드는 것이니 木에 속하고 木은 火를 생하므로 불리하지는 않다. 그러나 火運이 46세 이후에 오니 늦게 뜻을 얻게 된다. 만약 현재하는 일을 바꾸어 다른 일을 한다고 해서 역시 반드시 성공할 수 있는 것은 아니다. 올내년은 한층 더 고생을 감수해야 한다.

144) 모성한군 55세 7運

丙甲壬癸　乙丙丁戊己庚辛
午午辰卯　未申酉戌亥子丑

台造.. 丙午 甲午 壬辰 癸卯 木火如林 壬水瀕危 茲行亥運 流年庚子 一派金水生扶 自必康强逢吉 請至年終再告余究竟 蓋如今年依然不利 則應按"從財格"而論 乃非三言兩語 可以闡其微 窮其理矣.

당신의 명조는 丙午 甲午 壬辰 癸卯로 木火가 숲과 같아 壬水가 위태로움에 이르렀다. 지금 亥運이고 庚子年은 온통 金水가 生扶하니 반드시 편안하고 강함을 만나 길하다. 청컨대 년말까지의 결과를 나에게 다시 알려주기 바란다. 만일 금년이 전과 다름없이 불리하면 응당 종재격으로 논해야 한다. 이는 내가 언변이 능란한 것이 아니라 그 미세함을 상세히 밝히고 그 이치를 궁구하고자 하는 것이다.

145) 진과용군 18세 10運

癸己丙壬　戊丁丙乙甲癸壬
未未申辰　午巳辰卯寅丑子

本欄祇談命相之事 來書所示 有似"西遊記" "封神榜" 恕不討論 台造.. 癸未 己未 丙申 壬辰 時在夏末 丙火有氣 不能從當旺之土 然則傷官無印 宜從軍政兩界找尋出路 二十六歲行巳運 已見崢嶸 四十一歲以後 乙卯甲寅廿載木運 不富必貴.

본란은 오직 명리와 상법에 관하여 말한다. 보낸 편지에서 보여주는 것이 서유기와 봉신방과 유사한데 토론하지 않는 것을 용서하기 바란다. 당신의 명조는 癸未 己未 丙申 壬辰으로 때가 여름의 말이라 丙火가 有氣하여 당령한 왕한 土에 종할 수 없다. 그런즉 상관에 인성이 없으니 군과 정치의 양 계통에서 출로를 찾는 것이 마땅하다. 26세 巳運에 이미 재능을 나타내고 41세 이후 乙卯 甲寅 20년 木運은 富하지 않으면 반드시 貴하게 된다.

146) 진감군 28세 6運

癸丙己戊　乙甲癸壬辛庚己
酉辰未辰　卯寅丑子亥戌亥

君問天涯浪子 異鄕孤客 可以重見雙親否 在外能覓得紅粉知己否 何時奮發壽元若干 按台造.. 癸酉 丙辰 己未 戊辰 火土太重 金水太輕 去年已進癸運補偏救弊 雄飛 指顧問事耳 燕好 亦不出今明兩年也 三十二歲行丑運 又多挫折 三十七歲以後 辛亥壬子等運 卄年得意 萬里鵬程 壽必逾乎花甲 惟天倫重聚 遙遙無期 白雲親舍 魂夢爲勞焉.

당신은 아득히 멀리 떨어진 낯선 곳을 떠도는 외로운 나그네인데 부모님을 다시 볼 수 있는지 외국에서 자신을 알아주는 여인을 찾아 얻을 수 있는지 언제 분발하는지 수명이 어느 정도인지를 물었다.

당신의 명조를 살펴보면 癸酉 丙辰 己未 戊辰으로 火土가 太重하고 金水가 太輕하다. 지난해에 이미 들어온 癸運은 치우침을 보완하고 폐단을 고쳐서 웅비해야 하는데 가리키는 것을 돌아보고 일을 물을 뿐이다. 부부사이가 좋으며 또한 올내년에 결혼하게 된다. 32세 丑運은 다시 좌절이 많고 37세 이후 辛亥 壬子運 20년 동안 뜻을 얻으니 앞날이 양양하고 수명은 반드시 화갑을 지난다. 그러나 가족 간에 모이는 것은 요원하여 기약이 없고 흰 구름 아래가 부모님 계신 곳이니 꿈속에서도 그리워하게 된다.

147) 지문성군 51세 5運

庚丁辛戊　戊己庚辛壬癸甲

戌亥卯戌　子丑寅卯辰巳午

本欄素抱"有問必答"之宗旨 惟因來信過多 而篇幅有限 乃以地址清楚者直接函覆 字跡潦草 或有不願惠示居處者 答於本欄 尊址 長沙灣道七六零號二樓竟遭郵局退回 謂無此門牌 以後請勿如此惡作劇 台造.. 庚戌 丁亥 辛卯 戊戌 冬金有土培而少火暖 一生又無火運 有志難償 憾也何如 向東南遠方發展 或能得地利之宜耳 今後唯五五 五六 五七 五八 等年 不無小名小利.

본란은 본래 "질문이 있으면 반드시 답한다"는 취지를 갖고 있다. 그러나 온 서신이 과다하고 지면이 유한함으로 인하여 주소가 확실한 것은 직접 편지를 다시 보내지만 글자가 조잡하거나 거처가 남에게 알려지는 것을 원하지 않는 자는 본란에서 답한다. 당신의 소재지인 장사만 길 760호 2루는 결국 우편이 반송되어 왔고 이런 문패가 없다고 말하니 이후로는 이와 같은 짓궂은 장난을 하지 마라. 당신의 명조는 庚戌 丁亥 辛卯 戊戌로 冬金이 土의 배양이 있으나 火의 따뜻함이 부족하고 일생동안 또 火運이 없어 뜻은 있으나 실현하기 어려우니 실망스러움을 어찌하나. 동남쪽으로 멀리 가면 발전할 수 있으나 지리의 마땅함을 얻을 수 있을 뿐이다. 이후 다만 55세 56세 57세 58세는 약간의 名利가 없지 않다.

148) 유구산군 50세 7運

辛丙壬癸　乙甲癸壬辛庚己

亥申申卯　未午巳辰卯寅丑

台造.. 辛亥 丙申 壬申 癸卯 金旺水相 原喜丙火 奈何丙被辛合 黃金時代 應在於三十七歲以前之未午巳三運 將來五十三歲之五十八歲 歲運並美 再起東山 今明後三年 內外憂煎.

당신의 명조는 辛亥 丙申 壬申 癸卯로 金旺水相하여 원래 丙火를 기뻐하는데 丙이 辛에게 합을 당하여 어찌하나. 황금시대는 37세 이전 未午巳 三運에 있었고 장래 53세부터 58세까지 歲運이 함께 좋으니 다시 일어날 수 있다. 금년과 내년 후년 3년은 안팎으로 근심이니 마음을 졸이게 된다.

149) 서유잠군 23세 1運

戊庚甲庚　己戊丁丙乙甲癸

寅申戌午　未午巳辰卯寅丑

承詢之女造.. 戊寅 庚申 甲戌 庚午 若爲"棄命從殺格" 則一世無好運 若作"秋木凋零" 則錦繡前程 洵無限量 最妙先推其過去情形 再作決定.

여자의 명조에 대해서 물었는데 戊寅 庚申 甲戌 庚午이다. 만약 종살격이면 일생에 좋은 운이 없고 만약 秋木이 조령한 것으로 보면 앞날이 수놓은 비단길인데 참으로 한량이 없다. 먼저 과거의 정세와 형편을 헤아려 다시 결정하는 것이 가장 좋은 방법이다.

150) 왕본화군 59세 2運

壬庚戊丙　辛壬癸甲乙丙丁

寅戌子辰　亥子丑寅卯辰巳

아들 14세 3運

丁己庚己　戊丁丙乙甲癸壬

亥酉子卯　申未午巳辰卯寅

君謂少時請人此命 有云 "雖不得爲國家之棟樑 亦可以名馳於鄕黨" 今固爲國民黨駐美總支部評議員 拙見以台造.. 壬寅 庚戌 戊子 丙辰 身財兩旺 求名不如求利 尤以五十八歲至六十三歲之辰運 何妨棄官就商 逐鹿五載 則晩來

菟裘之計遂矣 令郎八字.. 丁亥 己酉 庚子 己卯 秋金喜火 一丁何濟於事 今年起 三十五年木火運程 如駿馬走長途 豈有限量 論其命 名可成也 論其運 利可就耳 古人云 "有子萬事足 無官一身輕"可爲閣下頌焉.
당신은 어린 시절에 이 명조를 간명을 받았을 때 "비록 국가의 동량은 되지 못해도 고향에서 이름을 날릴 수 있다"고 했다는데 지금 정말로 국민당 주미 총지부 평의원이다. 당신의 명조에 대한 내 견해는 壬寅 庚戌 戊子 丙辰으로 身財兩旺하므로 명예를 구하는 것은 재물을 구하는 것만 못하다. 더욱이 58세부터 63세의 辰運은 관직을 버리고 상업을 취하여 5년을 쫓으면 만년에 여생을 보낼 계획을 이룰 수 있는데 어찌 꺼리겠는가. 아들의 팔자는 丁亥 己酉 庚子 己卯로 秋金이 火를 기뻐하는데 丁 하나가 어찌 그 일을 이룰 수 있겠는가. 금년부터 35년간 木火運으로 준마가 장도를 달리는 것과 같으니 어찌 限量이 있겠는가. 그 명을 논하면 명예를 이룰 수 있고 운을 논하면 재물을 취할 수 있을 따름이다. 고인이 말하길 "자식이 있으면 모든 일을 이룬 것이고 관직이 없으면 一身이 홀가분하다"고 했는데 당신을 위한 말이다.

151) 사견군 10세 7運

辛庚壬辛　己戊丁丙乙甲癸
卯子寅亥　亥戌酉申未午巳

6세 7運

乙甲壬辛　癸壬辛庚己戊丁
未申戌丑　未午巳辰卯寅丑

春秧街卄號三樓 想亦爲假地址耳 否則何致退信耶 所詢童造 一爲 辛卯 庚子 壬寅 辛亥 冬水太旺 用寅木而喜火 卄三歲後 運都木火與土 早歲蜚聲 壯年發跡 惟十二歲至十八歲之亥運 恐多災難耳 一爲 乙未 甲申 壬戌 辛丑 秋水

通源 喜有甲木 將來宜於文化或政治 非利於經商也 行運亦然 貴而不富.
춘앙가 20호 3루는 역시 거짓 주소지라고 생각한다. 그렇지 않으면 서신이 어찌 반송돼왔겠는가. 어린아이의 명조를 물었는데 하나는 辛卯 庚子 壬寅 辛亥로 冬水가 태왕하여 寅木을 쓰고 火를 기뻐한다. 23세 후 운이 모두 木火土이니 조년에 베짱이가 소리를 내고 장년에 흔적을 이룬다. 그러나 13세부터 18세 亥運에 많은 재난이 무서울 뿐이다. 하나는 乙未 甲申 壬戌 辛丑으로 추수통원인데 甲木이 있어 기쁘고 장래에 문화나 정치에서 적합하며 경영이나 장사에서는 이롭지 않다. 행운 역시 그러하니 貴하나 富하지는 않다.

152) 서자용군 42세 6運

己甲壬辛　癸壬辛庚己戊丁
未戌子亥　酉申未午巳辰卯

台造.. 己未 甲戌 壬子 辛亥 殺重身輕 幸有辛印之化殺 亥祿之幇身 事業必成 鉅富則未許耳 若爲戌時 早已修文地下矣 金水運程行得太早 少年得意而已 今歲起 四載小草春風 晩運又見高低不平.
당신의 명조는 己未 甲戌 壬子 辛亥로 殺重身輕인데 다행히 辛인성이 化殺하고 亥祿이 幇身한다. 사업은 반드시 성공하는데 큰 부자가 아닐 뿐이다. 만약 戌時면 조년에 이미 공부를 그만 두었을 것이다. 金水運이 너무 일찍 와서 소년에 뜻을 얻을 따름이고 지금부터 4년은 작은 풀에 춘풍이나 말년 운은 평탄하지 않다.

153) 장위문군 59세 1運

壬壬乙乙　癸甲乙丙丁戊己
寅寅酉酉　卯辰巳午未申酉

命理約言曰 "一主遇兩官兩印 兩財兩食 猶須以全局斟酌 設使一主遇兩殺兩

梟 兩刼兩傷 則求制求救 尙且不暇 可易言富貴乎” 此言“雙飛胡蝶格”之不足恃也 台造.. 壬寅 壬寅 乙酉 乙酉 乃兩刼 兩殺 兩印 春木欠制 何善可言 徒託“雙飛胡蝶”之美名 而謂“寒門貴客 白屋公卿” 豈可徵信也! 今明兩年 應獲小利 六十一歲壬寅年 必有坎坷.

명리약언에서 말하길 “일주가 兩官과 兩印을 만나거나 兩財와 兩食神을 만났으면 마땅히 전국을 헤아려야 하고 설령 일주가 兩殺과 兩편인을 만나거나 兩겁재와 兩식상을 만났더라도 억제하고 구하는 것을 찾기에 오히려 여유가 없는데 부귀를 쉽게 말할 수 있는가” 이 말은 “쌍비호접격”은 믿을 수 없다는 것이다. 당신의 명조는 壬寅 壬寅 乙酉 乙酉로 兩겁재 兩殺 兩印이다. 春木이 억제가 부족한데 어찌 좋다고 말할 수 있겠는가. 쓸데없이 “쌍비호접”이라는 아름다운 이름에 의탁하여 “가난한 집안에 귀한 손님이고 초가집에서 재상이 난다”고 하는데 어찌 증명할 수 있겠는가. 금년과 내년은 작은 이익을 잡을 수 있고 61세 壬寅年은 반드시 일이 뜻대로 되지 않아 마음이 답답하다.

154) 행여생군 53세 3運

戊己丙庚　　庚辛壬癸甲乙丙
申未戌寅　　申酉戌亥子丑寅

아들 10세 2運

辛壬辛甲　　辛庚己戊丁丙乙
卯辰巳午　　卯寅丑子亥戌酉

按來書英文拼音 及不淸楚之中國字 尊姓似係“幸” 錯則乞諒 台造.. 戊申 己未 丙戌 庚寅 夏將盡而秋未來 丙火雖似失令 尙有餘威 土固多而且旺 喜有寅木爲生 癸亥兩運 水土相爭 爲人出賣 而未塡溝壑 蓋已大幸矣 四十四歲行甲子兩步 所謂帶水之木 十年人事幾番新 多采多姿 展布必豊 令郞命造.. 辛

卯 壬辰 辛巳 甲午 日主脆弱 妙在一路幇身運途 畢生處世安然.
온 편지에 영문병음과 확실히 알 수 없는 중국글자가 당신의 성인 “행”같은데 잘못되었으면 이해하기 바란다. 당신의 명조는 戊申 己未 丙戌 庚寅으로 여름이 막 끝나고 가을이 올 때이니 丙火가 비록 실령한 것 같으나 아직 세력이 남아있다. 土가 많고 왕한데 寅木이 생하여 다행이다. 癸亥 兩運에 水土가 相爭하니 사람에게 배반당하였으나 객사하지 않은 것은 매우 큰 다행이다. 44세 甲子運은 소위 帶水之木이니 10년 동안 사람의 일이 몇 번 새로워지고 갖가지 자태가 반드시 풍부하게 펼쳐진다. 아들의 명조는 辛卯 壬辰 辛巳 甲午로 일주가 연약한데 運途가 하나로 幇身하니 일생동안 살아가는 것이 편안하다.

155) 황희춘군 女兒 11세 6運

庚己癸癸　戊丁丙乙甲癸壬
寅丑亥丑　子亥戌酉申未午

爾年僅十一歲 親筆寫來問函 可佩可佩 查爾命造爲.. 庚寅 己丑 癸亥 癸丑 拱祿格 金寒水冷 雖冰雪聰明 但非載福之象 幸行運多木火土 將來奮學勤業 必有成功 婚姻平淡無奇 幸其專心一志 爲大衆謀福利可也.
너의 나이가 겨우 11세인데 친필로 편지를 써서 보냈으니 탄복할만하다. 너의 명조를 살펴보니 庚寅 己丑 癸亥 癸丑으로 공록격인데 金寒水冷하여 비록 빙설이 총명하나 福있는 상은 아니다. 다행이 행운이 木火土이니 장래에 학문에 분발하고 하는 일에 근면하면 반드시 성공할 것이다. 혼인은 평범하여 특이한 게 없으나 다행히 그 마음을 한 가지 뜻에 전념하면 대중의 복리를 꾀할 수 있다.

156) 임수여군 35세 8運

丙癸癸癸　甲乙丙丁戊己庚

寅巳卯丑　午未申酉戌亥子

尊函已覆於本刊第七十九期 玆又垂詢令弟命運. 査其八字爲.. 丙寅 癸巳 癸卯 癸丑 癸水托根於丑 一生以三十四歲至三十九歲之申運 發水之源 長才克展 建樹驚人 今年起 已須亟圖 左傳所謂 “篳路藍褸 以啓山林” 此其時矣.

당신은 이미 본간 제79기에서 보았고 다시 동생의 명조를 물었다. 그 팔자를 살펴보니 丙寅 癸巳 癸卯 癸丑으로 癸水가 丑에 托根하였다. 일생에 34세부터 39세의 申運이 發水하는 원천이니 뛰어난 재능을 발휘하여 사람들을 놀라게 한다. 금년에 시급하게 대책과 방법을 세워야 한다. 좌전에 소위 “초라한 수레와 누더기옷을 입고 산림을 개척한다”고 했는데 지금이 그때다.

*좌전 선공 12년
진나라에서 초나라와 전쟁을 할 것인지 말 것인지를 놓고 논쟁을 하는 중에 난무자가 한 말이다. 원문은 다음과 같다. “訓之以若敖 蚡冒之篳路 藍褸以啓山林 箴之曰 民生在勤 勤則不匱” 약오와 분모가 초라한 수레와 누더기옷을 입고 산림을 개척했던 일로써 훈계해서 말하기를 민생은 근면함에 있고 근면하면 궁핍하지 않다.

157) 주류군 42세 7運

庚戊辛庚　己庚辛壬癸甲乙

申寅丑寅　卯辰巳午未申酉

台造.. 庚申 戊寅 辛丑 庚寅 寒金少火而不溫 木亦凋殘 近來流年欠佳 徒勞形役而已 今明兩年 還多是非 愼之愼之 四十六歲以後 六載春風得意 如花發上林 萬紫千紅矣 台造西曆誕期 爲一九二O年二月十三日 星期五 本欄僅爲答客所問 至於批命 乃推算畢生休咎 寫出妻財子祿 彙訂成冊者也.

당신의 명조는 庚申 戊寅 辛丑 庚寅으로 寒金이 火가 부족하여 따뜻하지 못하고 木 또한 시들고 쇠잔하다. 근래에 流年이 좋지 않아 마음이 물질의 노예가 되어 헛되게 수고할 뿐이다. 금년과 내년은 더욱 시비가 많으니 조심해야 한다. 46세 이후 6년간 춘풍이니 뜻하는 것을 얻고 여러 가지 꽃이 숲 위에 만발한 것과 같다. 당신의 명조는 서기 1920년 2월 13일 금요일이다. 본란은 거의 손님이 묻는 것에 답한다. 명을 비평한 것으로 일생동안 福과 禍를 추산하여 처와 재물과 자식과 직업을 그대로 베끼고 교정한 것을 모아서 책을 만든 것이다.

158) 옥호군 44세 10運

丁庚癸癸　己戊丁丙乙甲癸

巳戌丑亥　酉申未午巳辰卯

台造.. 丁巳 庚戌 癸丑 癸亥 拱祿用財 今明兩年 旅進旅退 四十六歲至五十一歲行午運 忙此五年 已够下半世之生活 則五十一歲以後 猶有好運 都是羨餘矣 "鈺湖"兩字 無論其爲眞名 抑爲假名 屬金屬水 非所宜也.

당신의 명조는 丁巳 庚戌 癸丑 癸亥로 공록격이니 財를 쓴다. 금년과 내년은 자신의 주장없이 남의 장단에 춤추게 된다. 46세부터 51세까지의 午運은 바쁜데 하반기 인생이 넉넉하여 51세 이후 좋은 운으로 모든 것이 풍요롭다. "鈺湖"자는 본명이든 가명이든 따질 것 없이 金水에 속하므로 마땅하지 않다.

159) 채미령여사 38세 8運

癸癸壬庚　甲乙丙丁戊己庚

亥亥辰戌　子丑寅卯辰巳午

남편 40세 8運

辛癸癸辛　壬辛庚己戊丁丙

酉巳巳酉　辰卯寅丑子亥戌

淑造.. 癸亥 癸亥 壬辰 庚戌 冬水汪洋 幸有戌土鎭之 精華在於時辰 今以六子三女爲怨 他日菽水逢歡 乃笑口常開矣 明年行丁卯兩運 已有起色 尊夫命造.. 辛酉 癸巳 癸巳 辛酉 財官並美 乃無傷食以生財 粟六終朝 未獲安富 惟來書謂點燈之時 按麥秋時節 亦可能爲戌時之初 若爲戌時 則其局勢不凡 迥

非尋常之輩矣.

숙녀의 명조는 癸亥 癸亥 壬辰 庚戌로 冬水가 끝없이 왕한데 다행히 戊土가 있어 진압한다. 빼어난 기운이 時에 있으니 6남 3녀의 자녀가 지금은 원망스럽고 생활이 어렵더라도 훗날 기쁨을 맞게 되니 웃음이 입가에 항상 걸리게 된다. 남편의 명조는 辛酉 癸巳 癸巳 辛酉로 財官이 아름다우나 식상의 生財가 없어 하루 종일 바쁘지만 안정된 富를 얻을 수 없다. 그러나 보낸 편지에 등불을 밝히는 시간이라고 했는데 살펴보면 보리를 수확할 때이니 戌時 初가 될 수 있다. 만약 戌時면 국세가 범상치 않으니 평범한 무리가 아니다.

160) 백정군 37세 4運

甲戊壬壬　己庚辛壬癸甲乙

子辰申寅　巳午未申酉戌亥

喉結黑點 眼中血絲 皆非吉兆 但凶至如何程度 非當面衡相 不敢斷定其究竟 此所以路隔萬里 只可批命 而不能批相也 台造 甲子 戊辰 壬申 壬寅 壬逢申子辰 干透戊土 不爲"潤下格" 而爲身强殺淺 主有大權可握 但巳午未三步火運 皆已過去 此後大都有權而無利矣. (今明後三年 甚爲拂逆)

목구멍에 검은 점이 있거나 눈에 실핏줄이 있는 것은 모두 길조가 아니다. 그러나 대면하여 상을 보는 것이 아니므로 결과적으로 단정할 수는 없다. 멀리 떨어져 있으므로 오직 명을 비평할 수는 있으나 상을 비평할 수는 없는 것이다. 당신의 명조는 甲子 戊辰 壬申 壬寅으로 壬이 申子辰을 만났는데 戊土가 천간에 나타나 윤하격이 되지 못하고 身强殺淺이 된다. 큰 권력을 쥘 수 있으나 巳午未 火運이 모두 지나갔고 차후는 대부분 권력이 있어도 이로움이 없다. (금년 내년 후년 3년은 몹시 마음에 거슬리는 운이다)

161) 진영언군 36세 3運

乙丁丙辛　丙乙甲癸壬辛庚

丑亥午卯　戌酉申未午巳辰

君謂雖在萬人爭來之美國 依然潦倒窮途 信哉 君之言也 運途不佳 天下雖大竟似無處容身 若在黃金國 亦不過做其黃金夢而已 古人所謂..“人到洛陽花似錦 我到洛陽不遇春”是也 玆査台造.. 乙丑 丁亥 丙午 辛卯 丙辛化水成格 今年庚子 刑冲互見 好事多魔 卅七辛丑 卅八壬寅 財業旣興 妻與子亦有着落矣 三十九歲行未運 又多變幻 四十四歲起 壬午十年 乃如魚到龍門方得水 龍翻大野起風雲 可不勉乎.

당신은 비록 모든 사람이 다투어 오는 미국에 있으나 의욕을 잃고 곤궁하게 된 처지라고 했는데 당신의 말을 믿는다. 운이 좋지 않아 천하가 비록 크지만 몸을 의탁할 곳이 없는 것 같고 황금의 나라에 있는 것 같으나 그 황금이 꿈에 불과할 뿐이다. 옛사람이 말하길 “낙양에 가보니 꽃이 비단 같다고 했는데 내가 낙양에 갔을 땐 봄이 아니었다”고 했는데 이것이다. 당신의 명조를 살펴보면 乙丑 丁亥 丙午 辛卯로 丙辛化水格이다. 금년 庚子는 형충을 만나 호사다마고 37세 辛丑 38세 壬寅은 재물과 사업이 흥하고 처와 자식 또한 의지할 곳이 있다. 39세 未運은 다시 변환이 많고 44세부터 壬午 10년은 물고기가 용문에 이르러 물을 만나는 것과 같고 용이 넓은 들판을 날며 풍운을 일으키게 되니 근면하지 않을 수 있겠는가.

162) 사영화군 53세 1運

戊庚壬庚　辛壬癸甲乙丙丁

申申戌子　酉戌亥子丑寅卯

台造.. 戊申 庚申 壬戌 庚子 金多水濁 憾於缺木少火 晩來得歲運之並美 而足以揚眉吐氣者 惟五七甲辰 五八乙巳 五九丙午 六十丁未 此四年中 桑榆雖景

暮 蔗味有回甘 至於明年辛丑 無比金多 總是不利 然亦談不到 "生命之危"也. 당신의 명조는 戊申 庚申 壬戌 庚子로 金多水濁인데 木이 없고 火가 적어 유감이다. 만년에 歲運이 함께 아름다움을 만나니 눈썹이 휘날리도록 氣를 吐할 수 있는데 오직 57세 甲辰 58세 乙巳 59세 丙午 60세 丁未 이 4년은 해가 저물녘으로 비록 말년이지만 사탕수수의 단맛을 본다. 내년 辛丑年은 金이 많아 전체적으로 불리하다. 그러나 생명이 위태롭다는 말은 아니다.

163) 전한군 48세 7運

癸壬甲癸　辛庚己戊丁丙乙
丑戌申酉　酉申未午巳辰卯

君以一妻生離 一妻死別 悲有餘痛 按台造.. 癸丑 壬戌 甲申 癸酉 金水兩旺 歲運宜逢火土 今年庚子 明年辛丑 忙來無利 後年壬寅 又有鼓盆之戚 如欲續膠宜於五十一歲以後也 五十三歲行巳運 歲運並美 外而克成大業 內而中饋可託. 당신은 한 명의 처와 이별하고 한 명의 처와는 사별을 하여 슬픔이 아직도 고통스럽다고 했다. 당신의 명조를 살펴보면 癸丑 壬戌 甲申 癸酉로 金水가 모두 왕하여 歲運은 火土를 만나야 마땅하다. 금년 庚子 내년 辛丑은 바쁘나 이득이 없고 후년 壬寅은 또 아내를 잃는 슬픔이 있다. 만일 슬픔이 끝나길 바란다면 51세 이후가 돼야 한다. 53세 巳運은 歲運이 함께 좋으니 밖으로는 크게 업을 이루게 되고 안으로는 처를 맞게 된다.

164) 엽능귀군 44세 7運

丁戊癸己　丁丙乙甲癸壬辛
巳申卯未　未午巳辰卯寅丑

台造.. 丁巳 戊申 癸卯 己未 雖曰金旺水相 但火土之財殺更多 過去都木火運程 虛而不實 去年行辰運 足可以創基業矣 四十八歲行癸卯兩運 尤爲熱鬧 恐

年華老去 反而桃色繽粉 得毋兒女情長 英雄氣短乎.

당신의 명조는 丁巳 戊申 癸卯 己未로 비록 金旺水相이지만 火土 財殺이 더 많다. 과거도 모두 木火運이니 허하고 내용이 없었으나 지난해 辰運은 창업할 수 있었다. 48세 癸卯運은 더욱 번성하니 세월은 흘러 늙어 가는데 도리어 색정이 어지럽게 왕성해진다. 사내의 의기도 여자의 사랑을 이겨내지 못하니 탐하지 마라. 영웅이 情 때문에 웅지를 잃지 않겠는가.

165) 유근방군 28세 5運

癸丁丁庚　丙乙甲癸壬辛庚

酉巳亥子　辰卯寅丑子亥戌

來書有 "替我解開了這個心中的死結" 一言 未知癥結所在於何事 按台造.. 癸酉 丁巳 丁亥 庚子 水火旣濟 身財兩停 乃大好之命格 惟三十六歲以前 迄無好運 難免蠖屈 君所謂 "死結" 殆指此歟 然而三十六歲起 一路北方運程 亘連三十年之久 變化飛鵬 抑復何憾之有耶.

보내온 편지에 "나는 이제야 마음의 죽을 결심을 풀어 없앴다"는 한마디 말이 있는데 맺힌 피해가 어떤 일에 있었는지 알 수 없다. 당신의 명조를 보면 癸酉 丁巳 丁亥 庚子로 수화기제이고 身財兩停이니 아주 좋은 명격이다. 그러나 36세 이전까지는 좋은 운이 없어 잔뜩 쭈그리고 펴지 못함을 면하기 어렵다. 당신이 말하는 "사결"은 아마도 이것을 말하는 것 아닌가. 그러나 36세에 시작하여 하나로 북방운이 30년간 길게 이어지니 붕새로 변하여 날게 되는데 나시 무슨 유감이 있겠는가.

166) 위숙명군 43세 6運

戊己庚己　庚辛壬癸甲乙丙

午未午卯　申酉戌亥子丑寅

君已有工業上之小就 而猶顧慮前途之茫茫 竊以爲此乃杞憂耳. 查台造.. 戊午 己未 庚午 己卯 滴水全無 創業維艱 去年交入亥水運 必多進展矣 四十七歲行甲子十年 更見豊盈 惟於妻子方面 悲歡離合 複雜非常.
당신은 이미 공업에서 작게 이루었으나 오히려 앞날을 생각하면 어렵고 아득하다고 했는데 쓸데없는 걱정일 뿐이다. 당신의 명조를 살펴보면 戊午 己未 庚午 己卯로 한 방울의 水가 없어 창업에 어려움을 겪었다. 작년에 亥水運이 되면서 반드시 많은 진전이 있고 47세 甲子運 10년은 더욱 풍요롭다. 그러나 처자식 문제는 슬픔과 기쁨 이별과 만남이 복잡하다.

167) 여달강군 37세 2運

甲丙戊壬　丁戊己庚辛壬癸
子寅寅子　卯辰巳午未申酉

妻 34세 9運

丁壬戊丁　癸甲乙丙丁戊己
卯子寅巳　丑寅卯辰巳午未

江西游雲龍相士 謂君卅七 卅八兩年 "過此風霜雪 花開月又圓" 此乃貶中有褒之言 按台造.. 甲子 丙寅 戊寅 壬子 時上壬水偏財 托根於年時兩子 惜無金以發水 今年庚子 明年辛丑 正爲轉圜之際 窮則變 變則通 從而三十九歲後一帆風順矣. 尊婦人之八字.. 丁卯 壬子 戊寅 丁巳 冬水方盛 財臨旺地 有助於君者 豈淺鮮哉.
강서의 유운룡 관상가가 당신은 37세와 38세 양년에 "풍상설이 지나고 꽃이 피고 또 둥근 달이 뜬다"고 했다는데 이것은 나쁜 것을 좋게 말한 것이다. 당신의 명조를 살펴보면 甲子 丙寅 戊寅 壬子로 시상 壬水편재가 年時의 兩子에 탁근하였으나 金의 發水가 없어 아쉽다. 금년 庚子 내년 辛丑은 바로 전환

되는 때로 궁하면 변하고 변하면 통한다. 39세 이후부터 순풍에 돛을 단다. 부인의 팔자는 丁卯 壬子 戊寅 丁巳로 冬水가 왕성하여 財가 旺地에 있다. 당신에게 도움되는 것이 어찌 부족하겠는가.

168) 빙흥군 59세 4運

壬丙庚乙　丁戊己庚辛壬癸

寅午辰巳　未申酉戌亥子丑

台造.. 壬寅 丙午 庚辰 乙巳 雖用壬水 終嫌水火不濟 恐年近花甲 尙談不到成家與立業耳 但今明兩年 縱無鉅利 必有機緣 六一壬寅 六二癸卯 尤宜圖之 六十五歲丙午一年 瀕危.

당신의 명조는 壬寅 丙午 庚辰 乙巳로 비록 壬水를 쓰나 결국 수화부제가 불만이다. 멀지 않은 회갑에 오히려 가정을 이루고 사업도 하겠다고 하는데 이르지 못할까 염려된다. 그러나 금년과 내년은 설령 큰 이득은 없어도 반드시 어떤 기회와 인연이 있다. 61세 壬寅 62세 癸卯는 그것을 도모하기에 더욱 좋은데 65세 丙午 1년은 위기에 직면하게 된다.

169) 진연맹군 1세 3運

庚辛丁壬　壬癸甲乙丙丁戊

子巳巳寅　午未申酉戌亥子

君於今年端陽節日 喜擧一雄 據謂俗例五月初五日爲聖日 視爲不吉者 此誠無稽之談也 按其八字.. 庚子 辛巳 丁巳 壬寅 火旺用水 財官並美 乃名利雙全之命 惟行運參差不齊 則較爲勞碌耳. (名號宜取水部之字)

당신은 금년 단오절에 아들 하나를 낳았으니 기쁘겠다. 속설에 의하면 5월 5일은 성스런 날이 되어 불길하다고 보는데 이것은 참으로 터무니없는 말이다. 그 팔자를 살펴보면 庚子 辛巳 丁巳 壬寅으로 火가 왕하여 水를 쓰고 財官이 함께 아름다우므로 名利가 雙全하는 명이다. 그러나 행운이 들쭉날쭉하여 가지런하지 않아 비교적 꾸준히 노력해야 할 뿐이다.(이름은 水部字를 취해야 마땅하다.)

170) 이륵정군 47세 5運

甲丙丁癸　丁戊己庚辛壬癸

寅寅丑卯　卯辰巳午未申酉

台造.. 甲寅 丙寅 丁丑 癸卯 木旺火相 自喜逢金 惟庚運坐午 不及辛運之坐未 庚有丙克 不比辛與丙合 此所以辛運有勝於庚運也 未運冲開財庫 此爲冲動而非冲克 於妻絶無妨害 明歲畧好於今年.

당신의 명조는 甲寅 丙寅 丁丑 癸卯로 木旺火相이니 자연히 金을 기뻐하는데 庚運은 午에 앉아 未에 앉은 辛運만 못하고 庚은 丙이 극하니 辛이 丙과 합하는 것과 비교가 되지 않는다. 이런 까닭에 辛運이 庚運보다 낫다. 未運은 財庫를 冲開하는데 이것은 충하여 動하는 것이 되고 충하여 克하는 것이 아니므로 처에게 절대로 방해가 없다. 내년 辛丑이 금년 庚子보다 조금 좋다.

171) 이애군 58세 1運

癸丙丁庚　乙甲癸壬辛庚己

卯辰卯子　卯寅丑子亥戌酉

玆由春秋社轉來尊函 並附貴埠世界報一份 (中有余爲英人克德算命奇驗之記載) 謝謝 台造.. 癸卯 丙辰 丁卯 庚子 癸年子時 偏官得祿 又名 "覆載格" 一生以正義而反多吃虧 尤以幾十年水木運程 成名十之十 得利十之一 奈何奈何 今後流年 大都安康 直至六十六歲行酉運 奇財奇蹟 層出不窮矣 至於仁者必壽 克享遐齡 自可臻於耋耋.

지금 춘추사에서 전해오는 당신의 편지로 인하여 세계에 일부분을 알릴 수 있게 되어 감사하다. (그 중에 내가 영국인을 위하여 산명한 것을 기재한 것이 있다) 당신의 명조는 癸卯 丙辰 丁卯 庚子인데 癸年 子時로 편관이 득록하여 "부재격"이라고도 한다. 일생동안 정의로우나 도리어 많은 손해를 본다. 더구나 몇십 년이 水木運으로 이름을 얻는 것은 10분의 10이나 재물을 얻는 것은 10분의 1이니 어찌하나? 이후 流年이 대체로 편안하고 곧 66세 酉運에 이르면 상식적으로 생각할 수 없이 이상하게 재물이 생기는 일이 거듭하여 일어난다. 어진 자는 반드시 장수하고 천수를 누리니 팔순에 이를 수 있다.

172) 담경려여사 45세 8運

丙庚丙癸　己戊丁丙乙甲癸

辰寅申巳　丑子亥戌酉申未

淑造.. 丙辰 庚寅 丙申 癸巳 財官並透 所憾地支寅巳申三刑 有其才 未必有其福 位居正閫 尤非所宜 前運紛華如夢 四十八歲行乙酉十年 安富尊榮 方足以揚眉吐氣矣.

여사의 명조는 丙辰 庚寅 丙申 癸巳로 재관이 함께 투간했는데 지지가 寅巳申 삼형이 되어 유감이다. 재주가 있으나 복이 꼭 그렇다고 할 수 없고 거처하는 곳이 더욱 마땅치 않다. 지난 運의 어지럽고 화려함이 꿈만 같다. 48세 乙酉運 10년은 편안하고 부유하며 영예로우니 득의만만해진다.

173) 황성한군 10세 2運

辛丁丁癸　丙乙甲癸壬辛庚

卯酉巳卯　申未午巳辰卯寅

來書下詢諸命造 不能盡答爲歉 查偉器小弟弟之造.. 辛卯 丁酉 丁巳 癸未 身財並美 益以時上七殺 富貴絶倫 乃名符其實之"偉器"也 但行運須至三十三歲 方爲發軔之始 而穎脫於一朝矣.

온 편지에서 묻는 모든 것을 답을 다할 수 없어 미안하다. 뛰어난 인재인 막내 동생의 명조는 辛卯 丁酉 丁巳 癸卯로 身財가 함께 아름답고 더하여 시상 칠살이 있어 부귀가 매우 뛰어나므로 사실 "偉器"라고 칭한 것이다. 그러나 행운이 33세에 이르러야 발전하기 시작하여 하루아침에 훌륭한 재능이 드러난다.

174) 황가장군 13세 7運

戊壬乙戊　癸甲乙丙丁戊己

子戌亥寅　亥子丑寅卯辰巳

本欄以"普遍服務"爲宗旨 故一信不能問數造 查.. 戊子 壬戌 乙亥 戊寅 男命乃大富之格 蓋身財兩停 三十歲以後 一路好運 潤屋潤身 其發財之程度 大有"貫朽粟陳"之槪 所以一志經商可也.

본란은 보편적 서비스를 근본으로 하므로 한 장의 편지에 여러 개의 명조를 물을 수 없다. 살펴보면 戊子 壬戌 乙亥 戊寅이고 남명이며 大富의 격이다. 身財兩停이고 30세 이후 좋은 運이니 몸과 집이 윤택하다. 재물의 정도는 커서 곡식과 돈이 썩을 정도다. 까닭에 오로지 사업과 장사를 해야 한다.

175) 청운군 27세 8運

甲甲庚辛　乙丙丁戊己庚辛

戌戌申巳　亥子丑寅卯辰巳

台造.. 甲戌 甲戌 庚申 辛巳 秋金喜火 妙哉 時落於巳 干頭之甲木財星 虛有其表而已 近運淹滯 再熬苦兩年 二十九歲起 六載名揚利足 四十歲以後 且必面團團作富家翁矣.

당신의 명조는 甲戌 甲戌 庚申 辛巳로 秋金이 火를 기뻐하는데 時에 巳가 오니 묘하지 않은가. 干頭의 甲木재성은 허하게 겉으로 드러났을 뿐이다. 지난 최근의 運은 일이 막히고 시체되었는데 다시 힘든 두 해를 참고 견디면 29세에 시작하여 6년간 이름을 날리게 되고 재물은 넉넉해진다. 40세 이후 또 반드시 부잣집 노인이 된다.

176) 손수겸군 45세 8運

丙壬己乙　癸甲乙丙丁戊己

辰辰卯亥　巳午未申酉戌亥

有以台造(丙辰 壬辰 己卯 乙亥) 財殺印並透 爲大富大貴之命者 殊不知無金以生其水 聲名藉藉 奈何財旺而不留 生平惟四十四歲至四十九歲之申運 五十四歲至五十九歲之酉運 堆金積玉 有厚望焉.

당신의 명조(丙辰 壬辰 己卯 乙亥)에 財와 殺과 印이 함께 나타나 대부대귀한 명이다. 특히 水를 생하는 金이 없어 명성은 자자하나 왕한 재물이 머무르지 않으니 어찌하나. 일생동안 오직 44세부터 49세 申運과 54세부터 59세 酉運은 재물이 쌓이는 것을 기대할 수 있다.

177) 원명군 37세 7運

甲甲己丙　乙丙丁戊己庚辛

子戌巳寅　亥子丑寅卯辰巳

台造.. 甲子 甲戌 己巳 丙寅 化土格 以年上之甲木爲病 明年行戊土運 乘風破浪 滿載而歸 四十三歲行寅運 一半兒順 一半兒逆 四十八歲行己運 兩甲兩己 事半功倍 富厚可期矣 五十三歲行卯運 急流當前 退也宜勇.

당신의 명조는 甲子 甲戌 己巳 丙寅으로 化土格인데 년상의 甲木이 病이 된다. 내년 戊土運은 사업이 급속도로 발전하니 가득 싣고 돌아온다. 43세 寅運은 절반은 순조롭고 절반은 순조롭지 않다. 48세 己運은 兩甲 兩己로 일은 반만 해도 공은 배가 되니 부유함을 기대할 수 있다. 53세 卯運은 급류에 당면하니 마땅히 용기있게 물러나야 한다.

178) 서**군 32세 1運

己壬戊庚　辛庚己戊丁丙乙

巳申子申　未午巳辰卯寅丑

台造.. 己巳 壬申 戊子 庚申 財臨胞胎 食神當旺 一派富有之氣象 惟年柱一己土 一巳火 生扶之力不够 則命書所謂 "財多身弱 猶如富屋貧人"是也 今年入戊運 比肩作幇身 有利可圖 三十七歲行辰運 運會財局 而流年生扶 更見繁榮 晚來丁卯丙寅諸運 堪稱穩健.

당신의 명조는 己巳 壬申 戊子 庚申으로 財가 포태에 있고 식신이 당왕하여 부유한 기상이다. 그러나 년주의 己土와 巳火 하나가 生扶하는 힘이 흡족하지 못하다. 즉 명리서에 소위 "재다신약은 마치 富屋貧人과 같다"가 이것이다. 금년은 戊運이니 비견이 방신하여 이득을 도모할 수 있고 37세 辰運은 財局이 되나 流年이 生扶하여 도리어 번영한다. 늦게 오는 丁卯 丙寅運은 온건하다고 할 수 있다.

179) 진사영군 36세 10運

乙癸壬癸　壬辛庚己戊丁丙

丑未戌卯　午巳辰卯寅丑子

本欄篇幅有限 邇來問函盈千 每信祇能奉答一造 諸祈鑒原 按台造.. 乙丑 癸未 壬戌 癸卯 夏水多土 廚師近火 非所宜也 行船近水 不妨圖之 乙未通根得祿 決無伯道之憂 惟得子在於三十六歲以後耳 今年行辰運 五載辛勞 克成基業 四十歲之後 又平淡無奇矣.

본란은 지면이 有限한데 묻는 편지가 너무 많아 편지마다 하나의 명조만 답할 수밖에 없음을 살펴 주기 바란다. 당신의 명조는 乙丑 癸未 壬戌 癸卯로 夏水가 土가 많아 火를 가까이하는 요리사는 마땅하지 않고 水를 가까이하는 선원은 방해되지 않는다. 乙이 未에 통근하고 득록하여 결코 자식을 얻지 못할 근심은 없으나 36세 후에 자식을 얻게 될 뿐이다. 금년 辰運은 5년동안 고생스럽게 기업을 이루고 40세 후는 또한 평범하여 특별한 것이 없다.

180) 설명화군 56세 8運

乙壬辛己　辛庚己戊丁丙乙
巳午丑丑　巳辰卯寅丑子亥

台造.. 乙巳 壬午 辛丑 己丑 五月辛金 如珠玉投於洪爐 幸有己丑濕土之培養 壬水之洗滌 波折雖多 終創大業 惟五十九歲行丙運 六二丙午 六三丁未兩年 火旺燎原 有"玉石俱焚"之患 田園已蕪 胡不早歸.

당신의 명조는 乙巳 壬午 辛丑 己丑으로 午月 辛金이니 주옥이 큰 화로에 던져진 것과 같다. 다행히 己丑 습토의 배양이 있고 壬水가 세척하니 풍파와 좌절이 비록 많으나 결국 대업을 일으킨다. 그러나 59세 丙運은 62세 丙午와 63세 丁未 兩年은 火가 왕하여 들판을 태우게 되는데 玉石을 함께 태우는 근심이 있다. 田園이 이미 황폐한데 왜 일찍 돌아가지 않는가?

181) 위향영군 37세 9運

甲丁壬丙　戊己庚辛壬癸甲
子丑辰午　寅卯辰巳午未申

宗兄命造 爲甲子 丁丑 壬辰 丙午 冬水喜透丙火 又有木生 乃時上偏財格也 兄若不富 弟矢不談命矣 惟査年運 須自四十二歲起 風順一帆 直至五十歲行壬運 早返祖國 以樂桑楡.

종형의 명조를 보니 甲子 丁丑 壬辰 丙午이다. 겨울의 水가 丙火가 투간하고 또 木의 생이 있어 기쁘며 시상편재격이다. 종형이 만약 부자가 아니라면 命을 말하지 않을 것을 맹세한다. 그러나 年運을 살펴보니 반드시 42세(乙巳年)에 시작하여 순풍에 돛을 달고 50세 壬運(癸丑 甲寅 乙卯 丙辰 丁巳)에 일찍

조국으로 돌아가면 죽을 때까지 즐겁다.

182) 오기창군 41세 1運

庚丁己丙　戊己庚辛壬癸甲

申亥亥寅　子丑寅卯辰巳午

台造若爲庚申 丁亥 己亥 丙寅 則今年爲四十一歲 來書寫四十 致錯一年 此又"不必有"之麻煩也 按寒濕之己土 大喜時上丙火溫暄 丙坐於寅 尤爲貴徵 所憾者 火運在於六十歲後 是乃有其命 遲其運耳 今明後三年 拖泥帶水 一無是處 且待四六乙巳 四七丙午 四八丁未 必有機緣 盛極一時.

당신의 명조가 만약 庚申 丁亥 己亥 丙寅이면 금년이 41세가 되는데 온 편지에는 40세로 쓰여 있으니 1년의 차이가 나서 이 또한 필요치 않은 게 있으므로 번잡스런 것이다. 살펴보면 한습한 己土가 시상 丙火가 따뜻하게 하여 아주 기쁘고 丙이 寅에 앉아 더욱 귀할 징조다. 유감스런 것은 火運이 60세 후에 있으니 이것은 命은 있으나 運이 더딘 것뿐이다. 금년과 내후년 3년(庚子 辛丑 壬寅)은 水를 머금은 진흙이니 좋은 것이 하나도 없다. 장차 46세 乙巳 47세 丙午 48세 丁未運을 기다리면 반드시 기회와 인연을 만나 한동안 왕성함이 극에 이른다.

183) 등군도군 49세 6運

壬己壬乙　庚辛壬癸甲乙丙

子酉辰巳　戌亥子丑寅卯辰

某相士君謂 "一世無好運" 余却不作如是觀 蓋査台造.. 壬子 己酉 壬辰 乙巳 精華在於乙巳時 過去一派水運 確有 "馮唐不遇 李廣難封"之慨 但五十歲行甲寅十年 峯廻路轉矣.

어느 관상가가 당신에게 "일생동안 좋은 운이 없다"고 했다는데 나는 도리어 이와같이 보지 않는다. 명조를 살펴보면 壬子 己酉 壬辰 乙巳로 빼어난 기운이 乙巳時에 있고 과거는 하나같이 水運으로 확실히 풍당이나 이광과 같이 때를 만나지 못한 개탄스러움은 있다. 그러나 50세 甲寅運 10년은 봉우리를 돌아 길이 바뀐다.

184) 장장군 43세 6運

戊甲庚庚　乙丙丁戊己庚辛
午子子辰　丑寅卯辰巳午未

君字跡潦草 地址模糊 遲遲不敢奉覆 恐投遞不到耳 台造.. 戊午 甲子 庚子 庚辰 金寒水冷 木火運行於三十六歲以前 繁華已如烟雲 今後五十二歲至五十七歲之巳火運 良機巧遇 紛至沓來. 至於四八乙巳 四九丙午 五十丁未則以流年之勝 固亦得意之時也 今年庚子 四面楚歌 堪憂堪憂.

당신의 글씨가 물에 젖은 풀처럼 분명하지 않아 주소가 모호하여 답장을 하지 못하고 더디게 보낸 편지가 도달하지 못할까 염려할 뿐이다. 당신의 명조는 戊午 甲子 庚子 庚辰으로 金寒水冷인데 木火運인 36세 이전의 번창하고 화려함은 이미 연기와 구름같이 지나갔고 금후 52세부터 57세 巳火運은 좋은 기회와 교묘한 만남이 연이어 온다. 48세 乙巳 49세 丙午 50세 丁未年은 流年이 좋아 참으로 뜻을 얻는 때이다. 금년 庚子는 사면초가이니 걱정스럽다.

185) 두문림군

君已年逾知命 落髮原無問題 惟由後而禿 乃非吉象耳 女子陰戶生前生上 貴而多子 相書固有此說 但以絶少體驗之機會 未敢深信也.

당신은 이미 나이가 50이 넘었으니 머리가 빠지는 것은 원래 문제가 없다. 다만 그로 인하여 후에 대머리가 되면 길상이 아니다. 여자는 음문 앞에 나든가 위에 나면 귀하고 자식이 많다는 설이 상서에 있다. 그러나 체험할 기회가 아주 적어서 깊이 믿을 수는 없다.

186) 전애려여사 22세 5運

己丁己甲　戊己庚辛壬癸甲

卯卯未子　辰巳午未申酉戌

雲英未嫁 已成秋扇 雖在現社會中 爲尋常之事 然亦命運所繫焉. 淑造.. 己卯 丁卯 己未 甲子 官星乘旺 己運乃三己一甲 失學事小 失身事大 玆行巳運 喘息稍定 但廿五歲癸卯一年 衆殺猖獗 恐復見王魁 陳世美之流 豈可妄談愛情 再蹈虎尾 二十六歲行庚運 書曰 "官多不可無傷" 乃必護花有主矣 從而中晩年美運接軫 自有其良好歸宿耳.

아직 시집도 가지 않았는데 이미 한물간 여자가 되었으니 비록 현대사회에서 보통 있는 일이라고 하나 역시 命運에 매어 있는 것이다. 숙녀의 명조는 己卯 丁卯 己未 甲子로 관성이 승왕한데 己運에 3己 1甲이 되므로 공부를 그만두는 것은 작은 일이고 몸을 잃는 것은 큰일이다. 지금 巳運은 한숨 돌리게 되나 25세 癸卯 1년은 衆殺이 창궐하니 다시 무뢰배를 만나 아름다운 말에 속아 넘어갈까 두렵다. 어찌 애정을 터무니없는 말로 할 수 있는가. 다시 호랑이 꼬리를 밟게 된다. 26세 庚運은 書에 이르길 "官多不可無傷"이라고 하였으니 반드시 꽃을 보호해주는 주인을 만나게 된다. 따라서 中晩年에 좋은 운이 이어지니 귀착점이 좋을 뿐이다.

187) 임욱초군 7세 5運

甲丁乙戊　戊己庚辛壬癸甲

午卯亥寅　辰巳午未申酉戌

君問大公子之命造.. 甲午 丁卯 乙亥 戊寅 建祿用食神 聰明 健朗 兼而有之 自六歲至四十六歲 行運一路火土與金 福星相照 旣易撫育 亦多作爲 必爲闤

闤名流 社會賢達 與其二弟三弟之命運 如朝露之易晞者 豈可同日而語哉.

당신이 물은 장남의 명조는 甲午 丁卯 乙亥 戊寅으로 건록이 식신을 쓰니 총명하고 건강하며 명랑하다. 6세부터 46세까지 행운이 火土와 金이 福星으로 서로 비추니 양육하기가 쉽고 또한 많은 성과를 낼 수 있으며 반드시 시장에서 유명인사가 되고 사회에서 어질고 덕망이 높은 사람이 된다. 더불어 둘째와 셋째 동생의 命運은 아침이슬이 쉽게 말라버리는 것과 같아 어찌 함께 논할 수 있겠는가.

188) 고천사군 36세 3運

乙丙丙己　乙甲癸壬辛庚己

丑戌子丑　酉申未午巳辰卯

台造.. 乙丑 丙戌 丙子 己丑 火土傷官 財不透天 小康而已 今年庚子 雖有機緣 但無近效 明年辛丑 有利可圖 川流不息 三十八歲行午運 恍惚無着處 每多意外憂 四十三歲以後 辛巳庚辰等運 予取予求 隨心所欲矣.

당신의 명조는 乙丑 丙戌 丙子 己丑으로 火土상관인데 財가 투간하지 않아 먹고살 만할 뿐이다. 금년 庚子는 비록 기회와 인연이 있으나 성과가 없고 내년 辛丑은 이익이 있으니 시도할 수 있으며 냇물처럼 끊임없이 흐른다. 38세 午運은 황홀하여 마음 둘 곳이 없고 매사 의외의 근심이 많다. 43세 이후 辛巳 庚辰運은 남이 나를 이용하여 나에게서 취하고 나에게서 구하니 마음이 하고자 하는 대로 따라야 한다.

189) 추예생군 1세 6運

庚癸戊丙　甲乙丙丁戊己庚

子未申辰　申酉戌亥子丑寅

小弟弟之命造.. 庚子 癸未 戊申 丙辰 夏土炎燥 妙在庚金癸水透於天干 申子

辰水局會於地支 正如久旱逢甘雨 非但易長易大 且爲豪富之命 何來疾病與關節 不必鰓鰓過慮耳.

막내 동생의 명조는 庚子 癸未 戊申 丙辰으로 夏土가 조열한데 천간에 庚金과 癸水가 나타나고 지지에 申子辰水局이 있어 묘하니 바로 오랜 가뭄에 단비를 만난 것과 같다. 쉽게 성장할 뿐만 아니라 세력이 있는 부자의 명이다. 무슨 질병과 관절이 있겠는가. 지나치게 걱정할 필요가 없다.

190) 소영첨군 32세 1運

己戊癸丁　丁丙乙甲癸壬辛

巳辰未巳　卯寅丑子亥戌酉

台造.. 己巳 戊辰 癸未 丁巳 八字中火土占其七 非至三十七歲行子水運 終難發跡耳 從而四十二歲以後 癸亥壬十五年 建樹更豊 榮華到老 或謂倔强成性 吃虧非鮮 然而行得好運 往往人來就我 倔强又復何害哉.

당신의 명조는 己巳 戊辰 癸未 丁巳로 8字 중에 7개가 火土로 37세 子水運에 이르지 않으면 결국 업적을 이루기 어렵다. 따라서 42세 이후 癸亥壬 15년은 업적을 이루는 것이 더욱 많으니 榮華가 노년에 이른다. 어떤 사람이 말하기를 고집이 세서 손해 보는 것이 적지 않다고 했는데 그러나 좋은 운을 만나면 왕왕 사람들이 와서 나를 따르고 가까이하므로 고집 센 것이 또다시 무슨 해가 되겠는가.

191) 진혜화군 33세 8運

戊乙乙丙　丙丁戊己庚辛壬

辰丑卯戌　寅卯辰巳午未申

"寒木向陽"之命 類多貴顯 近世如陳濟棠 孫科等是也 台造.. 戊辰 乙丑 乙卯 丙戌 乙木用丙火 是卽"寒木向陽"耳 近運牛刀小試而已 卅八乙巳 卅九丙午

四十丁未 足以一獻身手 四十四歲後 巳運 午運 更必天下聞名.
寒木이 향양하는 명은 지위가 높고 이름이 유명한 사람이 많은데 근세에 진제당이나 손과와 같은 사람이다. 당신의 명조는 戊辰 乙丑 乙卯 丙戌로 乙木이 丙火를 쓰니 이것이 寒木向陽이다. 근래의 지난 운은 소 잡는 칼로 작은 것을 시험해 본 것뿐이고 38세 乙巳 39세 丙午 40세 丁未運은 재능을 드러낼 수 있으며 44세 후 巳運 午運은 반드시 천하에 이름을 날린다.

192) 채검광군 17세 7運

甲庚癸庚　己戊丁丙乙甲癸
申午亥申　巳辰卯寅丑子亥
開來諸造 祗十七歲之女命 較爲奇特 良以癸水失令於午月 但金水重重 質弱而量多 尤妙庚金劈甲 以生午中丁火 故有堅强之魄力 談情說愛 非其所好 二十八歲至四十八歲行丁卯丙寅等運 手創大業 石破天驚 亘連二十年之久而其盛歲弗替焉.
보낸 여러 명조 중에 17세 여자의 명조가 비교적 기특하다. 癸水가 午月에 실령하였으나 金水가 重重하여 질은 약하나 양은 많다. 더욱 묘한 것은 庚金이 벽갑하여 午中丁火를 생하므로 굳세고 강한 기백이 있으며 정담을 나누고 사랑을 속삭이는 것은 좋아하는 바가 아니다. 28세부터 48세 丁卯 丙寅運까지 크게 창업하는데 뜻밖의 일로 사람들이 놀라고 20년 동안 오래 이어지니 왕성한 세력이 쇠퇴하지 않는다.

193) 진화종군 20세 3運

辛戊庚乙　丁丙乙甲癸壬辛
巳戌子酉　酉申未午巳辰卯
台造.. 辛巳 戊戌 庚子 乙酉 秋金當令 惜乎丙火未透 廿五歲起 年運火勢方張

取功名如拾芥 數十年如一日也 惟一生貴而不富 切莫厠身商界.
당신의 명조는 辛巳 戊戌 庚子 乙酉로 秋金이 당령한데 丙火가 투간하지 못하여 애석하다.
25세(乙巳)부터 년운의 火勢가 왕성하여 공명을 취하는 것이 티끌을 줍는 것처럼 쉽고 수십 년이 하루와 같다. 그러나 일생이 貴해도 富하지는 못하니 절대로 상계에 참여하지 마라.

194) 해세요군

足底有痣 謂之"寶藏" 富多於貴 圖示之掌紋 相書記載極少 惟憑經驗所知 大都掌握特權.
발바닥에 점이 있으면 "보장"이라고 하고 富가 貴보다 많다. 그림을 그려서 보여준 손금은 상서에 기재된 것이 극히 적으나 경험에 의지하여 아는 바는 대체로 특별한 권력을 쥔다는 것이다.

195) 진석주군 26세 1運

乙乙辛壬　　甲癸壬辛庚己戊
亥酉卯辰　　申未午巳辰卯寅
台造.. 乙亥 乙酉 辛卯 壬辰 財重而日主不弱 原爲富有之命 惟秋金無火煉 其人拘謹固執 因多吃虧耳 生平得意之期 一爲卅一乙巳 卅二丙午 卅三丁未 一爲三十七歲至四十二歲之巳運 向南發展更佳.
당신의 명조는 乙亥 乙酉 辛卯 壬辰으로 財가 重하고 일주도 약하지 않아 원래 부유한 명이다. 그러나 秋金이 火의 단련이 없어 사람이 융통성이 없고 고집이 세서 그로 인하여 손해를 보는 일이 많다. 평생 뜻을 펼 수 있는 때는 31세 乙巳 32세 丙午 33세 丁未年이 되고 하나는 37세부터 42세의 巳運이 되며 남쪽방향이 발선하고 더욱 좋다.

196) 진목수군 1세 1運

庚甲乙癸　乙丙丁戊己庚辛

子申未未　酉戌亥子丑寅卯

令郎命造爲.. 庚子 甲申 乙未 癸未 秋木用癸 申子半水局之滋養 日時兩未之培植 華實並茂 名利雙全 運亦都安穩 祗十二歲至十七歲行丙火運 爲多事之秋耳.

아들의 명조는 庚子 甲申 乙未 癸未로 秋木이 癸水를 쓰는데 申子가 半水局하여 생하고 일시의 兩未가 木根을 배양하니 꽃과 열매가 함께 무성하므로 名利가 모두 온전하고 운 또한 모두 안온하다. 12세부터 17세 丙火運은 일이 가장 많을 때이다.

197) 후달상군 30세 1運

辛辛戊丙　庚己戊丁丙乙甲

未丑辰辰　子亥戌酉申未午

寄來掌印 並不清楚 爰論台造.. 辛未 辛丑 戊辰 丙辰 土重如山 雖用辛金 惜少水木 機械工程屬金 殊爲相宜 劫比成羣 豈可投資經商 自以服務政府機關爲佳 可得賢內助 但結婚宜於三十一歲以後 能否與母團聚 此非個人之命運問題 恕不多贅.

보내온 손바닥 무늬는 분명하지 않아 알 수 없고 명조를 논하면 辛未 辛丑 戊辰 丙辰으로 土가 산과 같이 重하여 비록 辛을 쓰나 水木이 적어 애석하다. 기계공정이 金에 속하니 특히 적합하고 劫比가 무리를 이루었는데 어찌 경상에 투자하는 것이 옳겠는가. 정부기관에 구무하는 것이 좋다. 어진 처의 내조를 얻을 수 있으나 결혼은 31세(辛丑) 이후가 마땅하고 어머니와 함께 사는 여부는 개인의 명운에 관한 문제가 아니므로 군말이 많지 않음을 양해 바란다.

198) 황빈군 44세 3運

丁壬壬壬　辛庚己戊丁丙乙

巳子辰寅　亥戌酉申未午巳

君以虎口餘生 飄流越南 玆查台造.. 丁巳 壬子 壬辰 壬寅 水泛而無所節制 申運會齊水局 其未塡於溝壑 已爲大幸矣 今冬行丁運 一枝之棲 固無問題 惟流年尙未盡善 亦難大得意耳 四十九歲行未運 歲運並美 穎脫遂囊矣 揆君一生好運 此爲空前絶後 可不努力乎.

당신은 매우 험난하게 남은 인생을 월남에서 떠돌아다닌다고 했다. 명조를 살펴보면 丁巳 壬子 壬辰 壬寅으로 水가 범람하는데 억제가 없고 申運에 水局이 갖춰지는데 객사하지 않은 것이 매우 다행이다. 올겨울은 丁運으로 가지 하나에 깃들어 굳이 문제가 없으나 流年이 좋지 않아 큰 뜻을 얻기 어려울 뿐이다. 49세 未運은 歲運이 함께 좋으니 재능을 드러내며 마음먹은 대로 성취한다. 당신의 일생에서 좋은 운으로 이것은 전에도 없었고 앞으로도 없으니 어찌 노력하지 않겠는가.

199) 여중봉군 55세 3運

丙丁戊丙　戊己庚辛壬癸甲

午酉寅辰　戌亥子丑寅卯辰

台造.. 丙午 丁酉 戊寅 丙辰 衆火生土 秋土並不薄弱 而喜金水洩秀 去年交來癸運 雖在遲暮之年 尙有作爲 所慮六十一歲丙午流年 火多土焦 胃腸發炎 其勢非輕耳.

당신의 명조는 丙午 丁酉 戊寅 丙辰으로 火의 무리가 生土하는데 秋土가 박약하지 않으면 金水의 洩秀를 기뻐한다. 지난해 癸運으로 바뀌어 비록 만년이지만 오히려 성과를 낸다. 걱정되는 바는 61세 丙午年에 火多土焦하므로 위장에 염증이 생기는데 그 증세가 가볍지 않은 것이다.

200) 황청연군 20세 9運

辛癸辛庚　壬辛庚己戊丁丙

巳巳巳寅　辰卯寅丑子亥戌

台造.. 辛巳 癸巳 辛巳 庚寅 庚金臨於絶地 辛金臨於死地 所謂"玉石俱焚"是也 火旺將焚 一重癸水 豈能制之 所幸四十歲後 己丑戊子卄年 北方之土 足展長才 金雖偏枯 而運能救之 雖勞而有功也. (凡文化 水利 交通 金融等事業尤宜)

당신의 명조는 辛巳 癸巳 辛巳 庚寅으로 庚金이 絶地에 앉고 辛金이 死地에 앉아 소위 옥과 돌이 함께 타버린다는 것이 이것으로 火가 왕하여 불사르는데 癸水가 어찌 억제할 수 있겠는가. 다행인 것은 40세 후 己丑 戊子運 20년은 북방의 土이니 재능을 발휘할 수 있다. 金이 비록 편고되었으나 운이 구할 수 있고 비록 노력해야 하나 공을 이룰 수 있다. (문화 수리 교통 금융 등의 사업이 더욱 마땅하다)

201) 소강회군 29세 5運

壬壬庚戊　癸甲乙丙丁戊己

申寅戌寅　卯辰巳午未申酉

奇哉! 大名 "江淮" 兩字 蓋査台造.. 壬申 壬寅 庚戌 戊寅 春金又寒又虛 正以兩重壬水爲患 "江"與"淮" 巨水也 有損無益也 何勿易以或輔以火土之名字耶! 三十一歲行巳運 寅巳申三刑 魚龍變化矣 三十六歲以後 丙午丁未四步卄載繁榮 洵屬得天獨厚也.

뛰어나구나. 강회의 두 글자는 큰 이름이다.

명조를 살펴보면 壬申 壬寅 庚戌 戊寅으로 春金이 차고 허하여 두 개의 重한 壬水가 근심이 된다. 장강과 회수는 큰물이니 손해는 되고 이익이 없으나 火土로써 보완하면 어찌 바뀌지 않겠는가. 31세 巳運은 寅巳申 三刑이니 물고기가 용으로 변화하고 36세 이후 丙午 丁未運은 20년 동안 번영하니 참으로 하늘로부터 받은 좋은 환경에 속한다.

202) 심지영군 22세 6運

己己辛丁　戊丁丙乙甲癸壬

卯巳酉酉　辰卯寅丑子亥戌

"答客問"者 解決一二問題也 非如來書所謂 "大批特批" 者也 台造.. 己卯 己巳 辛酉 丁酉 身殺兩停 惜無水以洗金 其金不淸耳 廿七歲起 無一壞運 少年得名 中年得利 晩年得名得利 不亦樂乎 惟明年辛丑 災生无妄 憂從中來.

"답객문"은 한 두 문제를 해결하는 것이고 보낸 편지와 같이 소위 많이 비평하고 특별히 추론하는 것은 아니다. 당신의 명조는 己卯 己巳 辛酉 丁酉로 身殺이 兩停한데 水로써 洗金함이 없어 金이 不淸한 것이 애석할 뿐이다. 27세부터 나쁜 운이 하나도 없으므로 소년에 이름을 얻고 중년에 재물을 얻으며 만년에는 이름과 재물을 얻으니 즐겁지 않은가. 그러나 내년 辛丑은 뜻밖의 재난이 생겨 근심이 따른다.

203) 심명군 34세 2運

丁癸壬庚　壬辛庚己戊丁丙

卯丑子子　子亥戌酉申未午

台造.. 丁卯 癸丑 壬子 庚子 旺水泛濫 旣無土制 丁卯一木一火 力亦薄弱 早運又復栗六 艱辛可知矣 三十八歲甲辰年起 方有四載得意 按好運集中於五十三歲以後 老子所謂 "大器晩成" 是也.

당신의 명조는 丁卯 癸丑 壬子 庚子로 旺水가 범람하는데 원래 土의 억제가 없고 丁卯의 1木1火 역시 힘이 박약하며 조년의 운 또한 바쁘기만 하니 힘들고 고생한 것을 알 수 있다. 38세 甲辰運부터 4년(乙巳 丙午 丁未) 동안 뜻을 얻는다. 살펴보면 좋은 운이 51세 이후에 집중되니 노자가 말한 "대기만성"이다.

204) 정학신군 38세 6運

癸庚庚丙　己戊丁丙乙甲癸

亥申午子　未午巳辰卯寅丑

台造.. 癸亥 庚申 庚午 丙子 建祿爲格 傷官爲用 卄七歲行丁巳傷官見官之運程 卽君所謂 "妻離子散 諸事慘敗" 之時也 現行丙運 應勝一籌 以後辰乙卯三步 立致鉅富 坐擁多金 一意經商可也.

당신의 명조는 癸亥 庚申 庚午 丙子로 건록격이고 상관을 用한다. 27세 丁巳運은 상관견관하는 운으로 처와 이별하고 자식과 헤어지며 모든 일에 참패를 당하는 때이다. 현재 丙運은 응당 하나의 계책은 해낼 수 있고 이후 辰乙卯運은 巨富에 이를 수 있으니 많은 돈을 가지게 된다. 한 마음으로 장사를 해야 좋다.

205) 진걸명군 53세 7運

戊甲乙壬　乙丙丁戊己庚辛

申子巳午　丑寅卯辰巳午未

君以印尼排華 狼狽來港 函問將去何地爲宜 按台造.. 戊申 甲子 乙巳 壬午 寒木多水而少火 自以熱帶爲宜 再渡南洋 善於滯港多矣.

당신은 중국인을 배척하는 인도네시아에서 홍콩으로 왔으나 계획이 어긋나 처지가 딱하게 되었는데 앞으로 어떤 곳으로 가야 마땅한지 물었다. 명조를 살펴보니 戊申 甲子 乙巳 壬午로 寒木이 水가 많고 火가 적으니 자연히 열대지방이 적합하다. 다시 남양으로 건너가는 것이 홍콩에 머무는 것보다 좋다.

辛丑年(1961) 答客問

1) 심덕웅군 20세 2運

庚庚癸壬　辛壬癸甲乙丙丁
辰辰卯子　巳午未申酉戌亥

君於去年十二月卄八日來函 詢問流年 殆指今年辛丑歟 查台造爲庚辰 庚辰 癸卯 壬子 五行缺火爲憾 今年辛丑 助長金水 有損而無益 尤以一春一冬 災生无妄 諸勿造次.

당신은 지난해 12월 28일에 보낸 편지에서 流年을 물었는데 아마도 금년 辛丑을 말하는 것일게다. 당신의 명조를 살펴보니 庚辰 庚辰 癸卯 壬子로 오행에 火가 결여되어 유감이다. 금년 辛丑은 金水를 조장하니 손해는 있으나 이득이 없다. 더욱이 봄과 겨울에는 뜻밖의 재난이 발생하니 모든 일을 덤벙대지 마라.

2) 왕맹문 29세 7運

癸乙癸丁　甲癸壬辛庚己戊
酉卯巳巳　寅丑子亥戌酉申

台造.. 癸酉 乙卯 癸巳 丁巳 食神與財星太旺 第以有印有比 不能作 "從兒格" 論 幸而運程一路金水幇身 際玆亂世 命好固不如運好 尤以二十八歲後 卄載繁榮 翶翔九霄矣.

당신의 명조는 癸酉 乙卯 癸巳 丁巳로 식신과 재성이 太旺한데 인성이 있고 비견이 있어 종아격으로 논할 수 없다. 다행히 運路가 金水로 방신하며 이때가 난세이니 命좋은 것이 참으로 運좋은 것만 못하다. 더욱이 28세 후 20년간 번영하니 하늘 높이 날아오른다.

3) 양조상군 60세 9運

壬庚己乙　辛壬癸甲乙丙丁

寅戌巳亥　亥子丑寅卯辰巳

足下專營攝營業 數十年如一日 可謂有恒矣 惟台造.. 壬寅 庚戌 己巳 乙亥 無病無藥 粟六平凡 今年甫行之丙運 正印生身 略有起色 菟裘之謀 賴玆五年 可不勉乎.

전문적으로 사진 찍는 영업을 수십 년을 하루같이 해왔으니 그야말로 끈기가 있다. 그러나 당신의 명조는 壬寅 庚戌 己巳 乙亥로 無病無藥이니 바쁘나 평범하다. 금년은 丙運으로 정인이 生身하니 어떤 일이 일어날 기미가 있다. 노후를 도모하는 것이 이 5년에 있으니 부지런하지 않을 수 있겠는가.

4) 뢰벽재군 82세 5運

庚戊戊癸　己庚辛壬癸甲乙丙丁戊

辰寅寅亥　卯辰巳午未申酉戌亥子

君謂年逾八旬 兒女成羣 生活可以粗茶淡飯 體力亦無龍鍾之象 但願早死 問壽幾何 按台造.. 庚辰 戊寅 戊寅 癸亥 六十一歲至六十六歲之申運 旣已過去 今後卄年之內 安健可喜 百歲 "人瑞" 將爲國泰民安之預兆歟.

당신은 팔순이 지났고 자녀들이 무리를 이루었으며 검소한 생활을 하여 체력 또한 부실하지 않은데 일찍 죽기를 원하며 수명을 물었다. 명조를 살펴보니 庚辰 戊寅 戊寅 癸亥로 61세부터 66세의 申運을 이미 지났으므로 앞으로 20년 내에는 건강하니 어찌 기쁘지 않은가. 백세는 "인간의 상서로움"이니 장차 국태민안의 징조인 것이다.

5) 오승산군 44세 2運

戊丁丁乙　戊己庚辛壬癸甲

午巳丑巳　午未申酉戌亥子

君問擬集資開店 查台造.. 戊午 丁巳 丁丑 乙巳 火勢炎炎 大喜金水 憂慮不在於現行之壬水運 而在於四十八歲至五十三歲之戌庫運 竊以行商勝於坐賈 玆者 不妨小作臨時性之流動事業 迨五十三歲之後 再謀永久基礎可矣.

당신은 돈을 모아 개점을 하려고 하는 것에 대해서 물었다.

명조를 살펴보면 戊午 丁巳 丁丑 乙巳로 火勢가 불타오르니 金水를 매우 기뻐한다. 우려하는 것은 현재의 壬水運에 있지 않고 48세부터 53세의 戌火庫運에 있다. 행상이 앉아서 하는 장사보다 낫고 이것은 임시로 하는 유동상업이므로 무방하며 53세 이후에 다시 영구적인 기초를 도모하는 것이 좋을 것이다.

6) 조림군 16세 3運

丙庚丙癸　辛壬癸甲乙丙丁

戌子子巳　丑寅卯辰巳午未

令郎以旭命造.. 丙戌 庚子 丙子 癸巳 丙癸皆得祿 官旺身強 尚以無木欠印 爲美中之不足 乃十九歲起 一路木火運程 何愁不躊躇滿志哉 洵時代之幸運兒也.

아들인 욱의 명조는 丙戌 庚子 丙子 癸巳로 丙癸가 모두 득록하여 관왕신강한데 오히려 木인성이 없기 때문에 아름다운 중에 부족함이다. 19세부터 木火運인데 득의양양하지 못할까봐 어찌 근심하겠는가. 참으로 시대의 행운아다.

7) 소기산군 24세 5運

戊庚戊丙　辛壬癸甲乙丙丁

寅申子辰　酉戌亥子丑寅卯

君問學程 台造.. 戊寅 庚申 戊子 丙辰 月柱庚申食神 見奪於丙火梟神 又與子

辰化財 恐爲學不終 溷跡商場而已 君之生日 陽曆爲八月卄四日 星期三.
당신은 공부에 대하여 물었는데 명조가 戊寅 庚申 戊子 丙辰으로 식신인 월주의 庚申이 丙火효신에게 겁탈되고 또 子辰과 合하여 財로 변하니 공부를 마치지 못할까 두렵고 장사와 뒤섞일 따름이다. 당신의 생일은 양력으로 8월 24일 수요일이 된다.

8) 심진해군 55세 5運

丁丙癸庚　乙甲癸壬辛庚己
未午卯申　巳辰卯寅丑子亥

台造.. 丁未 丙午 癸卯 庚申 今年歲運併臨 蓋年與運皆爲辛丑也 辛丑兩字 原爲喜神 故必好事紛來 幸勿拘於舊書 "歲運併臨 災殃立至" 之說.
당신의 명조는 丁未 丙午 癸卯 庚申이다. 금년은 歲運이 나란히 오는데 년운과 대운이 모두 辛丑으로 辛과 丑字가 원래 희신이므로 반드시 좋은 일이 많이 온다. 행여나 "歲運이 나란히 오면 재앙이 생긴다"는 구서의 말에 구애되지 마라.

9) 백수인군 처 43세 9運

己甲丁癸　乙丙丁戊己庚辛
未戌酉卯　亥子丑寅卯辰巳

囑推沈夫人流年吉凶 按其命造爲.. 己未 甲戌 丁酉 癸卯 癸水夫星 受克太重 今年辛丑 運在戊土 戊旣合癸 加之丑戌未三刑 夫婦間滋擾多事矣.
심부인의 流年에 대한 길흉을 부탁하여 명조를 살펴보니 己未 甲戌 丁酉 癸卯로 癸水 夫星이 심한 극을 받는다. 금년 辛丑은 운이 戊土에 있어 戊가 이미 癸를 합하고 丑戌未 三刑이 더하니 부부간에 소란스런 일이 많다.

10) 왕전화군 44세 9運

戊壬癸壬　癸甲乙丙丁戊己

午戌巳子　亥子丑寅卯辰巳

君問壽元 按台造.. 戊午 壬戌 癸巳 壬子 癸以子時爲托根 絶非夭折之命 直至六十歲行戊運方危 但火土甚重 今後又多木火運途 務須酒色兩戒 防其腎水枯涸耳.

당신은 수명을 물었는데 명조를 살펴보니 戊午 壬戌 癸巳 壬子로 癸가 子時에 탁근하므로서 절대로 요절하는 命이 아니나 곧 이르게 되는 60세 戊運이 위험하다. 火土가 매우 重하고 지금부터 또 木火運이 많으니 마땅히 酒色을 둘 다 경계하는데 힘써서 신장의 水氣가 마르는 것을 막아야 할 따름이다.

11) 왕노서군 53세 3運

己癸庚乙　壬辛庚己戊丁丙

酉酉辰酉　申未午巳辰卯寅

來函據謂泰國星學家 評君有妻有妾 可享齊人之樂 但近十年來反成 “王老五” 豈命運不足信耶 査台造.. 己酉 癸酉 庚辰 乙酉 秋金銳銳 三見陽刃 竊以爲無論妻也妾也 非離卽克 若再娶室 五十九歲行卯運 又將不免王晋卿所謂 “佳人已屬沙吒利” 也.

편지에 보면 태국의 성학가가 말하기를 당신은 처도 있고 첩도 있어 인생의 즐거움을 모두 누릴 수 있다고 했는데 그렇지만 근래 10년 동안 도리어 “중년의 독신남”이 되었으니 어찌 命과 運을 믿을 수 있겠는가? 라고 했다. 명조를 살펴보니 己酉 癸酉 庚辰 乙酉로 秋金이 예리하고 3개의 양인을 만나 처와 첩을 논할 수 없으니 이별하지 않으면 극한다. 만약 다시 처를 얻으면 59세 卯運에 또 왕진경의 이른바 “아름다운 사람이 이미 사타리에 있네”를 면하지 못한다.

12) 황매군 34세 7運

丁癸乙丙　壬辛庚己戊丁丙

卯丑丑子　子亥戌酉申未午

君僑居毛里斯十餘年 所如輒左 抑又疾病煎熬 查台造.. 丁卯 癸丑 乙丑 丙子 寒木向陽 惜乎丙丁無根 今已達入戊運 戊爲火庫 卽將轉弱爲强 日趨健朗 妻財子祿四個子 且亦一應俱全矣.

당신은 지난 10여 년간 모리사에서 교민으로 거주하고 있으며 늘 질병에 시달린다고 했는데 명조를 살펴보면 丁卯 癸丑 乙丑 丙子로 寒木이 向陽하였으나 丙丁이 無根하여 애석하다. 지금은 이미 戊運에 들어왔고 戊은 火庫이니 弱이 强이 되고 일주가 튼튼하고 밝아지므로 처와 재물과 자식과 직장 4가지가 모두 온전해진다.

13) 담명군 아들 3세 7運

己己戊丁　戊丁丙乙甲癸壬

亥巳申巳　辰卯寅丑子亥戌

函詢令郎命造,.. 旣係上午十一時零二分 想爲本港夏令鐘點 故仍寫巳時 按其命造.. 己亥 己巳 戊申 丁巳 火炎土燥 一申一亥 不足以潤澤調劑 故取名宜水部之字 保健而防肺胃之病 早運蹉跎少成 直至四十二歲以後 廿年通達 收之桑榆.

아들의 명조에 대해서 물었고 오전 11시 2분은 본래 홍콩의 여름 시간이므로 巳時이다. 명조를 살펴보면 己亥 己巳 戊申 丁巳로 火炎土燥한데 하나의 申과 亥가 윤택하기에 부족하다. 그러므로 水部字로 이름을 지어야 마땅하고 건강은 폐와 위의 병을 막아야 한다. 일찍 오는 운은 좋지 않아 허송세월하며 이루는 게 적고 42세 이후 20년이 통달하니 전에 실패한 것을 회복하게 된다.

14) 진정원군 51세 6運

辛辛己乙　庚己戊丁丙乙甲

亥丑亥亥　子亥戌酉申未午

台造.. 辛亥 辛丑 己亥 乙亥 冬土寒凍 滿盤金水 應按"從財格"而論 見火反爲不美 所以丙火運顚沛流離 徬徨失措 明年交申運 申爲金水之源 回黃轉綠 諸多進境矣 勿慮勿慮.

당신의 명조는 辛亥 辛丑 己亥 乙亥로 冬土가 寒凍하고 만반이 金水이므로 응당 종재격으로 논한다. 火를 보면 도리어 좋지 않은 까닭에 丙火運에 곤궁에 빠져 떠돌며 하던 일을 그만두고 방황하였다. 내년은 申運으로 바뀌고 申은 金水의 원천이니 상황이 좋아지기 시작하며 온갖 많은 일들이 놀라운 발전을 하게 된다. 걱정하지 마라.

15) 팽문송군 37세 4運

乙甲丙甲　癸壬辛庚己戊丁

丑申子午　未午巳辰卯寅丑

君問十年來人事遞變 何時可以安定 按台造.. 乙丑 甲申 丙子 甲午 全局以申子爲精華 一生僅辰運(四十歲至四十五歲)爲得意之秋 建樹鎡基 非此莫屬 欲冀永逸於晩來 則在此五年 勿憚煩勞 努力圖之 其庶幾乎.

당신은 10년이면 사람의 일이 변한다는데 언제 안정될 수 있는가를 물었다. 명조를 살펴보니 乙丑 甲申 丙子 甲午로 전국이 申과 子로써 광채를 삼으니 일생동안 단지 辰運(40세부터 45세)만이 뜻대로 이루어질 좋은 기회다. 기초를 세우는데 이때 아니면 적합한 때가 없으니 만년에 오래 편안하려면 이 5년동안 번거롭고 수고로움을 꺼리지 말아야 하며 그것을 도모하기 위해 노력해야 한다. 그것을 바라지 않는가?

16) 여전거군 28세 1運

甲甲辛辛　乙丙丁戊己庚辛壬

戌戌巳卯　亥子丑寅卯辰巳卯

君於十九歲嚴親棄養 賴母氏支持店務 得以溫飽有餘安渡其小主人之生活. 査台造.. 甲戌 甲戌 辛巳 辛卯 兩干不雜 甲財乘旺於卯時 有爲之命也 卄九壬寅 三十癸卯 卅一甲辰 卅二乙巳 四載水木流年 應急起而直追 好自爲之 分母劬勞 克紹箕裘 政途絶非所宜 妻必賢淑 子最艱難.

당신은 19세에 아버지를 여의고 어머니에 의지하여 가게의 일을 주관하며 넉넉한 생활을 하면서 편안하게 작은 주인의 생활을 보내고 있다고 했다. 명조를 살펴보면 甲戌 甲戌 辛巳 辛卯로 兩干不雜이고 甲木 재성이 卯時에 왕이 되어 무엇인가 할 수 있는 명이다. 29세 壬寅 30세 癸卯 31세 甲辰 32세 乙巳 4년은 水木運이니 임시변통으로 일어나 이루게 되고 어머니의 고생을 덜어주며 가업을 계승하게 된다. 정치는 절대로 마땅하지 않고 처는 반드시 어질고 정숙하나 자식을 갖기는 매우 어렵다.

17) 잠성군 39세 4運

癸甲丙丙　癸壬辛庚己戊丁

亥子寅申　亥戌酉申未午巳

來函地址未詳 祇得覆諸本刊 台造.. 癸亥 甲子 丙寅 丙申 正官爲格 偏印爲用有爲之命也 但三十五歲至四十歲之庚運 多事而少成 尤以明年壬寅 內外紛擾 一無是處 四十歲以後 大都有利 小康可期.

온 편지의 주소가 분명하지 않아 답장을 보낼 수 없으니 오직 본 간행물을 모두 보는 수밖에 없다. 당신의 명조는 癸亥 甲子 丙寅 丙申으로 정관격이고 편인이 용신이며 장래성이 있는 명이다. 그러나 35세부터 40세의 庚運은 다사하나 이루는 것은 적다. 더욱이 내년 壬寅은 안팎으로 어지럽고 취할 게 하나도 없다. 40세 이후는 대체로 유리하고 안정을 기약할 수 있다.

18) 장천배군 35세 5運

丁癸甲丁　　壬辛庚己戊丁丙

卯卯寅卯　　寅丑子亥戌酉申

台造.. 丁卯 癸丑 甲寅 丁卯 秀氣全在於兩丁 月上癸水克丁爲病 玆行子運 丁絶於子 自必事倍功半 三十六歲行己運 去癸存丁 却乃事半功倍矣 至於面團團作富家翁 當在四十六歲以後 戊戌兩運耳.

당신의 명조는 丁卯 癸卯 甲寅 丁卯로 秀氣가 온전히 兩丁에 있는데 月上의 癸水가 丁을 극하는 것이 病이다. 지금 子運은 丁이 子에 絶地이니 반드시 일은 배가 되고 실적은 반밖에 안 된다. 36세 己運은 癸가 제거되고 丁이 남으니 일은 반밖에 안해도 실적은 배가 된다. 부자가 되는 것은 당연히 46세 이후에 戊戌運일 뿐이다.

19) 윤소화군 49세 2運

癸己丁辛　　戊丁丙乙甲癸壬

丑未酉亥　　午巳辰卯寅丑子

台造.. 癸丑 己未 丁酉 辛亥 夏火用己土食神 迄未行得好運 所以有志難伸 今年辛丑 明年壬寅 不過如小草遇春風 片時得意而已 五十三歲行癸丑十年 方有大名厚利 桑榆晩景 賞心悅目矣.

당신의 명조는 癸丑 己未 丁酉 辛亥로 여름의 火가 己土식신을 쓰는데 지금까지 좋은 운을 만나지 못하여 뜻을 펴기 어려웠다. 금년 辛丑 내년 壬寅은 작은 풀이 춘풍을 만난 것에 불과하여 잠시 득의할 뿐이다. 53세 癸丑 10년은 바야흐로 크게 이름을 얻고 많은 돈을 취하여 만년에 눈과 마음이 기쁘다.

20) 여진여사 딸 4세 10運

戊己丙辛　　戊丁丙乙甲癸壬

戌未辰卯　　午巳辰卯寅丑子

淑造.. 丙寅年八月初二日申時 因未交白露 故作七月丙申推算 令媛玉屛八字爲.. 戊戌 己未 丙辰 辛卯 土重如山 所幸一生都木火運程 際遇良佳 其能夫榮子貴 豊衣足食 皆得力於行運耳.

숙녀의 명조는 丙寅年 8월 2일 申時이니 백로가 지나지 않았으므로 7월 丙申으로 추산한다. 예쁜 딸의 팔자를 보면 戊戌 己未 丙辰 辛卯로 土가 산과 같이 重한데 다행인 것은 일생이 모두 木火運으로 좋은 때를 만나 남편이 영화롭고 자식은 귀하며 의식이 풍족하니 모두 행운의 힘일 따름이다.

21) 진계명군 66세 1運

丙戊辛戊　　己庚辛壬癸甲乙

申戌酉戌　　亥子丑寅卯辰巳

台造.. 丙申 戊戌 辛酉 戊戌 火煉秋金 乃其火不猛 一生利少煩多 六十二歲行來乙運 所惜流年不濟 徒勞無功 尤以今年辛丑 防病防災 六十七歲行巳運 老當益壯 毋灰白首之心 公而忘私 必遂靑雲之志.

당신의 명조는 丙申 戊戌 辛酉 戊戌로 火가 秋金을 단련하는데 火가 사납지 않아 일생 이득이 적고 번거로움이 많다. 62세 乙運이 오면 애석하게도 流年이 도움이 되지 않아 헛수고를 한다. 더욱이 금년 辛丑은 病과 재난을 막아야 하며 67세 巳運은 노익장이니 의기소침하지 말고 공평하고 사사로움을 버리면 반드시 청운의 뜻을 이루게 된다.

22) 오연벽군 41세 10運

辛壬戊庚　　辛庚己戊丁丙乙

酉辰辰申　卯寅丑子亥戌酉

台造.. 辛酉 壬辰 戊辰 庚申 金水盜洩爲患 妻防離克 宜配屬蛇屬馬之命 大利南方熱帶 今年行戊土運 爲生平第一步好運 建樹最豊 從而老運亦皆亨通 穩健可喜.

당신의 명조는 辛酉 壬辰 戊辰 庚申으로 金水가 도설하는 것이 근심인데 처와 이별하고 극하는 것을 막아야 하고 뱀띠나 말띠생이 배필로 마땅하며 남방 열대지방이 아주 이롭다. 금년 戊土運은 평생 처음 맞는 좋은 운으로 실적이 매우 많고 따라서 노년운도 역시 모두 형통하고 온건하여 기쁘다고 할만하다.

23) 오식림군 29세 9運

癸癸甲庚　壬辛庚己戊丁丙

酉亥辰午　戌酉申未午巳辰

台造.. 癸酉 癸亥 甲辰 庚午 水泛木旺 好運集中於四十歲後 己未戊午廿載繁榮 可富可貴 今年辛丑起 至卅二歲甲辰止 防基業之傾覆 及家道之不寧 命運上所謂"刑克" 根據余之經驗所得 於妻於子爲可信 父母兄弟較泛 台造應有兩妻三子 論相宜乎當面 紙上空談 恐不可靠耳.

당신의 명조는 癸酉 癸亥 甲辰 庚午로 水가 넘쳐 木旺한데 좋은 운이 40세 후에 집중되었으니 己未 戊午 20년 동안 번영하고 부귀할 수 있다. 금년 辛丑부터 32세 甲辰까지 기업이 기울고 망하는 것을 막아야 하며 가정도 편안하지 않다. 명운 상 소위 "형극"인데 나의 경험으로 얻은 것을 근거로 말하면 처와 자식은 믿을 수 있고 부모형제는 비교적 내용이 없다. 당신의 명조는 응당 2妻 3子가 있는데 얼굴을 보고 논하는 것이 마땅하고 지면상으로는 쓸데없는 말이 될까 두려울 뿐이다.

24) 무팽년군 40세 6運

壬丁庚壬　戊己庚辛壬癸甲

戌未寅午　申酉戌亥子丑寅

台造.. 壬戌 丁未 庚寅 壬午 火旺金衰 兩重壬水無根 泰國地處熱帶 非所宜也 四十二歲起 亥壬子癸四步水運 業如春花 財如秋潮 足慰生平矣 按四十五歲 丙午一年 炎火熔金 肺疾須防.

당신의 명조는 壬戌 丁未 庚寅 壬午로 火旺金衰한데 兩壬水가 無根하므로 태국 열대지역은 적합하지 않다. 42세부터 亥壬子癸 운에 사업은 봄에 피는 꽃과 같고 재물은 밀려드는 바닷물과 같으니 평생 위안이 된다. 45세 丙午 1년은 뜨거운 火가 金을 녹이니 폐질환을 막아야 한다.

25) 한대명군 39세 2運

癸甲壬癸　癸壬辛庚己戊丁

亥子戌卯　亥戌酉申未午巳

君以痼疾十年 貧病交加 問今後命運如何 查台造.. 癸亥 甲子 壬戌 癸卯 冬水旺極 所賴甲木之洩 戊土之制 乃自廿三歲起 廿年金運 助水泛濫 豈但生不逢辰 其未塡溝壑 蓋已幸甚矣 四十二歲以後 轉行己未戊午火土運途 星移物換 否盡泰來 爲勢所必然 亦理所必然耳.

당신은 10년을 고질병에 시달리고 질병과 가난이 겹쳐왔는데 이후 명운이 어떠한지를 물었다. 명조를 살펴보니 癸亥 甲子 壬戌 癸卯로 冬水가 왕한데 甲木의 설기와 戊土의 억제에 의지한다. 23세부터 20년이 金運으로 水를 도와 범람하는데 辰을 만나지 않았을 뿐만 아니라 아직 골짜기에서 죽지 않았으니 매우 다행이다. 42세 이후 己未 戊午 火土運으로 바뀌므로 천지의 이치가 변화하고 고생 끝에 낙이 온다. 형세가 그렇게 될 수밖에 없으니 이치 또한 반드시 그러할 따름이다.

26) 축유강군 29세 8運

癸戊戊丁　　丁丙乙甲癸壬辛

酉午辰巳　　巳辰卯寅丑子亥

台造.. 癸酉 戊午 戊辰 丁巳 "化火格" 甫於今年起 行得己卯甲寅四運 生火助格 錦繡前程 豈有限量 惟忌近水生涯 不可不注意也.

당신의 명조는 癸酉 戊午 戊辰 丁巳로 "化火格"이다. 금년부터 乙卯 甲寅運은 生火하여 격을 도우므로 앞길이 비단길이니 어찌 발전에 한량이 있겠는가. 다만 평생 水를 가까이하는 것을 꺼리고 주의해야 한다.

27) 진방용군 32세 2運

庚丙丙戊　　丁戊己庚辛壬癸

午戌辰子　　亥子丑寅卯辰巳

台造.. 庚午 丙戌 丙辰 戊子 命既欠木 運又少木 僅三十八歲至四十三歲之寅運 一鳴驚人 餘則春風秋雨 有順有逆焉 大名 "仿龍" 何勿易以 "如虎".

당신의 명조는 庚午 丙戌 丙辰 戊子로 명에 木이 없고 運 또한 木이 적은데 단지 38세부터 43세 寅運에 이르니 사람을 놀랠 정도의 일을 이루고 나머지는 봄바람과 가을비로 순조로움도 있고 거스름도 있다. "방용"은 큰 이름인데 왜 "여호"로 바꾸지 않는가.

28) 이진산군 28세 1運

甲甲庚辛　　乙丙丁戊己庚辛

戌戌辰巳　　亥子丑寅卯辰巳

君問今年財運如何 按台造.. 甲戌 甲戌 庚辰 辛巳 秋金當旺 兩重甲木財星 既失令 又無根 今年辛丑 劫財 有損無益 尤忌妄圖僥幸 賭博投機.

당신은 금년 재물운이 어떠한지를 물었다. 명조를 살펴보니 甲戌 甲戌 庚辰

辛巳로 秋金이 당왕한데 兩甲木 재성이 실령하고 無根하여 금년 辛丑은 겁재로 손실은 있어도 이득이 없다. 더욱이 망령되게 요행을 바라는 도박이나 투기를 경계해야 한다.

29) 황도신군 36세 4運

丙丙戊壬　丁戊己庚辛壬癸

寅申子戌　酉戌亥子丑寅卯

台造.. 丙寅 丙申 戊子 壬戌 金旺水相 財重身輕 僅以戌庫爲根 火土運程 行得太早 中年一路金水 憾也何如 三十七歲壬寅年 三十九歲 甲辰年 大劫小劫更不勝其支持矣.

당신의 명조는 丙寅 丙申 戊子 壬戌로 金旺水相하고 財重身輕인데 겨우 戌土가 뿌리가 된다. 火土運이 너무 일찍 지나가고 중년이 金水運이니 실망을 어찌하나. 37세 壬寅年과 39세 甲辰年에는 크고 작은 재난이 있는데 견디기가 어렵다.

30) 빙금당군 49세 9運

癸丁癸癸　丙乙甲癸壬辛庚

丑巳丑亥　辰卯寅丑子亥戌

台造.. 癸丑 丁巳 癸丑 癸亥 格局雖多(三朋格 拱祿格 純陰格) 其實水火不均 端方拘謹 是其優點 亦爲其缺點耳 早運尙佳 四十歲以還 癸丑十年伏吟之運 夜來風雨 花落多少 今後運程 亦難愜意 祗五十二歲甲辰至五十七歲己酉 流年吉遂 不乏貴人與機緣 應有其小名小利也.

당신의 명조는 癸丑 丁巳 癸丑 癸亥로 격국이 비록 많으나(삼붕격 공록격 순음격) 기실은 水火가 균형을 이루지 못하였다. 바르고 신중한 것이 장점이고 또한 결점이 된다. 좋은 運이 일찍 지나갔고 40세에 이르러 밤에 오는 비바람에 꽃이 다소 떨어진다. 이후 運은 역시 만족하기 어렵고 오직 52세 甲辰부터 57세 己酉까지 流年이 길하여 귀인이 돕고 어떤 기회와 인연이 모자라지 않으므로 응당 작은 명예와 작은 이익이 있다.

31) 이기문군 52세 4運

庚癸甲甲　甲乙丙丁戊己庚

戌未午子　申酉戌亥子丑寅

君問人品 事業 査台造.. 庚戌 癸未 甲午 甲子 夏木森森 庚金斧伐無力 志望雖高 魄力不够 所以凡事淺嚐卽止 難獲深造耳 事業大利近土近金 工程尤勝於商賈.

당신은 인품과 사업에 관하여 물었다. 명조를 살펴보면 庚戌 癸未 甲午 甲子로 夏木이 무성한데 庚金이 벌목하기에 무력하므로 뜻과 바라는 것이 비록 높아도 기백이 부족하기 때문에 모든 일을 조금하다 그만두므로 깊은 조예를 이루기 어렵다. 사업은 土나 金을 가까이해야 이득이 있고 공장이나 토목 건축 제조업이 앉아서 하는 장사보다 낫다.

32) 유성동군 28세 5運

甲甲丁丁　乙丙丁戊己庚辛

戌戌卯未　亥子丑寅卯辰巳

台造.. 甲戌 甲戌 丁卯 丁未 一派木火 可作"兩行成象"而論 惜乎不在春夏 還是第二等格局耳 據云.."孑然一身 落魄香海" 此乃年運不佳之故 今明後三載恐仍蠖屈 三十一歲以後 數十年美運 乃如駿馬長途 一日千里矣.

당신의 명조는 甲戌 甲戌 丁卯 丁未로 온통 木火이니 "양행성상"으로 논할 수 있는데 애석하게 봄 여름이 아니라 2등 격국일 뿐이다. 혈혈단신으로 곤궁해진 것은 년운이 좋지 않은 연고이다. 辛丑 壬寅 癸卯 3년은 쭈그려 펴지 못할 것이 두렵고 31세 이후 수십 년이 좋은 운이니 준마가 장도에 나서서 하루에 천리를 가는 것과 같다.

33) 채긍창군 아들 10세 5運

壬癸丁己　甲乙丙丁戊己庚

辰卯卯酉　辰巳午未申酉戌

君問令郎命造.. 壬辰 癸卯 丁卯 己酉 己土食神爲用 非官非商 乃智識份子也 但求一技之長 四十歲後 好運正多 大器必成於晚來.

당신은 아들의 명조를 물었는데 壬辰 癸卯 丁卯 己酉로 己土식신이 용신이 되니 관리도 아니고 장사꾼도 아니나 지식이 빛나는 자식이다. 그러나 한 가지 뛰어난 재주를 발휘할 수 있는 것은 40세 후 좋은 운이 많으므로 늘그막에 반드시 대기를 이룬다.

34) 잠소풍군 妻 59세 5運

癸乙癸己　丙丁戊己庚辛壬

卯丑丑未　寅卯辰巳午未申

君問尊婦人患高血壓 壽命如何 查其命造.. 癸卯 乙丑 癸丑 己未 一片寒濕 還防痺疾 今年辛丑 辛乙戰 丑未冲 危如纍卵 如能越過 壽近七秩 蓋六十一歲行未運 却又轉弱爲强矣.

당신은 부인이 고혈압이라 걱정인데 수명이 어떠한가를 물었다. 명조를 살펴보면 癸卯 乙丑 癸丑 己未로 하나같이 한습하므로 저리고 마비가 오는 질병을 막아야 한다. 금년 辛丑은 辛乙이 싸우고 丑未가 충하므로 위태롭기가 계란을 쌓아놓은 것과 같은데 만약 넘기면 수명이 70세에 가깝다. 61세 未運은 도리어 弱이 强이 된다.

35) 모동조군 26세 6運

丙庚甲癸　辛壬癸甲乙丙丁

子子戌酉　丑寅卯辰巳午未

君亦以健康情形與壽命爲問 台造.. 丙子 庚子 甲戌 癸酉 寒木向陽 可期長壽 過去十七歲至廿二歲之壬運 竟能無恙 則更不必憂其夭亡矣 惟水泛木浮 須防膀胱腰腎之病耳.

당신 역시 건강과 수명에 대하여 물었다. 명조는 丙子 庚子 甲戌 癸酉로 寒木이 태양을 만났으니 장수를 기약할 수 있다. 지난 17세부터 22세까지의 壬運에 결국 병이 없었으니 요사할 걱정은 없다. 그러나 水가 범람하여 木浮하니 반드시 방광 허리 신장의 질병을 막아야 한다.

36) 악근향군 악비장군 3運

癸乙甲己　甲癸壬辛庚己戊

未卯子巳　寅丑子亥戌酉申

承詢岳飛命造 限於篇幅 簡覆梗槪 按岳鄂王生於宋徽宗崇寧二年二月十五日巳時 其八字爲.. 癸未 乙卯 甲子 己巳 仲春甲木 年月卯未 癸祿在子 乙祿在卯 木旺一炁 是乃“類象”也 巳火爲秀氣所鍾 乏金更“類象”所喜 文武全器 仁智並施 精誠光日月 俎豆炳湖山 豈偶然哉 觀其自十九歲從周同學射 二十歲從軍爲十隊長 迄至三十八歲 攻無不克 戰無不勝 大破宗弼 幾獲兀朮 軍聲大振 中外響影 此固癸丑壬子四運 生助格局 有以致之也 三十九歲忽行辛運 歲値辛酉 與生月乙卯 干克支冲 陽刃 飛刃 互相攻擊 卒不免爲秦檜所害 千秋冤獄莫須有 百戰忠魂歸去來.

악비의 명조에 대하여 물었는데 지면이 제한돼 있어 대강의 줄거리만 간략하게 적는다. 악왕은 송나라 휘종 2년 2월 15일 巳時에 태어났으며 그 팔자는 癸未 乙卯 甲子 己巳로 仲春의 甲木이 년월에 卯未가 있고 癸는 子에 록이며 乙

은 卯에 록으로 木이 一氣로 왕하니 "류상"이다. 巳火가 秀氣하는 근원이 되고 金이 없어 "류상"이 더욱 기뻐하는 것이다. 문무를 겸전한 그릇이고 인정과 지혜를 함께 펼쳐 정성이 빛나는 세월이었으니 조두병호산이 어찌 우연이겠는가. 19세부터 주동에게 활쏘기를 익히고 20세에 종군하여 10대장이 되었으며 마침내 38세에 이르러 공격하면 이기지 못한 적이 없고 싸워서 승리하지 못한 적이 없다. 적을 대파하여 조종을 보필하고 올출을 몇 번이나 잡았으며 군에서 명성을 크게 떨쳤으니 국내외로 영향을 끼쳤다. 이는 참으로 癸丑 壬子運이 격국을 생조하였기 때문이다. 39세 辛運에 이르러 太歲가 辛酉가 되니 乙卯月과 干克地冲하며 양인과 비인이 서로 공격하므로 진회의 해를 면하지 못하고 죽었다. 천추의 억울한 옥살이는 반드시 있을 수 없는데 백전의 충성스런 혼은 돌아가고 말았다.

37) 관공기군 38세 7運

甲丁丁辛　戊己庚辛壬癸甲
子丑酉亥　寅卯辰巳午未申

君問台造(甲子 丁丑 丁酉 辛亥) 究爲何格 拙輯命學講義曰 "丁生丑月 干透辛金 爲偏財格" 冬火賴甲木資生 過去二十八歲至三十三歲行庚運 劈甲生丁定多展布 今後辛壬癸運可憎 巳午未運可喜 乃又相間而行 起伏無常 精神彌苦矣.

당신은 명조가 무슨 격인지 물었는데(甲子 丁丑 丁酉 辛亥) 명학강의에 "丁火가 丑月에 태어나고 辛金이 투간하면 편재격이다."라고 했다. 冬火가 甲木의 생에 의지하는데 지난 28세부터 33세 庚運은 벽갑인정이니 반드시 수완을 발휘한 게 많다. 이후 辛壬癸運은 나쁘다고 할 수 있고 巳午未運은 좋다고 할 수 있는데 섞여서 오니 기복이 일정하지 않아 정신이 더욱 힘들다.

38) 진부동군 49세 1運

癸乙戊己　甲癸壬辛庚己戊

丑卯子未　寅丑子亥戌酉申

台造.. 癸丑 乙卯 戊子 己未 財官得祿 正正堂堂 賴未土爲托根 惜乎生平無火運 恐屢起而不實 四十七歲行戊運 五十二歲行己運 雖有作爲 但所獲菲薄 遠不符所望耳.

당신의 명조는 癸丑 乙卯 戊子 己未로 재관이 득록하여 정정당당하다. 未土의 탁근에 의지하는데 평생 火運이 없어 애석하고 여러 번 일어나지만 부실할까 두렵다. 47세 戊運과 52세 己運은 비록 성과를 내는 일이 있지만 획득하는 것이 얼마 되지 않아 변변치 않으니 바라는 바와 부합하지 않고 거리가 멀다.

39) 향동비군 48세 9運

甲庚己丁　辛壬癸甲乙丙丁

寅午巳卯　未申酉戌亥子丑

來書問有某君者 近年來靑雲直上 但其待人接物 甚爲刻薄 此何故耶 查其命造.. 甲寅 庚午 己巳 丁卯 夏土無水 旣談不到修養 更遑論乎氣度 四十六歲以還 流年爲己亥 庚子 辛丑 宜其一帆風順 但尙限於大運爲戌 將來五十五歲行亥運 更爲繁華 在此叔季末世 道德與際遇 固不能相提而並論也.

근래 갑자기 출세한 모군이 있는데 그가 사람을 대하는 태도가 몹시 각박한 것이 무슨 이유인지에 대하여 물었다.

명조를 살펴보면 甲寅 庚午 己巳 丁卯로 夏土가 水가 없어 원래 수양이 안 되어 있는데 다시 도량을 논할 필요가 있겠는가. 46세 뒤로 流年이 己亥 庚子 辛丑이 되므로 순풍에 돛을 단다. 그러나 대운이 戌이 되어 한계가 있고 장래 55세 亥運에 다시 발전한다. 도덕과 질서가 타락하고 쇠퇴하여 말세인 이 때에 도덕과 時運을 진실로 서로 끌어주며 함께 논할 수 없다.

40) 료무군 男兒 13세 9運

己癸己甲　壬辛庚己戊丁丙

丑酉巳戌　申未午巳辰卯寅

君問一男童之命造.. 己丑 癸酉 己巳 甲戌 甲己化土非其時 然則重金洩土 設非戌時爲根基 恐早已夭殤矣 將來未午巳三步大好運程 足以揚眉吐氣 躊躇滿志也 直至五十五歲行辰運 方有關津.

당신은 남자아이의 명조에 대하여 물었는데 己丑 癸酉 己巳 甲戌로 甲己化土가 되는 계절이 아니다. 그런즉 많은 金이 土를 설하여 만약 戌時가 根氣가 되지 않았다면 일찍 요사하는 것이 두렵다. 장래 未午巳運이 아주 좋은 운이므로 득의만만하니 으시대며 만족해한다. 곧바로 55세 辰運은 건너야 할 문제가 있다.

41) 장화군 男兒 11세 4運

辛甲戊癸　癸壬辛庚己戊丁

卯午子亥　巳辰卯寅丑子亥

君所詢之童造 爲.. 辛卯 甲午 戊子 癸亥 與廖武君所問者 適成相反 良以戊生午月 祇嫌其旺 儘喜金水財鄕 妙哉 時落癸亥 益以十五歲起 一路金水運途 必能空拳致富 而爲闤闠名人.

당신이 물은 아이의 명조는 辛卯 甲午 戊子 癸亥로 료무군이 물은 자와 상반된다. 戊土가 午月에 태어나 그 왕함을 싫어하고 될 수 있는 대로 金水財鄕을 기뻐하는데 묘하게 時에 癸亥가 왔다. 더욱이 15세부터 金水運이니 반드시 맨주먹으로 치부하고 저자거리에서 유명인이 된다.

42) 왕동비군 44세 6運

戊壬辛丙　癸甲乙丙丁戊己

午戌丑申　亥子丑寅卯辰巳

처 36세 5運

丙癸庚甲　壬辛庚己戊丁丙
寅巳戌申　辰卯寅丑子亥戌

尊婦人命造.. 丙寅 癸巳 庚戌 甲申 庚金一元 得祿於申時 丙火偏官 得祿於巳月 甲木財星 得祿於寅年 謂其夫爲富貴中人 豈言之諛耶 至於台造.. 戊午 壬戌 辛丑 丙申 秋金有火煉水洗 原非等閒之輩 今後丁卯十年大運 有益無損 更非池中之物矣.

부인의 명조는 丙寅 癸巳 庚戌 甲申으로 庚金日元이 申時에 득록하고 丙火편관은 巳月에 득록하였으며 甲木재성은 寅年에 득록하였으니 부군이 부귀한 사람이다. 어찌 아첨하는 말을 하겠는가. 당신의 명조는 戊午 壬戌 辛丑 丙申으로 秋金을 火로 단련하고 水로 洗金하니 원래 예사로운 무리는 아니다. 이후 丁卯 10년 대운에 이득이 있고 손해가 없으니 더욱 연못 속의 물건이 아니다.

43) 나군양군 52세 9運

庚丙己丙　丁戊己庚辛壬癸
戌戌酉寅　亥子丑寅卯辰巳

君問結局與壽元 台造.. 庚戌 丙戌 己酉 丙寅 己非當令 但有兩丙兩戌之生扶 不强而自强矣 過去運程 處境在中人以上 六十一歲行壬運 所發更豊 壽近古稀 今年辛丑 身多累 財多漏 未許樂觀也.

당신은 일의 결과와 수명에 대하여 물었는데 명조가 庚戌 丙戌 己酉 丙寅으로 己土가 당령은 아니나 兩丙과 兩戌의 生扶로 强은 아니나 저절로 강해졌다. 과거 운을 보면 중인 이상이었고 61세 壬運에 발전하여 더욱 풍요로워지며 수명은 70에 이른다. 금년 辛丑은 몸은 피곤하고 돈은 나가는 일이 많으니 낙관할 수 없다.

44) 임선군 34세 4運

戊庚己丙　辛壬癸甲乙丙丁
辰申亥寅　酉戌亥子丑寅卯

台造.. 戊辰 庚申 己亥 丙寅 連年顚沛流離 亥水運使然也 蓋原命秋土薄弱 喜有丙生 亥運乃丙之絶地耳 尙有明年壬寅 更多煎熬 尙書曰"必有忍 其乃有濟" 三十六歲癸卯年起 歲運並美 一入康莊 從此安坦.

당신의 명조는 戊辰 庚申 己亥 丙寅인데 몇 년 동안 곤궁에 빠져 유랑한다고 하는데 亥水運 때문이다. 원명에 秋土가 박약하여 丙火의 생이 있어 기쁜데 亥運이 丙의 絶地일 뿐이다. 오히려 내년 壬寅年은 시달리는 일이 더욱 많다. 書에 이르길 " 반드시 참아야 하고 그러면 구제된다"고 했다. 36세 癸卯年부터 歲運이 함께 좋으니 기운이 건장해지고 이로부터 편안해진다.

45) 육문연할머니 84세 4運

戊甲丙戊　癸壬辛庚己戊丁丙乙
寅寅寅戌　丑子亥戌酉申未午巳

淑造.. 戊寅 甲寅 丙寅 戊戌 丙生寅月 木旺火相 地支得三長生 所以克享遐齡 食神亭亭玉立 宜其兒媳輩賢孝可風 明年行乙巳兩運 處順安居 亦佛亦仙 九十五歲壬子一年 瑤池月冷 懿範猶存.

숙녀의 명조는 戊寅 甲寅 丙寅 戊戌로 丙이 寅月에 생하여 木旺火相이고 지지에 세 개의 장생을 만났으므로 장수를 누릴 수 있다. 식신이 우뚝하고 아름답게 솟아 있으니 자녀와 며느리들이 어질고 효성스런 가풍이 마땅하다. 내년 乙巳運은 편안하게 거처하며 부처같고 신선같이 지낸다. 95세 壬子 1년은 신선이 사는 곳의 달은 쓸쓸하지만 조상신에게 지내는 제사는 그대로 남아있다.

46) 오여천군 47세 7運

乙乙癸壬　甲癸壬辛庚己戊

卯酉亥戌　申未午巳辰卯寅

君甫於今春由大陸來港 承問今後生活如何 台造.. 乙卯 乙酉 癸亥 壬戌 秋水旺相 喜戌中藏有火土 一生危而不危 若有神助 辛巳十年蹇運 將成尾聲 惟今年辛丑 尙難通達 四十八歲起 六載繁榮 勉之哉(經商自勝於行醫) 子卜三槐 壽元六十又七.

당신은 올봄에 대륙에서 홍콩으로 왔는데 이후 생활이 어떠할지를 물었다. 명조를 보면 乙卯 乙酉 癸亥 壬戌로 秋水가 왕상한데 戌中의 火土가 있어 일생 위태로우나 위태롭지 않으니 신이 돕는 것과 같다. 辛巳 10년은 순탄하지 않으나 장차 끝에 가서는 성공한다. 그러나 금년 辛丑은 오히려 통달하기 어렵고 48세부터 6년(壬寅 癸卯 甲辰 乙巳 丙午 丁未)동안 번영하니 근면해야 한다(의업보다 장사가 낫다). 자식은 성공하고 수명은 67세다.

47) 왕삼군 33세 4運

己庚癸辛　己戊丁丙乙甲癸

巳午巳酉　巳辰卯寅丑子亥

台造.. 己巳 庚午 癸巳 辛酉 火金相戰 以己土之洩火生金 溝通財印 化干戈爲玉帛 乃勞而不苦之命也 三十歲行來卯運 好事多魔 一無所就 三十五歲行丙運 鳴必驚人 從而四十歲行寅運 立致鉅萬之富 自然家肥屋潤矣.

당신의 명조는 己巳 庚午 癸巳 辛酉로 火와 金이 서로 싸우는데 己土가 洩火生金하여 財와 印이 소통하고 창과 방패가 옥과 비단이 되니 노동은 하지만 고생하지 않는 명이다. 30세 卯運은 호사다마로 이루는 게 하나도 없고 35세

丙運은 반드시 사람들을 놀라게 하며 40세 寅運에 큰 부자가 되니 자연히 집안은 살찌고 집이 윤택해진다.

48) 홍덕성군 아들 17세 3運

乙戊癸丁　丁丙乙甲癸壬辛

酉寅丑巳　丑子亥戌酉申未

開來童造爲.. 乙酉 戊寅 癸丑 丁巳 據謂讀書不努力 嬉戲終日 夫財 官 食神三透 聰明絶頂之人 其不勤於讀書 正如孟子所謂"與長者折枝 不爲也 非不能也" 十九歲行子運 執經問難 且將惟恐不及矣.

아이의 명조가 乙酉 戊寅 癸丑 丁巳인데 공부는 하지 않고 하루종일 놀기만 한다고 했다. 무릇 財官印 3개가 투간하여 총명하기가 절정인 사람인데 공부를 하지 않으니 맹자가 말하길 "어른을 위하여 안마를 해드리는 것을 두고 할 수 없다고 말하는 것은 하지 않는 것이지 할 수 없는 것이 아니다"라고 한 것과 같다. 19세 子運은 경서중에서 어려운 것을 물을 것이니 장차 필적할 수 없을까 두렵다.

*맹자와 제선왕의 대화중에 나오는 말로 하지 않는 것과 할 수 없는 것에 대한 이야기다. "挾泰山以超北海 語人日 我不能 是誠不能也 爲長者折枝 語人日 我不能 是不爲也 非不能也."
태산을 겨드랑이에 끼고 북해를 뛰어넘는 것을 두고 사람들에게 말하기를 "나는 할 수 없다"라고 하면 이는 참으로 할 수 없는 것이지만 어른을 위하여 안마를 해드리는 것을 두고 사람들에게 말하기를 "나는 할 수 없다"고 말하면 이는 하지 않는 것이지 할 수 없는 것이 아닙니다

49) 양충군 45세 7運

丁丙庚辛　乙甲癸壬辛庚己

巳午子巳　巳辰卯寅丑子亥

君問最近五年之吉凶 查台燥.. 丁巳 丙午 庚子 辛巳 火旺金熔之命 今年辛丑喜其穩健 明年壬寅 得失同途 四十七歲癸卯年 蠅頭微利 却如細水長流 四八

甲辰 運入辛金 希望無窮 四九乙巳 又以火勢炎炎 爲可憂矣.

당신은 최근 5년 동안의 길흉을 물었는데 명조를 보면 丁巳 丙午 庚子 辛巳로 왕한 火가 金을 녹이는 命이다. 금년 辛丑은 온건하여 기쁘고 내년 壬寅은 득실이 같으며 47세 癸卯年은 이득이 파리의 머리처럼 미미한데 도리어 가는 물줄기가 길게 흐르는 것과 같다. 48세 甲辰은 運이 辛金에 들어가니 희망이 무궁하고 49세 乙巳는 또 火勢가 뜨거우니 걱정이다.

50) 조영군 52세 3運

庚甲丁甲　　乙丙丁戊己庚辛

戌申卯辰　　酉戌亥子丑寅卯

台造.. 庚戌 甲申 丁卯 甲辰 干透庚甲 弱而不弱 申辰之中 藏有壬癸 以濟秋燥 如初寫黃庭 恰到好處 君必身懷特技 一生吃穿不盡也 今明兩年 打開僵局 五十四歲行庚運 名成利就矣.

당신의 명조는 庚戌 甲申 丁卯 甲辰으로 甲庚이 투간하여 弱이 不弱이다. 申辰中에 壬癸가 암장돼 있어 가을의 燥함을 구제하니 지극히 적당하고 제격이다. 당신은 반드시 특별한 기술을 가져야 의식이 족하다. 금년과 내년은 벽에 부딪치는 것을 타개해야 하고 54세 庚運은 이름과 이익을 성취한다.

51) 홍덕유군 25세 3運

丁庚丁庚　　己戊丁丙乙甲癸

丑戌丑戌　　酉申未午巳辰卯

君問婚姻 台造.. 丁丑 庚戌 丁丑 庚戌 兩丁兩庚兩丑兩戌 婚姻錯綜複雜 尤以卄九歲至三十九歲之未丙兩運 悲歡離合 不一而足焉.

당신은 혼인에 대하여 물었는데 명조를 보면 丁丑 庚戌 丁丑 庚戌로 兩丁 兩庚 兩丑 兩戌이니 혼인이 뒤섞이고 복잡하다. 더욱이 29세부터 39세의 未丙

兩運은 슬픔과 기쁨이 엇갈리는 일이 하나가 아니다.

52) 황학상군 아들 3세 1運

己己庚壬　戊丁丙乙甲癸壬

亥巳寅午　辰卯寅丑子亥戌

令郎八字爲.. 己亥 己巳 庚寅 壬午 庚生巳月 不比秋金 洗煉太多 非所宜也 必用己土正印 所慮七歲乙巳一年 災病侵襲 如小舟之遇大浪耳 將來好運在於三十六歲以後 所就非鮮.

아들의 팔자가 己亥 己巳 庚寅 壬午로 庚金이 巳月에 태어나 秋金에 비할 수 없으며 물로 씻고 불로 달구는 것이 지나치게 많아 마땅하지 않다. 반드시 己土 정인을 用하는데 7세 乙巳年이 걱정되는 바 재난과 질병이 침습하므로 작은 배가 큰 풍랑을 만나는 것과 같다. 장래에 좋은 運은 36세 이후에 있고 이루는 바가 적지 않다.

53) 사도량군 35세 9運

丁丁辛辛　丙乙甲癸壬辛庚

卯未未卯　午巳辰卯寅丑子

台造.. 丁卯 丁未 辛未 辛卯 爲"棄命從殺格" 過去都木火運途 處境不爲惡劣 惟今年辛丑 小人四伏 失業固多痛苦 有職亦屬惴惴不安耳 至於三十八歲甲辰年起 一路光華 乃余與尊示之徐李王三位先生 所見皆同也.

당신의 명조는 丁卯 丁未 辛未 辛卯로 "종살격"이다. 과거가 모두 木火運이니 처한 환경이 열악하지 않았으나 금년 辛丑은 小人들이 사방에 있고 실직으로 고통이 참으로 많은데 직업이 있어도 두렵고 불안할 뿐이다. 38세 甲辰年부터 화려하게 빛이 나고 나와 당신이 徐 李 王 세 명의 선생을 보는 것이 모두 같다.

54) 대하영여사 아들 1세 3運

辛辛丙戊　庚己戊丁丙乙甲

丑卯午子　寅丑子亥戌酉申

女士在今年正月廿八日零時五分 誕生一男 査其命造爲.. 辛丑 辛卯 丙午 戊子 五行無缺 八字平和 將來爲商界中人 由小職員而至小主東 一以行運自十九歲起 丑戊十年 循級而上也 一以其人克勤克儉 諺云"大富由命 小富由勤"是也.

여사는 금년 정월 28일 0시 5분에 아들을 낳았다고 했는데 그 명조를 살펴보면 辛丑 辛卯 丙午 戊子로 五行이 부족함이 없어 八字가 평화롭다. 장래에 상업계의 사람이 되고 작은 점포의 직원에서부터 작은 점포의 주인이 되는데 19세부터 丑戊 10년 동안 직급이 상승한다. 한결같이 근면검소해야 한다. 속담에 이르길 "大富는 命에서 비롯되고 小富는 근면함에서 비롯된다"고 했다.

55) 노백천군 61세 3運

辛辛辛庚　庚己戊丁丙乙甲

丑卯卯寅　寅丑子亥戌酉申

余無心仕進 隱於醫卜 當代袞袞諸公 大都熟悉 但矢口不談彼等之命運 南來以後 更少往還 囑評諸造 碍難遵命 獨於老友馬徐維邦 爲電影戲劇家 且爲潔己之士 心折久矣 爰作簡答 幸有賜教焉 馬徐命造爲.. 辛丑 辛卯 辛卯 庚寅 春金無火 豊於才而嗇於遇 早歲都土金運程 武林望族 文采風流 中年運轉水火 哀樂偏多 在港時蒙過從 憤世嫉俗 滿腹牢騷 不幸故於庚子年小除夕 爲公共汽車所輾斃 按是日已交立春 乃爲辛丑年 庚寅月 戊寅日 大運在酉 殆一派金木衝擊 有以致歟.

나는 벼슬길에 나아갈 마음이 없이 의술과 역학에 은거하며 당대의 쟁쟁한 여러 사람들의 사정을 대부분 잘 알고 있으나 저들의 命運에 대하여 말하지 않기로 맹서했으며 남으로 내려온 이후 왕래가 더욱 적은데 여러 명조의 비평을 부탁하나 따르기가 곤란하다. 다만 옛 친구인 마서와 유방은 영화와 희극가가 되었고 또한 청렴한 사람이며 진심으로 감탄한 지가 오래되었으므로 이에 간략하게 답을 하니 가르침을 주면 다행이겠다. 마서의 명조는 辛丑 辛卯 辛卯 庚寅으로 春金이 火가 없어 재능이 많으나 運을 만나지 못한다. 어린 나이에는 모두 土金運이니 武林의 명문가이었으며 문장에도 풍류가 있었다. 중년운이 水火로 바뀌므로 슬픈 일과 기쁜 일이 많았다. 어린 시절에 홍콩에서 서로 친하게 지냈는데 혼탁한 세상을 분개하고 잘못된 풍속을 미워하여 불평불만으로 가득했었다. 불행하게도 庚子年 12월 말일 버스에 치어 죽었는데 살펴보면 이날은 이미 입춘이 지나 辛丑年 庚寅月 戊寅日이 되고 대운이 酉에 있으니 거의 온통 金木이 충격하므로 그렇게 되었다고 할 수 있다.

56) 호윤이군 60세 7運

壬辛乙己　　壬癸甲乙丙丁戊
寅亥巳卯　　子丑寅卯辰巳午

君以花甲臨頭 去日苦多 隻身旅港 亟亟於稻粱之謀 承問今後有無機會. 查台造.. 壬寅 辛亥 乙巳 己卯 水木兩强 運喜火土 玆行丁運 限於流年爲辛丑 壬寅 癸卯 一枝聊寄 兩袖淸風 六十三歲行巳運 歲運並美 乃必變化飛騰 初不以年邁而遜色 更何止餬口而已哉.

당신은 환갑이 다가오는데 지난 날은 고생이 많았고 단신으로 홍콩에 와서 먹고사는 것이 절박하다고 하면서 이후 기회가 있는지를 물었다. 명조를 살펴보면 壬寅 辛亥 乙巳 己卯로 水木이 모두 강하여 火土運을 기뻐하는데 지금 丁運은 원망스럽게도 流年이 辛丑 壬寅 癸卯로 가지 하나에 겨우 의지하게 되고 양 소매에 청풍이 분다. 63세 巳運은 반드시 비등하는 변화가 있으니 비로소 늙었으나 손색이 없는데 어찌 입에 풀칠하는 것에 그치겠는가.

57) 영영여사 48세 3運

甲乙丙戊　甲癸壬辛庚己戊

寅亥午子　戌酉申未午巳辰

淑造.. 甲寅 乙亥 丙午 戊子 秀氣在於戊土 一生自食其力 合殺冲刃 難言夫子之依靠 四十九歲行午運 婚姻與財氣之打擊更多 總之 有酒有肉 無歸無宿之命也.

숙녀의 명조는 甲寅 乙亥 丙午 戊子로 戊土에 뛰어난 기운이 있어 일생 자력으로 생활한다. 殺을 합하고 刃을 충하여 남편에 대하여 말하기 어렵고 자식에게 의지한다. 49세 午運은 혼인과 재물에 타격이 많다. 한마디로 술이 있고 고기가 있으나 돌아가 머물 곳이 없는 명이다.

58) 시여왕여사 서양인 남자 56세 4運

丙丙癸戊　丁戊己庚辛壬癸

午申卯午　酉戌亥子丑寅卯

令親西人某君 生於西曆1906年8月27日正午 查其命造爲.. 丙午 丙申 癸卯 戊午 秋水原喜見火 但兩丙兩午 火太多矣 幸前運大都金水 尙屬得意 去年交進之壬運 更有作爲 惟事業須經改弦易轍耳.

서양인 모군은 1906년 8월 27일 정오에 태어났는데 그 명조를 살펴보면 丙午 丙申 癸卯 戊午가 된다. 秋水는 원래 火를 기뻐하는데 兩丙 兩午로 火가 지나치게 많으나 다행히 지난 運이 모두 金水로 오히려 뜻을 얻게 된다. 작년에 壬運으로 바뀌고 다시 성과를 내게 되는데 그러나 사업은 반드시 진로를 바꾸어야 하고 경영을 개혁해야 한다.

59) 허문군 모친 81세 5運

辛庚庚壬　辛壬癸甲乙丙丁戊己

巳子寅午　丑寅卯辰巳午未申酉

令堂命造.. 辛巳 庚子 庚寅 壬午 金寒水冷 得享大壽 一路木火土運之故也 今年行申運 寅巳申三刑 木火之根 去之殆盡 尤以明年爲可憂 恐其樹老心空 一旦摧危.

모친의 명조는 辛巳 庚子 庚寅 壬午로 金寒水冷인데 장수를 누리는 것은 運路가 하나같이 木火土運이기 때문이다. 금년 申運은 寅巳申 三刑으로 木火의 뿌리가 제거되어 거의 다 없어진다. 더욱이 내년이 걱정되는데 나무가 늙으면 속이 비게 되어 무서우니 일단 위험을 막아야 한다.

60) 이문청군 39세 5運

癸辛辛癸　庚己戊丁丙乙甲

亥酉丑巳　申未午巳辰卯寅

台造.. 癸亥 辛酉 辛丑 癸巳 "從革"格 忌火 前運都火 所以半生坎坷 一事無成 今後五年 運蹇而年善 略有成就 但四十四歲丙午年 四十五歲丁未年 舟行曲港 又多周折矣.

당신의 명조는 癸亥 辛酉 辛丑 癸巳로 종혁격이다. 火를 꺼리는데 앞의 운이 모두 火였으니 반평생이 일이 뜻대로 안 되어 마음이 답답하였으며 하나도 이룬 것이 없다. 금후 5년은 운은 순탄하지 않으나 流年이 좋아(辛丑 壬寅 癸卯 甲辰 乙巳) 약간의 성취가 있다. 그러나 44세 丙午年과 45세 丁未年은 배를 타고 건너기 어렵고 또한 좌절하는 일이 많다.

61) 주영주군 13세 9運

己庚乙甲　己戊丁丙乙甲癸

丑午未申　巳辰卯寅丑子亥

君以十三歲之年齡 文字已斐然成章 而又篤信命運 可佩可佩 但查命造.. 己

丑 庚午 乙未 甲申 化金不成 夏木枯燥 又少水運 亦勞碌奮鬥之命也 人生本來苦多樂少 願加意修養 以期寡過耳.

당신은 13세인데 이미 문장이 뛰어나고 또한 명운에 대한 믿음이 두터우니 탄복할 만하다. 다만 명조를 살펴보니 己丑 庚午 乙未 甲申으로 化金을 이루지 못하고 夏木이 시들고 메마른데 水運이 적으니 애쓰고 분투하는 명이다. 인생이 본래 괴로움은 많고 즐거움이 적은 것이니 수양함으로써 허물이 없기를 바랄 뿐이다.

62) 이상번군 딸 3세 6運

己乙丙庚　丙丁戊己庚辛壬

亥亥午寅　子丑寅卯辰巳午

令媛命造.. 己亥 乙亥 丙午 庚寅 丙火日元 絶於亥月 幸有寅午爲根 再以乙木爲用 秀外慧中 品學兼優 將來夫 子 兩美 二十七歲以後 好運連綿 本人治事更佳 去年庚子 應有不利 旣已過去 今後無憂夭折矣.

딸의 명조는 己亥 乙亥 丙午 庚寅으로 丙火일원이 亥月에 絶地인데 다행히 寅午가 뿌리가 되고 다시 乙木이 用이 된다. 용모가 매우 아름답고 총명하며 학문과 성품이 우수하다. 장래의 부군과 자식이 모두 아름답고 27세 이후 좋은 운이 이어지니 본인의 일이 더욱 즐겁다. 지난해인 庚子年이 응당 불리한데도 이미 지나갔으니 이후 요절할 염려는 없다.

63) 이형희군 31세 9運

辛己甲甲　戊丁丙乙甲癸壬

未亥午戌　戌酉申未午巳辰

君擬今年開辦學校 竊以爲非其時也 蓋査台造.. 辛未 己亥 甲午 甲戌 寒木有根 而喜火溫 今明後三載 不求有功 但求無過 三十四歲甲辰年 冲戌更危

三十五歲乙巳年起 勇往直前 方有進境 至於四十歲以後 乙未甲午四運 乃如鯤化鵬遊 前程無限矣 絶非一二間小學校 所以縻其驥足也.

당신은 금년에 학교를 개설하여 운영할 예정이나 그 시기가 아닌 것 같다고 했다. 명조를 살펴보니 辛未 己亥 甲午 甲戌로 寒木이 有根하고 火의 보온이 있어 기쁘다. 올 내년 후년 3년은 구하지 않아도 성과가 있으나 구하는 것이 지나침이 없어야 한다. 34세 甲辰年은 戌을 충하여 더욱 위험하고 35세 乙巳年부터 용감하게 나아가니 놀라운 발전이 있다. 40세 이후 乙未 甲午運은 곤이 변하여 대붕이 되어 날게 되니 앞날이 무한하다. 절대로 한두 칸의 학교가 아닌데 그 뛰어난 재능을 발휘하기 때문이다.

64) 전애용여사 34세 1運

戊甲己己　癸壬辛庚己戊丁
辰寅卯巳　丑子亥戌酉申未

來書謂"男以旺爲貴 女以弱爲奇" 此說絶不可信 蓋旺與弱皆爲病態 何貴奇之有耶! 淑造.. 戊辰 甲寅 己卯 己巳 自以木旺土衰爲病 三十七歲行戊運 四十二歲行己運 生扶之途 旣能轉弱爲强 處境更勝於前 老運亦亨 壽近花甲.

보내온 편지에 "남자는 旺으로써 貴함을 삼고 여자는 弱으로써 기이함을 삼는다"고 했는데 이 말은 믿을 수 없다. 旺과 弱은 다 病인데 어찌 귀하고 기이함이 있겠는가. 명조를 보면 戊辰 甲寅 己卯 己巳이니 木旺土衰가 病이다. 34세 戊運과 42세 己運은 生扶하는 운이므로 弱이 변하여 强이 되니 처지가 전보다 낫다. 노년운도 역시 형통하고 수명은 60세에 가깝다.

65) 부중군 30세 5運

壬辛戊癸　壬癸甲乙丙丁戊
申亥子亥　子丑寅卯辰巳午

君欲手創一銀行 豪無疑問 必能成功 良以台造爲.. 壬申 辛亥 戊子 癸亥 "從財"格 大富之命也 涉跡金融界 必爲巨擘 現擬赴泰經商 正可開展其橋樑工作 迨三十六歲行乙卯大運 業茂而基成矣.
당신은 은행을 창립하겠다고 했는데 추호도 의심할 것 없이 반드시 성공할 수 있다. 명조를 보면 壬申 辛亥 戊子 癸亥로 종재격이니 大富의 명이다. 금융계에 자취를 남기는 큰 인물이 된다. 지금은 사업을 키우는데 필요한 교량작업을 전개하는 것이 옳고 36세 乙卯運에 이르러 사업은 번성하고 기반을 이루게 된다.

66) 학군연군 딸 13세 4運

己丁丁己　戊己庚辛壬癸甲
丑丑巳酉　寅卯辰巳午未申

令媛命造.. 己丑 丁丑 丁巳 己酉 "從兒"格 將來必以文學或藝術鳴於時 從夫從子 亦得門庭大昌 廿五歲起 好運疊至 美景良辰 數十年如一日也.
딸의 명조는 己丑 丁丑 丁巳 己酉로 종아격이다. 장래에 반드시 문학이나 예술로 당대에 이름을 날리고 남편과 자식을 따르며 집안도 크게 번창한다. 25세부터 좋은 운이 겹쳐오니 행복한 시절 수십 년이 하루와 같다.

67) 황자빈군 23세 10運

己己癸辛　戊丁丙乙甲癸壬
卯巳卯酉　辰卯寅丑子亥戌

君以疾病爲問 台造.. 己卯 己巳 癸卯 辛酉 木火土熇乾癸水 若無辛酉二金之生水 恐早已物化矣 將來二十八歲丙午年 二十九歲丁未年 火勢燎原 肺失肅降 腎水枯竭 可不愼乎
당신은 질병에 관하여 물었는데 명조를 보니 己卯 己巳 癸卯 辛酉이고 木火

土가 癸水를 말리니 만약 辛酉金의 生水가 없었으면 이미 일찍 죽었을 것이다. 다가오는 28세 丙午年과 29세 丁未年은 火勢가 무서운 기세로 불타오르니 폐의 氣가 하강하지 못하고 신장의 水氣가 고갈되므로 삼가지 않으면 안 된다.

68) 장택천군 아들 2세 6運

庚己己戊　庚辛壬癸甲乙丙
子丑酉辰　寅卯辰巳午未申

令郎命造.. 庚子 己丑 己酉 戊辰 土勢壅塞 雖用庚洩 因天寒地凍 最喜火溫 "子偉"之名 何不易以"志煒" 將來利於南方熱帶 機械燃料等事尤宜 好運較遲 大器晩成 當在四十歲以後也.

아들의 명조는 庚子 己丑 己酉 戊辰으로 土의 세력이 막혀있어 비록 庚金의 설기를 쓰더라도 날씨는 춥고 땅은 얼었으므로 火의 따뜻함이 가장 기쁘다. "子偉"라는 이름은 "志煒"로 바꾸지 않겠는가? 장래에 남방 열대지역이 이롭고 기계나 연료 등에 관련한 일이 더욱 마땅하다. 좋은 운이 늦게 오니 대기만성인데 당연히 40세 이후가 된다.

69) 소애령여사 딸 8세 5運

甲丁丁癸　丙乙甲癸壬辛庚
午卯丑卯　寅丑子亥戌酉申

根據淑造.. 甲午 丁卯 丁丑 癸卯 答覆女士三大問題. 一) 明年壬寅 驛馬冲動 有出國之希望. 二) 命中喜逢金水 自宜美術 文化 經濟 等等. 三) 時上偏官 時下梟神 夫必良 子必少 結婚於二十八歲以後尤妙.

의거하여 명조를 보면 甲午 丁卯 丁丑 癸卯인데 여사의 세 가지 문제에 대하여 답을 한다. 1) 내년 壬寅年은 역마가 충동하여 바라던 출국을 하게 된다. 2)

命中에 金水를 기뻐하므로 미술 문화 경제 등등이 마땅하다. 3) 時上이 편관이고 時下가 효신이므로 남편은 틀림없이 선량하고 자식은 적으며 결혼은 28세 이후가 더욱 좋다.

70) 서계봉군 47세 8運

乙辛壬辛　庚己戊丁丙乙甲

卯巳戌亥　辰卯寅丑子亥戌

君謂有堅强鬥志與創造魄力 惟每事恥於求人 故無成就 余以爲非也 命運使然也. 蓋査台造.. 乙卯 辛巳 壬戌 辛亥 精華在於亥水 歷行木火土運 與命相背 縱使善於鑽營 亦未必得意 孔子曰"富而可求 雖執鞭之士 我亦爲之" 意卽非人事所可强求也 五十四歲以後 不求而且自成 賦性剛强何尤哉 我行我素儘可矣.

당신은 굳건한 투지와 창조적 기백이 있다고 했으나 매사를 남에게 부탁하여 부끄럽고 성취한 것이 없다고 말했는데 나는 그런 게 아니고 명운 때문에 그렇게 된거라고 생각한다. 명조를 살펴보면 乙卯 辛巳 壬戌 辛亥로 빼어난 기운이 亥水에 있다. 지난 운이 木火土로 命과 서로 어긋났으므로 설사 깊이 파고들어 경영을 잘했어도 틀림없이 뜻을 얻지 못했을 것이다. 공자가 말하길 "부자가 될 수 있다면 비록 말채찍을 잡는 일이라도 나는 그것을 할 것이다"고 했는데 그 뜻은 사람이 억지로 구할 수 있는 것이 아니라는 것이다. 54세 이후 구하지 않아도 저절로 이루어진다. 굳세고 강하게 타고난 성품을 어찌 탓하겠는가. 내가 행하는 것은 내가 타고난 바탕대로 다할 뿐이다.

71) 나양항군 아들 2세 8運

庚己庚癸　庚辛壬癸甲乙丙

子卯子未　辰巳午未申酉戌

令郞命造.. 庚子 己卯 庚子 癸未 財重身輕 以己土正印爲用 官不透天 作事有欠精明 行運瑕瑜互見 幸尙穩健 乃一安分守己之士也.

아들의 명조는 庚子 己卯 庚子 癸未로 財重身輕이니 己土 정인으로 용신을 삼는다. 官이 투간하지 못하여 일을 함에 영리하지 못하고 행운은 장단점이 다 있으나 다행히 오히려 온건하므로 한결같이 편안한 마음으로 자기의 분수를 지키는 선비다.

72) 잠소루여사 41세 6運

辛戊丁乙　己庚辛壬癸甲乙

酉戌巳巳　亥子丑寅卯辰巳

淑造.. 辛酉 戊戌 丁巳 乙巳 傷官傷盡 命非下乘 尊夫之死於日機轟炸 乃彼本命之關係耳 女士今欲擇人而事 竊以今年辛丑 辛爲財 丑合巳酉而會財局 財卽是喜 必有終身可托者 相逢於萍水也.

숙녀의 명조는 辛酉 戊戌 丁巳 己巳로 상관상진이니 명이 下格은 아니고 남편이 일본군 비행기의 폭격으로 죽은 것은 남편의 본명과 관계일 뿐이다. 여사는 지금 사람과 일을 선택하려고 하는데 내 생각으로는 금년 辛丑은 辛이 財가 되고 丑은 巳酉와 합하여 財局이 되며 財가 희신이니 반드시 죽을 때까지 의탁할 수 있는 사람이 있는데 떠돌아다니다 서로 만나게 된다.

73) 진보조군 41세 10運

辛辛戊癸　庚己戊丁丙乙甲

酉卯戌丑　寅丑子亥戌酉申

台造.. 辛酉 辛卯 戊戌 癸丑 戊土得以生存 僅賴一戌於根 體雖羸弱 二十歲庚辰年 三十二歲壬辰年 俱已越過 乃至六十六歲酉運方危 今後丁亥兩步 一以運勝 一以年勝 無論從政從商 皆有小就 然而一生精華所在 惟五十一歲至六

十一歲之丙戌兩運耳.
당신의 명조는 辛酉 辛卯 戊戌 癸丑으로 戊土가 하나의 戌에 의지하여 생존한다. 몸이 비록 약하나 20세 庚辰年과 32세 壬辰年은 이미 지나갔고 더 나아가서 66세 酉運이 위험하다. 지금 이후의 丁亥運은 하나는(丁:庚子 辛丑 壬寅 癸卯 甲辰) 運이 좋고 하나는(亥:乙巳 丙午 丁未 戊申 己酉) 年이 좋아 정치를 하든 상업을 하든 모두 작은 성취가 있다. 그러나 일생 빼어난 기운은 오직 51세부터 61세까지의 丙戌運 뿐이다.

74) 왕일민군 55세 9運

丁壬辛丁　辛庚己戊丁丙乙
未寅亥酉　丑子亥戌酉申未

承邀作郊遊 感感 台造.. 丁未 壬寅 辛亥 丁酉 丁運已過 酉運方交 旣忌火而喜金 行將苦盡甘來 卽以流年月令而論 辛丑一金一土 幇身可喜 對方威脅 現雖無所不用其極 竊以耐過四五六月 彼黔驢之技 殆亦窮矣 一秋一冬 當另有其新氣象也.
교외에서의 놀이에 초대를 받았는데 감사하다. 당신의 명조는 丁未 壬寅 辛亥 丁酉인데 丁運은 이미 지났고 酉運으로 바뀌었으니 원래 火는 꺼리고 金을 기뻐하므로 장차 고진감래다. 流年과 월령으로 논하면 辛丑은 一金 一土로 방신하여 기쁘다. 상대방이 위협을 지금은 비록 극도로 사용할지라도 내 생각에 4,5,6월을 참고 지나면 그가 호랑이에게 발길질하는 것이니 위태롭기가 끝이 없고 가을과 겨울에 마땅한 별도의 새로운 상황이 있을 거라고 생각한다.

75) 위서화군 42세 9運

庚丁癸戊　戊己庚辛壬癸甲

申亥酉午　子丑寅卯辰巳午

最近賤軀欠爽 公私栗六 本欄問信 尙有五百餘通 未曾奉答 尊函擱之尤久 歉甚歉甚 台造.. 庚申 丁亥 癸酉 戊午 財官印三透 驟然視之 必曰佳造 殊不知水泛濫而火土無力 身主偏重 財官太輕 故爲富貴場中之苦人也 較之素貧賤而行乎貧賤者 痛苦多矣 再查今後運程 爲辛卯壬辰四步 辛金助水 何善可言卯被酉冲 亦無能爲 壬爲汪洋 惟有摒棄虛榮 力求樸素 所幸君有眞才實學 不妨埋頭苦幹 則四五甲辰 四六乙巳 四七丙午 四八丁未 此四載必有收穫 而晩來得免於凍餒也 運蹇而求諸流年 此亦權宜之道也 固不敢以“東山再起” “飛黃騰達”等溢美之詞 有諛於君耳.

최근 몸이 상쾌하지 않고 공사가 바빠서 본란에 질문하는 편지가 5백여 통이나 있는데 아직까지 답을 하지 못하였다. 당신의 편지도 내버려 둔 지 또한 오래되어 매우 미안하다. 당신의 명조는 庚申 丁亥 癸酉 戊午로 財官印이 투간하였다. 홀연히 보고 반드시 좋은 명조라고 말하는 것은 특히 水가 범람하고 火土가 無力한 것을 모르는 것이며 일간이 편중되고 재관이 지나치게 가벼우므로 부귀를 얻는 중에 고생하는 사람이다. 비교적 바탕이 빈천하거나 빈천하게 행동하는 자는 고통이 많다. 다시 지금 이후의 運을 살펴보면 辛卯 壬辰運인데 辛金은 水를 도우니 어찌 좋다고 말하겠는가. 卯는 酉에게 충을 당하니 역시 할 수 있는 것이 없고 壬은 끝없는 바다가 되니 오직 허영을 버리고 소박함을 구하는데 힘써야 한다. 다행인 것은 당신은 재능이 있고 충실한 학문이 있으니 고통을 무릅쓰고 묵묵히 일하면 45세 甲辰 46세 乙巳 47세 丙午 48세 丁未 이 4년 동안 틀림없이 수확을 얻는데 지장이 없고 만년에는 춥고 굶주림을 면하게 된다. 運이 순탄하지 않아 流年에서 구하는 것 또한 임시방편이니 참으로 “동산재기”나 “비황등달” 등의 아름다운 말을 감히 할 수 없는 것은 당신에게 아첨하는 것일 뿐이기 때문이다.

76) 왕전추군 39세 3運

癸戊辛辛　丁丙乙甲癸壬辛

亥午酉卯　巳辰卯寅丑子亥

君問際遇 按台造.. 癸亥 戊午 辛酉 辛卯 夏金喜水 年癸爲月戊所合 憾也何如 過去大都木火運程 流浪生活 甘苦自知 明後兩年 略有起色 四十四歲行癸丑 大運 乃多展布 而其名成利就 如盤石之安 金湯之固矣.

당신은 언제 좋은 운을 만날 수 있는지 물었다. 명조를 살펴보면 癸亥 戊午 辛酉 辛卯로 夏金이 水를 기뻐하는데 년의 癸가 月의 戊와 합이 되니 어찌 유감이 아니겠는가. 지난날이 모두 木火 運이었으니 유랑생활의 즐거움과 고생스러움을 스스로 안다. 내년과 후년은 어떤 일이 일어날 조짐이 있고 44세 癸丑 대운은 수완을 발휘하는 일이 많아 名利를 성취하는데 마치 난공불락의 견고한 요새와 같다.

77) 왕아재군 17세 8運

乙乙甲癸　甲癸壬辛庚己戊

酉酉辰酉　申未午巳辰卯寅

台造.. 乙酉 乙酉 甲辰 癸酉 三重酉金 官化爲鬼 妙在癸印洩官生身 扭轉乾坤 胸有大志 身懷絶技 二十四歲後 行到未午巳三步火運 鯤化鵬遊 罔知所屆 惟去今兩年 防爲病魔所困 諸勿用心過度.

당신의 명조는 乙酉 乙酉 甲辰 癸酉로 三重의 酉金이 殺로 化하였는데 癸水가 洩官生身하여 국면을 전환시키니 가슴에는 큰 뜻이 있고 몸에는 뛰어난 기예를 지닌다. 24세 후 未午巳 火運에 고니가 변하여 붕새와 놀게 되고 한계를 알 수 없다. 그러나 지난해와 금년은 病으로 시달리게 되니 막아야 하는데 과도하게 마음을 쓰지 마라.

78) 허승태군 34세 2運

戊辛丙辛　　壬癸甲乙丙丁戊

辰酉子卯　　戌亥子丑寅卯辰

君問子息 査台造.. 戊辰 辛酉 丙子 辛卯 子水正官 與卯相刑 防有苗而不秀 多生少成 遲子爲妥 結局雙璧而已.

당신은 자식에 대하여 물었는데 명조를 살펴보면 戊辰 辛酉 丙子 辛卯로 子水정관이 卯와 상형이니 자식은 있으나 빼어나지 못하고 많이 낳아도 성공하는 자식이 적다. 늦게 낳는 것이 타당하고 결국 특별히 뛰어난 우열이 없는 둘일 뿐이다.

79) 고진탑군 26세 2運

丙戊丙庚　　己庚辛壬癸甲乙

子戌戌寅　　亥子丑寅卯辰巳

台造.. 丙子 戊戌 丙戌 庚寅 妙哉寅時 良以寅爲丙之長生 生扶日元 得任其戊庚之食財 必爲富有之士 君問何時燕爾新婚 余以爲今年辛丑 丙辛妬合 丑戌相刑 尙有距離 明年壬寅 又逢一寅 神仙眷屬 在所必諧矣.

당신의 명조는 丙子 戊戌 丙戌 庚寅으로 寅時가 묘한데 寅이 丙의 장생이 되고 일간을 生扶하며 戊와 庚의 식신과 재성을 감당하니 반드시 부유한 사람이다. 당신은 언제 결혼하는 지를 물었는데 금년 辛丑은 丙辛이 투합하고 丑戌이 상형되니 오히려 거리를 둬야 한다. 내년 壬寅은 또 寅을 만나니 신선과 같은 아내를 만나는데 반드시 서로 뜻이 맞는 바가 있다.

80) 홍삼과군 48세 9運

甲庚己丁　　辛壬癸甲乙丙丁

寅午巳卯　　未申酉戌亥子丑

君問壽元 台造.. 甲寅 庚午 己巳 丁卯 建祿格 木火土生生不息 乃以"有餘"爲病 六十歲行丙運 火勢燎原 不可收拾 天上玉樓召 世間大雅亡.
당신은 수명을 물었는데 명조를 보면 甲寅 庚午 己巳 丁卯로 건록격이고 木火土가 생생불식하니 신왕함이 病이다. 60세 丙運은 火勢가 불타는 들판 같아 수습이 불가하므로 하늘에서 부르니 매우 아름다운 세상을 잃게 된다.

81) 진시명군 아들 12세 9運

庚癸己乙　甲乙丙丁戊己庚
寅未酉亥　申酉戌亥子丑寅

台造.. 庚寅 癸未 己酉 乙亥 未月旺土 喜一庚一癸之洩秀 更喜酉亥爲庚癸之根源 處世安然 衣祿豐盈 經商尤妙 可以攻 亦可以守也.
당신의 명조는 庚寅 癸未 己酉 乙亥로 未月의 旺土인데 庚과 癸가 洩秀하여 기쁘고 酉亥가 庚癸의 근원이 되어 더욱 기쁘다. 처세가 편안하고 의식이 넉넉하다. 상업은 더욱 묘한데 공격도 할 수 있고 지키는 것도 할 수 있다.

82) 주빈여사 아들 1세 2運

辛辛癸乙　庚己戊丁丙乙甲
丑卯亥卯　寅丑子亥戌酉申

女士所排令郎之八字 並無錯誤 確爲.. 辛丑 辛卯 癸亥 乙卯 癸水得金生木洩 聰明秀麗 將來必挾一技一藝之長 名震遐邇 但以五行欠火 恐貴而不富 其名曰"鈞" 尤非所宜 應改取火部之字耳 一生運程瑕瑜互見 處境恰如波浪之多起伏也.
여사가 아들의 팔자를 배열한 것이 착오가 없고 辛丑 辛卯 癸亥 乙卯가 확실하다. 癸水가 金의 생과 木의 설을 만났으니 총명하고 수려하다. 장래에 반드시 하나의 기예에 뛰어남이 있고 원근에 이름을 떨친다. 그러나 火가 없어 貴

하나 富하지 못할까 걱정이다. 이름을 "균"이라 했는데 마땅하지 않으니 응당 火部字를 취하여 고쳐야 한다. 일생의 운이 좋고 나쁨이 교차하므로 처지가 마치 기복이 많은 물결과 같다.

83) 형익정군 32세 1運

庚丁戊甲　戊己庚辛壬癸甲
午亥子寅　子丑寅卯辰巳午

台造.. 庚午 丁亥 戊子 甲寅 精華在於天干一丁 及地支寅午 早運忙來有成 但去今明三年 恐事業多打擊 三十四歲癸卯年 又防險惡之疾病 或女子之糾紛 三十六歲乙巳年起 乃克名利勃興 光輝熱鬧 遠勝於前焉.

당신의 명조는 庚午 丁亥 戊子 甲寅으로 뛰어난 기운이 천간의 丁火와 지지의 寅午에 있으니 일찍 오는 운에 성공이 있다. 그러나 작년 금년 내년 3년은 사업에 타격이 많아 무섭고 34세 癸卯年은 험악한 질병이나 여자와의 분쟁을 방지해야 한다. 36세 乙巳年부터 名利가 발흥하여 빛이 나고 떠들썩하니 전보다 훨씬 낫다.

84) 기망여사 28세 4運

甲丁甲丁　丙乙甲癸壬辛庚
戌丑午卯　子亥戌酉申未午

淑造.. 甲戌 丁丑 甲午 丁卯 寒木無丙 幸有丁火 傷官傷盡 女中丈夫 良以具有堅强之魄力 崇高之人格 何患志業之無成 現運受盡委屈 三十歲行戌運 外而事業 內而家庭 無不興盛矣.

숙녀의 명조는 甲戌 丁丑 甲午 丁卯로 寒木이 丙이 없으나 다행히 丁火가 있고 상관상진으로 女中 丈夫다. 굳세고 강한 기백이 있고 숭고한 인격이니 어찌 지망하는 사업을 이루지 못할 것을 걱정하겠는가. 현새의 운은 억울함올다 받아야 하지만 30세 戊運은 밖으로는 사업이 안으로는 가정이 흥성하지 못함이 없다.

85) 황통전군 35세 3運

丁庚甲甲　己戊丁丙乙甲癸

卯戌申戌　酉申未午巳辰卯

承示指南針先生批台造.. 丁卯 庚戌 甲申 甲戌 其言極是 暮秋之木 總喜水來生扶 火以制金 丙午十年大運 必有建樹 惟以原命無水之養木 發展亦屬有限期望幸勿太高.

지남침선생이 알려주는 당신의 명조는 丁卯 庚戌 甲申 甲戌로 비평한 그 말이 매우 옳다. 총괄적으로 戌月의 木은 水가 와서 生扶하고 火로써 制金해야 기쁘다. 丙午 10년 대운은 반드시 실적이 있다. 그러나 원명에 木을 기르는 水가 없어서 발전이 느리고 한계가 있으니 너무 높은 것을 기대하지 마라.

86) 대양지군 34세 4運

戊辛戊丙　壬癸甲乙丙丁戊

辰酉辰辰　戌亥子丑寅卯辰

台造.. 戊辰 辛酉 戊辰 丙辰 秋土雖多 究屬失令 而爲旺金所洩 三辰之中 又俱藏水 得行火運乃佳 故一生惟四十五歲至五十五歲丙寅兩步 爲煥發之途 其餘運程 皆是虛名浮利耳 今年辛丑 明年壬寅 破敗尤多.

당신의 명조는 戊辰 辛酉 戊辰 丙辰으로 秋土가 비록 많으나 결국 실령에 속하고 왕한 金이 설기하며 세 개의 辰中에 또 水가 암장되었으니 火運을 만나야 좋다. 그러므로 일생에 오직 45세부터 55세까지의 丙寅運이 빛나게 발전하는 운이며 그 나머지 운은 모두 허명이고 허공에 뜬 재물일 따름이다. 금년 辛丑과 내년 壬寅은 깨지고 패하는 일이 더욱 많다.

87) 빙호명군 아들 2세 9運

庚己壬乙　庚辛壬癸甲乙丙

子丑寅巳　寅卯辰巳午未申

令郎八字 爲.. 庚子 己丑 壬寅 乙巳 據云未滿三月 兩次險病 按今年辛丑 由四月起 康復可期 但入冬又不免浮災細恙 蓋其命造壬水太寒 喜見木火 故今冬庚子辛丑諸月 又患金水太過矣 明年三歲壬寅以後 蓬勃滋長 無關無碍 將來爲商界名人 晩運更爲出色.

아들의 팔자는 庚子 己丑 壬寅 乙巳인데 태어난 지 3개월이 안되어 두 번이나 험한 病이 있었다고 했다. 살펴보면 금년 辛丑은 4월부터 건강을 회복한다고 기대할 수 있다. 그러나 겨울에 들어가면 또 일시적인 禍와 미미한 질병을 면할 수 없다. 명조의 壬水가 지나치게 寒하여 木火를 기뻐하는데 금년 겨울인 庚子 辛丑月이 또다시 金水가 태과하여 걱정이다. 내년 3세인 壬寅이후 부쩍 자라는데 아무런 장애가 없다. 장래에 상업계에서 유명인사가 되고 만년 운이 더욱 특출하게 뛰어나다.

88) 이거위군 처 25세 5運

丁壬癸丙　癸甲乙丙丁戊己

丑子未辰　丑寅卯辰巳午未

尊婦人命造 丁丑 壬子 癸未 丙辰 建祿用財 所憾木不透天 財無所資 與其謂“命好” 不如謂“運好” 蓋自十六歲起 連行數十年木火運途 乃不富而亦富 不貴而亦貴矣.

부인의 명조를 보면 丁丑 壬子 癸未 丙辰으로 건록이 財를 쓰는데 木이 투간하지 않아 財를 돕지 못해 유감이다. “명 좋은 것”이 “운 좋은 것”만 못하다고 말하는데 16세부터 시작하여 연달아 수십 년 동안 木火運이니 富하지 않아도 또한 富하고 貴하지 못해도 역시 貴하다.

89) 조홍군 34세 2運

戊丁壬辛　戊己庚辛壬癸甲

辰巳申丑　午未申酉戌亥子

台造.. 戊辰 丁巳 壬申 辛丑 財殺較重 然有時上辛金正印 化殺生身 自非等閒之輩 逢木必發 所以卅五壬寅 卅六癸卯 卅七甲辰 卅八乙巳 四年所需皆得 有求必應 從前吃得苦中苦 此時便爲人上人矣 惜無木運 尙難躋於達官富商之列.

당신의 명조는 戊辰 丁巳 壬申 辛丑으로 財殺이 비교적 重한데 다행히 시상의 辛金정인이 있어 化殺生身하므로 자연히 보통의 무리는 아니다. 木을 만나면 반드시 발전하므로 35세 壬寅 36세 癸卯 37세 甲辰 38세 乙巳 4년은 필요한 것은 모두 얻게 되고 구하는 것은 틀림없이 구하게 된다. 종전에는 모진 고생을 당하였으나 이때는 문득 남을 부리는 사람이 될 것이다. 애석하게도 木運이 없어 고관이나 富商의 대열에 오르기 어렵다.

90) 갈입군군 33세 3運

己甲乙丁　癸壬辛庚己戊丁

巳戌未亥　酉申未午巳辰卯

君以膏粱子弟 因河山變色 流亡海隅 玆荷來信問前程 查台造.. 己巳 甲戌 乙未 丁亥 土重木折 近行五年未運 土勢加增 顚沛甚矣 明年起 壬寅 癸卯 甲辰 三載 必有轉機 事業傾向 則以屬木之實業爲最宜.

당신은 부잣집에서 고생을 모르고 자랐는데 세상이 변함으로 인하여 정처 없이 떠돌다 바다의 한 모퉁이에서 이제 편지를 보내 앞날에 대하여 물었다. 명조를 살펴보니 己巳 甲戌 乙未 丁亥로 土重木折인데 근래 5년이 未運으로 土勢가 가중되어 고생이 심했을 것이다. 내년부터 壬寅 癸卯 甲辰 3년은 반드시 전환할 수 있는 기회가 있는데 사업은 木에 속하는 업이 가장 마땅하다.

91) 담임군 50세 6運

壬癸丁己　甲乙丙丁戊己庚

子丑酉酉　寅卯辰巳午未申

台造.. 壬子 癸丑 丁酉 己酉 核諸過去事實 應按"從殺格"而論 丙戌年身中六鎗而未死 因在辰運(水庫)之故也 將來午運雖有子冲 危而不危 己運流年大好有益無損 總之 負担八口之家 綽綽有餘裕耳.

당신의 명조는 壬子 癸丑 丁酉 己酉로 과거의 사실을 대조하여 살펴보면 응당 종살격으로 논한다. 丙戌年에 여섯 발의 총을 맞고도 죽지 않은 것은 辰運(水庫)이었기 때문이다. 장래 午運은 비록 子를 충하여 위험하나 위태롭지 않고 己運은 流年이 아주 좋아 유익하고 손해가 없다. 한마디로 8명의 집안을 부담하기에 여유가 있다.

92) 한관군군 57세 6運

乙乙戊癸　甲癸壬辛庚己戊

巳酉辰丑　申未午巳辰卯寅

君流寓越南三十年 今以葉落歸根爲念 而思鄕彌切 查台造.. 乙巳 乙酉 戊辰 癸丑 有兩乙一辰 不能作爲"從兒格" 但又日主衰弱 所以碌碌無成 六二丙午 六三丁未 兩年 奇光異彩 乃畢生所僅見 自然衣錦榮歸 隨心所欲矣.

당신은 베트남에서 30년 동안 살다가 지금 고향으로 돌아가고 싶어 고향생각이 점점 더 간절하다고 했다. 명조를 보면 乙巳 乙酉 戊辰 癸丑으로 兩乙과 辰이 있어 종아격이 될 수 없다. 그러나 또 일주가 쇠약하여 보잘것이 없고 성취하는 것도 없다. 62세 丙午 63세 丁未 兩年은 뜻밖의 빛이 나는데 일생동안 겨우 만난 것이니 금의환향과 하고 싶은 대로 할 수 있다.

93) 여긍군 59세 9運

癸壬丙辛　辛庚己戊丁丙乙

卯戌申卯　酉申未午巳辰卯

時勢造英雄 英雄造時勢 旣以命運爲可信 無所謂"生不逢辰" 夫時艱世難 儘有幸運之兒 河淸海晏 亦有落魄王孫

台造.. 癸卯 壬戌 丙申 辛卯 化水不成 從財不專 仍喜木火生扶 偏逢土金運途 寧有濟乎 自五十二歲甲辰年起 歲運一路木火 回黃轉綠 萬紫千紅 不論時局如何 定卜躊躇滿志.

당시의 형세가 영웅을 만들고 영웅이 당시의 형세를 만드니 명운을 믿을 수 있는데 소위 "좋은 세상에 태어나지 못한 사람"은 없다. 무릇 어려운 시국에도 행운아는 있고 천하가 태평한 시절에도 곤궁에 빠진 왕손도 있는 것이다. 명조를 보면 癸卯 壬戌 丙申 辛卯로 化水를 이룰 수 없고 종재는 전일하지 못하다. 그래서 木火의 生扶를 기뻐하는데 치우치게 土金運을 만났으니 어찌 도움이 되었겠는가. 62세 甲辰年부터 歲運이 木火運이니 누렇게 변했던 잎이 다시 푸르러지고 백화가 만발한다. 시국이 어떠한지를 논할 것 없이 스스로 만족해할 것을 예측할 수 있다.

94) 정치창군 31세 3運

辛丙乙丙　乙甲癸壬辛庚己

未申巳子　未午巳辰卯寅丑

台造.. 辛未 丙申 乙巳 丙子 喜有子水濡養 更喜丙火制金 自非久居人下者 但自廿八歲以來 連逢土金流年 雄心未遂 尤以今年辛丑 蠖屈更甚 明年壬寅 應有變化 變則通矣 磨厲以須 從而癸卯以後 五年駿發 日就月將 成功非鮮也.

당신의 명조는 辛未 丙申 乙巳 丙子로 子水가 적시며 생하여 기쁘고 丙火가 制金하여 더욱 기쁘다. 따라서 다른 사람 밑에서 오래 있지 않는다. 그러나 28

세 뒤로 연달아 土金流年(丁酉 戊戌 己亥)을 만나므로 웅장한 뜻을 이루지 못한다. 더구나 금년 辛丑은 쭈그리고 펴지 못함이 더욱 심하고 내년 壬寅은 변화가 있으며 변하면 통할 것이니 준비를 철저히 하여 때를 기다리면 癸卯年 이후 5년(癸卯 甲辰 乙巳 丙午 丁未) 동안 빠르게 발전하는데 일취월장이며 성공이 적지 않다.

95) 곡작생군 52세 5運

庚丁辛戊　戊己庚辛壬癸甲

戌亥卯戌　子丑寅卯辰巳午

台造.. 庚戌 丁亥 辛卯 戊戌 土重雖不致埋金 但丁火黯然無光 過去未來皆無火運 僅五六乙巳 五七丙午 五八丁未三年 爲畢生得意之秋 勉哉 至於天賜良緣 宜其家室 明年壬寅 有厚望焉.

당신의 명조는 庚戌 丁亥 辛卯 戊戌로 土가 中하여 비록 埋金에 이르지 않으나 丁火가 어둡고 빛이 없다. 과거와 미래가 모두 火運이 없고 겨우 56세 乙巳 57세 丙午 58세 丁未 3년이 일생에 뜻을 이룰 수 있는 좋은 때이니 근면해야 한다. 하늘이 주는 좋은 인연은 아내로 마땅하고 내년 壬寅에 많은 기대를 할 수 있다.

96) 반영군 24세 1運

戊丁乙己　戊己庚辛壬癸甲

寅巳丑卯　午未申酉戌亥子

台造.. 戊寅 丁巳 乙丑 己卯 財重身輕 幸有寅卯爲根 最宜見水 蓋在亢燥之夏令 調候潤澤爲急耳 水運行於四十二歲之後 晚年自必亨通 二十七歲行申運 雖多進步 必有一番大變動也.

당신의 명조는 戊寅 丁巳 乙丑 己卯로 財重身輕인데 다행히 寅卯의 뿌리가 있으니 水를 만나는 것이 가장 마땅하다. 지나치게 조열한 여름이니 조후의 윤택함이 급할 따름이다. 水運이 42세 후에 있으니 만년은 틀림없이 형통한다. 27세 申運은 비록 많은 진전이 있으나 반드시 큰 변동이 한 번 있다.

97) 양웅군 43세 2運

己辛丁丙　庚己戊丁丙乙甲

未未卯午　午巳辰卯寅丑子

台造.. 己未 辛未 丁卯 丙午 夏火炎炎 若無己土洩秀 或夭折 或災病 早有不堪設想者矣 三十三歲以來 丁卯十年 雖不稱意 恐今後丙寅十年 更不得志 直至五十八歲行丑運方好 奈距今之時間太遠何.

당신의 명조는 己未 辛未 丁卯 丙午로 여름의 火가 매우 더운데 만약 己土의 洩秀가 없었다면 요절했거나 病으로 재난을 당하는 상상하기조차 감당할 수 없는 일이 일찍 있었을 것이다. 33세 이후 丁卯 10년은 비록 뜻에 걸맞지 않았지만 지금 이후 丙寅 10년은 더욱 뜻을 얻지 못할까 두렵다. 곧 들어오는 58세 丑運은 비로소 좋은데 지금의 시간과 너무 멀리 떨어져 있으니 어찌 견디겠는가.

98) 이운복군 30세 7運

壬丁庚丙　戊己庚辛壬癸甲

申未辰子　申酉戌亥子丑寅

台造.. 壬申 丁未 庚辰 丙子 窮通寶鑑曰"六月庚金 三伏生寒 先用丁火" 今以透丁爲可喜 丁被壬絆爲可憎 三十三歲行戌運 火庫冲開 富貴利達 此而不圖 等待何時耶 蓋三十八歲以後 運都平淡無奇矣.

당신의 명조는 壬申 丁未 庚辰 丙子로 궁통보감에서 말하길 "6월 庚金은 三伏에도 寒氣가 생하면 먼저 丁火를 用한다"고했는데 지금 丁火가 투간하여 기쁘디고 할 수 있으나 丁이 壬에게 기반당하여 가증스럽게 되었다. 33세 戌

運은 火庫가 충개되어 부귀영달하는데 이 때에 도모하지 않고 어느 때를 기다리겠는가? 38세 이후 운은 모두 기이한 게 없고 평범하다.

99) 황영군 여동생 5세 7運

丁戊癸癸　己庚辛壬癸甲乙

酉申亥丑　酉戌亥子丑寅卯

淑造.. 丁酉 戊申 癸亥 癸丑 可貴之處多矣 亥丑拱祿 一也 戊土正官透淸 二也 丁火生戊土 三也 惜乎行運祗戌土五年(二十三歲至二十八歲)爲可取 餘皆蕭索 所謂有其命而無其運也.

숙녀의 명조는 丁酉 戊申 癸亥 癸丑으로 귀하다고 할 만한 곳이 많은데 亥와 丑이 공록한 것이 하나고 戊土정관이 투출하여 청한 것이 둘이며 丁火가 戊土를 생하는 것이 셋이다. 애석한 것은 오직 戌土 5년(23세부터 28세까지)은 행운을 취할 게 있으나 나머지는 다 生氣가 없고 삭막하니 이른바 命은 있으나 運이 없는 것이다.

100) 진여진군 40세 10運

壬戊己戊　己庚辛壬癸甲乙

戌申酉辰　酉戌亥子丑寅卯

台造.. 壬戌 戊申 己酉 戊辰 驟然視之 似乎土重疊疊 其實秋土無力 申酉戌西方一炁 壬水再透 財旺於身 所以三十六歲行來亥運 未許吉遂 將來壬子癸丑等運 亦皆虛名浮利 間逢火土流年 則僅得意於一時.

당신의 명조는 壬戌 戊申 己酉 戊辰으로 얼른 보면 土가 첩첩하여 중한 것 같으나 기실은 秋土가 無力하고 申酉戌이 서방 一氣이며 壬水가 투출하여 財가 일간보다 왕하다. 까닭에 36세 亥運은 길하다고 할 수 없고 장래 壬子 癸丑運 역시 모두 허명에 뜬 재물이다. 중간에 火土流年을 만나면 일시적으로 약간의 뜻을 얻는다.

101) 진자송군 49세 1運

癸癸丙戊　壬辛庚己戊丁丙

丑亥申子　戌酉申未午巳辰

台造.. 癸丑 癸亥 丙申 戊子 以水爲病 以土爲藥 土之制水 還不如木之化水 奈何亥中之甲爲濕木 無能爲力也 明年壬寅 先有災 後有喜 因禍得福之象 五十二歲以後 歲運並美 桑榆足樂矣.

당신의 명조는 癸丑 癸亥 丙申 戊子로 水가 病이 되고 土가 藥이 되는데 도리어 土의 制水가 木의 化水만 못하지만 어찌 亥中의 甲木이 濕木인데 힘을 다할 수 있겠는가. 내년 壬寅은 먼저 재난이 있고 후에 기쁜 일이 있으니 火로 인하여 福을 얻는 모양이다. 52세 이후는 歲運이 함께 좋아 노년이 즐거울 것이다.

102) 송함정군 42세 2運

庚丙甲辛　丁戊己庚辛壬癸

申戌子未　亥子丑寅卯辰巳

台造.. 庚申 丙戌 甲子 辛未 秋木忌金 申子半水局 養木之精神 又可化金 用神當取子印 丙丁制不住庚辛 所以逢火不佳 四三壬寅 四四癸卯 四五甲辰 所獲非鮮 乃由於流年之利 非辛運之善也 至於晩運最有希望 自推壬辰十年.

당신의 명조는 庚申 丙戌 甲子 辛未로 秋木이 金을 꺼리는데 申子가 半水局하여 木을 기르는 정신이 있고 化金할 수 있다. 용신은 당연히 子인성을 취하고 丙丁은 庚辛을 억제하므로 火를 만나는 것은 좋지 않다. 43세 壬寅 44세 癸卯 45세 甲辰은 거두는 것이 적지 않은데 流年의 이로움 때문이고 辛運이 좋아서 그런 것은 아니다. 만년에 아주 희망이 있는 것은 壬辰 10년이라고 추측한다.

103) 후초군 61세 8運

壬壬甲癸　癸甲乙丙丁戊己
寅寅子酉　卯辰巳午未申酉

台造.. 壬寅 壬寅 甲子 癸酉 水木兩神成象 微嫌酉金爲病 玆行戊申大運 克盡壬寅 恍惚無着處 每多意外憂 幸自六十一歲起 流年五載 短中取長 有利可圖 惟六十七歲戊申年 土金與水木交爭 歲運倂臨 危乎殆哉.

당신의 명조는 壬寅 壬寅 甲子 癸酉로 水木양신성상인데 酉金이 病이 되어 조금 불만이다. 지금 戊申대운은 壬寅을 극하여 없애므로 정신이 얼떨떨하고 마음 둘 곳이 없으며 매사 생각이 많고 밖으로는 근심이 있다. 다행히 61세부터 일어나는 5년간의(壬寅 癸卯 甲辰 乙巳 丙午) 流年은 단점 중에서 장점을 취할 수 있으니 이익을 도모할 수 있다. 그러나 67세 戊申年은 土金이 水木과 다투고 歲運이 並臨하므로 몹시 위태롭다.

104) 곡석군군 31세 2運

辛辛癸壬　庚己戊丁丙乙甲
未丑酉子　子亥戌酉申未午

台造.. 辛未 辛丑 癸酉 壬子 偏多金水 太少木火 一生以丁丙兩運(三十三歲至三十八歲 四十三歲至四十八歲) 最爲健朗 然而丁丙坐於酉申 火不通根 雖發亦屬有限也.

당신의 명조는 辛未 辛丑 癸酉 壬子로 치우치게 金水가 많고 지나치게 木火가 적다. 일생에 丁丙運(33세부터 38세까지와 43세부터 48세까지)이 가장 산뜻하다. 그러나 丁丙이 酉申에 앉아 火가 통근하지 못하여 비록 발전하나 역시 한계가 있다.

105) 사백창군 55세 5運

丁癸辛甲　壬辛庚己戊丁丙

未卯未午　寅丑子亥戌酉申

台造.. 丁未 癸卯 辛未 甲午 辛金日元 毫無根原 應按"從財格"而論 乃運程大都土金幇身 爲"從財"所大忌 事業如鷄肋 路途似羊腸 五十六歲行丁運 益以五六壬寅 五七癸卯 五八甲辰 五九乙巳 四載大好年 立致鉅富 坐擁多金 足慰生平矣.

당신의 명조는 丁未 癸卯 辛未 甲午인데 辛金일원이 근원이 전혀 없어 응당 "종재격"으로 논한다. 운이 대부분 土金으로 일간을 도우니 "종재"가 매우 꺼리는 바다. 사업은 계륵과 같고 운로는 양의 창자와 같이 꼬여있다. 56세 丁運은 더욱이 56세 壬寅 57세 癸卯 58세 甲辰 59세 乙巳 4년 동안이 아주 좋으니 큰 부자가 되는데 많은 돈을 끼고 앉으니 평생을 위로받을 수 있다.

106) 황문전군 39세 9運

癸壬癸辛　辛庚己戊丁丙乙

亥戌未酉　酉申未午巳辰卯

台造.. 癸亥 壬戌 癸未 辛酉 君年近不惑 尙無家室 此於閣下其實爲有利 蓋台造劫比梟神 星羅棋佈 早婚早子 兩不妥當 四十二歲甲辰年起 一路財官運程名成利就於外 娶妻得子於內 飄飄然其欲仙矣.

당신의 명조는 癸亥 壬戌 癸未 辛酉이고 당신은 나이가 불혹에 가까우나 아직 아내가 없다고 했는데 이것은 당신에게 잘된 일이다. 당신의 명조가 비겁과 효신이 별이나 바둑돌처럼 많이 흩어져 있어서 일찍 결혼하거나 일찍 자식을 두는 것은 다 타당하지 않다. 42세 甲辰運부터 하나같이 財官運이니 밖으로는 名利를 성취하고 안으로는 처와 자식을 얻으니 득의양양하여 신선이 되고 싶어 할 것이다.

107) 예근인군 59세 9運

癸癸戊甲　壬辛庚己戊丁丙

卯亥辰寅　戌酉申未午巳辰

台造.. 癸卯 癸亥 戊辰 甲寅 十月甲木有氣 水木林林總總 應作“從殺格”而論 早年金運 中年火運 晩年土運 正合命理約言所謂“凡所從之神 被克則爲破局 此已盡之命 逢根卽屬不祥” 運旣如是其乖違 唯有求諸水木流年矣 所以六十壬寅 六一癸卯 六二甲辰 無一而非發財之年 豈容蹉跎 可不勉乎.

당신의 명조는 癸卯 癸亥 戊辰 甲寅으로 10월 甲木이 有氣하고 水木이 무수히 많아 응당 “종살격”으로 논한다. 조년은 金運이고 중년은 火運이며 만년은 土運이니 명리약언에서 말한 이른바 “무릇 從하는 神이 극을 당하면 파국이 되는데 이것은 이미 다 없어진 명의 뿌리를 만나 상서롭지 못하기 때문이다”에 부합되고 運의 어그러짐이 이미 이와 같으니 오직 바라는 것은 水木流年이다. 60세 壬寅 61세 癸卯 62세 甲辰年은 재물을 생하지 않는 년이 하나도 없으니 어찌 때를 놓칠 수 있으며 노력하지 않을 수 있겠는가.

108) 진덕신군 36세 4運

丙己戊癸　庚辛壬癸甲乙丙

寅亥午丑　子丑寅卯辰巳午

台造.. 丙寅 己亥 戊午 癸丑 身財得其兩停 但以局中少金 了無精彩 故雖衣食無憂 不過小康之富而已 三十五歲行來癸運 今明後三年 財業大昌 此後都是平穩之運 無榮無辱焉.

당신의 명조는 丙寅 己亥 戊午 癸丑으로 身財가 兩停을 얻었으나 局中에 金이 없어 정교하고 뛰어난 빛이 전혀 없다. 그러므로 비록 衣食은 걱정이 없으나 먹고 살 만한 정도에 불과할 뿐이다. 35세에 오는 癸運인 금년 내년 후년 3년 동안은 재물이 크게 번창하고 이후는 모두 평온한 運이므로 영화도 없고 치욕도 없다.

109) 왕수영여사 53세 3運

己戊丙戊　己庚辛壬癸甲乙

酉辰辰子　巳午未申酉戌亥

淑造.. 己酉 戊辰 丙辰 戊子 "從兒格" 甚爲淸澈 富有之命也 惟明年行甲運 甲已克戊 而又合己 錯綜複雜 環境大有變遷 五四壬寅 五五癸卯 更有"人間何世"之概 "啼笑皆非"之痛也.

숙녀의 명조는 己酉 戊辰 丙辰 戊子로 종아격이며 매우 맑고 부유한 命이다. 그러나 내년의 甲運은 甲이 이미 戊를 극하고 또 己를 합하여 뒤섞임이 복잡하고 환경이 크게 변한다. 54세 壬寅 55세 癸卯는 다시 "무슨 세상이 이런가?"하고 개탄하게 되며 울지도 웃지도 못하는 고통이 있다.

110) 여원선군 51세 8運

壬壬丁庚　癸甲乙丙丁戊己

子寅巳子　卯辰巳午未申酉

台造.. 壬子 壬寅 丁巳 庚子 化木不成 官多用印 前運忙來有成 明年壬寅 後年癸卯 雖有輕烟淡霧 不害寒梅秋菊 五十四歲行未運 未中藏乙己丁 無一而非恩神 乃畢生精華所在 厚利大名 莫之致而致矣 請先浮一大白 預祝好運之將臨.

당신의 명조는 壬子 壬寅 丁巳 庚子로 化木格을 이루지 못하고 관성이 많아 인성을 쓴다. 앞의 운은 사건들이 바쁘게 발생하였으나 이룬 게 있었고 내년 壬寅 후년 癸卯는 비록 가벼운 연기와 옅은 안개가 있으나 겨울의 매화와 가을의 국화에는 해가 안 된다. 54세 未運은 未中 乙己丁이 암장되어 恩神 아닌 게 하나도 없으니 평생에 뛰어난 기운이 여기에 있고 名利가 두텁고 크며 이루려고 하지 않아도 이루게 된다. 먼저 큰 술잔을 하나 띄울 것을 청하며 좋은 운이 도래함을 미리 축하한다.

111) 호견용군 47세 7運

乙甲壬辛　癸壬辛庚己戊丁

卯申辰亥　未午巳辰卯寅丑

台造.. 乙卯 甲申 壬辰 辛亥 缺火無財 如畫龍而未點睛 巳午未三運 已如電光石火 一瞥而逝 三十八歲行來庚辰十年 興盡悲來 識盈虛之有數 四十八歲以後 亦乏精彩之運 惟五一乙巳 五二丙午 五三丁未 此三年不無良機巧遇 努力經營 毋失交臂.

당신의 명조는 乙卯 甲申 壬辰 辛亥로 火가 결여되어 財가 없으므로 용을 그리는데 눈을 그리지 않은 것과 같다. 巳午未運은 이미 전광석화처럼 눈 한번 깜짝할 새에 지나갔다. 38세에 오는 庚辰運 10년 동안은 즐거운 일과 슬픈 일이 교차하니 번영과 쇠퇴의 이치가 있음을 알게 된다. 48세 이후 역시 뛰어난 기운이 없고 오직 51세 乙巳 52세 丙午 53세 丁未 이 3년은 좋은 기회를 우연히 만나니 경영에 힘써서 기회를 놓치지 마라.

112) 장붕비군 아들 11세 2運

辛庚丁丙　己戊丁丙乙甲癸

卯子亥午　亥戌酉申未午巳

令郎命造.. 辛卯 庚子 丁亥 丙午 丁火絶於子月 幸而時落丙午 有所託根 危而不危 此乃平常之命 不敢以"跨灶""大器"等詞相諛 將來得一穩健而已 二十八歲至三十三歲之酉運 且恐以醇酒婦人 而身敗名裂 可畏哉.

아들의 명조는 辛卯 庚子 丁亥 丙午로 丁火가 子月에 絶地인데 다행히 丙午時가 되어 托根하니 위태롭지는 않으나 평범한 명이다. 감히 "자식이 아버지보다 더 뛰어나다" "큰 그릇이다" 등의 말로 아첨할 수는 없다. 장래가 하나같이 온건함을 만날 뿐이다. 28세부터 33세의 酉運은 또 주색에 빠져 몸을 망치고 이름에 금이 갈까 두렵다.

113) 위월긍군 48세 8運

甲辛辛戊　壬癸甲乙丙丁戊

寅未丑戌　申酉戌亥子丑寅

台造.. 甲寅 辛未 辛丑 戊戌 土多爲患 用甲木以制之 過去乙亥十年 應有小就 明年行丙運 丙辛相合 可望與妻兒團聚矣 五十四歲行子運 富貴玉帛 得於有意無意之間 此乃畢生好運之冠耳.

당신의 명조는 甲寅 辛未 辛丑 戊戌로 土가 많아 病이 되니 甲木을 써서 土를 억제한다. 지난 乙亥 10년은 당연히 작게 성취하였고 내년 丙運은 丙辛이 합하니 처자식과 함께 살 수 있기를 바랄 수 있다. 54세 子運은 부귀를 자기도 모르게 얻게 되니 이는 일생에서 제일 좋은 운일 뿐이다.

114) 유득군 29세 3運

癸庚乙丁　己戊丁丙乙甲癸壬辛庚

酉申卯亥　未午巳辰卯寅丑子亥戌

台造.. 癸酉 庚申 乙卯 丁亥 化金不成 因有丁火也 不化則忌金而喜火 二十九歲行巳運 百廢待擧 建根築基 三十四歲行丙運 堆金積玉 此其時矣 中晚年運途極爲平常 惟壽逾九十 殆亦禎祥之兆歟.

당신의 명조는 癸酉 庚申 乙卯 丁亥로 化金格을 이루지 못하는데 丁火가 있기 때문이고 不化하였으니 金을 꺼리고 火를 기뻐한다. 29세 巳運은 내버려두었던 많은 일들이 다 손보기를 기다리니 근본을 세우고 기초를 쌓아야 한다. 34세 丙運은 많은 재물이 쌓이는데 이때가 그때이다. 중 말년 운은 극히 평범하고 수명은 90을 넘기니 상서로운 징조이다.

115) 사표군 48세 7運

甲丙庚辛　丁戊己庚辛壬癸
寅寅午巳　卯辰巳午未申酉

台造.. 甲寅 丙寅 庚午 辛巳 庚金爲木火所逼 幸落巳時爲長生 弱而有氣 午運不佳 顯而易見 十餘年前 余已爲君預言之矣 今年甫行辛運 有益無損 其理有三 助庚一也 合丙二也 年善三也 尤以四九壬寅 五十癸卯 兩年 揷柳成蔭 非關人力 貴人機緣 來自意外 待之待之 毋躁毋躁.

당신의 명조는 甲寅 丙寅 庚午 辛巳로 庚金이 木火의 핍박을 당하는데 다행히 巳時가 장생이 되어 약하나 有氣하다. 午運이 좋지 않은 것은 드러난 것으로 쉽게 알 수 있고 10여년 전에 내가 이미 예언했었다. 금년에 막 辛運이 되어 유익하고 손해가 없는데 3가지 이유가 있다. 庚을 돕는 것이 하나고 丙을 합하는 것이 둘이며 年運이 좋은 것이 셋이다. 더욱이 49세 壬寅 50세 癸卯 兩年은 버드나무를 꽂아도 그늘이 지고 사람의 힘이 관여하지 않아도 귀인이 어떤 기회와 인연으로 뜻밖에 찾아오니 기다리고 조급해하지 마라.

116) 허창군 50세 8運

壬癸癸甲　甲乙丙丁戊己庚
子丑巳寅　寅卯辰巳午未申

台造.. 壬子 癸丑 癸巳 甲寅 妙哉 甲寅兩木之洩氣 喜再逢土 制其狂流 則富貴易如拾芥矣 四十五歲行來戊運 應有建樹 今年行午運 午與寅巳會合 更上一層樓 忙此五年 基業已固 何愁晚境之落寞 惟查六十一歲壬子年 防以心臟腎臟之疾病 竟至不治云爾.

당신의 명조는 壬子 癸丑 癸巳 甲寅인데 甲寅 兩木의 설기가 묘하다. 기쁘게도 다시 土를 만나 사납게 흐르는 것을 억제하니 부귀가 티끌을 줍는 것과 같이 쉽다. 45세 戊運은 당연히 성과가 있고 금년 午運은 午와 寅巳가 회합하므로 한층 더 성과가 있다. 이 5년은 바쁘고 사업의 기반은 이미 견고한데 만년에 무슨 근심으로 쓸쓸하겠는가. 오직 61세 壬子年은 심장과 신장의 질병을 막아야 하는데 끝내 불치병이 된다.

117) 황금천군 딸 10세 8運

癸甲癸壬　乙丙丁戊己庚辛

巳寅巳子　卯辰巳午未申酉

台造.. 癸巳 甲寅 癸巳 壬子 水流而無土制 六歲戊戌流年 妙在干支皆土 雖患重症 化險爲夷 此腰背膿血之疾 若見於下一年己亥 則危如一髮之繫千鈞矣 十九歲起 四十年火土運程 富貴榮華 集於一身 令人艷羨不止.

당신의 명조는 癸巳 甲寅 癸巳 壬子인데 흐르는 水를 土의 억제가 없다. 6세 戊戌年은 干支가 모두 土이므로 묘함이 있고 비록 病이 중증일지라도 위험하게 되지 않고 편안해졌다. 이 허리와 등의 피고름이 나는 질병이 만약 1년 뒤인 己亥年에 나타났으면 위험함이 머리카락 하나에 천근을 매단 것과 같았을 것이다. 19세부터 40년이 火土運이니 부귀영화가 한 몸에 집중되고 사람들로 하여금 부러움을 멈추지 못하게 한다.

118) 한창군 동생 10세 2運

癸甲癸甲　癸壬辛庚己戊丁

巳寅巳寅　丑子亥戌酉申未

台造.. 癸巳 甲寅 癸巳 甲寅 水木傷官格 蝴蝶雙飛格 財官並美格 琳瑯滿目 美不勝收 其實 水木傷官爲眞格局 僅此一格 已足富貴矣 早運一帆順風 三十八歲以後 土運居多 樹大易招風 樓高不勝寒 與上述之黃造 相差兩個時

辰 黃以運勝 此以命勝 各有千秋也

당신의 명조는 癸巳 甲寅 癸巳 甲寅으로 水木상관격이고 호접쌍비격이며 재관병미격이다. 좋은 것이 눈에 가득하여 아름다운 것을 취할 수가 없으나 기실은 水木상관이 진격국이 되었다. 다만 이격은 이미 부귀가 충분한 것이다. 초년운은 순풍에 돛을 달았으나 38세 이후는 土運이 많아 나무가 크면 바람을 부르기 쉽고 다락이 높으면 추위를 견디기 어려운 것이다. 위에 서술한 황의 명조와 시간만 서로 다른데 황의 명조는 운이 좋고 이것은 명이 좋으니 각자 나름의 장점이 있는 것이다.

119) 진덕수군 35세 5運

丁辛辛戊　庚己戊丁丙乙甲

卯亥酉戌　戌酉申未午巳辰

台造.. 丁卯 辛亥 辛酉 戊戌 寒金以一丁一戌爲寶 君在近年來陷於絶境 乃申運加强金水之故也 明年三十六歲起 運行丁未丙午 峯廻路轉 勝境別開 貴人機緣 絡繹不絶矣.

당신의 명조는 丁卯 辛亥 辛酉 戊戌이니 寒金이 丁과 戌로써 보배로 삼는데 당신이 근래에 절망적인 상황에 빠진 것은 申運이 金水를 더 강하게 하기 때문이다. 내년 36세부터 운이 丁未 丙午로 행하니 봉우리를 따라 길을 돌면 더 좋은 형편이 전개되며 어떤 기회와 인연으로 귀인을 만나게 되고 사람이나 수레의 왕래가 끊이지 않는다.

120) 온우용군 처 28세 6運

甲丙戊丁　乙甲癸壬辛庚己

戌寅午巳　丑子亥戌酉申未

淑造.. 甲戌 丙寅 戊午 丁巳 尊論極是 火多爲病 以甲木偏官爲夫星 得行水運

既利自身 又利夫君 妙哉 二十歲以來 子癸兩運 小草春風 三十歲接行亥壬十年 尊榮安富 更其繁華 巳時中藏庚金 有子而不多 弄璋在於巳酉申丑之年.
숙녀의 명조는 甲戌 丙寅 戊午 丁巳로 당신이 말하는 火가 많아 病이 된다는 것이 지극히 옳다. 甲木편관이 夫星이 되는데 水運을 만나야 자신에게 이롭고 또 부군이 이롭다. 묘하게 20세 이후 子癸 兩運은 작은 풀이 봄바람을 만나게 되고 30세에 이어서 亥壬 10년은 영화롭고 편안하며 부유하니 더욱 번창하고 화려하다. 巳時中에 庚金이 암장되어 자식이 있으나 많지는 않고 巳酉申丑년에 아들을 낳는다.

121) 갱생군 30세 9運

壬己乙庚　庚辛壬癸甲乙丙
申酉亥辰　戌亥子丑寅卯辰

台造.. 壬申 己酉 乙亥 庚辰 化金格 以水爲子 行年三十 膝下尙虛 則新交之壬運 明年壬寅 後年癸卯 當連擧兩雄 將來子運癸運 更見瓜瓞綿綿 至於事業之成功 名利之鼎盛 乃在於壬子癸丑卄年(三十歲至五十歲)大運.
당신의 명조는 壬申 己酉 乙亥 庚辰으로 化金格이다. 水로써 자식을 삼는데 30세인데도 아직 자식이 없으면 새롭게 바뀌는 壬運인 내년 壬寅 후년 癸卯에 마땅히 이어서 아들을 낳고 장래에 子運과 癸運이 오면 더욱 자손이 번성한다. 사업도 성공하여 名利가 왕성한데 壬子 癸丑 20년 대운에 있다(30세부터 50세까지).

122) 온극군 33세 7運

己丁戊甲　丙乙甲癸壬辛庚
巳丑寅寅　子亥戌酉申未午

台造.. 己巳 丁丑 戊寅 甲寅 寒土而多木疏 乃需火印生之暖之 亥運冲巳 正如

來書所謂"國亡家破"之時也 今年入戊運 繼續奮圖 必有所就 惟晩來四十八歲至五十八歲之壬申兩運 又不免漫天風雨 平地波濤 容緩再爲硏究之.

당신의 명조는 己巳 丁丑 戊寅 甲寅으로 寒土가 木의 소토가 많아 火인성이 생하고 따뜻하게 하는 것이 필요하다. 亥運은 巳를 冲하니 이른바 나라가 망하고 가정이 깨지는 시기와 같다. 금년은 戊運으로 들어가니 계속해서 분발하여 시도하면 반드시 성취하게 된다. 그러나 늦게 오는 48세부터 58세의 壬申運은 다시 하늘에 비바람이 가득하고 평지에 파도를 면할 수 없으니 어찌 그것을 고려하지 않을 수 있겠는가.

123) 등언상군 33세 4運

己丙丁辛　乙甲癸壬辛庚己

巳子酉亥　亥戌酉申未午巳

何振聲兄代問 己巳 丙子 丁酉 辛亥 殺重身輕 三十六歲起 甲辰 乙巳 丙午 丁未 四年 方克立業成家 堆金積玉矣 五十歲以後 運程更佳 有如子牙晩發.

己巳 丙子 丁酉 辛亥로 殺重身輕이다. 36세부터 甲辰 乙巳 丙午 丁未 4년은 바야흐로 가업을 일으키고 많은 재산을 모은다. 50세 이후 운은 더욱 아름다우니 강태공이 늦게 피어나는 것과 같다.

124) 사달현군 42세 5運

庚戊戊癸　己庚辛壬癸甲乙

申寅申亥　卯辰巳午未申酉

台造.. 庚申 戊寅 戊申 癸亥 戊土日元 爲重重金水所洩 力有不勝 去年交入午運 午寅會火 戊有回蘇之望矣 此而不圖 且待何時耶 再查一生最好流年 惟四七丙午 四八丁未 如靑錢萬選 必有千載一時之良機.

당신의 명조는 庚申 戊寅 戊申 癸亥로 戊土일원이 金水의 설기가 重重하여 감당하기 어렵다. 작년에 午運으로 들어가니 午寅이 會火하여 戊土의 소생을 바랄 수 있다. 이때 시도하지 않으면 또다시 어느 때를 기다리겠는가. 다시 살펴봐도 일생 가장 좋은 流年이니 47세 丙午 48세 丁未運은 청동 만전만 있으면 과거에 만 번도 급제할 수 있는 것과 같으니 틀림없이 천년에 한 번 있는 좋은 기회다.

125) 황사필군 47세 6運

乙甲辛辛　　癸壬辛庚己戊丁

卯申卯卯　　未午巳辰卯寅丑

台造.. 乙卯 甲申 辛卯 辛卯 命似身財兩停 其實財重而身輕 蓋甲乙及三卯 林林總總 辛金日元 不過初旺於新秋 少土培養 爲可憾耳 過去運途 潤而不富 勞而不苦 潤者潤其場面也 勞者勞其心神也 今年辛丑 尙可 明年壬寅 後年癸卯 不是愁中 卽是病中 "得意"兩字 總在五十歲以後耳. (五十歲甲辰年起 五十六歲庚戌年止)

당신의 명조는 乙卯 甲申 辛卯 辛卯로 命造가 身財兩停인 것 같으나 기실은 財가 重하고 身이 輕하다. 甲乙과 3卯가 빽빽하게 들어서서 辛金일주는 初秋의 왕함에 불과하고 배양하는 土가 없어 유감스러울 뿐이다. 과거의 운은 넉넉해도 부유하지는 못하고 애는 쓰나 고생하지는 않는다. 넉넉하다는 것은 그 겉으로 드러난 환경이 넉넉한 것이고 애쓴다는 것은 그 마음과 정신이 애쓰는 것이다. 금년 辛丑은 여전히 괜찮고 내년 壬寅 후년 癸卯는 근심중에 있지 않으면 病中에 있으며 뜻을 얻을 수 있는 것은 50세 이후에 있을 뿐이다(50세 甲辰年부터 56세 庚戌年까지).

126) 양원군 58세 1運

甲丙丙辛　　丁戊己庚辛壬癸

辰寅申卯　卯辰巳午未申酉

台造.. 甲辰 丙寅 丙申 辛卯 身與印兩皆健朗 故獲永壽 若按壬辰時而論 早已夭折 且無子嗣也 八字無病無藥 所以一世安然 但亦少傑出之處 明年壬寅 頗有波動 不如乘此引退 以享餘年.

당신의 명조는 甲辰 丙寅 丙申 辛卯로 身과 인성이 둘 다 모두 튼튼하고 명랑하므로 장수한다. 만약 壬辰時로 논하면 조기에 이미 요절하고 자식도 없었을 것이다. 팔자에 病도 없고 藥도 없어 일생이 편안하나 뛰어난 곳이 없다. 명년 壬寅은 상당한 파동이 있는데 이때를 용하여 은퇴하고 남은 여생을 즐기는 편이 낫다.

127) 임휘상 아우 5세 4運

丁庚丙己　己戊丁丙乙甲癸

酉戌寅亥　酉申未午巳辰卯

台造.. 丁酉 庚戌 丙寅 己亥 丙雖失令 幸而有氣 明年壬寅 防皮表之受傷 二十五歲以前 身體與學業 美事難兩全 二十五歲以後 一路木火運程 鵾化鵬游 罔知所屆 將來必以文章藝事鳴於時.

당신의 명조는 丁酉 庚戌 丙寅 己亥로 丙이 비록 실령했으나 다행히 有氣하다. 내년 壬寅은 피부가 상하지 않도록 해야 하고 25세 이전은 건강과 학업이 둘 다 온전하게 아름답기가 어렵다. 25세 이후는 하나같이 木火運이니 고니가 붕새로 변하여 날아가는데 그 한계를 알 수 없다. 장래에 반드시 문장과 藝事로써 때가 되면 이름을 날린다.

128) 진공해 처 44세 6運

戊癸丙丁　壬辛庚己戊丁丙

午亥子酉　戌酉申未午巳辰

淑造.. 戊午 癸亥 丙子 丁酉 以戊土合官制殺 以午火壯其根元 出濁入淸之命 婚姻雖有曲折 幸得良好歸宿 四十七歲以後 歲運並美 一路福星 門庭多淸泰 蘭桂滿階香.

숙녀의 명조는 戊午 癸亥 丙子 丁酉로 戊土가 合官制殺하고 午火가 그 뿌리로 튼튼하니 濁함이 변하여 淸이 된 명이다. 혼인은 비록 곡절이 있으나 다행히 좋게 끝났다. 47세 이후 歲運이 함께 좋고 하나같이 복성이니 뜰 안에는 맑고 편안하며 난초와 계수나무 향기가 계단에 가득하다.

129) 종종선군 23세 5運

己丁癸壬　丙乙甲癸壬辛庚

卯丑亥子　子亥戌酉申未午

台造.. 己卯 丁丑 癸亥 壬子 北方潤下格 一生僅以戌運五年(三十一歲至三十六歲)爲破格 身家顚沛 滿目瘡痍 餘均康泰 尤以三十六歲之後 卄年繁榮 名利臻於全盛 如致力於交通 水利 或經營進出口商業 則事半而功倍 發達更無止境矣.

당신의 명조는 己卯 丁丑 癸亥 壬子로 북방 윤하격이다. 일생동안 戌運 5년(31세부터 36세까지)은 파격이 되어 건강과 가정이 곤궁에 빠지고 눈에 보이는 모든 것이 상처투성이다. 나머지 운은 모두 편안하다. 36세 이후 20년 동안 번영하니 名利가 왕성하고 만일 교통, 수리사업에 전념하거나 상업에 진출하면 하는 일에 비하여 업적이 배가 되고 끝없이 발달한다.

130) 담정휘군 39세 6運

癸壬壬乙　辛庚己戊丁丙乙

亥戌申巳　酉申未午巳辰卯

台造.. 癸亥 壬戌 壬申 乙巳 君年將不惑 有憾於一事無成 鄙意以爲少安而毋

躁 蓋秋水通源 第一喜火 過去迄無火運 豈能有濟 四十二歲起 火運亘連 得道多助 卄載榮華 享受無窮矣.
당신의 명조는 癸亥 壬戌 壬申 乙巳이고 나이가 이제 불혹인데 한 가지도 이룬 것이 없어 불만이라고 했다. 부끄러운 마음 때문에 적은 것에 안주하거나 조급해하지 마라. 대개 추수통원은 火를 제일 기뻐하는데 과거에 火運이 없었으니 어찌 성취할 수 있었겠는가. 42세부터 火運이 서로 잇닿아 있어 도리를 다하면 돕는 사람이 많으니 20년간 영화롭고 무궁하게 누리게 될 것이다.

131) 후홍전군 아들 12세 3運

庚己丁辛　庚辛壬癸甲乙丙
寅丑卯丑　寅卯辰巳午未申

台造.. 庚寅 己丑 丁卯 辛丑 冬丁賴寅卯之支持 三歲壬辰年 十歲己亥年 有病非輕 旣已越過 明年十三歲起 體育智育 突飛猛晉矣 十九歲進卯運 更爲軒昻 惟二十四歲至三十四歲之壬辰兩運 太空雲雨多翻覆 大道康莊忽坎坷 三十五歲以後 方得事業穩固 名利發達.
당신의 명조는 庚寅 己丑 丁卯 辛丑으로 겨울의 丁이 寅卯의 지지에 의지한다. 3세 壬辰年 10세 己亥年은 病이 있고 가볍지 않은데 이미 지나갔으며 내년 13세부터 건강과 지능이 비약적으로 발전한다. 19세에 卯運으로 나아가면 더욱 풍채가 좋고 의기가 당당하다. 그러나 24세부터 34세 壬辰運 10년은 하늘에는 비구름이 휘몰아치고 편안하던 큰길은 어느덧 평탄하지 못하다. 35세 이후 바야흐로 사업이 안정되며 名利가 발달한다.

132) 진귀군 26세 8運

丙庚甲丁　辛壬癸甲乙丙丁
子寅子卯　卯辰巳午未申酉

台造.. 丙子 庚寅 甲子 丁卯 初春甲木 尙有寒氣 喜見丙丁透干 寅卯在支 雖無奇格異局 人必力爭上游 奮發有爲 三十四歲起 配以巳甲午乙未丙等運 君子豹變 志士鷹揚 前程竟無限量焉 台造可貴而不可富 所謂好運 亦未必坐擁多金 此誠不可不自知耳.

당신의 명조는 丙子 庚寅 甲子 丁卯로 초춘의 甲木이니 여전히 寒氣가 남아있는데 丙丁이 투간하고 지지에 寅卯가 있어 기쁘다. 비록 奇格이나 異局은 아니나 사람이 반드시 보다 높은 목표에 도달하기 위해 힘쓰고 분발하므로 장래성이 있다. 34세부터 巳 甲午 乙未 丙運에는 표범이 털을 갈 듯 크게 변화하여 면모를 일신하고 하늘을 나는 매처럼 위엄이 있고 용맹스러우니 발전이 끝이 없다. 당신의 명조는 貴할 수는 있으나 富하지는 못하고 이른바 좋은 운에도 많은 돈을 모으지 못한다는 것을 스스로 알지 못할 뿐이다.

133) 범요가군 27세 1運

乙乙戊癸　甲癸壬辛庚己戊

亥酉子亥　申未午巳辰卯寅

台造.. 乙亥 乙酉 戊子 癸亥 君問事業與方向 按旣格爲"從兒" 業宜金水 方宜西北 窮通寶鑑曰"八月戊土 金洩身寒 賴丙照暖 喜水滋潤" 則南方熱帶 亦有其成功處 蓋"從兒"多財 初不忌印也 惟查一生運途 兎起鶻落 僅四十二歲至五十二歲庚辰十年 乃有厚利大名.

당신의 명조는 乙亥 乙酉 戊子 癸亥다. 당신은 사업과 방향에 대해서 물었는데 이미 종아격을 이루었으니 사업은 金水物이 마땅하고 방향은 서북쪽이 적합하다. 궁통보감 왈 "8월 戊土는 金이 설하고 차가우므로 따뜻하게 비추는 丙火에 의지하고 적셔주는 水를 기뻐하므로 남방 열대지역이 성공하는 곳이다"고 했다. 대개 종아격이 財가 많으면 본래 인성을 꺼리지 않는다. 그러나 일생의 運을 살펴보면 토끼가 믹 내닫자 송골매가 낚아채고 겨우 42세부터

52세 庚辰運 10년 동안 名利가 크고 두텁다.

134) 진양생군 38세 5運

甲庚辛戊　辛壬癸甲乙丙丁
子午未子　未申酉戌亥子丑

台造.. 甲子 庚午 辛未 戊子 據云妻有沾染 此乃地支皆冲 或家庭不安 或帷薄不脩 顯而易見也 台造水火旣濟 取財爲用 今後好運連綿 事業必成 更何愁無一美滿之新夫人 大陸之事 勿再介意.

당신의 명조는 甲子 庚午 辛未 戊子다. 당신의 말에 의하면 처가 간통을 하였다고 했는데 이는 지지가 모두 冲이 되어 가정이 불안하거나 부인의 품행이 좋지 못한 것이 드러나는 것을 쉽게 알 수 있다. 당신의 명조는 수화기제로 財를 취하여 용신으로 삼고 이후 좋은 운이 이어져 사업이 반드시 성공하는데 어찌 아름답고 원만한 새로운 부인이 없는 것을 근심하겠는가. 대륙의 일은 다시 개의치 마라.

135) 양첨희군 36세 10運

丙辛辛己　壬癸甲乙丙丁戊
寅丑丑丑　寅卯辰巳午未申

台造.. 丙寅 辛丑 辛丑 己丑 土重埋金 梟印爲患 所以父母早逝 若爲寅時 椿蔭旣濃 令翁必享高壽也 今年辛丑 公私不利 老幼欠安 三十七歲起 運蹇而年善 守靜爲吉 以逸待勞 四十一歲以後 飛黃騰達 平步青雲 台造以土爲忌神以木火爲喜神.

당신의 명조는 丙寅 辛丑 辛丑 己丑으로 土重埋金이니 효신이 근심이 되므로 부모가 요절하였다. 만약 寅時가 되면 부모의 덕이 많고 부모가 틀림없이 장수하였을 것이다. 금년 辛丑은 公私가 불리하고 노인과 어린이가 편안하지 못하다. 37세부터 運은 순탄하지 못하나 년이 좋으니 안정을 지켜야 길하며 쉬면서 힘을 비축해야 한다. 41세 이후 갑자기 부귀를 얻게 되고 평민이 청운의 꿈을 이룬다. 당신의 명조는 土가 기신이 되고 木火가 희신이 된다.

136) 해경순군 동생 11세 9運

辛庚壬辛　己戊丁丙乙甲癸

卯寅寅丑　丑子亥戌酉申未

台造.. 辛卯 庚寅 壬寅 辛丑 君以如此稚年 中英文皆斐然成章 可佩可佩 台造身財兩强 將來必發於商場 月日兩重文昌 則又性耽翰墨 所事從俗 所好唯雅 兩不相犯也 二十三歲行子運 已有建樹 "妻財子祿"四個字 皆在中人以上.

당신의 명조는 辛卯 庚寅 壬寅 辛丑이다. 당신은 이처럼 어린 나이인데도 중국어와 영어 모두 문리를 성취하였다니 탄복할만하다. 당신의 명조는 身財兩强으로 장래 반드시 상업에서 발전하고 월일에 문창이 겹쳤으니 성정 또한 문장과 서화를 즐긴다. 속세의 일을 하면서 고상함을 좋아하는 것은 양쪽이 서로 침범하지 않았기 때문이다. 23세의 子運에 성과가 있고 처와 재물과 자식과 직업이 모두 中人 이상이다.

137) 해경앙군 동생 9세 8運

癸甲庚丁　癸壬辛庚己戊丁

巳寅戌丑　丑子亥戌酉申未

台造.. 癸巳 甲寅 庚戌 丁丑 近賢徐樂吾曰"正月庚金臨絶 必須有土生之 爲弱極復生之象 然正月木旺克土 有土皆死 寒土凍結 不能生金 得丙火生土暖金 則滿盤皆活 功成反生 故丙火爲最要用神也 土厚又懼埋金 則宜用甲木疏之 丙甲兩透 方能配得中和 一透一藏 亦可顯達 惟不可缺一耳"此誠妙論也 台造甲透丙藏 大有作爲 惟地支多刑 則智者好動 將來涉跡士農工商 皆無不

可 惟宜於外交或外勤之工作 大丈夫志在四方 更無遠而不屆 却與令兄之命造 大相逕庭耳.

당신의 명조는 癸巳 甲寅 庚戌 丁丑이다. 근대의 현자인 서락오가 말하길 "정월 庚金은 절지에 있으므로 반드시 생하는 土가 있어야 극히 약한 것이 다시 살아나는 모양이 된다. 그러나 정월은 木이 왕하여 土를 극하므로 土가 있어도 다 죽고 寒土는 凍結되어 生金할 수 없으므로 丙火를 만나 生土하고 暖金해야 활기가 가득하고 생하는 功을 이룬다. 그러므로 丙火가 가장 필요한 용신이다. 土가 두터우면 埋金을 두려워하니 마땅히 甲木으로 소토해야 하므로 丙甲이 둘 다 투출하면 바야흐로 중화를 얻을 수 있다. 하나가 투출하고 하나는 암장되면 역시 현달할 수 있으나 하나가 결여되면 불가할 뿐이다"라고 했는데 이것은 참으로 묘한 이론이다. 당신의 명조는 甲이 투출하고 丙이 암장되어 장래성이 있다. 다만 지지에 刑이 많은데 智者는 움직이는 것을 좋아한다. 장래의 행적은 사농공상이 모두 좋으나 외교나 외근하는 일이 마땅하다. 대장부의 뜻이 사방에 있어 먼 곳도 없고 이르지 못하는 곳도 없으니 형의 명조와 매우 심한 차이가 있을 뿐이다.

138) 이조군 34세 9運

戊丁己戊　　戊己庚辛壬癸甲
辰巳酉辰　　午未申酉戌亥子

台造.. 戊辰 丁巳 己酉 戊辰 土占其五 夏火當令 僅賴酉金吐秀 運行金水方佳 據云十年來頗不如意 按未運增加土重 庚運大都火土流年 有以致也 明年行申運 宮則變 變則通矣 後運皆利 尤以四三庚戌 四四辛亥 四五壬子 四六癸丑等年 乃畢生精華所寄耳.

당신의 명조는 戊辰 丁巳 己酉 戊辰으로 土가 다섯을 차지하고 夏火가 당령하였는데 겨우 酉金의 吐秀에 의지하므로 金水運이 아름답다. 당신은 10년 동안 여의치 않았다고 했는데 살펴보면 未運은 土重함을 증가하고 庚運은 대부분 火土流年인 결과라고 할 수 있다. 내년에 申運으로 행하면 궁즉변이고 변즉통이다. 후의 운은 다 이롭고 더욱이 43세 庚戌 44세 辛亥 45세 壬子 46세 癸丑年은 일생의 뛰어난 기운이 깃들어 있을 뿐이다.

139) 황양환군 40세 1運

壬丙癸辛　丁戊己庚辛壬癸

戌午酉酉　未申酉戌亥子丑

台造.. 壬戌 丙午 癸酉 辛酉 財旺於身 戊運之費力 顯而易見 明年壬寅 更慮寅午戌會齊火局 體力旣不勝任 環境尤多打擊 四十二歲行辛亥十年 乘風破浪 五十二歲行壬子兩步 造極登峯.

당신의 명조는 壬戌 丙午 癸酉 辛酉로 財가 일간보다 더 왕하여 戊運은 힘을 소비했다는 것을 쉽게 알 수 있다. 내년 壬寅은 다시 寅午戌 火局을 갖추게 되니 체력이 이미 견딜 수 없는데 환경에서 또 타격이 많아 걱정이다. 42세 辛亥運 10년은 사업이 급속도로 발전하고 52세 壬子運은 봉우리 끝까지 오르는 성취를 하게 된다.

140) 해세요군 40세 2運

壬己乙庚　庚辛壬癸甲乙丙

戌酉巳辰　戌亥子丑寅卯辰

台造.. 壬戌 己酉 乙巳 庚辰 若作“化金格”而論 今年辛丑 決不失敗 九月以後尤多生機 余姑妄言之 君姑妄聽之 且視其應驗與否 來春再究其詳.

당신의 명조는 壬戌 己酉 乙巳 庚辰으로 만약 “化金格”으로 논하면 금년 辛丑은 결코 실패하지 않으며 9월 이후는 더욱 生機가 많다. 내가 잠시 망언을 하고 당신이 잠시 터무니없는 말을 듣는지 또한 증험여부는 오는 봄에 다시 자세하게 연구하자.

141) 벽하여사 33세 10運

己癸戊乙　甲乙丙丁戊己庚

巳酉午卯　戊亥子丑寅卯辰

淑造.. 己巳 癸酉 戊午 乙卯 驟然視之 財官並透 好命也 其實癸財爲己所劫 卯官爲酉所冲 表面虛華而已 近行丙運 瀕於山窮水盡 明年壬寅 後年癸卯 還是打不開僵局 三十六歲行子運 財喜紛來 婚姻雖有轉變 乃愈變而愈善 何庸鰓鰓過慮哉.

숙녀의 명조는 己巳 癸酉 戊午 乙卯로 얼핏 보면 財官이 並透하여 좋은 명이다. 기실은 癸水 財가 己土에 겁탈되고 卯관성이 酉에 冲을 당하여 겉으로만 화려할 뿐이다. 근래의 丙運은 산이 앞을 가로막고 물줄기가 끊어져 더 나아갈 수 없는 막바지에 직면했다. 내년 壬寅 후년 癸卯는 그럼에도 불구하고 교착국면을 타개한다. 36세 子運은 財가 왕성하게 오니 기쁘고 혼인이 비록 변화가 있어도 점점 더 좋아지는데 어찌 두려워하고 지나치게 걱정하겠는가.

142) 진계명군 손자 3세 5運

己壬丙庚　辛庚己戊丁丙乙

亥申子寅　未午巳辰卯寅丑

令孫命造.. 己亥 壬申 丙子 庚寅 所好所壞 皆在於寅時 好者 丙火得長生於寅 雖弱而有氣也 壞者 有此寅字 不能作"從財格"而論 其名"寶勝" 寶字從金 不甚相宜 應取木部火部之字 二十一歲以後 不乏好運 將來必以實業起家.

손자의 명조는 己亥 壬申 丙子 庚寅이다. 좋은 것과 나쁜 것이 모두 寅時에 있다. 좋은 것은 丙火가 寅에 장생을 만나 비록 약하나 有氣한 것이고 나쁜 것도 寅字에 있는데 종재격을 만들 수 없는 것이다. 이름이 "寶勝"인데 寶字가

金을 따르니 매우 마땅하지 않다. 응당 木部나 火部의 字를 취해야 한다. 21세 이후 좋은 운이 부족하지 않아 장래에 반드시 실업으로써 집안을 일으킨다.

143) 건원군 25세 6運

丁庚戊癸　己戊丁丙乙甲癸

丑戌子亥　酉申未午巳辰卯

台造.. 丁丑 庚戌 戊子 癸亥 身財兩停 可以致富 觀夫行運 二十七歲以後 一路幇身 則日積月累 聚沙成塔 所賴於克勤克儉耳.

당신의 명조는 丁丑 庚戌 戊子 癸亥로 身財兩停이니 부자라고 할 만하다. 행운을 보니 27세 이후 한결같이 방신하므로 오랜 세월동안 모래를 모아 탑을 이루듯이 부지런하고 검소함에 의지할 뿐이다.

144) 이기남군 45세 6運

丁戊庚丁　丁丙乙甲癸壬辛

巳申子亥　未午巳辰卯寅丑

台造.. 丁巳 戊申 庚子 丁亥 建祿用官 得力於年柱丁巳 祖德宗功 有足多者 父母年屆古稀 猶健在高堂, 査五十五歲辛亥一年 方有風木之悲 台造四十七歲以後 癸運耕耘 卯運豊收 晩來處境 桑楡足樂.

당신의 명조는 丁巳 戊申 庚子 丁亥로 건록이 官을 쓰는데 년주에 丁巳로 힘을 얻으니 조상의 덕이 공의 근원으로 넉넉함이 많다. 부모의 나이가 70인데도 오히려 건재하나 55세 辛亥 1년은 바야흐로 부모가 돌아가시는 슬픔이 있다. 당신의 명조는 47세 이후 癸運에 밭 갈고 김을 매면 卯運에 풍성하게 수확하니 만년이 넉넉하고 즐겁다.

145) 조영전군 36세 3運

丙辛甲丙　壬癸甲乙丙丁戊

寅卯寅寅　辰巳午未申酉戌

台造.. 丙寅 辛卯 甲寅 丙寅 二月春深木老 用丙者 木多喜火洩也 其實金之砍伐 水之潤澤 爲更要耳 玆行乙運 枝節紛煩 三十九歲以後 未丙兩運 亦無大善 四十九歲行申運 寅申冲出庚壬 乃有奇功異蹟矣.

당신의 명조는 丙寅 辛卯 甲寅 丙寅이다. 2월은 봄이 깊고 木은 늙었는데 丙을 쓰는 것은 木이 많으면 火의 설기를 기뻐하기 때문이다. 기실은 金이 감벌하고 水가 윤택하는 것이 더욱 필요할 뿐이다. 지금의 乙運은 가지와 마디가 왕성하여 번잡하고 39세 이후 未丙 兩運 역시 크게 좋은 것은 없다. 49세 申運은 寅申이 冲하여 庚壬이 冲出되므로 기이한 공적이 있을 것이다.

146) 진제당장군 72세 7運

庚戊甲丙　己庚辛壬癸甲乙

寅寅子寅　卯辰巳午未申酉

按陳濟棠將軍命造.. 庚寅 戊寅 甲子 丙寅 正合窮通寶鑑所云 "正月甲木 初春尙有餘寒 得丙癸透 富貴雙全 丙透癸藏 名寒木向陽 主大富貴" 台造雖亦三寅 與之相較 豈可同日而語哉 又陳造寅中藏甲丙戊 同透天干 此謂"天和地潤" 亦貴氣所徵也 凡提綱所藏而俱透干者 大抵富貴絶倫 如于右任 戴傳賢 白崇禧 蔣緯國等造皆是也 命之理微 絶非函授可以精通 況余批務大忙 恕難遵命 卽祈諒之.

진제당 장군의 명조를 살펴보면 庚寅 戊寅 甲子 丙寅이다. 궁통보감에 이르길 "정월 甲木은 초춘의 寒氣가 아직 있으므로 丙癸가 투출하면 부귀가 쌍전하고 丙이 투간하고 癸가 암장되어도 이름하여 추운 나무가 햇볕을 만나니 크게 부귀하다"고 했다. 당신의 명조가 비록 3寅으로 그것과 서로 비교되나 어찌 같다고 말할 수 있겠는가. 또 진의 명조는 寅中의 甲丙戊가 같이 천간에 투출하였으니 이것을 "하늘은 온화하고 땅은 윤택하다"고 말하며 역시 貴氣의 징조인 것이다. 무릇 제강에 소장된 것이 모두 투간한 자는 대저 부귀가 절륜한데 우우임 대전현 백숭희 장위국 등의 명조가 모두 그렇다. 명의 이치가 미묘하므로 보낸 편지에 대하여 자세하게 알 수 있는 것은 절대로 아니다. 하물며 내가 비평하는 일에 아주 바빠서 명하는 것을 따르기가 어려우니 용서하고 너그럽게 이해하기 바란다.

147) 왕응상군 53세 4運

己壬壬乙　辛庚己戊丁丙乙
酉申子巳　未午巳辰卯寅丑

台造.. 己酉 壬申 壬子 乙巳 妙哉 時落乙巳 木火相生 身雖旺 財亦有氣 若爲上一時辰(甲辰) 非僧卽道 非孤卽貧矣 近來流年大都金水 動輒得咎 今明兩年 恐亦寂寞無聊 五十五歲行丙運 益以五七乙巳 五八丙午 五九丁未 三年奠定基業 從此一勞永逸矣.

당신의 명조는 己酉 壬申 壬子 乙巳인데 묘하게 時에 乙巳가 왔다. 木火가 상생하여 身이 비록 왕하나 財 역시 有氣하다. 만약 한 時辰 위였으면(甲辰時) 중이 아니면 도인이고 고독하지 않으면 가난하였을 것이다. 근래의 流年이 모두 金水로 하는 일마다 욕을 먹기 쉽다. 금년과 내년은 적막하고 무료할까 두렵다. 55세 丙運은 57세 乙巳 58세 丙午 59세 丁未 3년은 사업의 기반이 안정되고 이로부터 한때 고생하고 오랫동안 편안할 것이다.

148) 유조양군 17세 3運

甲丁丙庚　戊己庚辛壬癸甲
申丑申寅　寅卯辰巳午未申

台造.. 甲申 丁丑 丙申 庚寅 精華在於一甲一寅 十九歲行卯運 已爲發軔之始矣 二十四歲至三十四歲庚辰兩運 恐有蹉跌 三十四歲以後 辛巳壬午等運 在兎起鶻落之環境中 有志竟成 安逸則未必 鉅富亦未必耳 秤骨算命 在我國民間 歷史悠久 亦頗有著驗者 所示之詩 似太廣泛 恕不奉解.

당신의 명조는 甲申 丁丑 丙申 庚寅으로 뛰어난 기운이 甲寅에 있다. 19세 卯運에 이미 발전하기 시작할 것이고 24세부터 34세 庚辰運에 일이 실패로 돌아갈까 두렵다. 34세 이후 辛巳 壬午運은 토끼가 일어나자 송골매가 낚아채는 환경 중에 있으나 결국 뜻을 이루게 되는데 안일하면 반드시 그렇지 않고 또한 반드시 큰 부자가 되는 것은 아닐 뿐이다. 명을 예측하는 것은 우리 국민 중에 역사가 유구하고 증험을 드러낸 자가 꽤 있었다. 보여준 시의 뜻이 너무 넓은 것 같아 이해하지 못하는 것을 용서하기 바란다.

149) 진정연군 34세 7運

丁癸丁辛　　壬辛庚己戊丁丙

卯丑卯丑　　子亥戌酉申未午

台造.. 丁卯 癸丑 丁卯 辛丑 丑月丑時 丁入墓鄕 卯年卯日 幸有生機 財殺並透 但嫌身弱 發丁而不發財 無可奈何者也 卅六壬寅 卅七癸卯 卅八甲辰 應有轉機 卅九乙巳 四十丙午 四一丁未 厚利大名 夫家庭之煩惱與快樂 環境可以左右之 玆六年旣入佳境 自必皆大歡喜矣 何必以一時之氣憤 而遠走高飛哉 論語曰"小不忍 則亂大謀" 謹記斯言.

당신의 명조는 丁卯 癸丑 丁卯 辛丑으로 丑月 丑時에 丁이 입묘하고 卯年 卯日에 다행히 生機가 있다. 財殺이 함께 투출하였으나 신약하여 불만이고 일주는 발할 수 있으나 財를 발하지 못하니 달리 어찌할 수가 없는 것이다. 36세 壬寅 37세 癸卯 38세 甲辰은 응당 전환되는 기회가 있고 39세 乙巳 40세 丙午 41세 丁未는 많은 재물과 명성이 크다. 무릇 가정의 번뇌와 쾌락은 환경이 좌우하는데 지금 6년이 이미 좋은 환경에 들어있으니 반드시 큰 즐거움이 있을 것이다. 어찌 한때의 화나는 기분으로 멀리 가고 높게 날 수 있겠는가. 논어 왈 "작은 것을 참지 못하면 큰일을 도모할 수 없다"고 했으니 이 말을 신중히 해야 한다.

150) 임족역군 35세 7運

丁丙癸癸　乙甲癸壬辛庚己
卯午巳丑　巳辰卯寅丑子亥

台造.. 丁卯 丙午 癸巳 癸丑 巳丑空成印局 不敵旺財於萬一 行得金水生扶之運 方許吐氣揚眉 明年壬寅 後年癸卯 略有起色 三十八歲行壬運 運善而年蹇 四十三歲行寅運 運蹇而年善 與時俯仰 隨俗浮沈 四十八歲以後 辛丑庚子廿年 乃發揚蹈 聲名財富 自必躋於第一流矣.

당신의 명조는 丁卯 丙午 癸巳 癸丑으로 巳丑이 酉가 없는 金局을 이루었으나 어떤 경우에도 왕한 財를 대적하지 못한다. 生扶하는 金水運을 만나면 바야흐로 기염을 토하며 눈썹을 휘날릴 수 있다. 내년 壬寅 후년 癸卯는 약간의 어떤 일이 일어날 징조가 있고 38세 壬運은 운은 좋으나 년이 순조롭지 않고 43세 寅運은 운은 순조롭지 않으나 년이 좋으니 임기응변으로 세속을 따라 부침한다. 48세 이후 辛丑 庚子 20년은 재능을 펼치고 드날리니 이름을 얻고 재물은 부유해지며 반드시 제일류에 오를 것이다.

151) 황백강군 32세 10運

庚甲壬丁　乙丙丁戊己庚辛
午申辰未　酉戌亥子丑寅卯

台造.. 庚午 甲申 壬辰 丁未 七月壬水 源遠流長 庚金劈甲生丁 丁又得根於午未 身財兩强 必發之命也 八年來雙親相繼謝世 乃行丙戌財運之故 絶非由於

尊婦人命運之有所刑克 千萬不可誤會 台造今年辛丑冲未 明年壬寅冲申 歲月汲汲 人事匆匆 三十五歲以後 亥運 戊運 子運 展布良多 名成利就 從而晚景自不落寞矣.
당신의 명조는 庚午 甲申 壬辰 丁未다. 칠월의 壬水가 근원이 깊어 길게 흐르고 庚金이 벽갑하여 丁을 생하며 丁이 또 午未에 得根하니 身財가 둘 다 강하므로 반드시 發하는 命이다. 8년 전에 양친이 세상을 떠난 것은 丙戌 財運인 연고이고 부인의 명운에 형극이 있어서가 절대로 아니며 천만이라도 오해하면 안 된다. 당신은 금년 辛丑은 未를 충하고 내년 壬寅은 申을 충하니 불안하고 여유가 없으며 일은 바쁘다. 35세 이후 亥運 戊運 子運은 수완을 발휘할 일이 아주 많고 명성을 이루며 재물을 취한다. 따라서 말년이 쓸쓸하지 않다.

152) 이문군 36세 1運

丙庚戊甲　辛壬癸甲乙丙丁
寅子戌寅　丑寅卯辰巳午未

台造.. 丙寅 庚子 戊戌 甲寅 壯哉台造 冬土寒冷 喜天干有甲丙 地支有寅戌 雖庚金制殺不足 幸丙火化殺有餘 四十七歲後 巳丙兩運 煥發無窮 涉跡軍政 尤爲顯達 惟明年壬寅 擾攘而多事 注意注意.
당신의 명조는 丙寅 庚子 戊戌 甲寅으로 굉장한 명조다. 冬土가 한냉한데 천간에 甲丙이 투출하고 지지에 寅戌이 있어 기쁘다. 비록 庚金의 制殺이 부족하나 다행히 丙火의 化殺이 충분하다. 47세 후 巳丙運에 끝없이 밝게 피어나고 군사와 정치분야에 있으면 더욱 현달한다. 그러나 내년 壬寅은 소란스럽고 일이 많으니 조심하라.

153) 라헌군 45세 4運

丁壬戊辛　辛庚己戊丁丙乙

巳寅子酉　丑子亥戌酉申未

台造.. 丁巳 壬寅 戊子 辛酉 正月戊土 喜丙暖甲疏 甲丙藏於寅內 未透天干 氣魄有欠雄偉 生平無甲運 丙運又行得太遲(五十五歲至六十歲) 乃小名小利之造也 今年起行丁酉二運 僅得穩健 未許飛騰 春花秋月 等閒虛度.

당신의 명조는 丁巳 壬寅 戊子 辛酉로 정월 戊土가 丙이 온난하고 甲이 소토하는 것을 기뻐하는데 甲丙이 寅에 소장되고 천간에 투출하지 못하여 기백이 씩씩하지 못하고 뛰어남이 부족하다. 평생 甲運이 없고 丙運 또한 아주 늦게 만나니(55세부터 60세) 명예도 작고 재물도 작은 명조다. 금년 丁酉로 시작되는 운은 겨우 안온하고 날아오를 수 있는 운이 아니며 봄과 가을의 아름다운 풍경도 등한히 하며 시간을 헛되이 보내게 된다.

154) 곽건중군 22세 3運

庚癸甲甲　甲乙丙丁戊己庚

辰未戌戌　申酉戌亥子丑寅

台造.. 庚辰 癸未 甲戌 甲戌 財重身輕 用甲木比肩以爲幇扶 妙有癸水正印 不畏庚金七殺 瀕海地帶 水木商務 尤收事半功倍之效也 廿三壬寅 廿四癸卯 廿五甲辰 如日方中 此後須至三十三歲起 或以年勝 或以運勝 大有可爲矣 妻配水木之命爲妙 懼內無疑.

당신의 명조는 庚辰 癸未 甲戌 甲戌로 財重身輕이니 甲木비견을 用하여 幇扶한다. 묘하게 癸水정인이 있어 庚金칠살을 두려워하지 않는다. 바다가 가까운 지역에서 水木관련 장사를 하면 일은 반만 해도 공은 배를 거두는 효과가 있다. 23세 壬寅 24세 癸卯 25세 甲辰은 하루가 한낮같이 짧다. 차후 33세부터 시작하는 운은 년이 좋거나 운이 좋아 많은 일을 할 수 있을 것이다. 水木의 命을 가진 짝이 처가 되면 妙하고 처를 두려워하는 것은 의심할 게 없다.

155) 엽명정군 아들 3세 9運

己壬己戊　辛庚己戊丁丙乙

亥申丑辰　未午巳辰卯寅丑

令郎命造.. 己亥 壬申 己丑 戊辰 財臨長生 日主健朗 大富之命也 其特殊之優點 乃金木水火土 皆所不忌 蓋逢土則申金能化之 逢火則壬水能制之 逢木疏土 逢水潤土 尤屬可喜 所以福星普照 長命富貴 可賀哉.

아들의 명조가 己亥 壬申 己丑 戊辰으로 財가 장생에 임하고 일주가 튼튼하고 밝으니 大富의 命이다. 특수하게 우수한 점은 金木水火土를 모두 꺼리지 않는 것이다. 土를 만나면 申金이 化할 수 있고 火를 만나면 壬水가 억제할 수 있으며 木을 만나면 소토하고 水를 만나면 潤土하니 더욱 기쁘다고 할 수 있다. 까닭에 복성이 비추고 장수하며 부귀하니 축하할 만하다.

156) 역명군 45세 2運

丁己戊壬　戊丁丙乙甲癸壬

巳酉午戌　申未午巳辰卯寅

台造.. 丁巳 己酉 戊午 壬戌 "傷官格" 秋燥爲病 用取壬水潤之 旣用財 不怕官 五行喜金水 忌火土 擬別署曰"聲洋" 何勿單取一"洋"字 印得祿 日坐刃 官商合作之事最佳 生平祗有一步"辰"運 可發大財 君所問太多 不克詳覆爲歉.

당신의 명조는 丁巳 己酉 戊午 壬戌이니 "상관격"이다. 가을에 燥함이 病이므로 壬水를 취용하여 燥함을 적신다. 이미 財를 用하니 官을 무서워하지 않는다. 오행은 金水를 기뻐하고 火土를 꺼리며 의별서 왈 "聲洋"이라 하고 어찌 오직 "洋"자 하나만 취하지 않았는가. 인성이 득록하고 일간이 양인에 앉아 관리와 상인을 합작하는 일이 가장 좋다. 평생 오직 辰運 하나만 크게 재물을 얻을 수 있다. 당신이 아주 많이 물었는데 상세하게 알려주지 못하여 유감이다.

157) 원남승군 42세 4運

庚丁丙己　戊己庚辛壬癸甲

申亥戌亥　子丑寅卯辰巳午

台造.. 庚申 丁亥 丙戌 己亥 金水兩强 丙火日元 唯賴戌庫爲根 自喜木火生扶 某星相家謂君四十一歲至四十四歲 有正財 偏財 明財 暗財 査四一庚子 四二辛丑 四三壬寅 四四癸卯 金水之鄕 何善之有 或根據君之面上山根 精舍光殿年上 等部位而言 則因未曾謀面 而非余之所知矣 按命理 當以四五甲辰 四六乙巳 四七丙午 四八丁未 四年 確有良遇 予取予求.

당신의 명조는 庚申 丁亥 丙戌 己亥로 金水가 둘 다 강하다. 丙火일주가 오직 戌庫에 의지하여 뿌리를 삼으니 자연히 木火의 生扶를 기뻐한다. 어떤 성상가가 당신이 41세부터 44세까지 정재 편재 명재 암재가 있다고 말했다는데 살펴보면 41세 庚子 42세 辛丑 43세 壬寅 44세 癸卯는 金水地로 무엇이 좋을게 있겠는가. 혹 당신 얼굴의 산근을 근거로 정사광전과 년상 등의 부위를 말하는 것이면 당신의 얼굴을 본적이 없어서 내가 알 수 있는 것이 아니다. 名利를 살펴보면 당연히 45세 甲辰 46세 乙巳 47세 丙午 48세 丁未 4년이 확실히 좋은 운을 만나는 것이므로 마음대로 취할 수 있다.

158) 진휘군 31세 1運

辛丙己戊　乙甲癸壬辛庚己

未申亥辰　未午巳辰卯寅丑

台造.. 辛未 丙申 己亥 戊辰 己土日元 非强非弱 非强者 有金水之洩氣也 非弱者 亦有火土之生扶也 是乃平淡無奇之命 遭人嫉妬 丙印爲辛所合之故也 生平唯三十二歲至四十二歲壬辰十年 有利可圖.

당신의 명조는 辛未 丙申 己亥 戊辰으로 己土일원이 强도 아니고 弱도 아니다. 强이 아닌 것은 金水가 설기해서 그렇고 弱이 아닌 것은 火土의 生扶가 있어서다. 이는 평담무기한 命이다. 사람들이 질투하는 것은 丙火인성이 辛과 합이 되는 연고이다. 평생 오직 32세부터 42세까지 壬辰 10년에 이익을 도모할 수 있다.

159) 두식면군 23세 3運

己己壬癸　戊丁丙乙甲癸壬
卯巳子卯　辰卯寅丑子亥戌

台造.. 己卯 己巳 壬子 癸卯 壬水有子爲根 奈何欠金爲源 三十四歲以後 運見亥子丑 方許大發 早運栗六 二十四歲至三十四歲丙寅十年 瘦馬長途 仍多辛苦 所望於君者 "知命"與"安命"耳

당신의 명조는 己卯 己巳 壬子 癸卯로 壬水가 뿌리가 되는 子는 있으나 원천이 되는 金이 없으니 어찌하나. 34세 이후 운이 亥子丑을 만나니 바야흐로 크게 발전하게 된다. 早年運은 바쁘고 24세부터 34세까지 丙寅 10년은 수척한 말이 무거운 짐을 지고 먼 길을 가느라 고생이 많다. 당신에게 바라는 바는 命을 알고 타고난 命을 지키라는 것뿐이다.

160) 유진남군 39세 1運

癸丁癸丙　丙乙甲癸壬辛庚
亥巳未辰　辰卯寅丑子亥戌

台造.. 癸亥 丁巳 癸未 丙辰 丙丁巳未 幾乎熬乾癸水 三十一歲以前 運行乙卯甲寅 更是飽經憂患 近運不惡 但無實利 四十二歲行壬子十年 面團團作富家翁矣 五十二歲繼以辛亥等運 老樹著花無醜枝 晚年作事見精神.

당신의 명조는 癸亥 丁巳 癸未 丙辰이다. 丙丁巳未가 癸水를 거의 볶아 말린다. 31세 이전은 운이 乙卯 甲寅으로 행하니 더욱 우환을 많이 겪게 된다. 근래의 운은 나쁘지 않으나 실리가 없다. 42세 운 壬子 10년은 부가옹이 될 것이다. 52세에 계속해서 辛亥運은 늙은 나무에 꽃이 피니 추한 가지가 없고 만년에 일을 함에 정신이 나타난다.

161) 왕식곡군 36세 4運

丙癸乙丙　甲乙丙丁戊己庚

寅巳卯戌　午未申酉戌亥子

台造.. 丙寅 癸巳 乙卯 丙戌 水火不濟 尤憾癸無金以爲資源 明年壬寅 後年癸卯 喜水忌木 似進步而非進步 將來四十一歲丙午年 最多打擊 四十三歲起 方許一帆順風矣 父母無恙 早婚必離.

당신의 명조는 丙寅 癸巳 乙卯 丙戌로 水火가 서로 구하지 못하고 또한 癸를 생하는 근원이 되는 金이 없어 유감이다. 내년 壬寅 후년 癸卯는 水는 기뻐하나 木은 꺼리니 진보하는 것 같으나 진보하는 게 아니다. 장래 41세 丙午年은 타격이 아주 많고 43세부터 순풍에 돛을 달 것이다. 부모는 걱정이 없으나 조혼하면 반드시 이별한다.

162) 이발림군 모친 62세 8運

己戊辛壬　己庚辛壬癸甲乙

亥辰亥辰　巳午未申酉戌亥

令堂命造.. 己亥 戊辰 辛亥 壬辰 土重有埋金之勢 幸地支中甲乙重重 有木疏土 故得延年益壽 惟今年辛丑 九月戊戌 愼防跌打損傷 六十四歲甲辰一年爲最危 本欄有問必答 李君第一封信 未曾收到 第二封信問焉不詳 故未能速覆爲歉.

모친의 명조는 己亥 戊辰 辛亥 壬辰으로 土가 重하여 埋金의 형세가 있는데 다행히 地支중에 甲乙이 重重하여 소토하므로 장수한다. 다만 금년 辛丑年 9월 戊戌月은 걸려 넘어져 다치는 것을 막아야 한다. 64세 甲辰 1년이 가장 위험하다. 본란은 물음에 반드시 답을 하는데 이군의 첫 번째 편지가 아직 도착하지 않았고 두 번째 편지의 질문은 자세하지 않아 빨리 알려줄 수 없어 유감이다.

163) 예현군 31세 7運

辛丙丁癸　乙甲癸壬辛庚己
未申巳卯　未午巳辰卯寅丑

台造.. 辛未 丙申 丁巳 癸卯 丁有巳未爲根 弱而不弱 日坐劫財 有緣者無情有情者無緣 婚姻之滋擾甚矣 三十三歲行巳運 大體甚佳 惟女子與小人爲難養 三十八歲以後 運皆平淡 按乙未甲午等運 行得太早 惜哉.

당신의 명조는 辛未 丙申 丁巳 癸卯로 丁이 巳未에 뿌리가 있어 弱이 不弱이다. 일이 겁재에 앉아 인연이 있는 자는 情이 없고 情이 있는 자는 인연이 없으니 혼인이 심하게 소란이 발생할 것이다. 33세 巳運은 대체로 좋은 게 많으나 다만 여자와 소인은 부양하기 어렵다. 38세 이후는 운이 다 평담하다. 살펴보면 乙未 甲午運을 너무 일찍 만나 애석하다.

164) 진위봉군 35세 1運

丁壬甲己　辛庚己戊丁丙乙
卯寅戌巳　丑子亥戌酉申未

台造.. 丁卯 壬寅 甲戌 己巳 甲己化土 非其時也 縱化土矣 乃丁壬又化木何故爲建祿用財 商界中之君子人也 日戌 時巳 皆爲喜神 妻兒兩美 君問財氣自以三十七歲至四十二歲之戊運 五十二歲至五十七歲之丙運 所發爲最豊耳.

당신의 명조는 丁卯 壬寅 甲戌 己巳로 甲己化土가 그때가 아니고 설령 化土가 될지라도 丁壬이 또 化木하여 어찌하나. 그러므로 건록이 財를 用하게 되므로 商界 중의 君子라고 할 만한 사람이다. 日支의 戌과 時의 巳가 다 희신이므로 처자식이 아름답고 당신은 재물에 대하여 물었는데 37세부터 42세의 戊運과 52세부터 57세의 丙運이 가장 왕성하게 발전할 따름이다.

165) 홍덕영군 45세 6運

丁壬丙辛　辛庚己戊丁丙乙

巳寅申卯　丑子亥戌酉申未

台造.. 丁巳 壬寅 丙申 辛卯 天干皆合 地支三刑 外靜而內動 滿面春風人道好 許多辛苦我自知 君問壽元 丙有寅卯巳之生扶 原可長壽 惟六十四歲申運庚申年 六十七歲申運癸亥年 乃爲每人必經之衰老病死階段矣.

당신의 명조는 丁巳 壬寅 丙申 辛卯로 천간은 모두 합이고 지지는 三刑이니 겉으로는 고요하나 내적으로는 동요한다. 만면에는 춘풍이고 사람은 좋으나 고생이 많았던 것을 자신이 스스로 안다. 당신은 수명을 물었는데 丙일간이 寅卯巳의 生扶가 있어 원래 장수할 수 있으나 다만 64세 申運 庚申年과 67세 申運 癸亥年은 사람마다 반드시 지나야 하는 衰老病死의 순서가 될 것이다.

166) 홍동화군 43세 1運

戊甲甲壬　乙丙丁戊己庚辛

午子寅申　丑寅卯辰巳午未

台造.. 戊午 甲子 甲寅 壬申 寒木喜火 精華在於寅中之丙 妻必賢淑 抑獲岳家之助也 卯戊兩運 大劫小劫 不知凡幾 近行己運 已有回蘇之望 四十七歲行巳運 突飛猛晉 繁華更勝於前矣.

당신의 명조는 戊午 甲子 甲寅 壬申으로 寒木이 火를 기뻐하니 뛰어난 기운이 寅中 丙火에 있으므로 처가 반드시 어질고 맑으며 또한 처가의 도움이 있다. 卯戊 兩運은 크고 작은 재난이 얼마인지 알 수 없다. 근래 己運은 이미 소생하는 희망이 있고 47세 巳運은 갑자기 맹렬하세 발전하므로 번성하고 화려함이 전보다 더욱 낫다.

167) 허옥예여사 42세 9運

庚己乙丁　戊丁丙乙甲癸壬

申丑未丑　子亥戌酉申未午

淑造.. 庚申 己丑 乙未 丁丑 雜氣冲財格 生來富貴 到老不窮 但如雪裏寒梅 無丙而又無寅卯 其根究嫌不足 四十五歲之酉運 五十五歲之申運 皆以克伐爲患 不憂貧 只愁病 所望於明哲之保身耳.

숙녀의 명조는 庚申 己丑 乙未 丁丑으로 잡기충재격이다.

부귀를 생하는 것이 늙도록 끝이 없다. 다만 눈 속의 寒梅와 같은데 丙이 없고 또 寅卯가 없어 그 뿌리가 부족하여 결국 불만이다. 45세 酉運과 55세 申運은 모두 극벌하는 근심이 되므로 가난은 걱정되지 않으나 오직 病이 걱정되니 명철보신하기 바랄 따름이다.

168) 홍진진여사 22세 4運

庚戊辛己　丁丙乙甲癸壬辛

辰寅卯丑　丑子亥戌酉申未

淑造.. 庚辰 戊寅 辛卯 己丑 辛金日元 喜見寅卯辰財局 亦爲富格 女命又以財爲幇夫 則對於夫君 自是有益無損 誰人娶得 幾生修來 時落己丑 年月戊庚重重土金生扶 乃不怕再逢財鄕 所以畢生無壞運也 去年庚子 今年辛丑 欲除煩惱 勿談戀愛.

숙녀의 명조는 庚辰 戊寅 辛卯 己丑으로 辛金일원이 寅卯辰 財局을 만나 기쁘고 또한 富格이다. 여명이 또 財로써 부성을 도우니 편에게 대하는 것이 당연히 유익하고 손해가 없다. 누가 장가를 들어도 마찬가지다. 時에 己丑이고 년월에 戊庚이니 土金의 生扶가 重重하여 다시 財鄕을 만나도 무섭지 않다.

까닭에 평생 나쁜 운이 없다. 작년 庚子 금년 辛丑은 번뇌를 없애려고 하면 연애를 말하지 마라.

169) 허성약군 38세 4運

甲丁丙庚　戊己庚辛壬癸甲

子丑午寅　寅卯辰巳午未申

台造.. 甲子 丁丑 丙午 庚寅 此爲中和之造 一生處世安然 而無大起大落也 三十五歲行來辛運 有利可圖 其利不厚 四十歲行巳運 空忙而已 四十五歲後 壬午十年 精神抖擻 最有振作矣.

당신의 명조는 甲子 丁丑 丙午 庚寅으로 이것이 中和의 명조이니 일생 살아가는 것이 편안하고 크게 성공하거나 크게 실패하지 않는다. 35세 辛運은 이로우니 시도할 만하지만 그 이익이 두텁지 않고 40세 巳運은 괜히 바쁠 뿐이다. 45세 후 壬午 10년은 정신을 차려 일어나고 최고로 진작할 수 있을 것이다.

170) 허금채여사 40세 7運

壬戊己戊　丁丙乙甲癸壬辛

戊申巳辰　未午巳辰卯寅丑

淑造.. 壬戌 戊申 己巳 戊辰 妙哉申金 土多而秀氣得以發越矣 惟尙偏於剛健 過去又無一步好運 恐其爲愛情 爲事業 歷盡艱辛耳 四十三歲行辰運 乃爲美運之開始 從而癸卯十年 更足以吐氣揚眉也.

숙녀의 명조는 壬戌 戊申 己巳 戊辰으로 申金이 많은 土의 秀氣를 시원하게 설기할 수 있어 묘하다. 그러나 아직 강건함이 치우치고 과거에 또 좋은 운이 하나도 없었으니 무서운 것은 애정문제와 사업이고 지나온 경험이 힘들고 고생스러움뿐이다. 43세 辰運은 좋은 운이 시작되고 이로부터 癸卯 10년은 더욱 기염을 토하며 눈썹을 휘날릴 수 있다.

171) 진병무군 남아 12세 8運

庚壬己乙　癸甲乙丙丁戊己
寅午卯丑　未申酉戌亥子丑

台造.. 庚寅 壬午 己卯 乙丑 建祿格 財殺並透 更妙庚金傷官 合殺而生財 必爲富貴場中之富貴人也 査其行運 大都重於權威 則軍政尤勝於工商矣.

당신의 명조는 庚寅 壬午 己卯 乙丑으로 건록격인데 財殺이 並透하고 庚金 상관이 合殺하고 生財하여 더욱 묘하다. 반드시 부귀한 중에 부귀한 사람이다. 행운을 살펴보면 대체로 권위가 重하므로 군이나 정계가 공업이나 상업보다 좋을 것이다.

172) 남영여사 58세 6運

甲乙癸壬　甲癸壬辛庚己戊
辰亥亥子　戌酉申未午巳辰

尊翁命造.. 甲辰 乙亥 癸亥 壬子 旺水氾濫爲患 甲木洩水不足 四十五歲以前一路好運 五十歲以來 辰運爲水庫 辛運又助水 何善可言 今明後三年 恐仍拖泥帶水 六十歲行巳運 非但運轉南方 流年亦木火重重 天意憐幽草 人間重晚晴 光景滔滔 遠勝於昔矣.

노인의 명조는 甲辰 乙亥 癸亥 壬子로 旺水가 범람하여 근심인데 甲木의 洩水가 부족하다. 45세 이전은 하나같이 좋은 운이고 50세 이후로 辰運은 水庫가 되고 辛運은 또 水를 도우니 어찌 좋다고 말할 수 있겠는가. 이후 3년은 진흙에 끌리고 물에 젖는 것이 무섭다. 60세 巳運은 운이 남방으로 바뀔 뿐만 아니라 流年 또한 木火가 重重하니 하늘은 그윽하게 피어난 풀을 가엽게 여기는데 인간은 맑게 갠 저녁하늘을 중히 여기니 광경은 감흥을 누를 길이 없고 옛날보다 훨씬 낫다. *男命으로 운을 본 것 같다.

173) 모심군 34세 7運

戊壬壬丙　癸甲乙丙丁戊己

辰戌辰午　亥子丑寅卯辰巳

台造.. 戊辰 壬戌 壬辰 丙午 三魁罡 壬騎龍背 全陽 大氣磅礴 自非等閒之輩 但細按之 壬水托根於辰 殺重無制爲病 甲子運行得太早 二十八歲起 雖有木運 乃與火土運相混合 有其志 有其才 未必有其遇 三十年無聊歲月 豈不疾首蹙額哉.

당신의 명조는 戊辰 壬戌 壬辰 丙午로 3개의 괴강과 임기용배이고 전순양이니 대범하고 기세가 드높으며 자연히 등한한 무리가 아니다. 그러나 자세히 살펴보면 壬水가 辰에 托根하고 殺이 重한데 억제함이 없어 病이 된다. 甲子運은 너무 일찍 지나갔고 28세부터 비록 木運이 있으나 火土와 혼합되어 있음으로 뜻이 있고 재주가 있어도 반드시 그것을 펼 수 있는 것은 아니다. 30년 동안 무료한 세월이니 어찌 골머리를 앓고 눈살을 찌푸리지 않겠는가.

174) 위화군 종형 49세 4運

癸辛乙丙　庚己戊丁丙乙甲

丑酉巳戌　申未午巳辰卯寅

台造.. 癸丑 辛酉 乙巳 丙戌 秋木賴癸水滋養 火土金皆爲忌神 過去都行火土金之運 可謂有生以來 迄無好際遇耳 明年行辰運 辰戌冲開水庫 其善一也 流年非水卽木 其善二也 動則有成 行則有功 且五十五歲以後 又都水木運程 一路榮華到老矣.

당신의 명조는 癸丑 辛酉 乙巳 丙戌로 秋木이 癸水의 생에 의지하고 火土金이 모두 기신이다. 지난 운이 모두 火土金이니 태어난 이래 좋은 때를 만나지 못했다고 할 수 있을 따름이다. 내년 辰運은 辰戌이 충하여 水庫가 열리니 첫 번째 좋은 것이고 流年이 水 아니면 木이니 그 두 번째 좋은 것이다. 움직이면 이루고 행하면 功이 있다. 또한 55세 이후 또 모두 水木運이니 늙을 때까지 영화로울 것이다.

175) 진걸군 남아 10세 8運

辛辛甲乙　庚己戊丁丙乙甲

卯丑戌亥　子亥戌酉申未午

台造.. 辛卯 辛丑 甲戌 乙亥 甲生丑月 辛金透淸 爲正官格 喜有亥卯爲根 惜少火以取暖 早運旅進旅退 三十四歲起 頗多火運 大展宏圖 宜政治 文學 尤以南方熱帶爲有利.

당신의 명조는 辛卯 辛丑 甲戌 乙亥다. 甲이 丑月에 생하고 辛金이 투출하여 淸하며 정관격이 된다. 亥卯가 뿌리가 되어 기쁘고 따뜻하게 하는 火가 적어 애석하다. 早運은 남의 장단에 춤을 추게 되고 34세부터 火運이 꽤 많으니 포부를 크게 펼친다. 정치나 문학이 마땅하고 남방 열대지역이 더욱 유리하다.

176) 임미영여사 19세 7運

癸乙甲丙　丙丁戊己庚辛壬

未卯戌寅　辰巳午未申酉戌

淑造.. 癸未 乙卯 甲戌 丙寅 春木用丙 更有寅戌未爲丙之根原 大才橫溢 女中丈夫 婚姻成於廿三歲至廿八歲之間 若配蛇馬生肖 必爲如意郎君 女士本身事業 宜於醫學或農務 中年頗多發展.

숙녀의 명조는 癸未 乙卯 甲戌 丙寅으로 春木이 丙을 쓰는데 寅戌未가 丙의 근원이 되어 큰 재주가 넘쳐흐르는 여장부다. 혼인은 23세부터 28세 사이에 성사되는데 만약 배필이 巳午 生이면 반드시 낭군이 마음에 든다. 여사 자신이 하는 사업의학이나 농업이 마땅하고 중년에 꽤 많은 발전이 있다.

177) 주사단군 42세 1運

庚甲乙己　乙丙丁戊己庚辛

申申未卯　酉戌亥子丑寅卯

台造.. 庚申 甲申 乙未 己卯 乙庚化金 無火爲美 今年起行己丑兩運 資助化神 謀則水到渠成 取則左宜右有矣 五十二歲行庚運 仍在邁進之中 台造宜西而忌南 尊函來自舊金山 想在美國治事 其地點固屬有利也.

당신의 명조는 庚申 甲申 乙未 己卯 乙庚化金인데 火가 없어 아름답다. 금년부터 시작되는 己丑運은 化神을 도우니 도모하면 자연히 이루어지고 취하면 일이 모두 순조롭다. 52세 庚運은 그로 인하여 씩씩하게 나아간다. 당신의 명조는 서쪽이 마땅하고 남쪽을 꺼리는데 편지가 샌프란시스코에서 왔으니 미국에서 일을 하는 것으로 생각되고 그 지역은 참으로 유리한 곳에 속한다.

178) 이진여사 23세 10運

己辛戊丙　壬癸甲乙丙丁戊

卯未申辰　申酉戌亥子丑寅

淑造.. 己卯 辛未 戊申 丙辰 火炎土燥 申辰虛水局 不足以調候 飛絮飄零 須至二十五歲癸卯年 婚姻 事業 方有着落 一生運途 迂迴曲折 對於夫財子祿 要求勿太高 便少煩惱矣.

숙녀의 명조는 己卯 辛未 戊申 丙辰으로 火炎土燥한데 申辰이 子水가 없는 水局으로 조후가 부족하여 바람에 날리는 버들개지처럼 안착하지 못하고 떠도나 틀림없이 25세 癸卯年에 이르러 혼인과 사업이 비로소 결말이 맺어진다. 일생의 운로가 우회곡절이고 남편과 재물과 자식과 직업에 대하여 너무 높은 것을 바라지 말라.

곧 번뇌에 빠지게 된다.

179) 당민생군 19세 1運

癸壬壬辛　辛庚己戊丁丙乙

未戌寅丑　午巳辰卯寅丑子

令郎命造.. 癸未 壬戌 壬寅 辛丑 日支寅木 疏旺土 救壬元 時落辛丑 壬有生扶 乃穩健之命也 惟查行運 三十二歲以前 擾攘不已 三十二歲以後 有名又有利 躊躇滿志矣.

아들의 명조는 癸未 壬戌 壬寅 辛丑으로 日支의 寅木이 旺土를 소통하고 水일원을 구원한다. 時가 辛丑이 되니 壬이 生扶가 있어 온건한 명이다. 다만 운을 살펴보면 32세 이전은 소란스러울 뿐이고 32세 이후에 名利가 있으니 만족스러울 것이다.

180) 매문군 50세 7運

壬戊丁庚　己庚辛壬癸甲乙

子申卯子　酉戌亥子丑寅卯

台造.. 壬子 戊申 丁卯 庚子 應作"從財格"而論 卯木偏印爲病神 一生運途不惡 但虛名居多 五十二歲行丑運 運善而年蹇 仍然外强中乾 五七戊申 五八己酉 五九庚戌 六十辛亥 此四年細水長流 源源而來 却能居積而致小康之富也.

당신의 명조는 壬子 戊申 丁卯 庚子로 응당 종재격으로 논하고 卯木편인이 病神이 된다. 일생의 운로가 나쁘지 않으나 허명이 많다. 52세 丑運은 운은 좋으나 년이 순탄하지 않아 겉은 훌륭하나 내용은 없다. 57세 戊申 58세 己酉 59세 庚戌 60세 辛亥年 이 4년은 물줄기가 가늘고 길게 흘러 끊임없이 연달아 오니 도리어 쌓이게 되고 편안한 정도의 富를 이룰 수 있다.

181) 유공황군 31세 3運

辛壬己己　辛庚己戊丁丙乙

未辰亥巳　卯寅丑子亥戌酉
台造.. 辛未 壬辰 己亥 己巳 辰月己土 喜火暖水潤木疏 巳亥之沖 火水木皆當其衝 吃虧甚矣 卅三壬寅 卅四癸卯 卅五甲辰 先有小就 三十九歲行子運 立致鉅富 此後運程 平淡無奇矣 台造妻子不能兩全 何謂兩全 妻偕老而子繞膝也.
당신의 명조는 辛未 壬辰 己亥 己巳로 辰月 己土는 火로 따뜻하게 하고 水로 윤택하게 하며 木이 소토하는 것을 기뻐하는데 巳亥가 상충하니 火水木이 모두 충을 당하여 손해가 심하다. 33세 壬寅 34세 癸卯 35세 甲辰年은 작게 이루고 39세 子運은 큰 부자에 이른다. 이후 운로는 평범하여 특별한 게 없다. 당신의 명조는 처자식이 모두 兩全할 수 없는데 兩全이란 처와 해로하고 자식이 부모 곁을 지키는 것을 말한다.

182) 여홍군 39세 7運

癸戊癸壬　丁丙乙甲癸壬辛
亥午酉戌　巳辰卯寅丑子亥
台造.. 癸亥 戊午 癸酉 壬戌 化火不成 而用戊土正官 謀有餘 勇不足 去年已交甲運 不爭不得 四十三歲行寅運 不勞而獲 四十八歲以後 所行諸運 皆用碌無奇矣.
당신의 명조는 癸亥 戊午 癸酉 壬戌로 化火를 이루지 못하고 戊土정관을 쓴다. 지략은 남음이 있으나 용기가 부족하다. 작년에 이미 甲運으로 바뀌었는데 다투지 않으면 얻을 수 없다. 43세 寅運은 힘들이지 않아도 얻게 되고 48세 이후는 모든 운이 다 평범하고 특별한 게 없다.

183) 부화청군 47세 8運

乙甲丁辛　癸壬辛庚己戊丁
卯申酉亥　未午巳辰卯寅丑

台造.. 乙卯 甲申 丁酉 辛亥 妻已第五續絃 財重身輕之故也 本人亦係第四繼室所生 誕生之翌朝 母卽逝世 終以第六繼母爲止 卯酉相沖 財印互爭之故也(余以爲雖屬命硬 或更有其他原因 如陰陽宅風水之陽盛陰衰 或祖德宗功之關係) 五十歲起 己運以年勝 卯運以運勝 十年亨通 桑楡足樂焉.

당신의 명조는 乙卯 甲申 丁酉 辛亥로 처가 이미 다섯 번째 바뀌었는데 財가 重하고 身이 가벼운 까닭이다. 본인 또한 네 번째 소실에서 태어났으며 태어난 다음 날 모친이 별세하였고 이후 여섯 번째 계모에서 끝났다고 했는데 卯酉가 상충하여 財와 印이 서로 다투는 까닭이다. (나는 비록 운이 강하더라도 혹 다른 원인이 있으면 가령 음양택인 풍수가 陽이 盛하고 陰이 衰하거나 혹은 조상의 공덕과 관계가 있다고 생각한다) 50세에 일어나는 己運은 年運이 좋고 卯運은 大運이 좋아 10년이 형통하므로 노년은 즐겁다.

184) 진연화군 40세 3運

壬癸己庚　甲乙丙丁戊己庚

戌丑亥午　寅卯辰巳午未申

台造.. 壬戌 癸丑 己亥 庚午 冬土託庇於一午一戌 藉以取暖 幸自三十九歲起巳戊午三運 火土生扶 發無止境矣 惟三十九歲至四十四歲之巳運 巳亥相沖 貴乎動如脫兎 切莫靜如處子.

당신의 명조는 壬戌 癸丑 己亥 庚午로 冬土가 午戌에 의탁하여 따뜻함을 취한다. 다행히 39세부터 巳戊午 3運은 火土가 生扶하므로 끝없이 발전한다. 그러나 39세부터 44세의 巳運은 巳亥상충으로 달아나는 토끼처럼 민첩하게 행동하는 것이 중요하니 절대로 처녀처럼 정숙하지 마라.

185) 임초원군 아들 7세 10運

乙癸庚乙　壬辛庚己戊丁丙

未未子酉　午巳辰卯寅丑子

令郎命造.. 乙未 癸未 庚子 乙酉 妙哉 癸子兩水 潤土潤金 雙乙財透 富而可求 取名以火部之字爲宜 十六歲至二十一歲行午運 讀書孟晉 二十六歲至三十一歲行巳運 事業突飛 惟中年及晚歲 運程平淡 僅得其平穩而已.

아들의 명조는 乙未 癸未 庚子 乙酉로 묘하다. 癸子 兩水가 潤土潤金하고 乙木 財가 쌍으로 투출하여 富는 구할 수 있으며 이름은 火部字를 취해야 마땅하다. 16세부터 21세 午運은 공부를 열심히 하고 26세부터 31세 巳運은 사업이 크게 발전한다. 그러나 중년과 만년의 운로가 평범하여 겨우 평온할 뿐이다.

186) 진서운여사 41세 5運

辛丁辛庚　戊己庚辛壬癸甲

酉酉卯寅　戌亥子丑寅卯辰

淑造.. 辛酉 丁酉 辛卯 庚寅 殺重身輕 傷食絶跡 婚姻複雜 兒息艱難 乃夫與子皆不可恃也 幸自四十六歲起 壬寅兩運 財旺驚人 旣能致富 或可稍減其劬勞矣.

숙녀의 명조는 辛酉 丁酉 辛卯 庚寅으로 殺重身輕하고 식상이 없어 혼인이 복잡하고 자식을 낳기가 어려워 남편과 자식에게 의지할 수 없다. 다행히 46세부터 일어나는 壬寅運은 財가 왕성하여 사람들을 놀라게 하고 치부할 수 있으며 또 고생이 점점 줄어든다.

187) 왕덕경군 48세 5運

甲乙癸己　丙丁戊己庚辛壬

寅亥丑未　子丑寅卯辰巳午

台造.. 甲寅 乙亥 癸丑 己未 可能作“從兒格”而論 忌土金而喜木火 所以戊己

兩運 死裏逃生 是非叢脞 卯運大好 庚運又見妻離子散矣 查今年辛丑 有損無益 明年壬寅 後年癸卯 半簾風雨半簾晴 將來五一甲辰 五二乙巳 五三丙午 五四丁未 四載榮華 大有富貴逼人之概也.

당신의 명조는 甲寅 乙亥 癸丑 己未로 종아격을 이룰 수 있고 종아격으로 논한다. 土金을 꺼리고 木火를 기뻐한다. 까닭에 戊己運은 간신히 살아남고 옳고 그름의 다툼이 자질구레하며 번잡하다. 卯運은 아주 좋고 庚運은 또 처와 헤어지고 자식과 흩어지게 된다. 금년 辛丑은 손해는 있으나 이익이 없으며 내년 壬寅과 후년 癸卯는 반은 비바람이고 반은 맑다. 장래 51세 甲辰 52세 乙巳 53세 丙午 54세 丁未 4년은 영화롭고 크게 부귀하여 사람을 압박하는 풍채가 있다.

188) 온귀정 딸 1세 1運

辛甲己庚　乙丙丁戊己庚辛

丑午亥午　未申酉戌亥子丑

淑造.. 辛丑 甲午 己亥 庚午 月時兩祿 用取亥財 則干上庚辛傷食 甲木官星皆爲有用之字矣 父母夫子本身 無一不佳 五歲乙巳一年 方有災病 十一歲起運 四十年美景良辰 直至五十一歲 始由燦爛而歸於平淡 好運如此之綿長 世所罕見 可賀.

숙녀의 명조는 辛丑 甲午 己亥 庚午로 月時에 兩祿이니 亥水 財를 취하여 쓴다. 그런즉 庚辛 식상과 甲木관성이 모두 유용하게 된다. 부모와 남편과 자식과 본인이 아름답지 않은 게 하나도 없다. 5세 乙巳 1년은 病으로 인한 재난을 막아야 하고 11세부터 40년간 아름다운 경치와 좋은 시절이며 바로 이르는 51세는 비로소 찬란한 시절이 가고 평범한 시절로 돌아간다. 좋은 운이 이와 같이 길게 이어지는 것은 세상에서 보기 드문 일이니 축하할만하다.

189) 황회청군 44세 5運

戊辛甲甲　壬癸甲乙丙丁戊

午酉戌子　戌亥子丑寅卯辰

台造.. 戊午 辛酉 甲戌 甲子 秋木失令 但有一比一印之生扶 仍用辛金正官 前運虛名浮利 四十六歲行丙運 囊有餘資 五十一歲行寅運 倉有餘粟(寅午戌會火局 乃更勝於丙火) 直至五十六歲行丁運 始由燦爛而歸於平淡.

당신의 명조는 戊午 辛酉 甲戌 甲子로 秋木이 실령하였으나 비견과 인성이 生扶하여 辛金정관을 쓴다. 지난 운은 허명이고 뜬 재물이며 46세 丙運은 주머니가 여유롭고 51세 寅運은 창고가 여유롭다(寅午戌 火局이 丙火보다 더 낫다). 바로 이르는 56세 丁運은 비로소 찬란한 시절로부터 평범한 시절로 돌아간다.

190) 가청통 남동생 16세 4運

丙丙癸乙　丁戊己庚辛壬癸

戌申酉卯　酉戌亥子丑寅卯

台造.. 丙戌 丙申 癸酉 乙卯 乙丙食神生財 申酉戌印局生身 身財兩美 富麗堂皇 惟查行運 恐其名大利小耳 二十歲行戊運 無論爲學爲業 總是一馬佔先 中年運途 反見滯鈍 晚來亦了無精彩.

당신의 명조는 丙戌 丙申 癸酉 乙卯로 乙丙이 식신생재하고 申酉戌 印局이 生身하니 身財가 둘 다 아름다우니 화려하고 훌륭하다. 그러나 행운을 살펴보면 이름은 크나 이익이 작은 것을 두려워할 따름이다. 20세 戊運은 공부를 하거나 사업을 하거나를 논할 것 없이 한마디로 선두를 점한다. 중년 운은 도리어 막히고 더디며 늦게 오는 운 역시 조금도 아름다움이 없다.

191) 고추운여사 37세 1運

乙丁壬壬　戊己庚辛壬癸甲

丑亥戌寅　子丑寅卯辰巳午

淑造.. 乙丑 丁亥 壬戌 壬寅 時維孟冬 日行北陸 春到南枝 丁壬合於干 寅亥合於支 可作"化木格"論 前運一路木金 豈能得意 今年行卯運 將有轉機 門庭迪吉 人事咸康 四十二歲繼行壬辰十年 尤爲出色矣.

숙녀의 명조는 乙丑 丁亥 壬戌 壬寅으로 때가 맹동이니 태양은 북쪽으로 가고 봄은 남쪽 가지에 이르렀다. 丁壬은 천간에서 합하고 寅亥는 지지에서 합하니 化木格으로 논할 수 있다. 지난 운은 하나같이 木金이었으니 어찌 뜻을 얻을 수 있었겠는가. 금년은 卯運이니 장차 전환되는 기회가 있고 집안에는 길함을 이루고 벌어지는 일은 모두 편안하다. 42세에 이어지는 壬辰 10년은 더욱 뛰어나게 좋다.

192) 고태산 남동생 7세 10運

乙丙壬癸　乙甲癸壬辛庚己

未戌申卯　酉申未午巳辰卯

台造.. 乙未 丙戌 壬申 癸卯. 壬水坐申 可以任財任官 乙木傷官通根於卯 更見天資聰穎 天才橫溢矣 將來握大權 發大財 惟查三十歲後 天干運癸壬辛 地支運未午巳 忽起忽落 洵造化弄人也.

당신의 명조는 乙未 丙戌 壬申 癸卯로 壬水가 申에 앉아 財官을 감당할 수 있다. 乙木상관이 卯에 통근하여 더욱 타고난 자질이 총명하고 타고난 재능이 넘쳐흐른다. 장래에 큰 권력을 잡고 많은 재물을 일으킨다. 그러나 30세 후에 천간운이 癸壬辛이고 지지운은 未午巳가 되어 갑자기 일어났다가 갑자기 추락하니 참으로 오행의 조화가 사람을 희롱한다.

193) 장매성군 41세 2運

辛壬乙戊　辛庚己戊丁丙乙

酉辰巳寅　卯寅丑子亥戌酉

台造.. 辛酉 壬辰 乙巳 戊寅 春深木老 喜土培金斲 故戊辛一財一殺 皆爲恩神 三十八歲行來子運 子水滋木 反屬無聊 四十三歲行丁運 合壬 其利一也 生戊 其利二也 制辛 其利三也 僅此一運(五年)所得 已足夠晚年生活矣.

당신의 명조는 辛酉 壬辰 乙巳 戊寅으로 봄은 깊고 木은 늙었으니 土로 배양하고 金으로 깎아내는 것을 기뻐하므로 戊辛 財殺이 모두 길신이 된다. 38세에 오는 子運은 子水가 木을 생하나 도리어 탐탁한 맛이 없고 43세 丁運은 壬을 합하여 그 이로움이 하나고 戊를 생하여 그 이로움이 둘이고 辛을 억제하여 그 이로움이 셋이니 겨우 이 5년에 얻는 것으로 만년의 생활이 흡족할 것이다.

194) 이광전군 33세 3運

己丁己戊　丙乙甲癸壬辛庚

巳卯未辰　寅丑子亥戌酉申

台造.. 己巳 丁卯 己未 戊辰 火土如是之多 卯未會半木局 祗能生火 不能疏土 非逢金水年運 難以得意 幸也 三十四歲起 連逢癸亥壬戌辛酉卅載好運 豈止光前 抑且裕後 現行子運 穿合刑 並見 乃忙來不實 家庭間亦多擾攘耳.

당신의 명조는 己巳 丁卯 己未 戊辰으로 火土가 이와같이 많다. 卯未가 半木局하여 火를 생할 뿐 소토할 수 없으므로 金水年運을 만나지 않으면 뜻을 얻기 어렵다. 다행히 34세부터 이어서 癸亥 壬戌 辛酉로 30년 동안 좋은 운을 만나니 어찌 조상을 빛내고 후손을 유복하게 할 뿐이겠는가. 지금 子運은 害合刑을 함께 만나 분망하나 실속이 없고 가정 또한 어수선한 일이 많다.

195) 양군제여사 손녀 4세 4運

戊辛庚丁　庚己戊丁丙乙甲

戌酉子亥　申未午巳辰卯寅

令孫女命造.. 戊戌 辛酉 庚子 丁亥 用亥水而不用丁火 蓋秋金銳銳 非丁所能制 不如用亥以化之 乃順其勢也 自信力特强 有剛而無柔 矯健活潑 幹練聰明 將來事業必有成功 婚姻則未克未滿 運程以三十五歲之後 方許躊躇滿志焉.

손녀의 명조는 戊戌 辛酉 庚子 丁亥로 亥水를 쓰고 丁火를 쓰지 않는다. 대개 秋金은 예리한데 丁으로 억제하지 않는 것은 亥를 써서 金을 化함으로써 그 세력을 따르는 것만 못하기 때문이다. 자신감이 특별히 강해서 굳세나 유순함이 없고 씩씩하고 활발하며 노련하고 총명하므로 장래에 사업은 반드시 성공하는데 혼인은 만족스럽지 못하다. 운로는 35세 이후에 비로소 만족할 만하다.

196) 임옥장군 48세 3運

甲丁戊壬　戊己庚辛壬癸甲

寅丑午子　寅卯辰巳午未申

台造.. 甲寅 丁丑 戊午 壬子 殺印得祿 寒土不寒 子時冲午 乃爲玉中之瑕 雖有成功 曲折太多 尤以四十四歲行來之壬運 歷盡羊腸 明年轉入午運 豁然開朗 必有其不可思議之美遇矣.

당신의 명조는 甲午 丁丑 戊午 壬子로 殺과 印이 득록하여 寒土가 춥지 않다. 子時가 午를 충하여 옥의 티인데 비록 성공해도 곡절이 아주 많다. 더욱이 44세에 오는 壬運은 양의 창자같이 꾸불꾸불 험한 길을 다 겪게 된다. 내년에 午運으로 바뀌면 앞이 확 트이면서 밝아지며 반드시 불가사의한 아름다운 기회를 만나게 된다.

197) 숙강군 55세 3運

丁辛辛乙　庚己戊丁丙乙甲

未亥未未　戌酉申未午巳辰

台造.. 丁未 辛亥 辛未 乙未 乙丁並透 得根於三未 金不寒矣 水不冷矣 用取乙木偏財 午運(五十歲至五十五歲)合三未 爲生平最不如意之時 今年正月初三日交入乙運 除本歲辛丑多不利 五六壬寅 五七癸卯 五八甲辰 五九乙巳 四年 點金有術矣.

당신의 명조는 丁未 辛亥 辛未 乙未로 乙丁이 함께 투출하여 3未에 得根하니 金은 차지 않고 水는 냉하지 않다. 乙木 편재를 취하여 쓴다. 午運(50세부터 55세)은 3未와 합하여 가장 여의치 않은 시절이 되고 금년 정월 초3일에 乙運으로 바뀌는데 불리함이 많은 辛丑年을 제외하면 56세 壬寅 57세 癸卯 58세 甲辰 59세 乙巳 4년은 돌을 금으로 만드는 기술을 갖게 된다.

198) 임기시여사 33세 5運

己丁乙丁　戊己庚辛壬癸甲

巳卯丑丑　辰巳午未申酉戌

淑造.. 己巳 丁卯 乙丑 丁丑. 建祿透食神 有好子未必有好夫 玆行午運 事業進步 惟今年辛丑 防小人傾軋 明年壬寅 後年癸卯 皆稱安吉 三十六行辛運 所幸流年尚善 瑕瑜互見 四十一歲行未運 厚利大名 竟在一般鬚眉男子之上也.

숙녀의 명조는 己巳 丁卯 乙丑 丁丑으로 건록에 식신이 투출하여 자식은 좋으나 반드시 남편이 좋은 것은 아니다. 지금 午運은 사업이 진보하는데 금년 辛丑은 소인들에게 배척당하는 것을 막아야 하고 내년 壬寅과 후년 癸卯는 모두 편안하고 좋다.

36세 辛運은 流年이 좋아서 오히려 다행이나 좋고 나쁜 것을 만나게 된다. 41세 未運은 이익이 두텁고 이름도 크게 얻으며 결국 일반 남자 위에 있게 된다.

199) 이감평부인 37세 5運

乙丁辛戊　戊己庚辛壬癸甲

丑亥亥子　子丑寅卯辰巳午

淑造.. 乙丑 丁亥 辛亥 戊子 金寒而又怕水洩 雖有時上戊土之生金制水 仍患體氣之羸弱 夫財子祿四個字 無一不美 所慮者 三八壬寅 三九癸卯 四十甲辰 多病多痛 甚而有危險也.

숙녀의 명조는 乙丑 丁亥 辛亥 戊子로 金이 차고 또 水의 설기가 무섭다. 비록 시상의 戊土가 金을 생하고 水를 억제하나 體와 氣가 허약하여 근심이다. 남편과 재물과 자식과 직업이 모두 하나도 아름답지 않음이 없는데 염려되는 것은 38세 壬寅 39세 癸卯 40세 甲辰年은 多病하고 많이 아파서 매우 위험하다.

200) 황건중군 25세 5運

丁丁己庚　丙乙甲癸壬辛庚

丑未酉午　午巳辰卯寅丑子

台造.. 丁丑 丁未 己酉 庚午 丑未冲出癸水 但杯水難濟車薪 三十一歲行辰運 已有起色 三十六歲行癸運 飛黃騰達矣 結婚最妙過廿七歲.

당신의 명조는 丁丑 丁未 己酉 庚午로 丑未가 충하여 癸水가 冲出되는데 다만 한 잔의 물로 수레의 나무에 붙은 불을 끄기는 어렵다. 31세 辰運은 이미 어떤 일이 일어날 징조가 있고 36세 癸運은 갑자기 지위가 상승하고 부귀해진다. 결혼은 27세가 지나서 해야 가장 좋다.

201) 육지원군 37세 3運

乙己乙丁　戊丁丙乙甲癸壬

丑丑巳丑　子亥戌酉申未午

台造.. 乙丑 己丑 乙巳 丁丑 "從財格" 以乙木比肩爲病 三十四歲行來乙運 病

上加病 動輒得咎 其心直而口快 則更易爲小人所乘矣 三十九歲行酉運 巳酉丑會金局 乙之病根盡去 君子道長 小人道消 自然軒昻特達 乃我行我素 心直口快而何害哉.

당신의 명조는 乙丑 己丑 乙巳 丁丑으로 종재격이니 乙木 비견이 病이 된다. 34세에 오는 乙運은 病위에 病이 가중되니 하는 일마다 남의 원한을 사기 쉽다. 더욱이 그 마음은 솔직하고 말이 거침이 없어 소인들이 이용하기 쉽다. 39세 酉運은 巳酉丑 金局이 되어 病의 뿌리인 乙이 제거되어 없어지므로 군자의 도의가 늘어나고 소인의 도의는 사라지니 자연히 풍채가 늠름하고 매우 걸출한데 내 방식대로 행하고 솔직한 마음대로 거침없이 말한다고 무슨 해가 있겠는가.

202) 심을명군 30세 2運

壬己丁庚　庚辛壬癸甲乙丙

申酉酉戌　戌亥子丑寅卯辰

台造.. 壬申 己酉 丁酉 庚戌 亦爲"從財格" 金運行得太早 豈不可惜 中年一路水運 聲名藉藉 僅有四十三歲至四十八歲之丑運 可以致富.

당신의 명조는 壬申 己酉 丁酉 庚戌로 역시 종재격이다. 金運이 너무 일찍 지나갔으니 어찌 애석하지 않겠는가. 중년에 하나같이 水運이니 명성이 자자하고 다만 43세부터 48세의 丑運에 致富할 수 있다.

203) 후경군 36세 3運

丙庚壬辛　辛壬癸甲乙丙丁

寅子辰丑　丑寅卯辰巳午未

台造.. 丙寅 庚子 壬辰 辛丑 精華在於年柱丙寅兩字 從來運善則年蹇 隨俗浮沈而已 四十四歲以後 乙巳丙午四步東南美運 方許鳴必驚人 丈夫得志 傑士

揚眉 時哉時哉.

당신의 명조는 丙寅 庚子 壬辰 辛丑으로 빼어난 기운이 년주의 丙寅 두 글자에 있다. 지금까지의 운이 좋았으나 년운이 순조롭지 않아 세속을 따라 부침했을 뿐이다. 44세 이후 乙巳 丙午運은 東南의 아름다운 運이므로 소리를 내면 반드시 사람들을 놀라게 한다. 장부가 뜻을 얻고 뛰어난 인재가 눈썹을 휘날리니 좋은 때이다.

204) 이빈군 44세 9運

戊壬辛癸　癸甲乙丙丁戊己

午戌卯巳　亥子丑寅卯辰巳

台造.. 戊午 壬戌 辛卯 癸巳 秋金喜有火煉水洗 尤以時上食神 爲秀氣所鍾 奈何行運大都徒勞 其能名利雙收者 僅四十五歲之寅運 及五十五歲之卯運耳.

당신의 명조는 戊午 壬戌 辛卯 癸巳로 秋金을 火로 달구고 水로 씻어주므로 기쁘고 특히 시상의 식신이 秀氣하는 근본이 되는데 행운이 대부분 헛수고가 되니 어찌하나. 名利를 함께 거둘 수 있는 것은 겨우 45세의 寅運과 55세의 卯運 뿐이다.

205) 나아명군 61세 10運

辛庚壬甲　己戊丁丙乙甲癸

丑寅午辰　丑子亥戌酉申未

台造.. 辛丑 庚寅 壬午 甲辰 五行全備 八字無病無藥 一生處世安然 雖非富貴 亦足以溫飽耳 今年所行之甲運 羨餘有積 小康可期.

당신의 명조는 辛丑 庚寅 壬午 甲辰으로 오행을 모두 갖춰 팔자가 無病無藥이니 일생의 처세가 편안하다. 비록 부귀는 아니나 역시 의식이 족할 뿐이다. 금년은 甲運으로 가니 풍요롭고 재물이 쌓이니 여유로우며 안정된 형세를 기약할 수 있다.

206) 위정종군 19세 3運

癸戊癸癸 丁丙乙甲癸壬辛

未午卯丑 巳辰卯寅丑子亥

台造.. 癸未 戊午 癸卯 癸丑 三癸一戊 化火雖嫌勉强 幸行運大好 可補不足 良以二十四歲起 乙卯甲寅卄年 前途無限焉 今年所交之辰運 蹉跌堪憂.

당신의 명조는 癸未 戊午 癸卯 癸丑으로 3癸1戊이니 化火가 비록 억지로 되어 불만인데 다행히 행운이 아주 좋아 부족함을 보충할 수 있다. 24세부터 일어나는 乙卯 甲寅運 20년이 좋아 앞날이 막힘이 없다. 금년은 辰運으로 바뀌므로 실패하는 근심을 견뎌야 한다.

207) 황소곤여사 20세 5運

壬丁丁辛 戊己庚辛壬癸甲

午未丑亥 申酉戌亥子丑寅

淑造.. 壬午 丁未 丁丑 辛亥 食神當旺 正官得祿 爲賢妻 爲良母 結褵於二十五歲以後尤妙 中晚年運途更好 洵載福之命也.

숙년의 명조는 壬午 丁未 丁丑 辛亥로 식신이 당왕하고 정관이 득록하여 현처양모다. 결혼은 25세 이후가 더욱 좋다. 중 만년 운이 좋아 참으로 복이 실린 명이다.

208) 진해연군 누이동생 16세 6運

丙辛戊癸 庚己戊丁丙乙甲

戌卯戌亥 寅丑子亥戌酉申

令妹命造.. 丙戌 辛卯 戊戌 癸亥 據云..“臉色蒼白 已有數月 屢醫而無效” 按

其戊土日元 原失令於春月 雖有二戊爲根 究屬先天羸弱 今年九月略好 入冬又差 明年壬寅 丙戊兩得長生 乃克轉危爲安矣.
누이동생의 명조는 丙戌 辛卯 戊戌 癸亥인데 말하기를 "얼굴이 창백한지가 이미 수개월이 되었고 여러 가지 치료를 했으나 효험이 없다"고 말했다. 그 戊土 일원을 살펴보면 원래 春月에 실령하여 비록 두 개의 戊土에 뿌리를 삼으나 결국 선천이 쇠약에 속한다. 금년 9월은 약간 호전되나 겨울이 되면 또 나빠진다. 내년 壬寅年은 丙戊가 모두 장생을 만나므로 위험을 극복하고 편안해진다.

209) 임단남군 31세 9運

辛己乙庚　戊丁丙乙甲癸壬
未亥未辰　戌酉申未午巳辰

台造.. 辛未 己亥 乙未 庚辰 乙庚合而不化 冬木喜暖土 故用未印 茲行申運 有失無得 負債纍纍 明後兩年 且防小病纏身 三十五歲起 連行乙未甲午四運 利路滔滔 財源滾滾 只求富 不愁窮矣.
당신의 명조는 辛未 己亥 乙未 庚辰으로 乙庚이 합이나 不化한다. 겨울의 木은 따뜻한 土를 기뻐하므로 未土를 쓴다. 이에 申運으로 가면 잃는 것은 있으나 얻는 것은 없으니 부채만 쌓인다. 내년과 후년은 작은 病이 몸을 귀찮게 구는 것을 막아야 한다. 35세부터 이어지는 乙未 甲午運은 이익이 왕성하고 재물의 원천이 펑펑 솟아 나오며 오직 富를 취하게 되므로 궁할 근심이 없다.

210) 향동비군 영친모여사 29세 4運

癸乙戊壬　丙丁戊己庚辛壬
酉卯子戌　辰巳午未申酉戌

令親某女士命造.. 癸酉 乙卯 戊子 壬戌 財官並美 必有好姻緣 但三十歲行午

運 子午卯酉四冲 反以小姑獨處爲妙 否則多事多故矣 三十五歲以後 歲運兩善 曼福無窮.

모여사의 명조는 癸酉 乙卯 戊子 壬戌로 재관이 함께 아름다워 반드시 좋은 인연이 있다. 그러나 30세 午運은 子午卯酉 4冲이 되니 도리어 혼자 지내는 것이 아주 좋고 그렇지 않으면 일이 많고 사건사고가 많다. 35세 이후 歲運이 함께 좋아 복이 끝이 없다.

211) 홍금서군 18세 9運

甲丁壬癸　戊己庚辛壬癸甲

申卯申卯　辰巳午未申酉戌

台造.. 甲申 丁卯 壬申 癸卯 傷官格而透財食 天資聰明 刻行辰運爲墓庫 少不更事 猶有童心 二十歲行己巳十年 頭頭是道 尊心治學矣.

당신의 명조는 甲申 丁卯 壬申 癸卯로 상관격이 財와 식신이 투간하여 자질이 총명한데 辰運이 墓庫가 되고 나이가 어려 세상 물정을 잘 모르며 오히려 천진한 마음이 있다. 20세 己巳運 10년은 말과 행동이 사리에 들어맞고 학문에 몰두하게 된다.

212) 양월범군 52세 3運

庚戊丁庚　己庚辛壬癸甲乙

戌子卯戌　丑寅卯辰巳午未

台造.. 庚戌 戊子 丁卯 庚戌 冬丁失令 偏旺於土金水 枯乏於木火 多事少成之命 査五十四歲行甲運 年運一派木火幇身 其不飛黃騰達者 我不信也.

당신의 명조는 庚戌 戊子 丁卯 庚戌로 겨울의 丁이 실령하고 土金水가 치우치게 왕하여 木火가 生氣가 없고 無力하므로 일이 많으나 이루는 게 적은 命이다. 살펴보면 54세 甲運은 년운(癸卯 甲辰 乙巳 丙午 丁未)도 하나같이 木

火로 幇身하니 갑자기 지위가 상승하고 부귀해지지 않는다는 것을 나는 믿을 수 없다.

213) 소대명여사 27세 6運

乙戊壬辛　己庚辛壬癸甲乙

亥寅戌亥　卯辰巳午未申酉

淑造.. 乙亥 戊寅 壬戌 辛亥 傷官駕殺 印祿幇身 外有卓然之事業 內有美滿之家庭 惟辰運(二十二歲至二十七歲)五年 不如意事常八九 委屈多矣 今後辛巳壬午廿載 得心應手焉.

숙녀의 명조는 乙亥 戊寅 壬戌 辛亥로 상관이 殺을 제어하고 인성과 祿이 幇身하니 밖으로는 사업에 탁월하고 안으로는 아름다움으로 가득한 가정을 이룬다. 다만 辰運(22세부터 27세까지) 5년은 일이 십중팔구가 뜻과 같지 않고 억울한 일을 당하는 것이 많다. 이후 辛巳 壬午運 20년간은 마음먹은 대로 일이 된다.

214) 임청천군 47세 5運

乙丙丁甲　乙甲癸壬辛庚己

卯戌亥辰　酉申未午巳辰卯

台造.. 乙卯 丙戌 丁亥 甲辰 精華在於日坐之亥水正官 一生名譽地位 駕乎人上 若論實際之財 則以四十六歲之辛運 五十六歲之庚運 富饒堪期.

당신의 명조는 乙卯 丙戌 丁亥 甲辰으로 亥水정관에 뛰어난 기운이 있고 일생 명예와 지위가 다른 사람들 위에 있다. 만약 실제의 財를 논하면 46세의 辛運과 56세의 庚運으로 부유한 때라고 할 수 있다.

215) 진현달군 43세 9運

己甲辛己　癸壬辛庚己戊丁

未戌酉亥　酉申未午巳辰卯

台造.. 己未 甲戌 辛酉 己亥 土重如山 金有被埋之患 亟須有木疏土 乃命中之甲 爲己所合 又無木運以濟之 事業如鷄肋 行程似羊腸 四四壬寅 四五癸卯 四六甲辰 四七乙巳 四載水木流年 自然獲利 但恐有限耳.

당신의 명조는 己未 甲戌 辛酉 己亥로 土가 山처럼 重하여 金이 埋金되는 근심이 있다. 절박하게 木이 소토해야 하는데 命中의 甲이 己와 합이 되고 또한 돕는 木運이 없어 사업은 계륵같고 행운은 양의 창자와 같다. 44세 壬寅 45세 癸卯 46세 甲辰 47세 乙巳 4년은 水木運이니 자연히 이익을 얻으나 크지 않을까 두려울 뿐이다.

216) 장가입군 45세 7運

丁癸甲己　壬辛庚己戊丁丙

巳丑戌巳　子亥戌酉申未午

台造.. 丁巳 癸丑 甲戌 己巳 甲己化土爲格 而以火爲喜神 近則四九乙巳 五十丙午 五一丁未 可致小康之富 遠則五十八歲丁未十年火運 克成陶朱之業 今以七口之家 而無隔宿之粮 按年運尙非大惡 未必陷於絶境 移花權且接木 剜肉儘可補瘡.

당신의 명조는 丁巳 癸丑 甲戌 己巳로 甲己化土格이므로 火가 희신이다. 가깝게는 49세 乙巳 50세 丙午 51세 丁未年에 편안한 정도의 富에 이를 수 있고 멀리는 58세 丁未 10년 火運에 도주공의 업을 이룰 수 있다. 지금은 7식구의 가정이 하루 먹을 식량도 없지만 살펴보면 年運이 오히려 크게 나쁘지 않아 반드시 절망적인 지경에 빠지지는 않는다. 꽃을 옮기고 나무를 접목하여 형세가 좋아지려면 할 수 있는 대로 살을 도려내어 상처에 붙여야 한다.

217) 이만조군 23세 1運

己癸己戊　壬辛庚己戊丁丙

卯酉酉辰　申未午巳辰卯寅

台造.. 己卯 癸酉 己酉 戊辰 食神當令 偏財透出 天生我才必有用 僅爲時間之遲早耳 二十七歲以後 運程穩步而上 査二十五歲癸卯一年 還有打擊 灾禍叢生.

당신의 명조는 己卯 癸酉 己酉 戊辰으로 식신이 당령하고 편재가 투출하여 타고난 재능을 반드시 쓸 수 있는데 단지 때가 늦고 일찍 올 뿐이다. 27세 이후 運路가 편안하고 그 이상이다. 살펴보면 25세 癸卯 1년은 타격이 있고 재난과 禍가 한꺼번에 발생한다.

218) 임소제제 남아 11세 5運

辛壬庚丙　辛庚己戊丁丙乙

卯辰寅子　卯寅丑子亥戌酉

台造.. 辛卯 壬辰 庚寅 丙子. 辛有丙合 可作"從財格"論 而爲富命 乃行運干屬土金 支屬水木 適成對壘 則成敗多端 禍福不一 爲可憾耳.

당신의 명조는 辛卯 壬辰 庚寅 丙子로 辛이 丙을 합하여 종재격으로 논하고 富命이다. 행운이 천간은 土金이고 지지는 水木에 속하여 알맞은 보루를 쌓아 이루는데 성패가 많고 禍와 福이 하나같지 않아 유감일 따름이다.

219) 허문열군 40세 3運

壬辛庚丙　壬癸甲乙丙丁戊

戌亥子戌　子丑寅卯辰巳午

台造.. 壬戌 辛亥 庚子 丙戌 金寒水冷 理宜用丙 過去寅運(二十九歲至三十四歲)應有建樹 將來四十四歲行丙運 發無止境 富貴利達 有厚望焉.

당신의 명조는 壬戌 辛亥 庚子 丙戌로 金寒水冷하니 이치상 丙을 써야 마땅하다. 과거 寅運(29세부터 34세)은 응당 업적이 있고 장래의 44세 丙運은 발전이 그치지 않아 부귀와 이익이 크게 기대된다.

220) 담선방여사 29세 4運

癸乙甲丙　丙丁戊己庚辛壬

酉丑午寅　寅卯辰巳午未申

台造.. 癸酉 乙丑 甲午 丙寅 寒木喜丙 名謂"向陽" 官印亦正正堂堂 則夫榮子秀 意中事耳 去年庚子 天克地冲 應多紛擾 今年辛丑 可望否極泰來 三十歲起 更是連綿好運 一路福星.

당신의 명조는 癸酉 乙丑 甲午 丙寅으로 寒木이 丙을 기뻐하니 이른바 "향양"이라고 한다. 官印 또한 정정당당하므로 남편이 영화롭고 자식이 뛰어나니 마음에 두었던 일일 뿐이다. 지난 庚子年은 天克地冲이니 응당 혼란스런 일이 많고 금년 辛丑은 안 좋은 운이 다하고 좋은 운이 올 것을 바랄 수 있다. 30세부터 다시 좋은 운이 이어지니 하나 같이 복운이다.

221) 축창성군 38세 6運

甲甲壬庚　乙丙丁戊己庚辛

子戌午子　亥子丑寅卯辰巳

台造.. 甲子 甲戌 壬午 庚子 兩重子水陽刃爲恩星 賴以幇身而敵殺 一生勞碌在所不免也 三十九歲行寅運, 會齊火局 孔子曰"富而可求"矣 按父母兄弟子女之情形 其爲十月初三日子時 毫無疑義.

당신의 명조는 甲子 甲戌 壬午 庚子로 중첩된 子水 양인이 恩星이 되고 일간을 돕는 것에 의지하여 殺에 대적하니 일생동안 고생을 면할 수 없는 바가 있다. 39세 寅運은 火局을 이루니 공자가 말하길 富는 求할 수 있다고 했다. 부모 형제 자녀의 정황을 살펴보면 10월 초 3일 子時가 되는 것을 조금도 의심할 바가 없다.

222) 이덕력군 43세 6運

己戊丁己　丁丙乙甲癸壬辛

未辰未酉　卯寅丑子亥戌酉

台造.. 己未 戊辰 丁未 己酉 純粹"從兒格" 但過去與未來 却無一步好運 奈何奈何 按命好而運不好 僅得衣食之無憂 運好而命不好 反爲時代之寵兒 吁!余欲無言矣.

당신의 명조는 己未 戊辰 丁未 己酉로 순수한 종아격인데 다만 과거와 미래가 도리어 좋은 운이 하나도 없으니 어찌하나. 命은 좋으나 運이 좋지 않으면 겨우 의식은 걱정이 없는데 運이 좋으면 命이 좋지 않아도 도리어 시대의 총아가 되니 아! 나는 하고 싶은 말이 없다.

223) 황영상군 37세 1運

乙甲戊甲　癸壬辛庚己戊丁

丑申辰寅　未午巳辰卯寅丑

台造.. 乙丑 甲申 戊辰 甲寅 食神格 丙火偏印爲用神 三十五歲以來 連逢金水流年 損多益少 今歲春冬更劣 明年曇花一現 蓋卅九 四十 兩年 又多蹉跌矣 直至四十一歲以後 乃有五年繁榮 非但財旺 亦且弄璋有慶也.

당신의 명조는 乙丑 甲申 戊辰 甲寅으로 식신격이니 丙火편인이 용신이 된다. 35세 이래 이어서 金水流年을 만났으니 손해가 많고 이익은 적다. 금년 봄과 겨울은 더욱 좋지 않고 내년은 잠깐 나타났다가 바로 사라져 버리고 39세 40세 兩年은 또 차질이 많을 것이다. 41세 이후 5년 동안 번영하니 재물이 왕성할 뿐만 아니라 아들을 낳는 경사도 있다.

224) 만병상군 37세 3運

乙辛庚辛　庚己戊丁丙乙甲

丑巳子巳　辰卯寅丑子亥戌

台造.. 乙丑 辛巳 庚子 辛巳 財逢劫奪 用取七殺 過去運程 奮鬪或苟安 皆不過爾爾 將來四十四歲行丙子十年 熱鬧光輝 有非始料所及者 台甫兵祥之"兵"字 何勿易以"炳"字.

당신의 명조는 乙丑 辛巳 庚子 辛巳로 財가 겁탈을 만나 七殺을 취용한다. 과거의 운은 있는 힘을 다하여 분투해야 했고 어떤 경우에는 일시적으로 편안함에 불과할 뿐이었다. 장래의 44세 丙子 10년은 찬란하게 빛나는데 예상과 같지 않은 것이 있으니 당신 이름인 병상의 "兵"자를 왜 "炳"자로 바꾸지 않는가.

225) 양병흠군 27세 1運

乙癸丁辛　壬辛庚己戊丁丙

亥未亥亥　午巳辰卯寅丑子

台造.. 乙亥 癸未 丁亥 辛亥 夏火不怕多水 但窮通寶鑑曰.. "三伏生寒 丁弱極矣 專取甲木 壬水次之" 查壬運在七歲以前 甲運在八旬以外 太幼太老 皆不足恃 中年運途 良莠不齊 惟卄八歲至卅三歲 此六年雖勞而有成也.

당신의 명조는 乙亥 癸未 丁亥 辛亥로 여름의 火는 많은 水를 무서워하지 않는다. 그러나 궁통보감에서 "三伏에 寒氣가 생기면 丁이 극도로 약해지니 오로지 甲木을 취하고 壬水는 그 다음이다"라고 했다. 살펴보면 壬運은 7세 이전에 있었고 甲運은 8순 이후에 있으니 너무 어리고 너무 늙어 다 기댈 수 없다. 중년운로는 좋은 것과 나쁜 것이 섞여 있는데 다만 28세부터 33세까지 이 6년은 비록 고생하나 이루는 것이 있다.

226) 진서전군 35세 9運

丁己癸辛　戊丁丙乙甲癸壬

卯酉酉酉　申未午巳辰卯寅

台造.. 丁卯 己酉 癸酉 辛酉 三酉冲一卯 梟神奪食殆盡 端賴火運制金 尤以三十五歲至四十歲之午運 丁火得祿 魚龍變化 不可限量 旣建鎡基 則以後乙巳甲三運 步其後塵 榮華到老矣.

당신의 명조는 丁卯 己酉 癸酉 辛酉로 3酉가 1卯를 冲하니 효신이 탈식하여 거의 다 없어졌다. 결국 金을 억제하는 火運에 의지하는데 특히 35세부터 40세까지의 午運은 丁火가 득록하므로 물고기가 변하여 용이 되니 발전이 끝이 없다. 이미 기반을 세웠으므로 이후 乙巳甲運은 늙도록 영화로울 것이다.

227) 오진복군 28세 8運

甲戊癸戊　己庚辛壬癸甲乙

戌辰丑午　巳午未申酉戌亥

台造.. 甲戌 戊辰 癸丑 戊午 化火而非其時 書云"官多不可無傷" 甲木之作用大矣 丑辰爲癸水之根 亦喜神也 明年行辛運 盛極一時 三十四歲行未運 傾覆堪憂 三十九歲起 壬申癸酉四運 經過浪濤 行舟始穩 海闊天空 任君飛躍矣.

당신의 명조는 甲戌 戊辰 癸丑 戊午로 化火하나 그 때가 아니다. 책에 말하길 "官이 많은데 상관이 없으면 안 된다"고 했으니 甲木의 작용이 크고 丑辰은 癸水의 뿌리가 되므로 역시 희신이다. 내년 辛運은 한 때 왕성하고 34세 未運은 뒤집어지는 근심을 견뎌야 한다. 39세부터 壬申 癸酉運은 파도를 지나고 배기 나아가는데 비로소 평온하니 바다가 탁 트이고 하늘이 열려 비약적으로 발전하게 된다.

228) 장의여사 43세 7運

己乙癸甲　丙丁戊己庚辛壬
未亥酉寅　子丑寅卯辰巳午

淑造.. 己未 乙亥 癸酉 甲寅 傷食制殺太過 夫星不透 婚姻有麻煩耳 一生以庚辰十年大運 所需皆得 有求心應 其餘諸運 欲享淸閒福 身在煩忙中.

숙녀의 명조는 己未 乙亥 癸酉 甲寅으로 傷食이 제살태과하는데 관성이 나타나지 않아 혼인이 번거로울 뿐이다. 일생동안 庚辰 10년 대운은 필요로 하는 것은 모두 얻을 수 있고 마음이 요구하면 구할 수 있다. 그 나머지 모든 운은 맑고 한가로운 복을 누리고 싶으나 몸이 번거롭고 바쁘기만 하다.

229) 왕홍군 22세 8運

庚戊癸己　己庚辛壬癸甲乙
辰寅未未　卯辰巳午未申酉

台造.. 庚辰 戊寅 癸未 己未 傷官雖當令 難制重重之官殺 乃取印以化殺 二十四歲行辰運 氣象萬千 但二十九歲以後 辛巳壬午癸未諸運 喜干忌支 反見趑趄 可惜可惜.

당신의 명조는 庚辰 戊寅 癸未 己未로 상관이 비록 당령하였으나 重重한 관살을 억제하기 어려우므로 인성을 취하여 化殺한다. 24세 辰運은 기상이 천태만상으로 변화가 많다. 그러나 29세 이후 辛巳 壬午 癸未의 모든 운은 천간은 희신이나 지지는 기신이므로 도리어 머뭇거리고 망설이게 되어 애석하다.

230) 종자전군 남동생 16세 4運

丙戊乙丙　己庚辛壬癸甲乙
戌戌亥子　亥子丑寅卯辰巳

台造.. 丙戌 戊戌 乙亥 丙子 財重身輕 雖用子水偏印 終是偏枯之局 幸也 一生

水運彌多 二十歲起 已展長才 三十年之建樹 無論其爲士農工商 自多成就耳.
당신의 명조는 丙戌 戊戌 乙亥 丙子로 財重身輕이니 비록 子水 편인을 쓰나 끝내 편고한 局이다. 다행히 일생에 水運이 두루 많고 20세부터 이미 재능을 펼치며 30년 동안 업적을 세우니 사농공상을 논할 것 없이 많이 성취할 뿐이다.

231) 진복전군 25세 3運

丁辛戊壬　庚己戊丁丙乙甲
丑亥申戌　戌酉申未午巳辰

台造.. 丁丑 辛亥 戊申 壬戌 以戌土爲根 以丁火爲用 蓋亦財重身輕 唯喜火土幇扶也 早運隨俗浮沈 三十四歲行丁未丙午四步 方展驥足 罔知所屆.
당신의 명조는 丁丑 辛亥 戊申 壬戌이다. 戌土로서 뿌리를 삼고 丁火로서 용신을 삼는데 역시 財重身輕이므로 火土의 幇扶를 기뻐한다. 早運은 세속을 따라 부침하고 34세 丁未 丙午運에 바야흐로 뛰어난 재능을 펼치게 되니 한계를 알 수 없다.

232) 승숭검군 38세 5運

甲己庚庚　庚辛壬癸甲乙丙
子巳子辰　午未申酉戌亥子

台造.. 甲子 己巳 庚子 庚辰 君問何種職業爲宜 按巳月庚金 有火克水洩 自喜土之培養 金之扶助 所以金融 機械 礦務 地産等等 可獲事半功倍之效也 四十一歲之酉運 除舊佈新 尤爲畢生關鍵所在 可不勉哉.
당신의 명조는 甲子 己巳 庚子 庚辰이다. 당신은 어떤 직업이 마땅한지를 물었는데 살펴보면 巳月 庚金이 火의 克과 水의 洩이 있어 자연히 土의 배양과 金의 扶助를 기뻐한다. 까닭에 금융 기계 광무 지산 등등이 반만 일해도 공을 배로 얻는 효과가 있다.

41세의 酉運은 묵은 것을 제거하고 새로운 것을 건립하게 되므로 일생의 관건이 여기에 있으니 더욱 노력하지 않을 수 없다.

233) 반자견군 21세 7運

辛庚庚丁　己戊丁丙乙甲癸

巳子戌亥　亥戌酉申未午巳

台造.. 辛巳 庚子 庚戌 丁亥 丁火無力 幸有戌巳爲根 二十三歲行戊運 已有作爲 二十八歲行丁運 更上一層 三十八歲之丙運 厚利大名 尤爲驚人出色矣.

당신의 명조는 辛巳 庚子 庚戌 丁亥로 丁火가 無力한데 다행히 戌巳가 뿌리가 된다. 23세 戊運은 이미 성과를 내게 되고 28세 丁運은 한층 더 발전한다. 38세 丙運은 이익은 많고 이름은 크게 나며 더욱 뛰어나 사람들을 놀라게 한다.

234) 소정군 23세 7運

己辛丁乙　庚己戊丁丙乙甲

卯未卯巳　午巳辰卯寅丑子

台造.. 己卯 辛未 丁卯 乙巳 滿盤木火 用神非己而莫屬 蓋己爲濕土 足以晦火也 一生以瀕海地區 金水商業爲最利 查行運僅二十八歲至三十八歲之戊辰十年 早樹基業 三十八歲以後 丁卯丙寅等運 株守爲上 變遷爲下.

당신의 명조는 己卯 辛未 丁卯 乙巳로 만반이 木火이니 용신이 己가 아니면 할 수 있는 게 없는데 己는 습토이기 때문에 火를 시들게 할 수 있다. 일생동안 바닷가에 살면서 金水관련 상업을 하는 것이 가장 이롭다. 행운을 살펴보면 28세부터 38세의 戊辰 10년이 일찍 사업의 기반을 세우게 된다. 38세 이후 丁卯 丙寅運은 지키는 것이 상책이고 변천하는 것은 하책이다.

235) 황부인 31세 6運

辛辛壬己　壬癸甲乙丙丁戊

未卯申酉　辰巳午未申酉戌

淑造.. 辛未 辛卯 壬申 己酉 印多爲病 正官與傷官 均受威脅 所以結婚 得子皆宜遲而不宜早也 明年行午運 午爲己祿 相夫立業 育麟有慶矣 後來諸運 亦都安吉.

숙녀의 명조는 辛未 辛卯 壬申 己酉로 인성이 많아 病이 되고 정관과 상관이 고르게 위협을 받고 있다. 까닭에 결혼과 자식을 낳는 것은 모두 늦게 해야 마땅하고 일찍하는 것은 마땅하지 않다. 내년 午運은 午는 己의 祿으로 남편이 사업을 시작하고 자식을 기르는 경사가 있다. 후에 오는 모든 운 역시 편안하고 길하다.

236) 황해천군 남동생 2세 6運

庚甲辛乙　乙丙丁戊己庚辛

子申巳未　酉戌亥子丑寅卯

台造.. 庚子 甲申 辛巳 乙未 秋金旺 秋木衰 財不敵身 幸十七歲以後 一路水火運程 聲名藉藉 利源小康 名號何勿另取一"木部"之字.

당신의 명조는 庚子 甲申 辛巳 乙未로 秋金은 왕하고 秋木은 쇠하니 財가 身을 대적하지 못한다. 다행히 17세 이후 하나같이 水火運이니 명성이 자자하고 재물은 편안한 정도다. 이름은 어찌 "木部"字를 취하지 않는가.

237) 후탁여군 61세 5運

辛辛丁壬　庚己戊丁丙乙甲

丑卯酉寅　寅丑子亥戌酉申

台造.. 辛丑 辛卯 丁酉 壬寅 妙哉 時上一官一印 因此而得享盛名高壽也 今年

行酉運 冲中帶合 凶處有救 六十六歲行甲運 財業亨通 家有餘慶 直至七十一歲行申運 申來冲寅 梁木其壞矣.

당신의 명조는 辛丑 辛卯 丁酉 壬寅으로 묘한데 시상에 官과 印으로 인하여 명예와 장수를 얻고 누린다. 금년 酉運은 冲하는 중에 合이 있어 흉을 구함이 있고 66세 甲運은 재물이 형통하고 가정에 경사가 있으며 바로 이르는 71세 申運은 申이 와서 寅을 冲하니 들보가 무너질 것이다.

238) 왕충해군 44세 6運

戊壬辛丙　癸甲乙丙丁戊己
午戌丑申　亥子丑寅卯辰巳

台造.. 戊午 壬戌 辛丑 丙申 秋土旺 秋金相 有水洗金 無木疏土 自以逢木爲佳 寅運交來 惜皆土金流年 明年壬寅 歲運皆寅 魚龍變化 當不在遠矣 至於西貢 香港 日本孰善 此乃不足爲問題 年運旣佳 到處有利也 來信竟蒙以師相稱 殊不敢當 蓋學無止境 余亦尙在執經問難於長者耳.

당신의 명조는 戊午 壬戌 辛丑 丙申으로 秋土가 旺하고 秋金이 相한데 洗金하는 水가 있고 소토하는 木이 없으니 자연히 木을 만나면 아름답다. 寅運이 왔으나 애석하게도 모두 流年이 土金인데 내년 壬寅은 歲運이 다 寅이므로 물고기가 용으로 변화하니 멀지 않았다. 사이공이나 홍콩 일본 중에 어디가 좋은가하는 것은 문제가 되지 않는다. 年運이 이미 좋으므로 도처가 유리하다. 보낸 편지에 스승으로 칭해주어 특히 감당할 수 없다. 배움에 끝이 없으니 나 또한 아직도 경서를 잡고 덕망이 있는 사람에게 어려운 것을 물을 뿐이다.

239) 타향객 가출여인 27세 3運

乙己甲乙　庚辛壬癸甲乙丙
亥卯辰亥　辰巳午未申酉戌

貴友之愛女命造.. 乙亥 己卯 甲辰 乙亥 據云"此女離家近年 杳無音信 生死未卜" 按木旺不作"化土"論 有己又不作"從旺"論 標梅有信 嫁杳無期 固是飄泊之命 所幸二十九歲行午運 旺木吐秀 旣骨肉團聚之有望 亦婚姻事業之兩利矣 請轉言其父母 勿必憂慮.

당신의 친구인 여자의 명조는 乙亥 己卯 甲辰 乙亥이다. 말한 바에 의하면 "이 여자는 근래에 집을 떠나 행방이 묘연하고 소식이 없으며 生死를 알 수 없다"고 했는데 살펴보면 木이 왕하여 化土가 되지 못하고 己土가 있어 종왕도 되지 못한다. 매화나무 가지는 믿음이 있으나 시집갈 기약이 없으니 참으로 떠도는 命이다. 다행인 것은 29세 午運에 旺木이 吐秀하니 가족이 모일 수 있는 희망이 있고 또한 혼인과 사업에 함께 이익이 있을 것이다. 그의 부모에게 걱정하지 말라는 말을 전해주시오.

240) 요검홍군 26세 6運

丙辛庚癸　壬癸甲乙丙丁戊
子卯子未　辰巳午未申酉戌

台造.. 丙子 辛卯 庚子 癸未 財重身輕 喜土金之生扶 台甫"劍虹"二字 何不易以"劍堂" 印刷事業屬水 不甚相宜 最妙經營礦務 機械 金融 地產等事 好運在於四十歲之後 老子所謂"大器晚成"也

당신의 명조는 丙子 辛卯 庚子 癸未로 財重身弱이므로 土金의 生扶를 기뻐한다. 당신의 이름인 "劍虹" 두자를 "劍堂"으로 왜 바꾸지 않는가. 인쇄사업은 水에 속하므로 매우 마땅하지 않고 가장 좋은 것은 광물을 다루는 일 기계 금융 또는 땅에서 생산하는 것 등에 관한 일이다. 좋은 운은 40세 후에 있으니 노자가 말한 "대기만성"이다.

241) 종자강군 34세 7運

戊己己庚　庚辛壬癸甲乙丙

辰未未午　申酉戌亥子丑寅

台造.. 戊辰 己未 己未 庚午 土重如山 妙有庚金吐秀 更妙三十八歲以後 廿餘年水木運途 必發無疑 查與令女友之命造 配合殊爲相當 結婚於明年壬寅 或後年癸卯 尤佳.

당신의 명조는 戊辰 己未 己未 庚午로 土의 重함이 산과 같은데 庚金이 吐秀하여 묘하다. 더욱 묘한 것은 38세 이후 20년간 水木運이니 반드시 발전할 것을 의심할 게 없다. 여자 친구의 명조와 배합이 어울린다. 결혼은 내년 壬寅이나 후년 癸卯가 더욱 좋다.

242) 왕건원군 47세 3運

乙戊丙丁　丁丙乙甲癸壬辛

卯寅子酉　丑子亥戌酉申未

台造.. 乙卯 戊寅 丙子 丁酉 來信甚爲冗長 乃余百函並發 迄無暇晷 不能詳覆爲歉 按過去情形 絶對爲酉時而非申時 台造精華在於戊土與酉金 明年行酉運 乃畢生之黃金時代 長才克展 壯志必遂矣 命雖乙丙丁三奇 總以木多爲病 勞碌特甚耳.

당신의 명조는 乙卯 戊寅 丙子 丁酉다. 보낸 편지가 매우 쓸데없이 길은데 내가 많은 편지를 함께 봐야 하므로 한가할 겨를이 없어 자세히 살피지 못하여 유감이다. 과거의 정형을 살펴보면 절대로 酉時이고 申時가 아니다. 당신의 명조는 戊土와 酉金에 뛰어난 기운이 있다. 내년 酉運은 일생의 황금시대이고 뛰어난 재능을 펼칠 수 있으며 웅장한 뜻을 반드시 이룰 수 있을 것이다. 命에 비록 乙丙丁 三奇가 있으나 한 마디로 木이 많아 病이 되니 고생이 특히 심할 뿐이다.

243) 허은군 42세 1運

庚丁己丙　戊己庚辛壬癸甲

申亥亥寅　子丑寅卯辰巳午

台造.. 庚申 丁亥 己亥 丙寅 妙哉 時上丙火 時下寅木 丙以生己 寅以合亥 乃穩健之命也 玆行壬運 傷丙而幸有丁合 姸媸互見 四十六歲行辰運 所喜五載火土流年 指揮若定 小康可期.

당신의 명조는 庚申 丁亥 己亥 丙寅으로 묘한 것은 時上에 丙火와 時下에 寅木이 있어 丙이 己를 생하고 寅이 亥를 합하여 온건한 命이 되었다. 지금 壬運은 丙을 손상하는데 다행히 丁이 합하여 좋고 나쁜 것을 함께 만났다. 46세 辰運은 5년이 火土流年이라 기쁘고 자신감있게 행동하면 편안한 생활을 기약할 수 있다.

244) 사문여사 23세 5運

己乙癸丁　丙丁戊己庚辛壬

卯亥亥巳　子丑寅卯辰巳午

淑造.. 己卯 乙亥 癸亥 丁巳 日時互冲 用取乙木 衣食無憂 勞碌不免 二十六歲至三十六歲 欣逢戊寅兩運 喜慶重疊至 富貴逼人來 三十六歲以後 蓋又平淡無奇矣.

숙녀의 명조는 己卯 乙亥 癸亥 丁巳로 日時가 충이고 乙木을 취용한다. 의식은 걱정이 없으나 고생을 면하지 못한다. 26세부터 36세까지 戊寅運을 만나 기쁜 경사가 중첩되며 부귀는 어쩔 수 없이 온다. 36세 이후는 또 평범하고 특별하지 않다.

245) 육준군 41세 6運

辛庚壬乙　己戊丁丙乙甲癸

酉子戌巳　亥戌酉申未午巳

台造.. 辛酉 庚子 壬戌 乙巳 金水兩旺 取戌土爲用 巳火爲輔 乙木被庚辛所虎視 不足恃也 四十七歲起 乙未甲午四運 得志非一時 揚眉有廿載 可不勉乎 明年所行之申運五年 蠖屈仍屬不免耳.

당신의 명조는 辛酉 庚子 壬戌 乙巳로 金水가 兩旺하여 戌土를 취하여 용신으로 삼고 巳火가 보좌한다. 乙木은 庚辛金의 호랑이 같은 시선을 당하여 의지하기에 부족하다. 47세부터 乙未 甲午運은 뜻을 얻게 되는데 일시적인 것이 아니고 20년간 눈썹을 휘날리니 노력하지 않을 수 있는가. 내년에 시작되는 申運 5년은 움츠리고 은거하는 것을 면하지 못할 따름이다.

246) 광수동군 52세 1運

庚丁癸癸　戊己庚辛壬癸甲

戌亥卯亥　子丑寅卯辰巳午

台造.. 庚戌 丁亥 癸卯 癸亥 水歸冬旺 幸有一卯一戌 支持丁火 過去寅卯兩運 允宜名利雙收 壬辰十年 恐其所如輒左 今後巳運 以歲運之兩佳 嘉禾合穗 萬寶告成矣.

당신의 명조는 庚戌 丁亥 癸卯 癸亥로 水는 겨울에 왕한데 다행히 卯戌이 있어 丁火를 지탱한다. 과거 寅卯 兩運은 참으로 名利를 모두 거두기에 마땅하였고 壬辰 10년은 하는 일마다 어긋나는 것이 무섭고 이후 巳運은 세운이 함께 좋으니 좋은 징조가 많이 일어나고 온갖 만물이 성숙을 알릴 것이다.

247) 사영화군 44세 4運

戊丙庚乙　丁戊己庚辛壬癸

午辰子酉　巳午未申酉戌亥

台造.. 戊午 丙辰 庚子 乙酉 秀氣在於子辰 用神在於乙木 三十五歲起 連行庚

申辛酉卄年金運 英雄無用武之地 扼腕甚矣 短中求長 則以四五壬寅 四六癸卯 四七甲辰 四八乙巳 此四年展布良多 晩來五十五歲行壬運 最爲出色 竟以大富終其身.

당신의 명조는 戊午 丙辰 庚子 乙酉로 빼어난 기운은 子辰에 있고 용신은 乙木에 있다. 35세부터 이어지는 庚申 辛酉 20년 金運은 영웅이 무를 쓸 곳이 없으니 분한 마음이 심하다. 나쁜 중에 좋은 것이 있으니 45세 壬寅 46세 癸卯 47세 甲辰 48세 乙巳 이 4년은 수완을 발휘하여 좋은 일이 많다. 늦게 오는 55세 壬運은 가장 특출 나게 좋으니 결국 큰 부자로 생을 마감한다.

248) 이주군 45세 4運

丁己丙己　戊丁丙乙甲癸壬

巳酉寅亥　申未午巳辰卯寅

台造.. 丁巳 己酉 丙寅 己亥 秋火退氣 賴寅木以爲根 二十五歲行丙午十年 必有建樹 近行巳運 憾於巳亥之冲 得不償失 四十五歲行甲運 又有一番熱鬧矣 五十歲後 寂然無聞.

당신의 명조는 丁巳 己酉 丙寅 己亥로 秋火가 退氣이니 寅木에 의지하여 뿌리를 삼는다. 25세 丙午 10년은 반드시 업적을 세우고 근래의 巳運은 유감스럽게도 巳亥가 冲하여 얻는 것보다 잃는 게 많다. 45세 甲運은 또 한 번 흥청거리게 되고 50세 후는 조용하고 적적하다.

249) 이병항군 33세 2運

己辛丁丁　庚己戊丁丙乙甲

巳未卯未　午巳辰卯寅丑子

台造.. 己巳 辛未 丁卯 丁未 夏火旺極 必用己土晦之 玆行辰運 今明後三年 好自爲之 務使基業鞏固 否則中年丁卯丙寅等運 落寞堪憂耳.

당신의 명조는 己巳 辛未 丁卯 丁未로 여름의 火가 극히 왕하므로 반드시 己土를 써서 旺한 火를 시들게 해야 한다. 지금 辰運은 금년 내년 후년 3년은 스스로 알아서 해야 하고 사업의 기반을 공고히 하는데 힘써야 한다. 그렇지 않으면 중년의 丁卯 丙寅運에 몰락하는 우려를 견뎌야 할 뿐이다.

250) 양봉춘 남동생 4세 1運

戊辛戊壬　壬癸甲乙丙丁戊

戌酉午子　戌亥子丑寅卯辰

台造.. 戊戌 辛酉 戊午 壬子 土金水生生不息 所憾者 子午之冲耳 將來允文允武 有名有利 但驚險必多 劉禹錫有詩云..“美人首飾侯王印 全從沙中浪底來”其此之謂歟 運程尙稱平坦 惟二十七歲至三十二歲之子運 聲色迷離 干戈紛擾 殆哉.

당신의 명조는 戊戌 辛酉 戊午 壬子로 土金水가 쉬지 않고 접속상생하는데 유감인 것은 子午가 冲하는 것이다. 장래에 文도 합당하고 武도 합당하며 名利가 있으나 놀랍고 위험한 일이 반드시 많다. 유우석이 시에서 말하기를 “미인의 머리를 장식하는 후왕인도 모두 다 물결아래 모래 속에서 오는 것이다”고 했는데 이것을 말하는 것이다. 運路가 오히려 평탄하다고 할 수 있으나 27세부터 32세 子運은 목소리와 얼굴빛이 분명하지 못하고 다툼이 혼란스러우며 위태롭다.

251) 양인도 여동생 6세 7運

丙壬癸己　辛庚己戊丁丙乙

申辰亥未　卯寅丑子亥戌酉

淑造.. 丙申 壬辰 癸亥 己未 身殺兩强 自立之命 不願依人 亦依不得人也 喜金化殺 喜木制殺 早歲卽行金木之運 履厚席豊 中年己丑兩運 與惡環境戰鬪

十載艱苦 洵非常人所能忍受也.
숙녀의 명조는 丙申 壬辰 癸亥 己未로 身殺이 兩强이니 자립하는 명이다. 다른 사람에게 의지하는 것을 원하지 않고 또한 다른 사람을 의지할 수도 없다. 金으로 化殺하는 것을 기뻐하고 木으로 制殺하는 것을 기뻐하는데 早年에 金木運이니 복이 두텁고 풍요롭다. 중년의 己丑運은 나쁜 환경으로 싸우게 되고 10년 동안 가난과 고생이니 참으로 보통 사람은 참고 받아들이지 못한다.

252) 고강군 50세 4運

壬丙壬戊　丁戊己庚辛壬癸
子午申申　未申酉戌亥子丑

台造.. 壬子 丙午 壬申 戊申 水火未濟 病在無木溝通 過去迄無一步木運 所以浮生半百 兩鬢飛霜 嫁務縈勞 未遑甯息 明年壬寅 後年癸卯 略有起色 五十三歲起 六載繁榮 黃花晚節 自有餘姸 幸拭目以待之.
당신의 명조는 壬子 丙午 壬申 戊申으로 수화미제인데 水를 소통하는 木이 없어 病이다. 과거에 木運이 하나도 없었으니 반 백년이 덧없이 흘러가 버렸고 양 귀밑머리에 서리가 내렸으나 딸을 시집보내느라 애쓰며 아직도 편안하게 쉬지 못한다. 내년 壬寅 후년 癸卯는 약간의 어떤 일이 일어날 징조가 있고 53세부터 6년간 번영하니 만년의 기상이며 여유롭고 아름다우니 눈을 비비고 기다려야 한다.

253) 진약한군 26세 7運

丙丁壬辛　戊己庚辛壬癸甲
子酉寅丑　戌亥子丑寅卯辰

台造.. 丙子 丁酉 壬寅 辛丑 君已大學畢業 尙無枝棲 按金旺水相 最喜木火 奈何一生都金水之運途 再論流年 今年辛丑 席珍而席不暖 守兎而兎不來 明

年壬寅 後年癸卯 縱有所就 亦必用非所學 較爲得意之年 總在三十歲以後耳.
당신의 명조는 丙子 丁酉 壬寅 辛丑으로 이미 대학을 졸업했는데 아직 살 곳이 없다고 했다. 살펴보면 金旺水相이니 木火를 가장 기뻐하는데 일생이 모두 金水運이니 어찌하나. 다시 流年을 논하면 금년 辛丑은 소중히 여기는 자리이나 따뜻하지 않고 토끼를 기다리나 토끼가 오지 않는다. 내년 壬寅 후년 癸卯는 설령 성취하는 것이 있어도 반드시 배우지 않은 일을 하게 된다. 비교적 뜻을 얻을 수 있는 해는 30세 이후에 있을 뿐이다.

254) 양영수군 28세 2運

甲丙丁甲　丁戊己庚辛壬癸
戊子丑辰　丑寅卯辰巳午未

台造.. 甲戌 丙子 丁丑 甲辰 殺旺用印 甲多不可無庚 三十三歲行庚運 千載一時之良機 豈可失諸交臂 從而三十八歲行辰運 四十三歲行辛運 成功亦非淺鮮.
당신의 명조는 甲戌 丙子 丁丑 甲辰으로 殺旺하여 印을 쓰고 甲이 많아 庚이 없으면 안 된다. 33세 庚運에 천재일우의 좋은 기회를 만나니 어찌 팔짱을 끼고 모든 것을 잃을 수 있겠는가. 따라서 38세의 辰運과 43세의 辛運은 성공이 꽤 크다.

255) 주식권군 34세 2運

戊乙癸壬　丙丁戊己庚辛壬
辰丑酉戌　寅卯辰巳午未申

台造.. 戊辰 乙丑 癸酉 壬戌 君問婚姻 按冬水喜戊戌兩土 如若早婚 二十八至三十三歲之辰運 已賦鼓盆之歌矣 須至三十八歲乙巳年 方諧花燭 此非成不成之問題 乃爲好不好之問題耳 卽如事業名利 亦由三十八歲起 百尺竿頭 蒸

蒸日上焉.
당신의 명조는 戊辰 乙丑 癸酉 壬戌인데 혼인을 물었다. 살펴보면 겨울의 水이니 戊戌 兩土를 기뻐하는데 만약 조혼하였으면 28세부터 33세의 辰運에 이미 아내가 죽는 아픔을 겪게 된다. 38세 乙巳年에 이르면 바야흐로 어울리는 결혼을 하게 되는데 이것은 이루어지고 이루어지지 않고의 문제가 아니고 좋고 좋지 않고의 문제일 뿐이다. 즉 사업은 名利와 같으니 38세부터 일어나기 시작하여 높은 성취를 이루고 더욱 더 상승한다.

256) 오점미군 35세 9運

丁壬丁辛　辛庚己戊丁丙乙
卯寅酉丑　丑子亥戌酉申未

台造.. 丁卯 壬寅 丁酉 辛丑 君問申請赴美 按台造木旺火相而用金財 看似平凡 其實殷富 明年壬寅 兩壬兩丁 所有之障礙與牽掣 盡行解除 乘風破浪 此其時矣 四十歲以後 好運接軫 卽壯遊全世界 亦非不可 蓋無遠弗屆 無往不利 堪爲預賀焉.
당신의 명조는 丁卯 壬寅 丁酉 辛丑인데 미국으로 가는 것을 물었다. 살펴보면 木旺火相하여 金을 쓰고 평범하게 보이지만 실은 풍성하고 부유하다. 내년 壬寅은 兩壬兩丁으로 장애와 견제되었던 것이 다 해제되고 어려움을 무릅쓰고 나아가는 때다. 40세 이후는 좋은 운이 이어지니 전 세계를 유람하고 또한 안 되는 것이 없으니 아무리 먼 곳도 이르지 못할 곳이 없고 가도 불리한 것이 없으니 미리 축하할만하다.

257) 소소명군 39세 3運

癸己庚丁　戊丁丙乙甲癸壬
亥未寅亥　午巳辰卯寅丑子

台造.. 癸亥 己未 庚寅 丁亥 火土兩旺之際 庚金日元 怕火 喜水 喜木 過去都火運 栗六而無成 今年行卯運 好事將紛來 四十四歲行甲寅十年 繼長增高 五十四歲行癸運 晚景尤爲光亨.

당신의 명조는 癸亥 己未 庚寅 丁亥로 火土가 함께 왕한 때이니 庚金일원이 火가 무섭고 水를 기뻐하며 木을 기뻐한다. 과거는 모두 火運이니 바쁘나 이루는 게 없고 금년 卯運은 좋은 일이 장차 많다. 44세 甲寅 10년은 계속해서 성장하고 늘어난다. 54세 癸運은 만년이 더욱 빛난다.

258) 장동영여사 45세 4運

丁甲丙癸　乙丙丁戊己庚辛

巳辰申巳　巳午未申酉戌亥

台造.. 丁巳 甲辰 丙申 癸巳 歲時得祿 癸水正官透清 出自名門 適於望族 三十五歲行來戊寅兩運 戊合癸水 寅且三刑 夫婦道苦 或如勞燕分飛 今年轉歲己運 否極泰來 剝極而復 尤以四十四歲後 酉庚十年 了未了之願 遂未遂之志.

당신의 명조는 丁巳 甲辰 丙申 癸巳로 年時에 득록하고 癸水 정관이 투출하여 清하니 출신이 명문이고 명망이 있는 집안이다. 35세 戊寅運에 戊가 癸水를 합하고 印이 또 三刑이 되니 부부사이에 고통이 있거나 이별한다. 금년에 己運으로 바뀌었는데 안 좋은 운이 극에 이르면 좋은 운이 오고 시련이 극에 이르면 다시 회복하게 된다. 더욱이 44세 후에 酉庚 10년은 해결하지 못한 원하는 일이 해결되고 이루지 못한 뜻이 이루어진다.

259) 이해남군 61세 9運

辛戊戊甲　丁丙乙甲癸壬辛

丑戌子寅　酉申未午巳辰卯

台造.. 辛丑 戊戌 戊子 甲寅 土重如山 喜甲木之疏 辛金之洩 槃槃大材 手創鉅業 但午巳兩運 小則家破 大則人亡 去年歲暮 已進壬運 離水火而登衽席矣.

당신의 명조는 辛丑 戊戌 戊子 甲寅으로 土의 重함이 산과 같아서 甲木의 소토와 辛金의 설기가 기쁘고 큰 재목으로 스스로 크고 강한 기업을 만든다. 다만 午巳運에 작게는 가정이 깨지고 크게는 사람이 죽는다. 작년 말에 이미 壬運이 되었으니 水火를 떠나 부부지간의 잠자리에 오를 수 있을 것이다.

260) 조소화군 아들 19세 6運

癸庚丙戊　己戊丁丙乙甲癸

未申辰子　未午巳辰卯寅丑

令郎命造.. 癸未 庚申 丙辰 戊子 丙生申月 滿盤金水 乃"從財格"也 文章憎命憶則屢中 以絶頂聰明之人 而竟讀書無緣 不如從早經商耳 更有進者 將來絶少好運 應以虛榮爲大戒 而從"實事求是"做去.

아들의 명조는 癸未 庚申 丙辰 戊子로 丙이 申月에 생하고 만반이 金水이므로 종재격이다. 문장은 싫어하는 명이나 예측하면 언제나 적중하고 총명함이 절정에 이른 사람이니 결국 공부와는 인연이 없고 일찍 상업에 종사하는 것만 못 할 뿐이다. 더구나 장래에 좋은 운이 적으니 허영심을 크게 경계해야 하고 실사구시를 따라야 한다.

261) 조민정군 21세 1運

辛辛丙戊　庚己戊丁丙乙甲

巳卯辰戌　寅丑子亥戌酉申

台造.. 辛巳 辛卯 丙辰 戊戌 木旺火相 日主健朗 尤喜財食並透 前程有厚望焉 二十二歲起 戊子丁亥廿年 一路福星 直至四十二歲行丙戌兩運 盛況替矣.

당신의 명조는 辛巳 辛卯 丙辰 戊戌로 木旺火相이니 일주가 튼튼하고 財와 식신이 함께 투출하여 더욱 기쁘며 앞날이 기대된다. 22세부터 戊子 丁亥運 20년 동안 하나같이 길운이고 바로 이어지는 42세 丙戌運은 성황하던 것이 쇠퇴할 것이다.

262) 애림여사 22세 3運

庚丁甲丙　　丙乙甲癸壬辛庚

辰亥子寅　　戌酉申未午巳辰

淑造.. 庚辰 丁亥 甲子 丙寅 冬木向陽 用丙火食神 歸祿 天赦 猶其餘事 乃正闔之命 亦夫榮 亦子秀也 惟二十九歲至三十四歲之申運 哀樂偏多 三十四歲以後 景星慶雲 無窮曼福.

숙녀의 명조는 庚辰 丁亥 甲子 丙寅으로 冬木이 태양을 만났으니 丙火 식신을 用한다. 귀록이고 천사이다. 오히려 그 나머지는 중요하지 않은 일이다. 그래서 올바른 부녀자의 命이고 역시 남편이 영화롭고 자식이 빼어나다. 그러나 29세부터 34세의 申運은 슬픈 일과 즐거운 일이 많고 34세 이후는 상서로운 운으로 경사스런 조짐이 있으니 늦게까지 복이 끝이 없다.

263) 황송태군 49세 1運

癸庚乙壬　　己戊丁丙乙甲癸

丑申丑午　　未午巳辰卯寅丑

台造.. 癸丑 庚申 乙丑 壬午 秋木用壬水 午火吐木之秀 尤爲恰到好處 三十七歲以前 大都火運 繁榮而已成過去 今行卯運 費力而不討好 將來以五十七歲之寅運 黃花吐艶 秋色倍佳 査五三乙巳 五四丙午 五五丁未 流年大好 已爲復興之先聲矣.

당신의 명조는 癸丑 庚申 乙丑 壬午로 秋木이 壬水를 쓰고 午火가 木의 기운을 吐하니 지극히 석당하다. 37세 이전은 대부분 火運이니 번영하고 이미 성취하였다. 지금 卯運은 애만 쓰고 좋은 결과를 얻지 못한다. 장래 57세의 寅運은 국화가 요염함을 吐하니 가을빛이 더욱 아름답다. 53세 乙巳 54세 丙午 55세 丁未運은 流年이 아주 좋아 이미 부흥의 기별이 있을 것이다.

264) 설금영여사 39세 5運

癸乙甲丙　丙丁戊己庚辛壬

亥卯午寅　辰巳午未申酉戌

淑造.. 癸亥 乙卯 甲午 丙寅 春木無金 幸有丙火 所謂克之不如化之也 其人有才幹 能當機而立斷 前運忙來有功 四十一歲未運之會木 喜變爲憂 四十六歲行庚申十年 大金克木 又卓然有成就矣 按祿刃並見 子女良莠不齊.

숙녀의 명조는 癸亥 乙卯 甲午 丙寅으로 春木이 金이 없고 다행히 丙火가 있으니 소위 克하는 것이 化하는 것만 못한 것이다. 그 사람이 재간이 있고 경우에 따라 신속하게 결단하여 처리할 수 있다. 앞의 운은 바쁘게 움직여야 공이 있고 41세 未運은 會木하므로 기쁨이 변하여 근심이 된다. 46세 庚申運 10년은 센 金이 木을 克하므로 다시 탁월한 성취가 있다. 살펴보면 祿과 刃을 함께 만나 착한 자식과 그렇지 못한 자식이 있다.

265) 황태군 44세 9運

戊壬壬辛　癸甲乙丙丁戊己

午戌辰亥　亥子丑寅卯辰巳

台造.. 戊午 壬戌 壬辰 辛亥 日主壬水 似弱實强 應用戊土偏官 今年辛丑 動輒得左 冬令更凶 明年壬寅 忌壬而喜寅 因正交寅運 禍福尤爲錯綜.

당신의 명조는 戊午 壬戌 壬辰 辛亥로 壬水 일주가 약한 것 같으나 실은 강하므로 응당 戊土편관을 用한다. 금년 辛丑은 하는 일마다 남의 원망을 사기 쉬운데 겨울이 더욱 흉하다. 내년 壬寅은 壬을 꺼리나 寅은 기뻐하는데 바로 寅

運으로 바뀌니 禍와 福이 더욱 섞이게 된다.

266) 왕칙민군 20세 7運

壬甲己己　乙丙丁戊己庚辛
午辰亥巳　巳午未申酉戌亥

台造.. 壬午 甲辰 己亥 己巳 甲己化土 行火土運爲助格 行金運爲發越秀氣 妙哉 一生盡時火土金運 有興無敗 得天獨厚焉 明年壬寅 壬水爲財 寅與亥合 鴛夢必圓 並祝早生貴子.

당신의 명조는 壬午 甲辰 己亥 己巳로 甲己化土하니 火土運으로 행하면 격에 도움이 되고 金運으로 행하면 秀氣를 발설하여 묘하다. 일생이 火土金運으로 흥함은 있고 패함이 없으니 특별히 좋은 조건을 타고났다. 내년 壬寅은 壬水가 財가 되고 寅이 亥와 합하니 결혼이 반드시 이루어지고 일찍 귀한 자식을 낳게 되니 함께 축하한다.

267) 홍부빈군 25세 9運

丁壬丙乙　辛庚己戊丁丙乙
丑子申未　亥戌酉申未午巳

台造.. 丁丑 壬子 丙申 乙未 丙火日元 失令於壬子月 托根於乙未時 非强而亦非弱 三十歲至五十歲之己酉戊申四運 可致小康之富 其餘諸運 平淡無奇 人必耿直 婚姻宜遲 可得賢良之內助.

당신의 명조는 丁丑 壬子 丙申 乙未다. 丙火일주가 壬子月에 실령하고 乙未時에 뿌리를 의탁하니 강한 것도 아니고 약한 것도 아니다. 30세부터 50세의 己酉 戊申運에 편안한 정도의 富를 이룰 수 있고 그 나머지 모든 운은 평범하고 특별한 게 없다. 사람이 반드시 바르고 강직하며 혼인은 늦게 해야 마땅하고 어진 아내의 내조를 얻을 수 있다.

268) 왕아목군 17세 8運

乙乙乙乙　甲癸壬辛庚己戊

酉酉巳酉　申未午巳辰卯寅

台造.. 乙酉 乙酉 乙巳 乙酉 乙木無根 作"從殺格"而論 三十七歲以前 歲月蹉跎 三十七歲以後 飛黃騰達 前後判若兩人 蓋行運使然也.

당신의 명조는 乙酉 乙酉 乙巳 乙酉로 乙木이 無根하여 종살격으로 논한다. 37세 이전은 일을 이루지 못하고 나이를 먹으나 37세 이후는 갑자기 발전한다. 전과 후가 두 사람같이 나뉘는 것은 행운이 그렇게 만든 것이다.

269) 홍춘빙여사 22세 2運

庚乙辛甲　甲癸壬辛庚己戊

辰酉酉午　申未午巳辰卯寅

淑造.. 庚辰 乙酉 辛酉 甲午 辛金旺極 妙有甲木正財 午火偏官 惟癸水暗藏 剛有餘而柔不足 豪邁之處 且有甚於鬚眉男子也 按行運自卄三歲起 壬午十年 事業大有前途 婚姻自亦不惡 惟宜配或水或木之夫命耳.

숙녀의 명조는 庚辰 乙酉 辛酉 甲午로 辛金이 극왕한데 甲木정재와 午火편관이 있어 묘하다. 그러나 癸水가 암장되어 굳셈은 남음이 있고 부드러움이 부족하며 사나이다움을 능가하는 곳이 있고 또 대장부보다 지나침이 있다. 살펴보면 행운이 23세부터 일어나는 壬午 10년은 사업이 전도가 있고 혼인 또한 나쁘지 않은데 그러나 배우자는 水나 木의 命인 남자가 마땅하다.

270) 홍수영군 61세 7運

辛丙己戊　乙甲癸壬辛庚己

丑申卯辰　未午巳辰卯寅丑

台造.. 辛丑 丙申 己卯 戊辰 土弱而多 還喜提綱之申字 申中藏有庚壬食財也

行運高低不一 事業成敗多端 今年辛丑 捉襟見肘 明年壬寅 如有變化 則六十三歲之寅運 亦從而多變 利源不絶矣.

당신의 명조는 辛丑 丙申 己卯 戊辰으로 土가 약하나 많아 도리어 제강의 申을 기뻐하고 申中 식신과 財인 庚壬이 있다. 행운의 좋고 나쁨이 하나같지 않아 사업의 성패가 다단하다. 금년 辛丑은 옷깃을 여미면 팔꿈치가 드러나고 내년 壬寅에 만약 변화가 있으면 63세 寅運에 또한 변화가 많으며 이익이 생기는 근원이 끊이지 않는다.

271) 모여사 31세 2運

辛辛丙壬　壬癸甲乙丙丁戊

未卯戌辰　辰巳午未申酉戌

淑造.. 辛未 辛卯 丙戌 壬辰 日時天克地沖 夫與子豈能兩全 今已年逾三旬 恐仍春花秋月 等閒虛度耳 三十三歲行乙木正印 乃有歸宿 辰戌冲出辛金正財 宜作商人之婦.

숙녀의 명조는 辛未 辛卯 丙戌 壬辰으로 日時가 天克地沖이니 남편과 자식이 어찌 온전할 수 있겠는가. 지금은 이미 30이 넘었는데 아직도 봄의 꽃과 가을의 달처럼 한가하게 헛되이 시간을 보내는 것이 염려될 뿐이다. 33세 乙木 정인운에 귀착점이 있는데 辛金정재를 辰戌이 冲하여 出干하였으니 마땅히 商人의 부인이다.

272) 황자남군 43세 10運

己辛辛乙　庚己戊丁丙乙甲

未未卯未　午巳辰卯寅丑子

台造.. 己未 辛未 辛卯 乙未 土重木多 無水爲憾 生平又無水運 馮唐不遇 李廣難封 命也運也 查明年壬寅 後年癸卯 有利可圖 不無小補 幸勿失諸交臂.

당신의 명조는 己未 辛未 辛卯 乙未로 土重하고 木多한데 水가 없어 유감이다. 평생 또 水運이 없어 풍당이 때를 만나지 못하고 이광이 제후가 되지 못한 것과 같으니 命이고 運이다. 살펴보면 내년 壬寅 후년 癸卯는 유리하니 시도할 수 있고 작은 보탬이 없지 않으니 팔짱만 끼고 있지 않기를 바란다.

273) 유일주군 52세 6運

庚乙己壬　丙丁戊己庚辛壬

戌酉丑申　戌亥子丑寅卯辰

台造.. 庚戌 乙酉 己丑 壬申 己土日元 滿盤金水 乃從兒格也 亥子丑運皆已過去 從前繁華 而今安在哉 五十二歲行寅運 僅五三壬寅 五四癸卯兩年 曇花一現而已.

당신의 명조는 庚戌 乙酉 己丑 壬申이다. 己土일원이 만반이 金水이니 종아격이다. 亥子丑運은 이미 다 지나갔으나 종전에 번화하였고 지금은 편안하다. 52세 寅運은 53세 壬寅 54세 癸卯 兩年이 잠깐 좋은 운일 뿐이다.

274) 운아지군 49세 7運

癸戊庚丁　丁丙乙甲癸壬辛

丑午辰丑　巳辰卯寅丑子亥

台造.. 癸丑 戊午 庚辰 丁丑 午月庚金 因有丑辰濕土之滋生 轉弱爲强 用神仍取丁火正官 玆行癸運 鷄肋縻人 五十三歲行丑運 丑土培庚 居崇高之地 展豁達之才 五十八歲行壬運 人不逐利 利自隨人矣.

당신의 명조는 癸丑 戊午 庚辰 丁丑으로 午月 庚金이 丑辰 습토의 生으로 인하여 弱이 변하여 强이 되었으니 용신은 丁火정관을 취한다. 지금 癸運은 계륵에 묶인 것 같고 53세 丑運은 丑土가 庚을 배양하여 존엄하고 고상한 지위에 거처하며 활달한 재능을 펼친다. 58세 壬運은 사람이 이익을 좇을 수 없고 이익이 저절로 사람을 따라야 한다.

275) 유진유군 27세 6運

乙壬癸丙　辛庚己戊丁丙乙

亥午酉辰　巳辰卯寅丑子亥

台造.. 乙亥 壬午 癸酉 丙辰 身財尙能兩停 正以兩停 一生無大起大落 惟二十八歲至三十八歲己卯兩運 天克地冲 外多動蕩 內有喪亡 其餘諸運 皆屬平安.

당신의 명조는 乙亥 壬午 癸酉 丙辰으로 身財가 오히려 兩停이다. 身財가 兩停하여 일생 크게 일어나거나 크게 추락하는 일이 없는데 다만 28세부터 38세의 己卯運은 天克地冲이니 밖으로는 흔들리고 안으로는 죽는 일이 있다. 그 나머지 모든 운은 다 평안하다.

276) 후수생군 32세 5運

庚庚庚庚　辛壬癸甲乙丙丁

午辰子辰　巳午未申酉戌亥

台造.. 庚午 庚辰 庚子 庚辰 天干四庚 地支有土 金得土生而有氣 用子水以吐秀 生平以三十六歲至四十六歲甲申兩運 業茂陶朱 富比漪頓 所謂黃金時代也 四十六歲之後 皆徒有虛名之運耳.

당신의 명조는 庚午 庚辰 庚子 庚辰으로 천간에 4庚인데 지지에 土가 있어 金이 土의 생을 만나 有氣하다. 子水를 用하여 吐秀한다. 평생 36세부터 46세의 甲申運에 사업이 번성하는 것은 도주와 같고 富는 의돈에 비할 수 있으니 소위 황금시대다. 46세 후는 모두 쓸데없이 허명의 운일 뿐이다.

277) 유춘포군 53세 6運

己丙壬壬　乙甲癸壬辛庚己

酉寅子寅　丑子亥戌酉申未

台造.. 己酉 丙寅 壬子 壬寅 壬水失令而多生扶 以木火食財爲喜用 惜乎運程大都金水 晚來惟五六甲辰 五七乙巳 五八丙午 五九丁未四年 可得中人之產耳.

당신의 명조는 己酉 丙寅 壬子 壬寅으로 壬水가 실령하였으나 生扶가 많아 기쁘고 木火를 用한다. 운로가 모두 金水로 애석하고 늦게 오는 56세 甲辰 57세 乙巳 58세 丙寅 59세 丁未 4년은 중산층의 재산을 얻을 수 있다.

278) 시조덕군 44세 2運

戊乙壬壬　丙丁戊己庚辛壬

午丑午寅　寅卯辰巳午未申

台造.. 戊午 乙丑 壬午 壬寅 壬水當旺 用取戊土 其實精華在於寅午 非火不能寒谷回春也 玆行庚運 委屈求全 四十八歲行午運 發無止境 晚來尙有五十八歲至六十三歲之未運 老當益壯 富貴逼人.

당신의 명조는 戊午 乙丑 壬午 壬寅으로 壬水가 당왕하여 戊土를 취용하는데 기실은 뛰어난 기운이 寅午에 있다. 火가 아니면 추운 계곡에 봄이 돌아올 수 없다. 지금 庚運은 몸을 굽혀 복종해야 온전함을 구할 수 있고 48세 午運은 발전이 끝이 없다. 늦게 오는 58세부터 63세까지의 未運은 오히려 노익장이고 부귀하다.

279) 온귀정여사 아들 1세 10運

辛甲己庚　癸壬辛庚己戊丁

丑午亥午　巳辰卯寅丑子亥

令郎命造.. 辛丑 甲午 己亥 庚午 月時兩祿 用取亥財 則干上庚辛傷食 甲木正

官 皆爲有用之字矣 名利雙全之命也 十六歲行巳運 平地波瀾 灾病防之 二十一歲以後 好運連綿 三十年良辰美景 前程豈有限量 取名與題號 皆宜水部之字.

아들의 명조는 辛丑 甲午 己亥 庚午로 月時에 兩祿이니 亥를 취용하고 干上에 庚辛식상과 甲木정관이 모두 유용한 글자가 되므로 名利가 모두 온전한 命이다. 16세 巳運은 평지파란이니 病을 막아야 하고 21세 이후 좋은 운이 이어지고 30년 동안 좋은 시절이니 앞날의 발전이 어찌 한량이 있겠는가. 이름이나 호는 다 水部字가 마땅하다.

280) 해순천군 남동생 6세 1運

丙癸壬甲　甲乙丙丁戊己庚

申巳寅辰　午未申酉戌亥子

台造.. 丙申 癸巳 壬寅 甲辰 精華在於申字 如再有一子字 則申子辰會合而不畏寅巳之刑冲矣 命甚栗六 行運亦起伏無常 古人云 "勤能補拙 儉以養廉" 其庶幾乎.

당신의 명조는 丙申 癸巳 壬寅 甲辰으로 빼어난 기운이 申字에 있다. 만일 다시 子字 하나가 있으면 申子辰이 합하여 寅巳의 刑冲이 무섭지 않다. 命이 매우 바쁘고 행운 또한 기복이 있고 일정하지 않다. 옛사람이 말하기를 "근면함은 곤궁함을 보완하고 검소함은 청렴함을 기른다"고 했는데 누구나 그렇다고 할 것이다.

281) 해송순군 7세 3運

乙壬戊戊　辛庚己戊丁丙乙

未午申午　巳辰卯寅丑子亥

台造.. 乙未 壬午 戊申 戊午 財官並透 但皆無根 十九歲至二十四歲之辰運 得

意太早 此後諸運 了無起色矣 大利近水地帶 或金融交通之事業.
당신의 명조는 乙未 壬午 戊申 戊午로 財官이 함께 투출하였으나 모두 無根하다. 19세부터 24세의 辰運은 뜻을 얻으나 너무 이르고 이후 모든 운은 전혀 어떤 일이 일어날 징조가 없다. 물이 가까이 있는 지역이나 금융 또는 교통사업이 매우 이롭다.

282) 여성추군 31세 9運

辛庚丁乙　己戊丁丙乙甲癸
未寅巳巳　丑子亥戌酉申未

台造.. 辛未 庚寅 丁巳 乙巳 木火林林總總 庚辛兩財 似有若無 一生財運拮据 蓋來多而去更多也 三十五歲之亥運 頗有建樹 四十歲行丙戌十年 全軍覆沒 酉申兩運 固可致富 但年齡已近花甲矣.
당신의 명조는 辛未 庚寅 丁巳 乙巳로 木火가 매우 많아 庚辛財가 있으나 없는 것과 같다. 일생에 財運이 옹색하여 애써서 몹시 바쁘게 일해야 하고 많이 벌어도 다시 많이 나간다. 35세의 亥運은 자못 업적이 있고 40세 丙戌 10년은 완전히 실패한다. 酉申運에 富를 이룰 수 있으나 나이가 이미 환갑에 이른다.

283) 허소문군 46세 7運

丙庚壬甲　辛壬癸甲乙丙丁
辰寅午辰　卯辰巳午未申酉

台造.. 丙辰 庚寅 壬午 甲辰 壬水雖有兩辰爲根 仍以木火財重爲患 查自三十三歲起 運程已走下坡 四十八歲將行乙運 以四八癸卯 四九甲辰 差强人意 五十乙巳 五一丙午 蓋流年之不利 其左右命運 亦大矣哉.
당신의 명조는 丙辰 庚寅 壬午 甲辰으로 壬水가 비록 兩辰을 뿌리로 삼으나 木火의 財가 重하여 근심이다. 33세부터 일어나는 운로는 이미 내리막길이다. 48세의 乙運은 48세 癸卯 49세 甲辰은 그런대로 괜찮고 50세 乙巳 51세 丙午는 流年이 불리하여 명운을 좌우하는 것이 크다.

284) 온백기군 아들 2세 5運

庚癸壬己　甲乙丙丁戊己庚

子未子酉　申酉戌亥子丑寅

令郎命造.. 庚子 癸未 壬子 己酉 壬有庚酉兩金之生 兩子爲根 故雖生時僅有四磅 成長却不差於常童也 按取己土正官爲用神 將來宜於政治方面 二十六歲至三十六歲丙戌兩運 爲畢生全盛時代 其餘浮沈不一.

아들의 명조는 庚子 癸未 壬子 己酉로 壬이 庚酉 兩金의 생이 있고 兩子가 뿌리가 되므로 비록 태어날 때 겨우 1.8Kg이었으나 성장하면서 도리어 정상적인 아이들과 차이가 나지 않는다고 했다. 살펴보면 己土정관이 용신이니 장래에 정치방면이 마땅하고 26세부터 36세의 丙戌運이 일생의 전성시대이고 그 나머지는 부침이 일정하지 않다.

285) 장승업군 32세 10運

庚辛戊壬　壬癸甲乙丙丁戊

午巳午戌　午未申酉戌亥子

台造.. 庚午 辛巳 戊午 壬戌 建祿用食神 方向以西北爲利 一生以三十六歲至四十一歲之申運 最爲出色 五十歲以後 丙戌兩運 有損而無益矣 今年辛丑 小有所獲 明年壬寅 得不償失.

당신의 명조는 庚午 辛巳 戊午 壬戌로 건록이니 식신을 쓰고 서북방면이 이롭다. 일생 36세부터 41세의 申運이 가장 뛰어나고 50세 이후 丙戌運은 손해는 있으나 이익이 없다. 금년 辛丑은 작게 얻는 게 있으나 내년 壬寅은 얻는 것이 잃는 것을 보상하지 못한다.

286) 고혜정여사 19세 3運

癸己戊庚　庚辛壬癸甲乙丙

未未子申　申酉戌亥子丑寅

淑造.. 癸未 己未 戊子 庚申 木重爲患 妙有庚申吐秀 癸子潤燥 聰明而不失仁厚 斯爲可貴耳 今冬卽有起色 將來運程 無一不佳 夫財子祿 盡善盡美 謀事以近水爲最宜.

숙녀의 명조는 癸未 己未 戊子 庚申으로 土가 重하여 근심인데 묘하게 庚申이 吐秀하고 癸子가 燥함을 윤습한다. 총명하고 어질고 후덕함을 잃지 않으니 이것이 귀할 수 있는 것이다. 올겨울은 변화의 조짐이 있고 장래의 운로는 아름답지 않은 게 하나도 없다. 남편과 재물과 자식과 직장에 관한 것이 아주 좋다. 일을 도모하는 것은 水와 가까운 것이 가장 마땅하다.

287) 온경강군 35세 9運

丁癸丙戊　壬辛庚己戊丁丙

卯卯寅子　寅丑子亥戌酉申

台造.. 丁卯 癸卯 丙寅 戊子 缺金爲病 蓋用癸水正官 喜有金財 若用戊土食神尤要金財也 今年辛丑 干支逢合 尙屬順利 某星相家謂有橫財 恐未必耳 好運行得太早 此後則足够溫飽 而無一步軒昂之運 率直之處 幸爲鑒諒.

당신의 명조는 丁卯 癸卯 丙寅 戊子로 金이 없어 病이고 癸水정관을 用하므로 金財가 있어야 기쁘고 만약 戊土식신을 用해도 더욱 金財가 필요하다. 금년 辛丑은 干支가 합을 만나니 오히려 순조로움에 속하고 모 성상가가 횡재가 있다고 했다는데 반드시 그렇지 않을까 두려울 뿐이다. 좋은 운을 너무 일찍 만났고 차후는 배부르고 풍족하지만 의기 당당한 운은 하나도 없다. 솔직한 부분은 양해를 바란다.

288) 하도군 모친 58세 7運

甲壬乙丙　辛庚己戊丁丙乙
辰申酉子　未午巳辰卯寅丑

令堂命造.. 甲辰 壬申 乙酉 丙子 秋木原喜水養 但以水太多 則反宜火之暄 土之培矣 或謂多年音信杳然 按其行運大都火土 平安可卜 壽元直至六十九歲 壬子年方危.

모친의 명조는 甲辰 壬申 乙酉 丙子로 秋木은 원래 水의 배양을 기뻐하나 水가 지나치게 많으면 도리어 火가 따뜻하게 하고 土로 북돋아 줘야 마땅하다. 또 여러 해 동안 소식이 묘연하다고 했는데 살펴보면 행운이 대부분 火土이니 평안함을 알 수 있고 수명은 69세 壬子年이 위태롭다.

289) 종취군 42세 8運

庚己庚庚　庚辛壬癸甲乙丙
申卯午辰　辰巳午未申酉戌

台造.. 庚申 己卯 庚午 庚辰 三庚一申 日主不强而亦强矣 取卯木正財爲用神 前行癸亥十年水運 必有收獲 三十九歲行來甲運 名謂"財逢比奪" 入不敷出 勢所必然 還防妻有災厄也 四十四歲之子運 因會申辰 而免午冲卯刑 不入虎穴 焉得虎子 冒險方能大發.

당신의 명조는 庚申 己卯 庚午 庚辰으로 3庚1申이니 일주가 강하지 않으나 강하다. 卯木정재를 취하여 용신으로 삼는다. 앞의 癸亥 10년 水運은 반드시 얻는 게 있었고 39세 甲運은 財가 비견의 탈재를 만난다고 하는 것이니 수입보다 지출이 많은데 형세가 반드시 그러한 것이고 처에게 재액이 있으니 막아야 한다. 44세의 子運은 申辰과 會局하므로 午와 冲하고 卯와 刑하는 것을 면한다. 호랑이 굴에 들어가지 않고 어찌 호랑이 새끼를 얻을 수 있겠는가. 모험을 해야 크세 발선할 수 있다.

290) 황경흥군 40세 5運

壬乙庚癸　丙丁戊己庚辛壬

戌巳寅未　午未申酉戌亥子

台造.. 壬戌 乙巳 庚寅 癸未 地支中皆藏火 乙庚不能化金 而喜壬癸水之潤澤 明年行酉運 四十六歲按庚運 十年好景 決非池中物矣 五十一歲至五十六歲 之戌運 多病多疼 易衰易邁.

당신의 명조는 壬戌 乙巳 庚寅 癸未로 지지의 장간 중에 모두 火가 있어 乙庚化金을 할 수 없고 壬癸水의 윤택을 기뻐한다.

내년 酉運은 46세의 庚運과 10년 동안 좋은 운이니 결코 연못 안의 물건이 아니다. 51세부터 56세의 戌運은 多病하고 통증도 많아 쇠약해지기 쉽고 늙기 쉽다.

291) 황군벽 딸 1세 10運

辛壬己辛　癸甲乙丙丁戊己

丑辰巳未　巳午未申酉戌亥

淑造.. 辛丑 壬辰 己巳 辛未 日主健朗 食財透干 衣食無憂淍轍 夫榮子秀 兩全其美 二十一歲行甲運 三星在戶 百輛迎門 三十一歲至四十一歲乙未兩運 多不如意之事 四十一歲以後 乃又曼福無窮.

숙녀의 명조는 辛丑 壬辰 己巳 辛未로 일주가 튼튼하고 식신과 財가 투간하여 의식 걱정이 없다. 남편은 영화롭고 자식은 빼어나니 모두 온전하고 아름답다. 21세 甲運은 삼성이 문호에 있으니 많은 수레를 맞게 되고 31세부터 41세 乙未運은 많은 일이 여의치 않다. 41세 이후는 늦게까지 복이 끝이 없다.

292)유성의군 44세 3運

戊戊戊乙　己庚辛壬癸甲乙

午午申卯　未申酉戌亥子丑

台造.. 戊午 戊午 戊申 乙卯 乙卯兩木 不能疏如許之重土 還喜日坐申宮 申中庚金洩秀 壬水潤燥 過去卅九歲至四十四歲之戌運 恐有精疲力盡 焦頭爛額之概 今年已行癸運 四十九歲繼以亥運 盡屬坦道 一路福星 堪賀堪賀.

당신의 명조는 戊午 戊午 戊申 乙卯로 乙卯木이 이와 같은 重土를 소토할 수 없다. 도리어 日支의 申中 庚金이 설수하고 壬水가 燥한 것을 윤택하여 기쁘다. 과거 39세부터 44세의 戌運은 정신이 피곤하고 힘이 소진되며 낭패하고 곤경에 빠지게 된다. 금년은 이미 癸運이 되었고 49세에 이어지는 亥運까지 평탄하며 하나같이 복성이니 축하할 만하다.

293) 임학성군 37세 7運

乙乙丙己　甲癸壬辛庚己戊

丑酉辰丑　申未午巳辰卯寅

台造.. 乙丑 乙酉 丙辰 己丑 丙火失令無根 權用乙木正印 (其實秋木凋零 自顧不暇) 二十八歲以來 壬午十年 甜酸苦辣 備嘗之矣 三十八歲行辛運 仍屬蠖屈 四十三歲行巳運 方許雄飛 按木火運程太少 間有木火流年 則憾於時間太暫耳(來書所談之事 碍難遵命 余以爲雙方皆不必勉强)

당신의 명조는 乙丑 乙酉 丙辰 己丑으로 丙火가 실령하고 無根하므로 乙木 정인을 방편으로 用한다.(기실은 秋木이 조령하여 스스로를 돌아볼 틈도 없다) 28세 이후로 壬午運 10년은 달고 시며 쓰고 매운 맛을 두루 겪는다. 38세 辛運은 쭈그리고 펴지 못하며 43세 巳運은 웅비를 기대할 수 있다. 살펴보면 木火運이 아주 적고 중간에 木火流年이 끼어 있으니 시간이 아주 짧아 유감일 따름이다. (온 편지에 말한 일은 따르기가 곤란하고 내가 쌍방을 위하여 무리할 필요가 없다)

294) 증민군 53세 6運

己丙庚壬　乙甲癸壬辛庚己

酉子申午　亥戌酉申未午巳

台造.. 己酉 丙子 庚申 壬午 寒金喜見丙火 丙又喜見午根 但丙有壬克 午有子冲 一生得失無常 形役徒勞而已 五十二歲行未運 運善而年蹇 亦鮮成就 前途最有希望 惟五七乙巳 五八丙午 五九丁未 三年 蓋運好不如年好 幸勿等閒處度.

당신의 명조는 己酉 丙子 庚申 壬午로 寒金이 丙火를 만나 기쁘고 丙이 또 뿌리인 午를 만나 기쁘다. 그러나 丙이 壬의 克을 만나고 午는 子가 冲하여 일생의 득실이 일정함이 없고 명예와 재물을 좇으나 헛수고일 뿐이다. 52세 未運은 운은 좋으나 年運이 순조롭지 않아 역시 성취하는 것이 적다. 앞날의 운로가 가장 희망이 있는 것은 오직 57세 乙巳 58세 丙午 59세 丁未 3년이다. 대개 運 좋은 것이 年이 좋은 것만 못하니 등한시하여 허송세월하지 않기를 바란다.

295) 진명군 28세 9運

甲癸丙丙　甲乙丙丁戊己庚

戌酉戌申　戌亥子丑寅卯辰

台造.. 甲戌 癸酉 丙戌 丙申 財旺極矣 幸有一丙一甲之幇身 三十歲行丙運 鵬飛萬里 三十五歲行子運 蹉跎堪虞 將來五十五歲至六十歲之寅運 又見光明燦爛 晚境殊不落寞.

당신의 명조는 甲戌 癸酉 丙戌 丙申으로 財가 극히 왕한데 다행히 丙甲이 幇身한다. 30세 丙運은 많은 발전이 있고 35세 子運은 세월을 헛되이 보낼 것이 염려된다. 장래의 55세부터 60세의 寅運에 또 광명하고 찬란함을 만나게 되니 만년이 쓸쓸하지 않다.

296) 원빙문군 24세 9運

戊甲庚癸　乙丙丁戊己庚辛

寅寅午未　卯辰巳午未申酉

台造.. 戊寅 甲寅 庚午 癸未 從財格 一味經商 必能致富 屬水屬木之企業尤妙 明年壬寅 魚龍善變 已非池中之物矣 三十歲以後 大都火運 自必顯達 惟嫌名過於利耳.

당신의 명조는 戊寅 甲寅 庚午 癸未로 종재격이다. 오로지 상업이 좋고 반드시 부자가 된다. 水木에 속하는 기업이 더욱 좋다. 내년 壬寅은 물고기가 용으로 변하니 이미 연못 안의 물건이 아니다. 30세 이후는 모두 火運이니 자연히 반드시 현달하고 오직 명성이 이익보다 지나쳐 불만일 뿐이다.

297) 호석진여사 35세 7運

丁辛甲丁　壬癸甲乙丙丁戊

卯亥寅卯　子丑寅卯辰巳午

淑造.. 丁卯 辛亥 甲寅 丁卯 據謂已誕五女 從未生子 此乃卯時無疑 若爲寅時 歸祿格 早獲弄璋之慶矣 至於三歲喪父 年時兩刃之故也 查二十八歲至四十八歲甲寅乙卯等運 瓜甘蒂苦 況味自知 好運在於四十七歲以後 丙辰丁巳廿年 助夫益子 有足多焉.(卅九乙巳 四十丙午 四十一丁未 皆有得子希望)

숙녀의 명조는 丁卯 辛亥 甲寅 丁卯다. 이미 5명의 딸을 낳고 지금까지 아들을 낳지 못했다고 했는데 이것은 卯時가 맞다. 만약 寅時면 귀록격이니 일찍 아들을 낳았을 것이다. 30세에 부친이 사망한 것은 年時가 양인이기 때문이다. 살펴보면 28세부터 48세 甲寅 乙卯運은 오이는 달고 꼭지는 쓰다는 것을 저절로 알게 된다. 좋은 운은 47세 이후에 있고 丙辰 丁巳 20년은 남편을 돕고 자식을 도우며 넉넉함이 많다.(39세 乙巳 40세 丙午 41세 丁未는 모두 자식을 얻는 희망이 있다)

298) 왕옥생군 52세 3運

庚戊戊庚　己庚辛壬癸甲乙

戊子辰申　丑寅卯辰巳午未

台造.. 庚戌 戊子 戊辰 庚申 財臨旺地 但以金寒水冷 未必發財 (亦主子息艱難) 玆行巳運 好自爲之 五十四歲行甲運 以五十八歲丁未一年 有驚人之大財 老運亦都亨通.

당신의 명조는 庚戌 戊子 戊辰 庚申으로 財가 旺地에 임하였으나 金寒水冷하여 반드시 發財한다고 할 수 없다.(다만 자식으로 괴롭고 고생스러울 뿐이다) 지금 巳運은 스스로 할 수 있고 54세 甲運은 58세의 丁未 1년이 크게 發財하여 사람을 놀라게 하고 노년운도 역시 모두 형통하다.

299) 유한빈군 54세 2運

戊壬辛戊　癸甲乙丙丁戊己

申戌酉子　亥子丑寅卯辰巳

台造.. 戊申 壬戌 辛酉 戊子 "從革格" 宜名路而不宜利藪 現行戊運(去年交進) 有爲之時 五十八歲行辰運 有順有逆 五九丙午 六十丁未兩年 守身以防玷辱 保身以杜病魔.

당신의 명조는 戊申 壬戌 辛酉 戊子로 종혁격이니 명예가 있는 길이 마땅하고 이익을 좇는 것은 마땅하지 않다. 지금 戊運은(작년에 시작됨) 유망한 때이고 58세 辰運은 순조로움과 어긋남이 있으며 59세 丙午 60세 丁未年은 修身함으로써 욕보는 것을 막아야 하고 保身함으로써 병마를 막아야 한다.

300) 황승군 70세 4運

壬癸庚戊　甲乙丙丁戊己庚辛

辰丑申寅　寅卯辰巳午未申酉

台造.. 壬辰 癸丑 庚申 戊寅 寒金怕水而喜火土 得享永壽 時落戊寅之故也 頗多命學家 謂君今年必死 殆因新交申運 按申爲庚祿 流年如辛丑 壬寅 癸卯 甲辰 乙巳 皆非命盡祿絶者 余以爲八十一歲壬子年 水泛如狂 乃一關坎耳.

당신의 명조는 壬辰 癸丑 庚申 戊寅으로 寒金이니 水를 무서워하고 火土를 기뻐한다. 장수를 누리는 것은 戊寅時이기 때문이다. 꽤 많은 명학가들이 당신은 금년에 반드시 죽는다고 했다는데 새롭게 申運이 들어와 위태롭다. 살펴보면 申은 庚의 祿이고 流年이 辛丑 壬寅 癸卯 甲辰 乙巳로 록이 절이 되면 모두 명이 다하는 것은 아니다. 나는 81세 壬子年으로 삼는데 水가 미친 듯이 범람하여 하나의 넘어야 할 관문인 것이다.

301) 고묘선여사 48세 9運

甲壬癸丁　辛庚己戊丁丙乙

寅申巳巳　未午巳辰卯寅丑

淑造.. 甲寅 壬申 癸巳 丁巳 身財兩停 所憾者 寅巳申三刑 乃滄桑多變 端賴自立耳 茲行辰運 不如意事常八九 五十歲行丁卯十年 門庭廸吉 人事咸康 而爲隨心所欲之時矣.

숙녀의 명조는 甲寅 壬申 癸巳 丁巳로 身財가 兩停한데 유감인 것은 寅巳申三刑이 되어 세상사의 온갖 변화가 많고 전적으로 자립에 의지할 따름이다. 지금 辰運은 일의 팔구는 여의치 않다. 50세 丁卯運 10년은 집안은 행복하고 사람은 편안하며 하고자 하는 대로 될 때다.

302) 유보운군 57세 5運

乙辛辛己　庚己戊丁丙乙甲

巳巳酉丑　辰卯寅丑子亥戌

台造.. 乙巳 辛巳 辛酉 己丑 辛金失令於初夏 但以支有巳酉丑 干有己辛 生扶

者衆 反弱爲强 五十六歲行來乙運 六十一歲將交亥運 紛擾有之 危害絶無 君自推算辛亥年己亥月 爲就木之時 余以爲運在甲木 尙非絶境 騎鶴西去 或在於七十五歲戊運己未年.

당신의 명조는 乙巳 辛巳 辛酉 己丑으로 辛金이 초여름에 실령하였으나 지지에 巳酉丑이 있고 천간에 己辛이 있어 生扶하는 것이 무리를 이루니 도리어 弱이 强이 되었다. 56세 乙運은 61세 亥運으로 바뀌면서 혼란스러움이 있으나 생명에 위험은 절대로 없다. 당신은 스스로 추산하여 辛亥年 己亥月을 木을 취하는 때로 삼았는데 나는 運이 甲木에 있으므로 아직 절망적인 상태가 아니고 죽는 때는 75세 戊運 己未年이라고 추산한다.

303) 진영규군 26세 4運

丙己壬丙　庚辛壬癸甲乙丙

子亥子午　子丑寅卯辰巳午

台造.. 丙子 己亥 壬子 丙午 水火不容 惜無木以周旋其間 所以三十歲行寅運 盈財鉅萬 廣樹鎡基 從此而爲富家翁 四十歲以後 還有木運 方興未艾 盛況勿替.

당신의 명조는 丙子 己亥 壬子 丙午로 水火가 어울리지 못하는데 그 사이를 주선하는 木이 없어 애석하다. 까닭에 30세 寅運은 수만의 재물을 이루고 기업을 확장하여 이로부터 부가옹이 된다. 40세 이후 다시 木運이 오니 번성함이 끝이 없고 성황이 쇠퇴하지 않는다.

304) 조환군 51세 2運

辛壬壬辛　辛庚己戊丁丙乙

亥辰子丑　卯寅丑子亥戌酉

台造.. 辛亥 壬辰 壬子 辛丑. 台造頗有研究之價値 以形勢而論 似爲"潤下格"

則丑子亥運 已多展布 若非潤下格 則己戊兩步大好 而未來五十三歲之丙運 名利更爲出色 空前抑又絶後焉.

당신의 명조는 辛亥 壬辰 壬子 辛丑으로 당신의 명조는 제법 연구할 가치가 있다. 형세로서 논하면 윤하격 같아서 亥子丑運에 이미 많은 수완을 발휘하였고 만약 윤하격이 아니면 己戊運에 아주 좋았으며 앞으로 53세의 丙運은 名利가 더욱 뛰어나게 되는데 전무후무하다.

305) 진소군 아들 15세 4運

丁丙戊乙　乙甲癸壬辛庚己

亥午辰卯　巳辰卯寅丑子亥

令郎命造.. 丁亥 丙午 戊辰 乙卯 官印皆得祿 命非下乘 據聞 讀書毫不用功 作事顚三倒四 殆水火不濟 十歲以來 又行巳火運所致歟 明年行甲運 官殺混雜 更其糊塗 爲家長者 管教須嚴 幸二十歲以後 一路水木金運 洗心革面 卓然有大成.

아들의 명조는 丁亥 丙午 戊辰 乙卯로 官印이 다 득록하여 命이 下品이 아니다. 들은 바에 의하면 공부에 조금도 노력하지 않고 작심해도 3일에 뒤집히고 4일에 넘어진다고 했다. 거의 水火가 구제하지 못하고 10세 이후 또 巳火運이기 때문이다. 내년 甲運은 관살혼잡이니 더욱 호도되므로 가장의 엄한 관리와 교육이 필요하다. 다행히 20세 이후 水木金運이니 개과천선하여 대성한다.

306) 시송년군 25세 5運

丁丙庚丁　乙甲癸壬辛庚己

丑午辰亥　巳辰卯寅丑子亥

台造.. 丁丑 丙午 庚辰 丁亥 火旺金熔 喜有丑辰兩重濕土 明年行癸運 所憾三十歲丙午 三十一歲丁未兩年 潰不成軍 總之 四十六歲以前 多成多敗 四十

六歲以後 名成利就 直至於老云.

당신의 명조는 丁丑 丙午 庚辰 丁亥로 火旺하여 金이 녹는데 丑辰 兩습토가 있어 기쁘다. 내년은 癸運으로 가는데 유감스러운 것은 30세 丙午 31세 丁未年은 참패한다. 한마디로 46세 이전은 多成多敗하고 46세 이후는 名利를 성취하며 바로 노인에 이른다.

307) 왕요정군 41세 3運

辛壬丁乙　辛庚己戊丁丙乙

酉辰未巳　卯寅丑子亥戌酉

台造.. 辛酉 壬辰 丁未 乙巳 丁壬化木而不成 日主中和 取正官以爲用神 乃穩健之士 好運已過(三十四歲以前) 玆行子運 動盪不寧 將來四十九歲至五十四歲之亥運 康莊大道 蔗境彌甘.

당신의 명조는 辛酉 壬辰 丁未 乙巳로 丁壬化木이 안 된다. 일주가 중화되고 정관을 용신으로 삼으니 온건한 사람이다. 좋은 운은 이미 지나갔고(34세 이전) 지금 子運은 하는 일 없이 어슬렁거리게 되고 편안하지 않다. 장래 49세부터 54세의 亥運은 편안하고 혈기가 왕성한데 점입가경이다.

308) 료금용군 40세 1運

壬甲壬庚　乙丙丁戊己庚辛

戌辰申戌　巳午未申酉戌亥

台造.. 壬戌 甲辰 壬申 庚戌 三十二歲以前 皆是美運 好景已成過去 蓋用木少火 惟喜逢火耳 未來運程 濕土與金 前途渺渺 僅四四乙巳 四五丙午 四六丁未 此三年有意外之收穫 俗言所謂 “橫財是也” 明年壬寅 後年癸卯 過得去 好不來.

당신의 명조는 壬戌 甲辰 壬申 庚戌로 32세 이전은 모두 좋은 운이니 좋은 시절이 이미 과거가 되었으며 木을 쓰는데 火가 적으므로 오직 火를 만나야 기쁘다. 미래의 운로는 습토와 金이 앞길에 끝이 없다. 겨우 44세 乙巳 45세 丙午 46세 丁未 이 3년은 의외의 수확이 있으니 세속에서 소위 횡재라고 말한다. 내년 壬寅 후년 癸卯는 그럭저럭 지낼 만하나 좋은 일은 오지 않는다.

309) 주용청군 17세 8運

乙癸辛戊　壬辛庚己戊丁丙

酉未丑戌　午巳辰卯寅丑子

台造.. 乙酉 癸未 辛丑 戊戌 土重埋金 用木疏土 一重乙木 力有未逮 好運在於寅卯 而須待四十四歲以後 早歲非但奔波 且無成就 承問何業爲佳 入軍校讀書如何 按台造經商無建樹 爲官小有權.

당신의 명조는 乙酉 癸未 辛丑 戊戌로 土가 重하여 埋金되므로 木을 써서 소토하는데 하나의 乙木이 힘이 미치지 못하는 바가 있어 좋은 운이 寅卯에 있으니 마땅히 44세 이후를 기다려야 한다. 이어서 어떤 직업이 좋은 가를 물었는데 군인학교에 들어가 공부하는 것이 어떨까. 살펴보면 당신의 명조는 상업을 경영하면 성과가 없고 관직에 작은 권위가 있다.

310) 오서장군 20세 7運

壬壬丁辛　癸甲乙丙丁戊己

午寅酉亥　卯辰巳午未申酉

台造.. 壬午 壬寅 丁酉 辛亥 化木不成(因有辛酉兩金) 官多用印 明年壬寅 大得大失 後年癸卯 有失無得 二十三歲行辰運 流年吉善 漸見曙光 二十八歲以後 乙巳丙午丁未諸運 卅載榮華 氣象萬千 台造乃命不好而運好 倖哉.

당신의 명조는 壬午 壬寅 丁酉 辛亥로 化木을 이루지 못한다. (辛酉 兩金이 있으므로) 官이 많아 印을 쓴다. 내년 壬寅은 크게 얻고 크게 잃으며 후년 癸

卯는 잃는 것은 있으나 얻는 것은 없다. 23세 辰運은 流年이 좋아 점점 서광이 있고 28세 이후 乙巳 丙午 丁未運은 30년 동안 영화로우니 경치가 장관이다. 당신의 명조는 명이 좋지 못하나 운이 좋아 요행이다.

311) 은명군 54세 5運

戊丙丙癸　丁戊己庚辛壬癸
申辰午巳　巳午未申酉戌亥

台造.. 戊申 丙辰 丙午 癸巳 丙火日元 似强而實弱 所以辛酉十年金運 每况愈下 非關女友命造之不利也(按此女友 人亦忠厚) 五五壬寅 五六癸卯 五七甲三年 利鈍互見 顯晦相乘 五十八歲乙巳年起 左宜右有 躊躇滿志矣.

당신의 명조는 戊申 丙辰 丙午 癸巳로 丙火일원이 강한 것 같으나 실은 약하므로 辛酉 10년 金運에 갈수록 상황이 나빠졌으며 여자 친구의 명조가 불리하여 관계가 있는 것은 아니다(여자 친구의 명조를 살펴보면 사람 또한 충직하고 후덕하다). 55세 壬寅 56세 癸卯 57세 甲辰 3년은 길흉을 번갈아 만나고 밝음과 어둠이 상승작용을 한다. 58세 乙巳年부터 일이 모두 순조로우니 득의양양해진다.

312) 양개기군 26세 1運

丙辛己庚　壬癸甲乙丙丁戊
子丑未午　寅卯辰巳午未申

台造.. 丙子 辛丑 己未 庚午 丙有辛合 午有子冲 全局患一"寒"字 三十二歲起連行三十年木火運途 舊書所謂"藥來去病" 何愁事業之不成功 利名之不發達哉 按台造婚姻宜遲 二十七歲至三十二歲之辰運 珍重玉體 至要至要.

당신의 명조는 丙子 辛丑 己未 庚午로 丙은 辛이 합하고 午는 子가 冲하니 全局이 寒이라는 한 글자가 근심이다. 32세부터 이어지는 30년 木火運은 옛 서적에 이른바 藥이 와서 病을 제거한 것이라고 했으니 어찌 사업이 성공하지 못할 것과 名利를 이루지 못할 것을 걱정하겠는가. 살펴보면 당신의 명조는 혼인을 천천히 해야 마땅하고 27세부터 32세 辰運은 몸을 아주 소중히 여기는 것이 가장 중요하다.

313) 장남사군 31세 3運

辛庚丁壬　己戊丁丙乙甲癸

未子未寅　亥戌酉申未午巳

台造.. 辛未 庚子 丁未 壬寅 以寅未爲托根 四十五歲之前 行運駁而不純 良辰美景 集中於四十四歲至六十四歲 今年辛丑 翻覆而多變 十二月又爲辛丑 還防橫逆之來.

당신의 명조는 辛未 庚子 丁未 壬寅으로 寅未에 托根한다.

45세 이전은 행운이 어긋나고 순수하지 않다. 좋은 시절은 44세부터 64세에 집중된다. 금년 辛丑은 이리저리 뒤집어지고 변화가 많으며 12월이 또 辛丑이 되니 부당한 처사가 오는 것을 막아야 한다.

314) 진철량군 56세 5運

丙庚乙己　辛壬癸甲乙丙丁戊己

午寅未卯　卯辰巳午未申酉戌亥

台造.. 丙午 庚寅 乙未 己卯 君行年五六 尙未結婚 而問是否注定無妻 按台造春木太旺 劫比成林 非克妻 卽仳離 今若草草成婚 仍難保其白首偕老耳 今年行丙運 畢生之黃金時代也 奮發有爲 毋太悲觀 六十歲以後 皆平凡之運 壽可臻於耋年.

당신의 명조는 丙午 庚寅 乙未 己卯이다. 당신은 56세인데 아직 결혼을 하지 않았고 처가 없는 것이 정해진 것인가를 물었다. 살펴보면 당신의 명조는 春

木이 지나치게 왕하고 劫比가 숲을 이루므로 처를 극하지 않으면 이별하게 된다. 지금 만약 잡초처럼 혼인을 하면 머리가 희도록 해로하기 어려울 뿐이다. 금년이 丙運으로 일생의 황금시대이니 분발하면 할 수 있는 게 있으니 너무 비관하지 마라. 60세 이후 다 평범한 운이고 수명은 70에 가깝다.

315) 진민서군 42세 1運

庚壬乙丙　癸甲乙丙丁戊己

申午丑戌　未申酉戌亥子丑

台造.. 庚申 壬午 乙丑 丙戌 精華在於一壬一申 不幸三十二歲以來 丙戌十年惡運 以前之基業 恐付於流水矣 今年行丁運 流年五載 略有起色 四十七歲行亥運 不期而遇 名揚利足 可不勉乎.

당신의 명조는 庚申 壬午 乙丑 丙戌이니 빼어난 기운이 壬申에 있다. 불행하게도 32세 이후 丙戌 10년이 나쁜 운인데 이전의 사업기반을 흐르는 물에 맡기게 되어 두려웠다. 금년 丁運은 流年 5년이 어떤 일이 일어날 징조가 있고 47세 亥運은 우연히 기회를 만나 이름을 날리고 재물이 족하니 근면하지 않을 수 있겠는가.

316) 주영생군 21세 3運

辛辛丁戊　庚己戊丁丙乙甲

巳丑卯申　子亥戌酉申未午

台造.. 辛巳 辛丑 丁卯 戊申 按從財格而論 運途無一勝意 不作從財格 則今年辛丑 必有軒然大波 疾病官事 在所不勉 且待年終之時 回顧全年之安危如何再作進一步之研究.

당신의 명조는 辛巳 辛丑 丁卯 戊申으로 종재격으로 논하는데 運途가 생각보다 좋은 운이 하나도 없다. 종재격이 아니면 금년 辛丑은 반드시 큰 풍파와 질병관사가 있는데 근면하지 않음에 있다. 또 년말에 전년의 편안하고 위태로웠던 것을 돌아보고 다시 한 발짝 발전할 것을 연구해야 한다.

317) 장결정군 딸 8세 3運

甲丙丁癸　乙甲癸壬辛庚己
午子未卯　亥戌酉申未午巳

淑造.. 甲午 丙子 丁未 癸卯 時上偏官得令 良人顯達 福祿兼備 木火林立 日主不弱,故又精明幹練 處玆新時代 且有參政權也 五行缺金 恰好一派金運 財用亦必裕如 惟二十九歲至三十四歲之酉運 如若早婚 夫婦間恐有脫輻之占.

숙녀의 명조는 甲午 丙子 丁未 癸卯로 時上편관이 득령하여 남편이 출세하고 복록을 겸비한다. 木火가 숲을 이루어 일주가 약하지 않으므로 또 영리하고 노련하며 지금은 새로운 시대이므로 참정권도 있다. 오행에 金이 없는데 시의적절하게 金運이므로 좋고 재물 역시 반드시 넉넉하다. 그러나 29세부터 34세의 酉運에 만약 조혼하면 부부간에 헤어질 것이 무섭다.

318) 장거성군 52세 9運

庚壬丁壬　癸甲乙丙丁戊己
戌午未寅　未申酉戌亥子丑

台造.. 庚戌 壬午 丁未 壬寅 天干金水無根 地支火局太炎 生平發達之運 僅爲五十五歲至六十歲之亥運 蓋亥爲壬水之祿也 然所謂發達 殆亦名居多 利居少耳.

당신의 명조는 庚戌 壬午 丁未 壬寅으로 천간의 金水가 無根하고 지지에 火局이 지나치게 뜨겁다. 평생 발달하는 운은 겨우 55세부터 60세의 亥運으로 亥는 壬水의 록이 된다. 그러나 발달한다는 것은 거의 대부분 이름이 차지하고 이익은 적을 뿐이다.

319) 이시적군 44세 1運

戊辛丁壬　壬癸甲乙丙丁戊

午酉亥寅　戌亥子丑寅卯辰

台造.. 戊午 辛酉 丁亥 壬寅 命與運 皆以寅爲精彩 寅運乃四十七歲至五十二歲 非但業有根基 亦且財有厚積矣 明年壬寅 多利而亦多事 蓋兩壬一丁 兩寅一亥 小人之播弄 無所不用其極也.

당신의 명조는 戊午 辛酉 丁亥 壬寅으로 命과 運이 모두 寅으로서 뛰어난 기운이 된다. 寅運이 47세부터 52세인데 사업의 기반이 세워질 뿐만 아니라 재물도 두텁게 쌓인다. 내년 壬寅은 이익이 많으나 일도 많고 兩壬과 一丁 兩寅과 一亥로 소인들의 농간이 절정에 이른다.

320) 진무의군 70세 5運

壬壬壬甲　癸甲乙丙丁戊己

辰寅午辰　卯辰巳午未申酉

台造.. 壬辰 壬寅 壬午 甲辰 壬水以辰爲庫根 以甲爲秀氣 原非池中之物 惟六十一歲以後 已無好運 明年壬寅 得失成敗 尤爲複雜 七十三歲甲辰年起 四載吉利 是爲窮則變 變則通.

당신의 명조는 壬辰 壬寅 壬午 甲辰으로 壬水가 고장인 辰이 뿌리가 되고 甲이 秀氣하니 워래 연못 안의 물건이 아니다. 그러나 61세 이후 좋은 운이 없다. 내년 壬寅은 得失成敗가 더욱 복잡하다. 73세 甲辰年부터 4년 동안 길하고 이로우니 이것이 궁하면 변하고 변하면 통하게 되는 것이다.

321) 후혜민군 딸 2세 10運

庚乙庚辛　甲癸壬辛庚己戊

子酉子巳　申未午巳辰卯寅

令媛命造.. 庚子 乙酉 庚子 辛巳 金旺而又多 有"過剛則折"之患 尤以今年辛丑 巳酉丑會金局 在孩童則有病 在成人則有災 明年起 漸見安順 此造以子水巳火 一洩一克爲精華 故取名題號 皆宜水部或火部之字.

딸의 명조는 庚子 乙酉 庚子 辛巳로 金이 왕하고 또 많아 강함이 지나쳐 부러지는 근심이 있다. 더욱 금년 辛丑은 巳酉丑이 모여 金局이니 어린아이 때는 病이 있고 성인이 되면 재난이 있다. 내년부터 점차로 안정되고 순조롭다. 이 명조는 子水와 巳火로서 하나는 설하고 하나는 극하는 것이 뛰어난 기운이므로 이름을 지을 때 모두 水部나 火部字가 마땅하다.

322) 뢰송군 24세 5運

戊辛庚己 壬癸甲乙丙丁戊

寅酉申卯 戊亥子丑寅卯辰

台造.. 戊寅 辛酉 庚申 己卯 亦以金太剛强爲病 喜火制 但非大火不可 喜水洩 但宜支而不宜干 因干頭有戊己也 故將來以子運丙運爲最佳(子爲三十一歲至三十六歲 丙爲四十六歲至五十一歲)餘皆碌碌.

당신의 명조는 戊寅 辛酉 庚申 己卯로 역시 金이 지나치게 강하여 病이다. 火의 억제를 기뻐하나 火가 크지 않으면 안 된다. 水가 洩해도 기쁘나 지지가 마땅하고 천간은 마땅하지 않은데 간두에 戊己가 있기 때문이다. 그러므로 장래 子運과 丙運은 매우 아름답다(子는 31세부터 36세까지이고 丙은 46세부터 51세까지이다). 나머지 운은 모두 보잘 게 없다.

323) 종기명군 27세 1運

乙庚癸壬 己戊丁丙乙甲癸

亥辰丑戊 卯寅丑子亥戌酉

台造.. 乙亥 庚辰 癸丑 壬戌 無火便無精神 雖有戊土點綴 須至三十二歲行丙

運 方見煥發 畢生亦惟此一運 有所成功耳 二十七歲至三十二歲之丑運 須步步小心 刻刻留神.

당신의 명조는 乙亥 庚辰 癸丑 壬戌로 火가 없어 活氣가 없다. 비록 戌土에 구색을 맞추었으나 마땅히 32세 丙運부터 비로소 빛을 보게 된다. 일생동안 오직 이 운에 성공이 있을 뿐이다. 27세부터 32세의 丑運은 한 걸음 한 걸음 조심해야 하고 항상 정신을 차려야 한다.

324) 황한성군 36세 6運

丙庚壬壬　　辛壬癸甲乙丙丁

寅子午寅　　丑寅卯辰巳午未

台造.. 丙寅 庚子 壬午 壬寅 水歸冬旺用丙火 丙見寅午而有根 三十七歲行甲運 必有成就 決不致一貧如洗 四十七歲以後 乙巳丙午等運 更見富貴榮華 美不勝收.

당신의 명조는 丙寅 庚子 壬午 壬寅으로 水가 겨울에 왕하여 丙火를 쓰는데 丙이 寅午를 만나 有根하다. 37세 甲運은 반드시 성취하는 게 있으므로 씻은 듯한 가난에는 이르지 않는다. 47세 이후 乙巳 丙午運은 다시 부귀영화를 만나 아름다움을 다 취할 수 없다.

325) 석건민군 23세 5運

己甲乙丙　　癸壬辛庚己戊丁

卯戌未戌　　酉申未午巳辰卯

台造.. 己卯 甲戌 乙未 丙戌 "從財格" 甲木卯木爲病 幸甲有己合 卯有戌合 二十八歲丙午年起 已恢恢乎遊刃有餘 若夫大展宏圖 却在於四十一歲以後午己巳戊等運.

당신의 명조는 己卯 甲戌 乙未 丙戌로 종재격이다. 甲木과 卯木이 病인데 다행히 甲은 己가 합하고 卯는 戌이 합한다. 28세 丙午年부터 이미 솜씨 있게 일을 처리하고 여유가 있다. 만약 크게 펼치려면 41세 이후에 있는 午己巳戌運이다.

326) 양광현군 30세 4運

壬壬癸甲　癸甲乙丙丁戊己
申寅丑寅　卯辰巳午未申酉

台造.. 壬申 壬寅 癸丑 甲寅 水木傷官格 憾於丙不透天 妙在三十歲行巳運 雖曰寅巳申三刑 却喜忙來有功(家口有災) 三十五歲以後 丙午丁未等運 尤見飛黃騰達 論命論運 皆爲富有之徵.

당신의 명조는 壬申 壬寅 癸丑 甲寅으로 水木상관격인데 丙이 투간하지 못하여 유감이다. 30세 巳運이 좋은데 비록 寅巳申 三刑이라고 하지만 도리어 공이 빠르게 와서 기쁘다(가족에게 재난이 있다). 35세 이후 丙午 丁未運은 더욱 발전하게 된다. 命을 논하고 運을 논하면 모두 富의 징조가 있다.

327) 진임계군 24세 4運

戊己己乙　庚辛壬癸甲乙丙
寅未未丑　申酉戌亥子丑寅

台造.. 戊寅 己未 己未 乙丑 土重如山 幸賴干乙支寅 兩木之疏闢 然而還喜水來滋木而潤燥 所以三十五歲行癸亥十年水運 必發無疑 從而甲子兩步 繼長增高 今年行壬運 雖有所獲 將不償於三十歲戌運之所失.

당신의 명조는 戊寅 己未 己未 乙丑으로 土가 重하여 산과 같은데 다행히 천간의 乙과 지지의 寅에 의지하여 소토한다. 그러나 다시 水가 와서 木을 생하고 燥함을 윤습해야 기쁘다. 까닭에 35세 癸亥 10년 水運은 반드시 발전하고 따라서 甲子運은 계속해서 성장하고 고귀해진다. 금년 壬運은 비록 얻는 게 있지만 장래의 30세 戌運에 잃는 것을 보상하지 못한다.

328) 청운군 56세 6運

丙己己甲　庚辛壬癸甲乙丙

午亥巳子　子丑寅卯辰巳午

台造.. 丙午 己亥 己巳 甲子 四月中旬所發大函 迄未收到 凡在十月以前 有所垂問者 必一一奉答 絶無遺漏 台造身財尙能相停 惟以地支四冲而栗六 明年壬寅 某星相家斷君必死 何所據而云然 夫壬財寅官 堂堂正正 余且以爲五七壬寅 五八癸卯 五九甲辰 此三年老運彌亨 展布良多 因而晩境殊不落寞也.

당신의 명조는 丙午 己亥 己巳 甲子이다. 4월 중순에 발송했다는 당신의 편지를 아직까지 받지 못했다. 10월 이전에 물은 것은 반드시 일일이 답장을 했고 절대로 빠뜨린 것이 없다. 당신의 명조는 身財가 오히려 相停하나 지지가 4冲으로 바쁘다. 내년 壬寅年에 모성상가가 당신이 반드시 죽는다고 했다는데 무슨 근거로 그렇게 말했는가? 무릇 壬은 財이고 寅은 官이므로 정당하며 또 57세 壬寅 58세 癸卯 59세 甲辰 이 3년은 두루 형통하여 좋은 것들이 많이 펼쳐지므로 만년이 특별하게 쓸쓸하지 않다.

329) 황진태군 아들 1세 4運

辛乙癸癸　甲癸壬辛庚己戊

丑未丑丑　午巳辰卯寅丑子

台造.. 辛丑 乙未 癸丑 癸丑 殺重身輕 雖有辛金偏印之化殺生身 侷促奔波之命 僅二十四歲至三十四歲壬辰兩運 盛極一時 但以畢生而論 總屬憂多樂少也.

당신의 명조는 辛丑 乙未 癸丑 癸丑으로 殺重身輕이니 비록 辛金편인의 化殺生身이 있으나 촉박하고 분주한 命이다. 겨우 24세부터 34세 壬辰運에 일시적으로 번성한다. 그러나 일생으로 논하면 전체적으로 걱정이 많고 즐거움이 적다.

330) 진준걸군 21세 9運

辛丁丙甲　丙乙甲癸壬辛庚

巳酉戌午　申未午巳辰卯寅

台造.. 辛巳 丁酉 丙戌 甲午 財旺而劫多 一生患得患失 四十歲前 惡運重疊 身心兩有折磨 好運而足以名成利就者 爲五十歲至六十歲之壬辰十年 明年壬寅 後年癸卯 權業飛躍 奈無實益.

당신의 명조는 辛巳 丁酉 丙戌 甲午로 財가 왕하고 겁재가 많아 일생 얻는 것을 근심하고 잃는 것을 근심한다. 40세 전 나쁜 운이 중첩하여 심신이 함께 타격을 받고 괴롭다. 좋은 운이고 名利를 성취할 수 있는 것은 50세부터 60세의 壬辰運 10년이다. 내년 壬寅 후년 癸卯年은 권한과 사업이 발전하는데 어찌 실익이 없겠는가.

331) 후경군 61세 5運

辛戊丙癸　丁丙乙甲癸壬辛

丑戌子巳　酉申未午巳辰卯

令翁命造.. 辛丑 戊戌 丙子 癸巳 丙火日元 歸祿於巳 癸水正官 得祿於子 再輔以戊食辛財 孟子所謂"仁者無敵"是也 六十二歲至六十七歲之辰運 歷亂偏多 可止則止 六十七歲行辛卯兩運 天若假年 又有一番熱鬧.

노인의 명조는 辛丑 戊戌 丙子 癸巳로 丙火일원이 巳에 귀록이고 癸水정관은 子에 득록하였으며 다시 戊土 식신과 辛金財가 돕는다. 맹자가 말한 "인자무적"이 이것이다. 62세부터 67세의 辰運은 어지럽고 편향된 일이 많은데 그만둘 수 있으면 그만둬야 한다. 67세 辛卯運은 하늘이 만약 나이를 허락한다면 또 한 번 번성하게 된다.

332) 당민생군 54세 4運

戊丙庚丙　丁戊己庚辛壬癸
申辰戌戌　巳午未申酉戌亥

台造.. 戊申 丙辰 庚戌 丙戌 土重而木疏 又無木運 不得已求其次 喜金幇身 過去庚申辛酉四步金運 應有成就 明年歲運皆壬 水土相搏 利害並見 批時再爲詳推.(尊款最近收到 勿念)

당신의 명조는 戊申 丙辰 庚戌 丙戌로 土가 重하여 木이 소토해야 하는데 木運이 없다. 할 수 없이 그다음으로 金의 幇身을 기뻐한다. 과거 庚申 辛酉의 金運은 응당 성취하는 것이 있고 내년은 歲運이 모두 壬이니 水土가 서로 싸우므로 利害가 함께 나타난다. 품평했던 것을 다시 자세히 추산하였다.

333) 후영생군 50세 1運

壬癸己癸　甲乙丙丁戊己庚
子卯酉酉　辰巳午未申酉戌

台造.. 壬子 癸卯 己酉 癸酉 己土日元 毫無生扶 從卯木之七殺爲格 (水多而不怕酉金) 但旣從殺 運又一派火土幇身 心志雖高 際遇則坎坷不平 粉白黛綠之間 尤須檢持自愛 五一壬寅 五二癸卯 五三甲辰 名利雙收 五十七歲行酉運則危如累卵矣.

당신의 명조는 壬子 癸卯 己酉 癸酉다. 己土일원이 生扶가 전혀 없어 卯木칠살을 좇아 종살격이다(水가 많아 酉金을 무서워하지 않는다). 이미 종살하였는데 운이 또 火土一派로 幇身하니 품은 뜻이 비록 높고 좋은 기회를 만나도 일이 뜻대로 안 되어 마음이 답답하고 인생이 순탄하지 못하다. 곱게 화장한 여인들 사이에서 더욱 조심하고 자신을 소중히 여겨야 한다. 51세 壬寅 52세

癸卯 53세 甲辰은 名利를 다 거둘 수 있고 57세 酉運은 위태롭기가 누란과 같다.

334) 진청군 42세 1運

庚己壬己　庚辛壬癸甲乙丙
申卯辰酉　辰巳午未申酉戌

台造.. 庚申 己卯 壬辰 己酉 八字欠精神 無火之故也 其後甲申乙酉等運 爲截脚之木 大都庸碌無奇 惟四六乙巳 四七丙午 四八丁未 三年 名利出色 有不期然而然者 勉哉.

당신의 명조는 庚申 己卯 壬辰 己酉로 팔자에 활력이 없는데 火가 없기 때문이다. 그 후 甲申 乙酉運은 다리가 잘린 木이 되고 대부분 보잘 것 없고 뛰어남이 없다. 그러나 46세 乙巳 47세 丙午 48세 丁未 3년은 名利가 뛰어나는데 저도 모르게 그렇게 되니 근면해야 한다.

335) 황소곤여사 38세 6運

甲丙癸戊　乙甲癸壬辛庚己
子寅酉午　丑子亥戌酉申未

淑造.. 甲子 丙寅 癸酉 戊午 寅中甲丙戊 盡透於天干 氣魄不凡 雖屬女兒身 喜做丈夫事 一生好運 惟爲四十二歲至四十七歲之戌運 蓋寅午戌會成火局 燦爛光明 絶非雌伏之象.

숙녀의 명조는 甲子 丙寅 癸酉 戊午로 寅中 甲丙戊가 다 투출하여 기백이 평범하지 않다. 비록 여자이지만 丈夫의 일을 기뻐한다. 일생이 좋은 운이나 42세부터 47세의 戌運은 寅午戌 火局을 이루므로 광명이 찬란하고 절대로 남에게 굴복하는 象이 아니다.

336) 곽한맹군 딸 3세 9運

己戊壬丁　己庚辛壬癸甲乙

亥辰戌未　巳午未申酉戌亥

令甥女命造.. 己亥 戊辰 壬戌 丁未 壬受重土威脅 體氣必弱 幸行運不乏金水 得以穩履安康 婚姻則恐遇人不淑 而飮恨終身 事業大有成就 愈晩愈妙焉.

생질녀의 명조는 己亥 戊辰 壬戌 丁未로 壬이 重土의 위협을 받아 體와 氣가 반드시 약하다. 다행히 행운에 金水가 결핍되지 않아 편안하고 건강하다. 혼인은 착하지 않은 사람을 만날까 무섭고 종신토록 恨을 마음에 품게 된다. 사업은 크게 성취하니 나이를 먹을수록 더욱 더 좋다.

337) 채청군 56세 7運

丙丁丙癸　戊己庚辛壬癸甲

午酉寅巳　戌亥子丑寅卯辰

台造.. 丙午 丁酉 丙寅 癸巳 秋燥爲患 一癸一酉 潤澤不足 歷來運途尙佳 今後際遇亦豊 惟六十一歲丙午年 急症炎疾 在在須防 明年壬寅 得失錯綜 宜以不變應萬變也.

당신의 명조는 丙午 丁酉 丙寅 癸巳로 가을의 조열함이 근심인데 癸酉가 윤택하기에 부족하다. 지나온 운이 오히려 좋았고 금후에도 좋은 시기를 만나니 역시 풍요롭다. 그러나 61세 丙午年은 갑작스런 질병이나 염증질환이 곳곳에 있으니 막아야 한다. 내년 壬寅은 得失이 뒤섞여 있으니 현상을 유지하면서 변화에 적절히 대처해야 한다.

338) 호운영여사 31세 8運

辛庚辛癸　辛壬癸甲乙丙丁

未子丑巳　丑寅卯辰巳午未

淑造.. 辛未 庚子 辛丑 癸巳 寒金喜火 一巳一未 彌足珍貴 今年辛丑 防有夫妻脫輻之占 三十四歲行卯運 三十九歲行甲運 均有進步矣 四十九歲以後 更見美滿 福壽雙修.

숙녀의 명조는 辛未 庚子 辛丑 癸巳로 寒金이 火를 기뻐하는데 巳未가 매우 귀중하다. 금년 辛丑은 부부이별을 막아야 하고 34세 卯運과 39세 甲運은 같이 진보하게 된다. 49세 이후는 더욱 좋은 운을 가득하게 만나니 복과 수명을 함께 갖춘다.

339) 증득문군 아들 33세 5運

己戊乙辛　丁丙乙甲癸壬辛
巳辰未巳　卯寅丑子亥戌酉

令郎命造.. 己巳 戊辰 乙未 辛巳 從財格 命好而運不好 據謂十二年未通音訊 按理 如有危險 當在二十六歲至三十一歲之乙運 尤以二十七歲乙未年 生命直如朝露耳.

아들의 명조는 己巳 戊辰 乙未 辛巳이니 종재격으로 命은 좋은데 運이 좋지 않다. 말한 바에 의하면 12년 동안 소식이 없었다고 했는데 살펴보면 만약 위험하다면 26세부터 31세의 乙運이고 더욱이 27세 乙未年은 생명이 아침이슬과 같을 뿐이다.

呱呱集

제1판 인쇄 2024년 6월 15일
제1판 발행 2024년 6월 25일

原 著 위천리
譯 者 이후제
발행인 주영일
발행처 계축문화사

등록번호 1973. 10. 31. 제300-1973-8호
주소 서울특별시 종로구 통일로12길 16-17
우편번호 03029
전화 735-2257·738-9746
팩스 723-9025
이메일 gyechuk@hanmail.net
홈페이지 http://gyechuk.co.kr

ISBN 978-89-5629-780-4 03180 값 45,000원